基础教育发展报告

主　编　张月柱　王淑琴　侯晓东　刘　帅

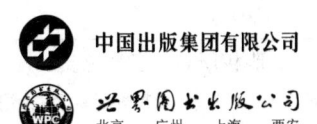

中国出版集团有限公司

世界图书出版公司
北京　广州　上海　西安

图书在版编目（CIP）数据

基础教育发展报告 / 张月柱，王淑琴主编. — 北京：世界图书出版有限公司北京分公司，2024.12. — ISBN 978-7-5232-1995-9

Ⅰ.G632.0

中国国家版本馆 CIP 数据核字第 2025XE5325 号

书　　名	基础教育发展报告 JICHU JIAOYU FAZHAN BAOGAO
主　　编	张月柱　王淑琴　侯晓东　刘　帅
总 策 划	吴　迪
责任编辑	刘梦娜　张　焱
特约编辑	李圆圆
出版发行	世界图书出版有限公司北京分公司
地　　址	北京市东城区朝内大街 137 号
邮　　编	100010
电　　话	010-64033507（总编室）　0431-80787855　13894825720（售后）
网　　址	http://www.wpcbj.com.cn
邮　　箱	wpcbjst@vip.163.com
销　　售	新华书店及各大平台
印　　刷	长春市印尚印务有限公司
开　　本	787 mm×1092 mm　1/16
印　　张	18.5
字　　数	427 千字
版　　次	2024 年 12 月第 1 版
印　　次	2024 年 12 月第 1 次印刷
国际书号	ISBN 978-7-5232-1995-9
定　　价	68.00 元

版权所有　翻印必究

（如发现印装质量问题或侵权线索，请与所购图书销售部门联系或调换）

编委会

主　　任：崔国涛
副 主 任：荣文龙　张　晶　李国庆　李大伟
　　　　　吕德辉　李亚君　张德文　胡培柱

主　　编：张月柱　王淑琴　侯晓东　刘　帅
副 主 编：黄　娟　关爱民　王　惠　宋剑锋　谭　清　刘彦平
编委成员：（按姓氏音序排列）
　　　　　白　云　郭　峤　李桂娟　李　杰　李俊涛　李　吟
　　　　　李思憓　李笑颜　刘学江　马国庆　宋弘慧　王殿臣
　　　　　王俊丽　王胜柏　肖宇轩　薛连鹏　杨秀艳　杨　悦
　　　　　张　辉　张　玲　张　微　赵大川　朱宝环

前言

党的二十大报告强调了教育在国家发展中的基础性和战略性地位,提出教育、科技、人才是全面建设社会主义现代化国家的基础性、战略性支撑,因此,加快建设教育强国、科技强国、人才强国成为重要的国家战略。2023年,中共中央办公厅、教育部等发布了深化基础教育领域相关课程教学改革、加强新时代中小学科学教育、健全学校家庭社会协同育人机制等一系列文件,全面落实二十大报告精神,为深化基础教育改革指明了方向和路径,加快了基础教育高质量发展的进程。

长春市基础教育研究中心在长春市教育局的正确领导下,依托我市教育事业高质量发展"1688"奋进计划,以办好人民满意的教育、加快建设高质量基础教育体系为根本目标,全面实施教科研一体化管理,发挥教科研机构统筹管理的优势,打通"内循环",畅通"外链接",幼小初高教研部、综合学科教研部、科研部、课程教材部、信息资源部、《长春教育》编辑部等多个部门协同推进,紧紧围绕基础教育高质量发展这一核心目标,针对不同学段的具体任务举措,开展了课程改革、教学创新、成果转化、合作交流及队伍建设等多方面深入研究,有效促进了长春市基础教育质量的稳步提升。

2023年，长春市教科研工作取得了可喜的成绩。学前教育在深化"大园区"教研管理改革、推进幼小深度衔接、实施幼儿园课程游戏化改革和基地园建设上取得了实质性进展，长春市大园区已达84个，省市级示范幼儿园占总量的30%以上，历时三年时间遴选打造了100所教研基地园。义务教育在老牌学校振兴、城乡一体化建设、课堂教学改进与作业设计改革研究上取得了创新性成果，数十个视导组针对义务教育段10个县区、30余所老牌校开展"一校一研、一校一案"专项调研行动，升级实施了310个大学区对口支援工作，进一步优化了一城一乡结对共建策略。通过"初中毕业学科考前质量检测"工作，对全市63 139名学生开展命题测试，为中考命题工作提供基本思路和数据支撑。普通高中教育在新高考研究与指导、"双新"示范区建设、县域高中教学改革几个核心支撑点实现了全面推进。长春市3所国家改革"双新"示范校对全市87所高中进行了重点引领，依托省市共建项目，实施高校托管帮扶县中行动，评选出5个普通高中联盟发展优秀共同体，23所县中高中帮扶提升无漏点推进。"长春云校"课程资源库建设实现了中小学主干学科全覆盖，课程内容包括2 590个专题共4 477课时，注册用户达51万人，累计学习次数达900万人次，学生学习满意率达97%以上。科研主导课题攻坚活动取得突破性进展，10项长春市主导课题和40项区域主导课题全面带动我市开展前瞻性、创新性研究，有效推动了五育融合、科技创新、大中小学思政课一体化等热点问题的深入研究，长春市承办了全国第五届STEM教育大会、吉林省第五届区域局长高峰论坛、吉林省科研兴校名校长工作室启动会，召开了市级重大主导课题开题会、基础教育优秀成果发布会、县域高中高质量发展名校长峰会等10场大型成果交流、展示与推广活动。在师资队伍建设上，全市开展了校长科研能力提升行动和教师教学基本功大赛暨教学名师评选活动，采取"151""251""351"校长和教师培养模式，遴选100名科研名校长、200名科研名教师和300名科研骨干，通过"赛、练、展、评"等理论考试和说课说题答辩，评选出269名十佳教师，407名教学新秀，15名教师获吉林省第四届思政学科"精彩一课"一二等奖，7名教师获吉林省小初高思政年度影响力人物称号。基地校品牌铸造工程获得长足推进，考察300余所学校，评出15所核心示范校、30所示范基地校、50所科研基地校。长春市24所学校入选省级优质示范基地校，8所学校获批科研基地立项单位。"导—督—评—改"科研评价体系进一步完善。首届长春基础教育"教学成果奖"评选出20个特等奖、40个一等奖、50个二等奖、53个三等奖，2023年度实现了3项国家级、55项省级、118项市级优秀教学成果转化推广，依托课题研究评选出1 018项市级教育科研优秀成果。长春市基础教育各项研究成果正在不断转化为教育改革发展的内生动力，有力推动了我市教育的内涵发展。

　　本书结合长春市基础教育研究中心各部门的核心工作，全面梳理了长春市当前基础教育的政策导向、教科研落地的任务举措、重点领域深化研究和基层学校的实践探索成果，为长春市各级各类学校进一步创新发展、纵深研究提供参考。本书分三大版块，遴选了基础教育发展的基本态势、基础教育发展的重点领域研究和典型学校案例等22篇发展报告，从宏观和微观两个层面，深入剖析了当前基础教育发展的现状和未来趋势。同时，针对综合学科教育、数字化平台应用、心理健康教育、《长春教育》期刊建设等重点领域的调研提出了有针对性的建议。本书编写得到了吉林省教育科学院、长春市教育局以及长春市基础教育研究中心各部室和10所基层学校的大力支持，在此一并感谢。本书难免有不足之处，敬请批评指正。

2024年，长春市基础教育研究中心将继续以"教育智库　质量引擎"为发展定位，切实领会国家、省市教育政策和精神，立足新时代人才培养目标，充分发挥教科研机构学科专家集聚的优势，深入挖掘本土资源，开展各项前沿重点改革研究，持续推出重大研究成果，为教育决策咨询献言献策，为重大改革问题定向引航，为学校质量提升聚智赋能，切实发展教育新质生产力，构建更加高效的"长春模式"，为推动我市基础教育发展做出新的贡献。

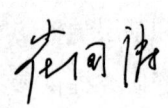

目录

年度发展报告 ··· 001

长春市学前教育年度发展报告 ··003
长春市小学教育年度发展报告 ··018
长春市初中教育年度发展报告 ··032
长春市普通高中教育年度发展报告 ··042
长春市教育科研年度发展报告 ··052

专题研究报告 ··· 065

长春市幼小衔接情况专题研究报告 ··067
长春市初中教研员专业发展现状与对策的研究报告 ··090
普通高中新课程新教材实施国家级示范区建设工作的研究报告（2020—2023年）···111
五育融合理念下跨学科项目式学习实践的研究报告 ···121
长春市中小学生心理健康知识知晓率的调研报告 ···132
数字化助力长春市基础教育高质量发展 ···144
　　　　　——资源部专题研究报告
《长春教育》发展现状调查与对策的研究报告 ··159

学校案例报告 ······ 169

实施阳光教育　培育阳光儿童 ······ 171
　　——长春市人民政府机关第二幼儿园教育发展报告

掇菁撷华谋课改　科研强校铸品质 ······ 184
　　——长春力旺实验小学课程教学改革实践研究

以"责任教育"引领变革　助推新时代学校高质量发展 ······ 194
　　——长春市第一〇八学校发展报告

本源教育提素养　智慧管理育栋梁 ······ 205
　　——长春新区吉大慧谷学校2023年度教育质量发展报告

深度聚焦新课程改革实施　全面推动育人方式改革 ······ 217
　　——东北师范大学附属中学教育质量发展报告

打造"八大高地"培育卓越人才　持续推动高质量研究型高中建设 ······ 227
　　——长春市第二中学学校发展报告

厚植自我教育底蕴　深耕育人改革发展 ······ 239
　　——长春市第六中学年度发展报告

以人为本养根育魂　特色创新提质增效 ······ 251
　　——长春市第八中学2023年度教育质量发展报告

打造强师赋能梯级培养工程　助力青年教师专业能力提升 ······ 262
　　——长春市实验中学学校发展报告

坚持改革创新，以"五有"工作模式推动学校教育高质量发展 ······ 273
　　——长春市第二实验中学学校发展报告

年度发展报告

NIANDU FAZHAN BAOGAO

长春市学前教育年度发展报告

2023年是全面贯彻落实党的二十大精神的开局之年，是实施"十四五"规划承上启下的关键一年。这一年长春市学前教研工作以习近平新时代中国特色社会主义思想为指导，贯彻并践行党的二十大报告精神，以办好人民满意的教育，加快构建幼有优育、学有优教的高质量学前教育体系为目标，深入落实《"十四五"学前教育发展提升行动计划》《关于实施新时代基础教育扩优提质行动计划的意见》，以《3—6岁儿童学习与发展指南》《幼儿园保育教育质量评估指南》为行动依据，积极发挥教研对保教实践的研究、指导、管理、服务职能作用，遵循儿童身心发展规律和教育规律，牢牢把握学前教育正确的发展方向，不断深化学前教育改革，通过教研引领与指导加快我市幼儿园内涵建设，促进幼儿教师专业成长，促进幼儿园保育教育质量整体提升，助力长春市学前教育高质量发展。

一、教育改革发展背景

（一）政策动态

1. 深入推进教师专业能力发展强化保教专业性

2023年4月6日，教育部办公厅印发了《关于开展2023年全国学前教育宣传月活动的通知》（教基厅函〔2023〕5号）。通知中指出：为了展示宣传近些年基层幼儿园贯彻落实《3—6岁儿童学习与发展指南》《幼儿园教育指导纲要（试行）》的实践探索，本次宣传月将聚焦基层幼儿园保育教育实践中的专业难点和困惑问题，征集幼儿园教师坚持以幼儿为本，在日常保教工作中倾听理解幼儿、有效支持幼儿学习发展的视频案例，重点宣传：如何发现幼儿在游戏和生活中有意义的学习；怎样回应、支持和拓展幼儿的学习；结合实际，分享深入观察了解幼儿对改进保育教育实践，促进教师专业成长的真情实感。

2. 教师队伍的建设转型推进教育强国

2023年6月26日教育部办公厅印发了《关于开展2023年暑期教师研修的通知》（教师厅函〔2023〕14号），通知提出：深入学习贯彻党的二十大精神，贯彻落实习近平总书记关于教育的重要论述，提升教师综合素养，推动教师队伍建设数字化转型，推进教育强国，加强学前教育资金保障。

3. 资金支持是幼儿园普惠性发展的重要保障

2023年4月12日财政部、教育部联合印发了《关于下达2023年支持学前教育发展资金预算的通知》（财教〔2023〕48号），通知提出：省级财政、教育部门要切实发挥省级统筹作用，指导县（市、区）科学规划幼儿园布局，深化体制机制改革，坚持公办民办并举、多种形式扩大普惠性学前教育资源，健全普惠性学前教育经费投入机制，提升幼儿园保教质量，进一步巩固幼儿资助制度，确保家庭经济困难幼儿获得资助。地方各级教育、财政部门要按照轻重缓急原则统筹安排中央补助资金和自有财力，继续加大对欠发达地区支持力度。要按照《支持学前教育发展资金管理办法》（财教〔2021〕73号）要求，切实加强资金使用管理，要对照区域绩效目标同步分解省以下绩效目标，组织开展绩效运行监控和绩效评价，强化绩效结果运用，做好全过程预算绩效管理。

4. 加快构建幼有优育、学有优教的高质量基础教育体系

2023年8月30日教育部、国家发展改革委、财政部联合印发了《关于实施新时代基础教育扩优提质行动计划的意见》（教基〔2023〕4号），提出：坚持以习近平新时代中国特色社会主义思想为指导，全面贯彻党的教育方针，落实立德树人根本任务，发展素质教育，推进基本公共教育服务均等化，显著扩大基础教育优质资源，加快构建幼有优育、学有优教的高质量基础教育体系，更好满足人民群众"上好学"的美好愿望，着力培养德智体美劳全面发展的社会主义建设者和接班人。到2027年，适应新型城镇化发展和学龄人口变化趋势的城乡中小学幼儿园学位供给调整机制基本建立，优质教育资源扩充机制更加健全，学前教育优质普惠、义务教育优质均衡、普通高中优质特色、特殊教育优质融合发展的格局基本形成。巩固提升普惠性幼儿园覆盖率，公办园在园幼儿占比力争达到60%以上。

（二）研究热点

根据学前教育教研、精准教研、教师专业发展等关键检索词，通过citespeace系统将2003年至2024年3月前近20年的文献进行检索分析，数据源选择包括Web of Science、Scopus、CNKI等，图1和图2体现的是学前教育领域关键词共现网络，通过核心领域概念"幼儿园""幼儿教育"等，观察其周围各领域的频次与路径可以看出，近20年的学前教育教研重要内容包含：教师专业发展、教研对策研究、区域教研研究等交叉领域。在近20年的文献检索中，锁定近3年的文献数据，可以看出，学前教育阶段对园本化教研，区域教研，教研共同体，教师教研的专项能力等方面研究有广泛专注性。

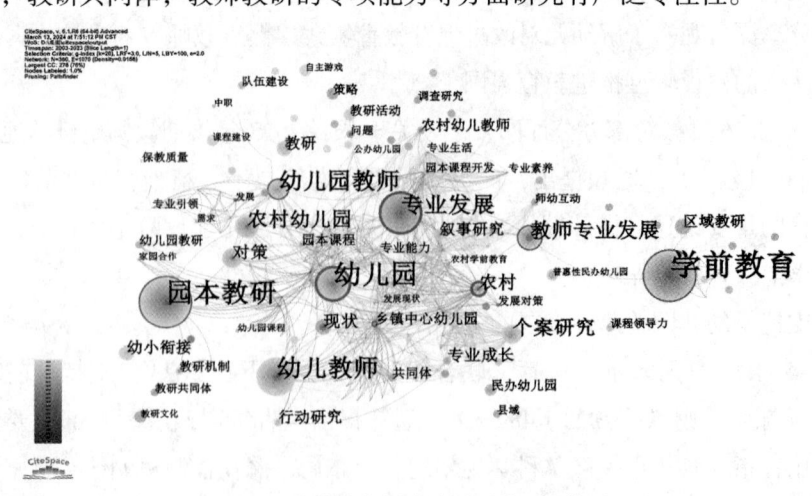

图1 学前教育领域关键词共现网络图

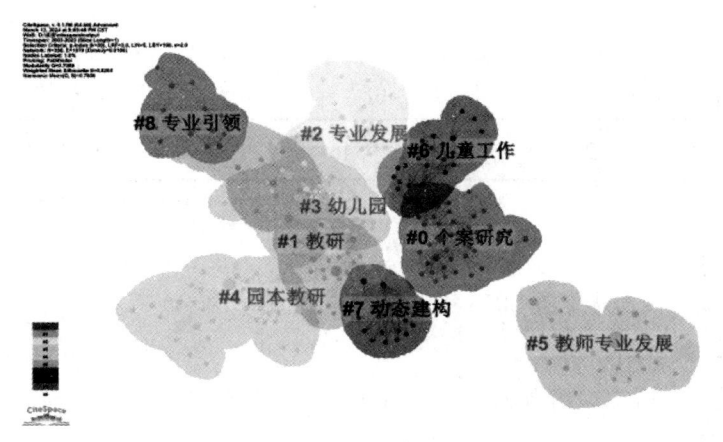

图 2　学前教育研究趋势可视化分析图

通过图1和图2分析，我们可以观察到当前的研究趋势主要集中在几个关键领域：儿童工作、动态构建以及园本教研。这些趋势反映了教育研究的焦点逐渐向具体、实用且动态的主题倾斜。

首先，儿童工作领域的研究趋势表明，现代教育越来越重视儿童早期发展和学习环境的优化。研究者们探讨如何通过教育干预措施、课程设计和师资培训来提升儿童的社会情感技能、认知发展和学业成就。

其次，动态构建领域的研究聚焦于教育系统和课程的灵活性与适应性。这包括如何根据幼儿的反馈和学习成果动态调整教学策略和内容，以及如何利用技术工具，如智能教学系统和数据分析，来实时优化教育过程。

最后，园本教研领域的研究强调在幼儿园和早教中心内部进行教学实践和研究活动。这种趋势表明，越来越多的教育机构正在尝试自主开发和实施课程，同时进行内部教师的专业发展和教学方法的创新，以更好地满足儿童的学习需求和促进教育质量的提升。

这些研究趋势的聚焦点不仅有助于解决当前教育领域面临的挑战，也指明了未来教育改革和发展的可能方向。通过深入分析这些趋势，教育政策制定者、实践者和研究者可以更好地合作，设计出更有效的教育策略和程序。

二、教育发展概况

（一）园所（学校）数量变化

在近3年的数据中，我们可以看到长春市幼儿园数量整体呈稳定增长的趋势（如表1）。

表1　2021—2023年长春市幼儿园基本情况数据统计表（单位：所/人）

年份	园所数量				教职工总数	专任教师数	在园幼儿		
	总数	公办	民办 总计	其中：普惠性幼儿园			总计	其中：民办园 总计	其中：普惠性幼儿园
2021年	1 064	265	799	314	25 701	13 473	142 000	100 404	49 994

续表

| 2022 年 | 1 110 | 270 | 840 | 342 | 26 594 | 13 694 | 143 382 | 102 820 | 55 029 |
| 2023 年 | 1 110 | 281 | 829 | 411 | 25 846 | 12 952 | 129 763 | 89 921 | 58 434 |

（表格数据来源于长春市教育统计）

1. 幼儿园总数

从 2021 年的 1 064 所增加到 2023 年的 1 110 所，增加了 46 所。

2. 公办幼儿园数量

从 2021 年的 265 所增加到 2023 年的 281 所，逐年增长。

3. 民办幼儿园数量

虽然总数在 2022 年达到 840 所的峰值，但在 2023 年稍微减少，减到 829 所。

4. 普惠性民办幼儿园

数量从 2021 年的 314 所增长到 2023 年的 411 所，显示出较大的增长幅度。

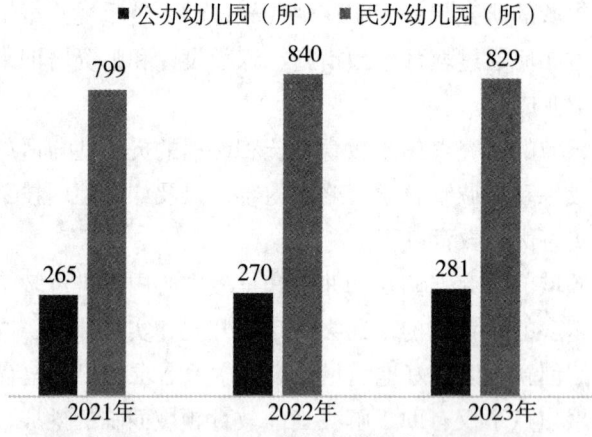

图 3　2021—2023 年园所数量柱状对比图

在教职工和专任教师方面：

1. 教职工总人数在 2022 年达到 26 594 人的最高点后，2023 年有所下降，下降至 25 846 人。

2. 专任教师数量在 2022 年达到 13 694 人的最高点后，2023 年减少到 12 952 人。

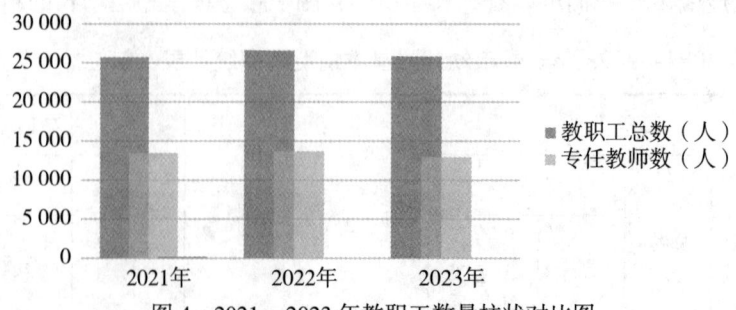

图 4　2021—2023 年教职工数量柱状对比图

在园幼儿总数从 2021 年的 142 000 人增长到 2022 年的 143 382 人，然后在 2023 年减少到129 763人。这表明尽管幼儿园数量在增加,但实际在园幼儿数量有所下降。

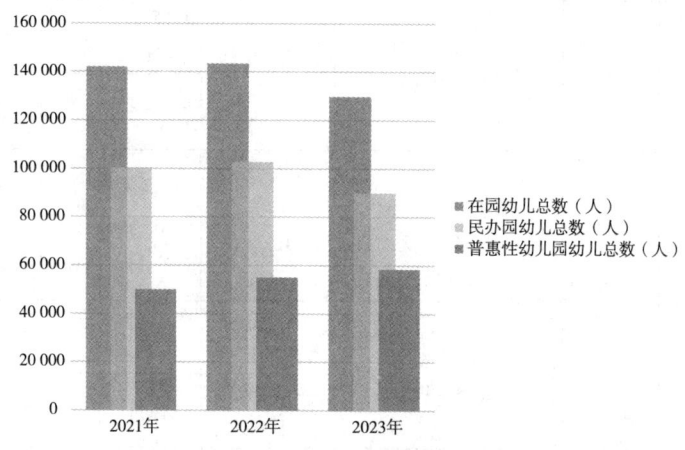

图5 2021—2023年幼儿园在园幼儿人数柱状对比图

这些数据可能反映了家庭对不同类型幼儿园的选择偏好变化,或是受到其他社会经济因素的影响。同时,普惠性民办幼儿园的显著增长可能表明政策支持和家长对于优质普惠性教育资源的增加需求。

(二)教研队伍现状

据2023年长春市各县(市)区学前教育教研员队伍现状调查情况统计显示,长春市各县(市)区共有学前教研员49人,均为本科以上学历,其中学前教育专业32人,非学前教育专业17人,正高级教师1人,中级以上教师27人,专职教研员45人,兼职教研员4人。教研员整体学历水平较高,各县(市)区均配备了教研员,但各区数量分布不均匀,有部分教研员为非学前教育专业,个别区域仍然没有配备专职教研员。

表2 长春市各县(市)区学前教育教研员队伍现状调查表

序号	县(市)区	教研员人数	单位名称	职称	学历	所学专业	专职/兼职
1	朝阳区	5	朝阳区教师进修学校	高级教师1人	本科	学前教育	专职
					本科	学前教育	
				一级教师4人	本科	学前教育	
					本科	汉语言文学	
					本科	学前教育	
2	南关区	3	南关区教师进修学校	高级教师1人	本科	学前教育	专职
				中级教师1人	本科	音乐学	
				一级教师1人	本科	音乐学	

续表

3	二道区	2	二道区教师进修学校	二级教师2人	硕士研究生	学前教育	专职
					本科	学前教育	
4	宽城区	2	宽城区教师进修学校	高级教师1人	本科	学前教育	专职
				一级教师1人	本科	学前教育	
5	绿园区	2	绿园区教师进修学校	正高级教师1人	本科	学前教育	专职
				一级教师1人	本科	学前教育	
6	汽开区	2	汽开区教师进修学校	一级教师2人	本科	学前教育	专职
					本科	音乐学	
7	经开区	2	经开区教师进修学校	初级1人	本科	汉语言文学	专职
				无职称1人	本科	学前教育	
8	净月	1	长春净月高新技术产业开发区教育科研中心	高级教师1人	本科	中文	专职
9	新区	2	长春新区第二实验幼儿园	教学园长1人	本科	英语	兼职
			长春新区东师附小益田幼儿园	小学高级1人	硕士研究生	学前教育	
10	双阳区	4	双阳区教师进修学校	高级教师4人	本科	学前教育	专职
					本科	学前教育	
					本科	学前教育	
					本科	学前教育	
11	九台区	4	九台区教师进修学校	高级教师4人	本科	学前教育	专职
					专科	学前教育	
					本科	学前教育	
					本科	学前教育	
12	德惠市	3	德惠市教师进修学校	高级教师2人	本科	教学管理	专职
					本科	学前教育	
				一级教师1人	本科	学前教育	

续表

13	榆树市	5	榆树市教师进修学校	高级教师4人	本科	学前教育	专职
					本科	学前教育	
					本科	学前教育	
					本科	学前教育	
				一级教师1人	本科	学前教育	
14	公主岭市	2	公主岭市教师进修学校	高级教师1人	本科	学前教育	专职
			公主岭市教师进修学校	一级教师1人	硕士研究生	学前教育	
15	农安县	4	农安县教师进修学校	高级教师4人	本科	汉语言文学	专职
					本科	学前教育	
16	莲花山	1	莲花山区教育局	高级教师1人	本科	汉语言文学	兼职
17	中韩	1	中韩区示范区中心幼儿园	高级教师1人	本科	汉语言文学	兼职
合计				49人			

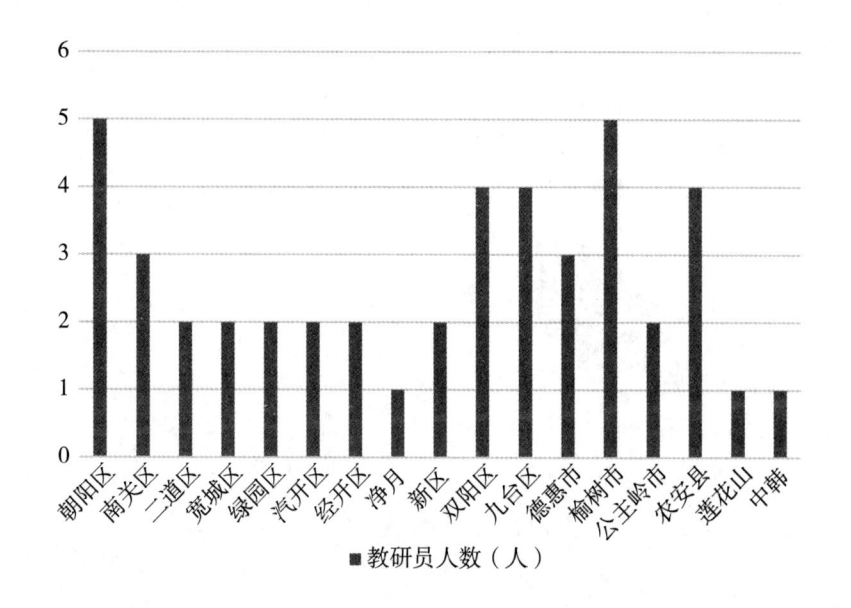

图6 长春市县（市）区学前教育教研员人数统计图

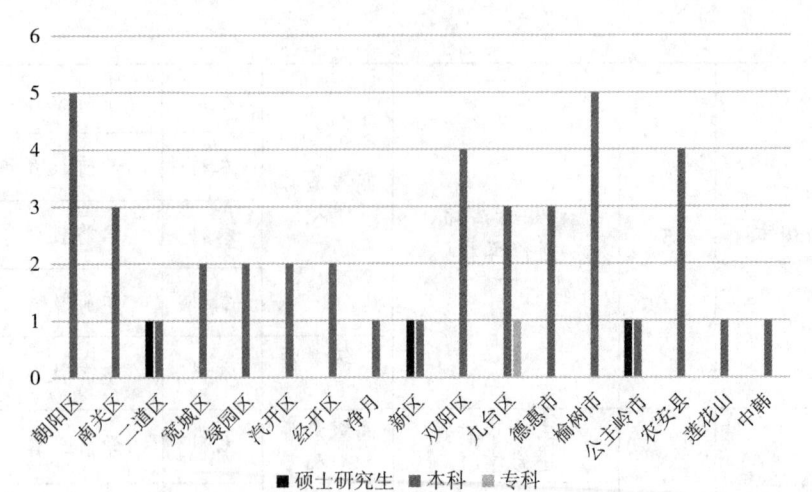

图 7　长春市县（市）区学前教育教研员学历统计图

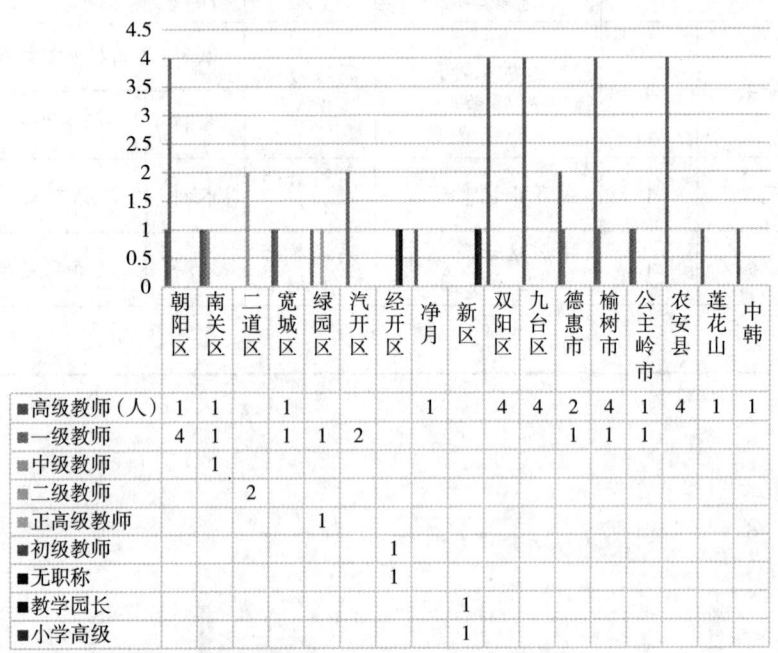

	朝阳区	南关区	二道区	宽城区	绿园区	汽开区	经开区	净月	新区	双阳区	九台区	德惠市	榆树市	公主岭市	农安县	莲花山	中韩
■高级教师（人）	1	1		1				1		4	4	2	4	1	4	1	1
■一级教师	4	1		1	1	2						1	1	1			
■中级教师		1															
■二级教师			2														
■正高级教师						1											
■初级教师							1										
■无职称							1										
■教学园长								1									
■小学高级								1									

图 8　长春市县（市）区学前教育教研员职称统计图

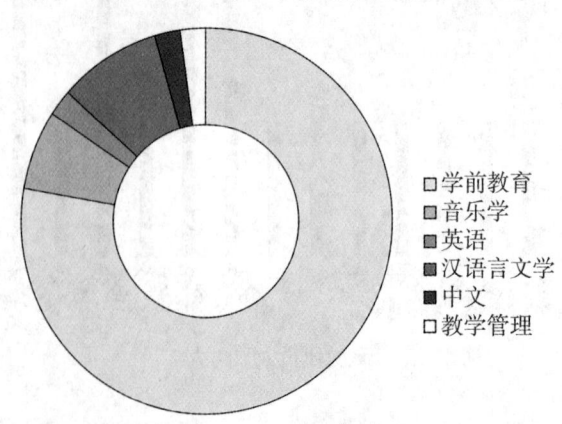

图 9　长春市县（市）区学前教育教研员专业统计图

以上统计报告呈现了长春市学前教育教研队伍的多个关键方面，其中包含了一些显著的优势以及面临的挑战。在教研队伍中，高学历背景表明教研团队具有较强的专业理论基础；专业对口有助于她们更好地理解和推动学前教育的专业发展。非专业背景教研人员可能影响她们在特定教育理论和实践上的深入理解和应用；各县（市）区教研人员数量分布不均，可能导致资源配置的不平衡，影响该区域的学前教育质量和发展。因此，应关注和加强教研员专业培训，优化资源分配，促进交流经验，进一步强化其学前教育教研团队的专业能力和整体效果，从而为学前教育提供更加科学和有效的支持。

三、教育改革发展报告

2023年长春市学前教研工作以习近平新时代中国特色社会主义思想为指导，贯彻并践行党的二十大报告精神，以办好人民满意的教育，加快构建幼有优育、学有优教的高质量学前教育体系为目标，深入落实《"十四五"学前教育发展提升行动计划》《关于实施新时代基础教育扩优提质行动计划的意见》，以《3—6岁儿童学习与发展指南》《幼儿园保育教育质量评估指南》为行动依据，遵循儿童身心发展规律和教育规律，牢牢把握学前教育正确的发展方向，不断深化学前教育改革，通过教研引领与指导加快我市幼儿园内涵建设，促进幼儿教师专业成长，促进幼儿园保育教育质量整体提升，助力长春市学前教育高质量发展。2023年长春市学前教研工作以"扩优提质"为核心工作目标，坚持稳中求进与开拓创新双理念并行的教研发展主基调，深入探索统筹管理、项目驱动、以评促建、协同发展的工作路径，逐步构建长春市17个教研指导责任区各美其美、美美与共的教研发展新格局。

（一）科学谋划，统筹管理，构建全覆盖教研网络管理体系

深入落实《吉林省关于推行学前教育大园区管理改革的指导意见》。重点完成两项任务：一是依托"一优一带"教研模式，构建市、区、大园区、幼儿园层级负责的教研管理体系；二是灵活构建多元化教研联盟。构建长春市纵向到底、横向到边覆盖城乡各级各类幼儿园的教研网络管理体系。

（二）教研引领，项目带动，探索六轮驱动教研实践新模式

通过"幼小衔接"项目，"大园区"学习共同体教研项目，"百所教研基地园"项目，"课程游戏化改革"项目，"师资培训"项目和"科研课题引领"项目六个教研项目的推进与实施，逐步形成项目带动下的教研发展新模式。

1. "幼小衔接"项目驱动

长春市通过抓好"四个有效"整体布局入学准备工作脉络。

一是有效召开专题会议。2023年10月27日，我中心在公主岭市第五幼儿园成功召开了科学实施幼小衔接——助推学前教育高质量发展"吉林省学前教研指导责任区现场会（长春专场）"，充分展示了长春市落实学前教研指导责任区制度，深入开展以"幼小衔接"为主题的区域教研和园本教研成果，为省内各市州学前教育同人提供了交流互鉴的平

台。会议当天吉林教育电视台对本次会议进行报道。

二是有效组织集体调研。组织幼小衔接主题调研，了解掌握衔接过程中的实际问题，分析研判，深研幼小衔接教育实施的破题点。通过调研视导，解决幼小衔接工作中，园长、教师对课程观、儿童观理念转化慢，内化行动不到位问题。

三是有效组织教学观摩。2023年9月组织"长春市幼儿园语言领域教学观摩展示暨学前教育大园区园际学习和交流"活动。针对幼小衔接实施过程中"小学化"倾向问题，从幼儿语言方面学习入手，进行了4节不同类型的语言教学活动观摩展示，为全市幼儿园提供了可复制可借鉴的实践样例。

四是有效组织联合教研。探索幼儿园与小学双学段、三维度、多主体参与的联合教研策略研究，即尝试开展幼小联合教研"每月五个一行动"。通过幼儿园与小学两个学段，幼儿园、小学、家庭三个维度，领导、教师、儿童、班级、家长五个主体参与的幼小联合教研策略实践研究，推进幼儿园与小学之间从课程内容、教学方法、儿童发展、家园共育等方面的深度交流与合作，促进园校家三方在思想上、行动上保持高度一致，实现协同共育目标。

2. "大园区"学习共同体教研项目驱动

为深入落实吉林省学前教研指导责任区工作方案，这项工作我们重点从两方面入手：一方面是创新"一优一带"教研指导责任区帮扶共建模式。另一方面是抓好动态评价管理工作。

3. "百所教研基地园"项目驱动

"长春市学前教育百所教研基地园"项目，是通过遴选打造100所教研基地园，引领带动区域内幼儿园内涵发展的教研项目。此项工作历时3年时间，截至2023年9月，在长春市1 100多所幼儿园中完成了100所教研基地园的遴选，为幼儿园提质量、上等级提供有效途径和平台。

4. "课程游戏化改革"项目驱动

此项目是推进幼儿园课程建设和发展的项目。主要以"整体设计""专题研究""重点突破""成果带动"为课改思路，通过调研指导，课程样例观摩展示，成果交流活动，推动长春市幼儿园课程改革步伐。2023年面向长春市17个县市区幼儿园组织了4场次不同专题的观摩开放活动，收到良好效果。

5. "师资培训"项目驱动

此项目重点从两个方面推进，一是深入落实长春市教育局"以赛代培"活动方案精神，组织开展长春市幼儿园教学名师评选活动，助推幼儿园教师磨炼基本功，提升专业素养和保教能力。二是开展常态化教师培训，分别从幼小衔接、师幼互动、课程实施等方面安排培训内容，聘请大学教授，县市区学前教研员，长春市名园长、名师等不同层面专家有针对性地进行授课，最大限度满足园长教师的专业发展需求。2023年共组织8场次15个专题的教师培训，线上线下参培人数达2万余人，学习频次20余万次。

6."科研课题引领"项目驱动

科研与教研关系密切。一方面科研为教研服务，另一方面教研又是科研的基础和前提。因此，学前教研工作本着以科研促教研的工作思路，努力实现教研与科研的深度融合。利用9项科研课题，帮助幼儿园探索适宜的教育教学方法，构建科学可行的园本课程。

（三）聚焦内涵，协同发展，实现区域教研特色成果新突破

实践中，我们在关注教研过程质量的同时注重成果的提炼与转化，在各教研项目推进过程中评优选先、培育典型，努力凝练区域特色、打造区域品牌。2023年长春市学前教研工作取得了可喜成果。

1. 吉林省幼儿园教学名师评选活动中长春市喜得佳绩。共推选16名选手，15名教师获奖，其中教学精英3名，教学新秀12名。

2. 长春市教学名师评选活动。本次活动长春市17个县市区幼儿园共计3 000余名教师参加初选，复赛角逐入选420人。通过理论考试、资料评审等环节，共评选出95名教师进入决赛。通过说课、答辩等环节，最终评选出长春市教学名师31人，其中十佳教师10人，公办教学新秀13人，民办教学新秀5人，农村教学新秀3人，综合成绩二等奖63人，三等奖95人。本次教师教学基本功大赛暨教学名师评选活动，既为教师提供了练功练兵的平台，同时也为教师提供了展示专业风采的舞台，真正实现了岗位大练兵和"以赛代培"的目标。

表3　2023年长春市幼儿园教学名师大赛各县（市）区情况汇总表

县（市）区	参赛总人数	获奖总人数	获奖占比	一等奖获奖人数	一等奖占比	十佳系列 十佳	十佳系列 二等奖	十佳系列 三等奖	新秀系列 新秀	新秀系列 二等奖	新秀系列 三等奖
朝阳区	48	29	60.4%	8	16.7%	5	3	1	3	3	14
南关区	34	16	47.1%	1	2.9%	0	2	0	1	3	10
宽城区	40	16	40.0%	3	7.5%	2	4	1	1	3	5
二道区	39	5	12.8%	0	0.0%	0	0	0	0	2	3
绿园区	38	26	68.4%	4	10.5%	0	4	0	4	8	10
经开区	24	7	29.2%	1	4.2%	1	0	0	0	3	3
新区	22	3	13.6%	0	0.0%	0	0	1	0	0	2
净月	20	13	65.0%	6	30.0%	1	2	0	5	1	4
汽开区	38	14	36.8%	1	2.6%	0	1	1	1	5	6
莲花山	1	0	0.0%	0	0.0%	0	0	0	0	0	0

续表

中韩	1	0	0.0%	0	0.0%	0	0	0	0	0	0
九台区	20	11	55.0%	1	5.0%	0	2	0	1	1	7
双阳区	20	10	50.0%	1	5.0%	0	1	1	1	3	4
榆树市	18	11	61.1%	0	0.0%	0	1	0	0	3	3
德惠市	22	14	63.6%	3	13.6%	1	1	0	2	3	7
农安县	20	7	35.0%	1	5.0%	0	0	0	1	2	4
公主岭市	15	7	46.7%	1	6.7%	0	0	0	1	1	5

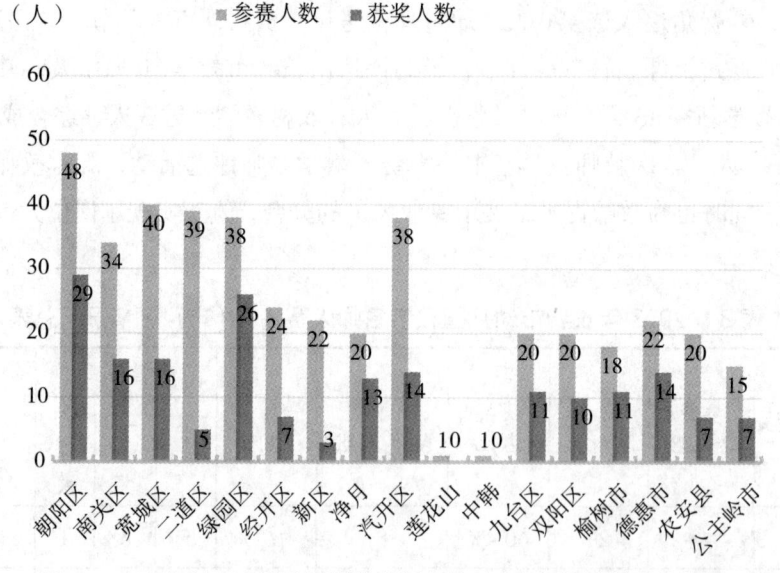

图10 2023年长春市幼儿园教学名师各县（市）区评选情况柱状图

3. 圆满完成了100所学前教育教研基地园遴选工作。幼小衔接工作推进中完成了两个创新，即模式创新与策略创新。科研课题成果有2项市级课题结题，1项省级课题立项。

四、教育发展的问题分析

学前教育作为儿童教育的重要起点，对孩子的成长发展具有深远影响。然而，在其发展过程中，仍面临一系列挑战和问题，需要系统性的解决方案以提高教育质量和效果。以下是对这些问题的深度分析。

（一）师资整体质量有待加强

优质的教师队伍是提升学前教育质量的关键。目前，学前教育师资在专业知识、教学能力和心理素质等方面普遍存在不足。一方面，部分幼儿园教师的专业理论不够强，缺乏必要的儿童心理学和教育学知识；另一方面，教师的实践经验和创新能力也有待提高。这些问题的存在，限制了幼儿园保教质量的发展。

（二）职前职后的衔接与培养应该与时代发展同步

当前，学前教育教师的职前培训和职后发展机制未能充分适应时代的发展和教育需求的变化。职前教育往往过于理论化，缺乏实际操作和实习机会，导致教师实际上岗后难以迅速适应工作环境。职后发展方面，持续教育和专业提升的机会不足，难以保证教师能够不断更新知识体系，掌握最新的教育理念和技能。

（三）幼小衔接问题依旧需要推进与完善

幼儿园到小学的过渡是儿童教育中的一个关键节点，需要平滑过渡以减少儿童的适应困难。当前，幼小衔接在教育理念、课程设置、教学方法等方面存在差异，给儿童的学习和心理适应带来挑战。需要进一步加强幼儿园与小学之间的沟通协作，共同设计衔接课程，实现教育理念和教学内容的无缝对接。

（四）科学教育环节薄弱，教育活动缺乏创新

学前教育中，科学教育往往未能得到足够重视，教育活动多以传统老旧的教学模式训练为主，缺乏科学探索和实验操作的机会。此外，教育内容和方法缺乏创新，难以激发儿童的好奇心和探索欲。应当通过引入多样化的教育资源，采用更加开放和创新的教育模式，鼓励儿童主动探索，以培养其创新思维和科学素养。

五、教育发展的策略建议

为促进学前教育的高质量发展，以下策略建议可为教育决策者和实施者提供参考。

（一）坚持以《3—6岁幼儿学习与发展指南》的要求开展教师培训

1. 加强教师对《3—6岁幼儿学习与发展指南》的理解和应用能力，通过定期的培训和研讨会让教师深入理解指南的核心理念和实践要求。

2. 开展案例分享和模拟教学活动，增强教师将理论知识转化为实际教学策略的能力，确保教育活动更加贴近幼儿的学习与发展需要。

（二）建立职前职后的一贯式培养方案与通道

1. 构建系统的职前教育体系，强化实习实训环节，增加与在职教师的互动交流，提升未来教师的实战能力和创新教学能力。

2. 设立持续的职业发展计划，包括进修学习、工作坊、教学观摩等多种形式，确保教师能够不断更新知识、技能和教育理念，适应教育发展的需求。

（三）加强幼儿园与小学的沟通与共研机制

1. 建立幼儿园与小学之间的定期沟通机制，包括共同举办教育研讨活动、教师互访学习等，促进教育理念和教学方法的交流。

2. 协同开发幼小衔接课程和活动，确保儿童从幼儿园到小学的平滑过渡，减少学习和心理适应的难度。

（四）贯彻执行国家的科学教育政策，引入 STEM 教育理念

1. 融合 STEM 教育理念与学前教育特点：针对学前儿童的发展特点，将 STEM 教育理念以游戏和探索活动的形式融入日常教学中。设计适合幼儿年龄特点的 STEM 活动，让孩子们在自然探索和游戏中学习科学知识、发展技术技能、体验工程设计和应用数学思维。

2. 创建探索式学习环境：为幼儿创设一个丰富多彩、充满探索可能的学习环境。利用日常生活中的材料和自然界的资源，搭建简单的科学实验和工程建构项目，鼓励孩子们动手操作、观察现象、提出疑问并尝试寻找答案。

3. 培训和支持教师：组织专业培训，提高教师对 STEM 教育理念的理解和应用能力。支持教师通过工作坊、同行交流和继续教育等方式，学习如何设计适合幼儿的 STEM 活动、如何引导幼儿进行探索和实践以及如何评估幼儿在 STEM 活动中的表现。

4. 鼓励家庭参与：将家庭纳入 STEM 教育的伙伴关系中，通过提供家庭 STEM 活动指南、组织家长工作坊等方式，鼓励家长了解 STEM 教育的重要性，支持和参与孩子在家的 STEM 学习活动。

5. 与社区资源对接：利用社区中的科技馆、博物馆、自然公园等资源，为幼儿提供丰富的外部学习机会。组织实地考察和学习活动，让幼儿在实际的科学探究和工程实践中学习与成长。

六、长春市教育大事记

1. 2023 年 3 月，本年度长春市学前教育研究工作启动并召开了"2023 年长春市学前教研工作会议"。会议的核心任务是部署本年度的教研工作，明确工作思路和要求，并解读工作要点及各项活动方案。此次会议确保了长春市学前教育研究工作的有效落实，为全年的教育研究和实践活动定下了基调。

2. 2023 年 4 月，长春市在学前教育界举办了具有里程碑意义的"长春市学前教育百所教研基地园"遴选活动。经过层层筛选，100 所学前教研基地园脱颖而出，这不仅标志着长春市幼儿园内涵发展的新高度，也助推了学前教育质量的提升和效率的增加。

3. 2023 年 6 月，教育活动进入高峰期。本月，长春市成功举办了吉林省第六届幼儿园教学名师评选初选活动，共推选出 16 名选手，其中 15 名荣获奖项，展示了长春市学前教育教师的高水平和专业能力。同月，还开展了"长春市幼儿园课程游戏化成果展示月"观摩活动，进一步深化游戏化课程改革，提升保育教育质量。

4. 2023 年 9 月，长春市幼儿园"教学名师"评选活动隆重举行，3 000 余名教师参与本次活动，经过层层选拔最终评选出 31 位长春市教学名师。此活动为教师提供了展示教学风采的舞台，进一步夯实了教师的教学基本功，真正实现了"以赛代培"的目标。同月，组织了"长春市幼儿园语言领域教学观摩展示暨学前教育大园区园际学习和交流"活动，针对幼小衔接实施过程中存在的问题，为我市幼儿园教师提供了有效的教学观摩和交流学习的平台。

5. 2023年10月，长春市举办了吉林省学前教研指导责任区现场会（长春专场），重点展示了长春市在实施学前教研指导责任区制度和深入开展以"幼小衔接"为主题的区域教研及园本教研成果方面取得的进展。吉林教育电视台对此次会议进行了报道，提高了活动的影响力。

6. 2023年11月，长春市基础教育研究中心学前部代表长春地区参加了吉林省幼小衔接成果交流会，进行了"科学实施幼小衔接 助推学前教育高质量发展"的成果分享。学前部白云代表长春地区做经验分享。此次交流会为长春市与吉林省内其他城市的学前教育同人提供了互学互鉴的机会。

长春市学前教育在2023年度通过一系列精心组织的活动和项目，不仅在学前教研质量上取得了显著成果，也在教师专业成长和教育改革创新方面实现了新的突破，为学前教育的未来发展奠定了坚实基础。

报告执笔人：白　云　赵志斌　袁　千

长春市小学教育年度发展报告

2023年，长春市义务教育学段（小学）教育工作以习近平新时代中国特色社会主义思想为指导，全面贯彻落实党的二十大精神，认真贯彻习近平总书记关于教育的重要论述，坚持和加强党对教育工作的全面领导，以教育高质量发展为主题，以立德树人为根本任务，以办好人民满意的教育为根本目的，加快建设高质量教育体系，实施长春教育事业高质量发展"1688"奋进计划（2023—2025），为构建德智体美劳全面发展育人体系，培养担当民族复兴大任的时代新人提供强有力的专业支撑，为我市基础教育高质量发展贡献智慧。

一、义务教育改革发展背景

（一）政策回眸

1. 家校社协同育人

2023年1月17日，教育部等十三部门联合印发《关于健全学校家庭社会协同育人机制的意见》（教基〔2022〕7号），旨在认真贯彻落实习近平总书记关于教育和注重家庭家教家风建设的重要论述，增强协同育人共识，积极构建学校家庭社会协同育人新格局，着力培养德智体美劳全面发展的社会主义建设者和接班人。提出到2035年，形成定位清晰、机制健全、联动紧密、科学高效的学校家庭社会协同育人机制。

2. 加强中小学地方课程和校本课程建设

2023年5月9日，教育部发布《关于加强中小学地方课程和校本课程建设与管理的意见》（教材〔2023〕2号）。要求各省级、地市级、县区级教育行政部门和学校要切实承担落实国家课程政策的主体责任，加强统筹规划，准确把握地方课程和校本课程的功能定位，规范开设地方课程，合理开发校本课程，强化审议审核、备案、课程教学管理等制度建设，构建以国家课程为主体、地方课程和校本课程为重要拓展和有益补充的基础教育课程体系，增强课程适应性，实现课程全面育人、高质量育人。

3. 深化基础教育课程教学改革

2023年5月9日，教育部办公厅印发《基础教育课程教学改革深化行动方案》（教材厅函〔2023〕3号）。从课程方案转化落地规划、教学方式变革、科学素养提升、教学评价牵引、专业支撑与数字赋能五方面提出了14项举措，紧紧抓住制订课程实施规划、实施教学改革重难点攻坚、加强科学教育、数字化赋能教学等关键环节和重点领域，推动课程教学改革落到实处。

4. 加强中小学科学教育工作

2023年5月17日，教育部等十八部门联合印发《关于加强新时代中小学科学教育工作的意见》（教监管〔2023〕2号），着力在教育"双减"中做好科学教育加法，一体化推进教育、科技、人才高质量发展。

5. 基础教育扩优提质

2023年6月13日，中共中央办公厅、国务院办公厅印发了《关于构建优质均衡的基本公共教育服务体系的意见》（国务院公报2023年第18号）。到2027年，优质均衡的基本公共教育服务体系初步建立，供给总量进一步扩大，供给结构进一步优化，均等化水平明显提高。到2035年，义务教育学校办学条件、师资队伍、经费投入、治理体系适应教育强国需要，总体水平步入世界前列。

（二）研究热点

以"义务教育"为主题，对CNKI 2023全年文献进行检索，共检索出北大核心和CSSCI来源类别文献719篇，通过主要主题关键词筛查、词频统计分析，综合考虑被引率、学术热度、下载频次及代表学者研究动态及政策导向等因素，最后筛选出130余篇文献进行深入分析，发现关于核心素养、新课标、"双减"、优质均衡发展等方面的研究热度较高。

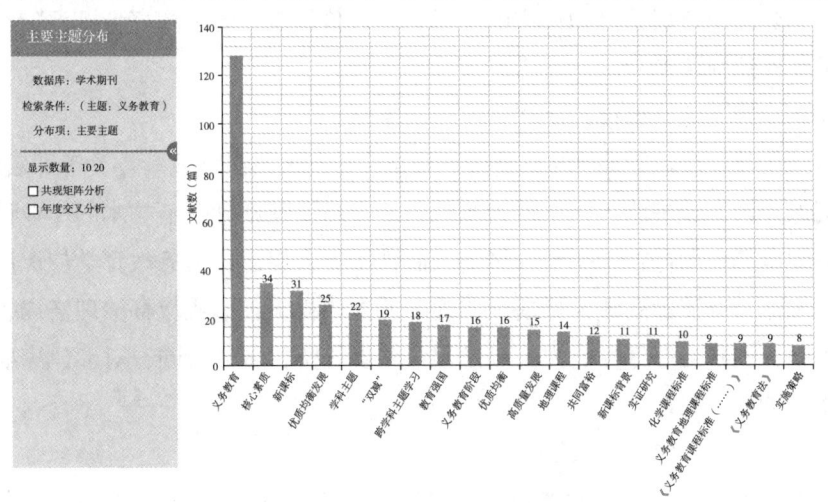

图1 2023年义务教育研究热点内容分布图

1. 关于核心素养的深度研究

"核心素养"作为新课程改革的最终指向，是《义务教育课程方案和课程标准（2022年版）》中的高频词，仅在语文新课标中就出现了34次。2023年，学界关于核心素养的研究纵向深入推进，包括核心素养的概念辨析、内涵要义、实践策略等方面的探讨等。郑桂华基于"核心素养"建设义务教育学科课程的意义，以义务教育语文课程标准为例，从内涵理解、把握内容框架两方面进行义务教育课程标准中"核心素养"之名与实辨析。余琴提出理解核心素养的"整体关联性、以语言运用为基础、凸显积极的语文实践活动和真实的语言运用情境"等要义，是实施素养导向教学的逻辑起点。蒋永贵提出指向核心素养的学习目标研制的技术路径为：以学科育人元问题为定盘星，首先通过三读"读明教材"，然后基于课标、结合学情等超越教材，进而运用三步"确定目标"。李倩、郑国民等人对义务教育语文核心素养评价模型的建构与实践应用进行了研究。

2. 关于新课标全面落地与基础教育课程改革的研究

2023年5月，教育部办公厅印发的《基础教育课程教学改革深化行动方案》提出了"五大行动"，加速了学界对于新课标全面落地与基础教育课程改革、教学方式变革的探究，包含对新课标背景下基础教育课程改革的路径探索，以及基于学科教学的实践策略，尤其是深度学习、项目化学习、跨学科学习等教学方式备受关注。一是关于学科主题的研究，走向主题化、项目化。管贤强、吴欣歆等人提出以主题任务单元教学为核心素养导向的小学语文课程改革新探索，澄清其概念和出现的背景，构建其教学实践模型，呈现具体教学实践省思。二是关于学科融合的研究，以核心素养培养为旨归，以跨学科学习为起点，以主题整合为抓手，以实践学习为路径，强调学科本位，关照学习内容统整，凸显学习革命的表征。崔允漷、郭洪瑞等人提出跨学科主题学习应注重实施单元化、主题意义化、内容结构化、学习实践化、评价表现化的实践策略。三是关于学业质量评价的研究，强化"教—学—评"一体化评价理念的落实。王蔷、蒋京丽等人从日常教学评价和考试评价两个维度，探讨了如何构建与英语新课标相适应的新型学业评价机制，为发挥好考试评价在实施育人工程中的重要作用提供参考。

3. 关于"双减"的持续推进研究

2023年，围绕"双减"问题的研究持续推进。一是聚焦区域或学校关于课后服务建设、治理及师资保障的实践进路，以学科为基础，结合新课程新理念新技术的作业设计策略，对校外培训规范等方面进行了探讨。张妍、曲铁华等人提出：义务教育学校课后服务应优化完善制度规范，夯实稳固政策根基；明确多元主体权责，形成教育治理格局；建立健全服务体制机制，提升支撑保障能力。二是聚焦深度统整，多方协同，对形成家校社育人合力的实践路径进行了探索。

4. 关于优质均衡发展的深入研究

优质均衡发展是义务教育发展的必然趋势，2023年6月13日，中共中央办公厅、国务院办公厅印发了《关于构建优质均衡的基本公共教育服务体系的意见》（国务院公报2023年第18号），推动义务教育优质均衡发展研究纵深发展。一是聚焦优质均衡与城乡一体化——新时代我国义务教育质量指标体系建构研究。秦玉友从义务教育质量指标体系建构的现实逻辑、理念选择、基本框架、优势特征、实践关切等方面进行了探索。二是聚焦集团化办学的区域教育发展的理论研究与政策实践。吴建涛、冯婉桢等人从集团化的内涵出发，探讨集团化办学的本质与目的，指出存在的认识误区，再从集团化学校内部运行和对本地其他学校产生的外部影响两个维度对集团化办学实践进行反思，寻找内部运行中的问题和对区域教育发展的影响，进而从"集团化——一体化"的内在演进逻辑探讨集团化办学未来发展的进路。

二、长春市义务教育事业发展概况

(一) 各级各类教育基本情况

2023年，长春市小学毕业生数为72 248人，其中普通小学50 274人，九年一贯制学校17 041人，十二年一贯制学校1 258人，附设小学班692人，教学点2 983人；招生数为72 345人，其中普通小学39 964人，九年一贯制学校28 107人，十二年一贯制学校1 558人，附设小学班1 803人，教学点913人；在校生数为445 948人，其中普通小学277 840人，九年一贯制学校142 290人，十二年一贯制学校9 599人，附设小学班7 401人，教学点8 818人；班级数为13 186个，其中普通小学7 638个，九年一贯制学校3 644个，十二年一贯制学校232个，附设小学班180个，教学点1 492个（见表1）。

表1　小学各级各类教育基本情况统计表（一）

类别	毕业生	招生数	在校生	班数	预计毕业生
小学	72 248	72 345	445 948	13 186	80 337
普通小学	50 274	39 964	277 840	7 638	55 009
九年一贯制学校	17 041	28 107	142 290	3 644	20 652
十二年一贯制学校	1 258	1 558	9 599	232	1 392
附设小学班	692	1 803	7 401	180	912
教学点	2 983	913	8 818	1 492	2 372

数据来源：长春教育统计摘要数据整理

2023年，长春市共有小学校342所，比2022年减少71所；教学点883个；教职工数为31 589人，其中普通小学26 603人，教学点4 986人；专任教师数为35 384人，其中普通小学22 178人，九年一贯制学校9 054人，十二年一贯制学校528人，教学点3 624人；占地面积为17 131 312.15平方米，其中普通小学6 784 679.57平方米，教学点10 346 632.58平方米；建筑面积为3 312 721.81平方米，其中普通小学2 527 129.06平方米，教学点785 592.75平方米（见表2）。

表2　小学各级各类教育基本情况统计表（二）

类别	校数	教职工数/人 教职工	其中：专任教师	占地面积/平方米	建筑面积/平方米
小学	342	31 589	35 384	17 131 312.15	3 312 721.81
普通小学	342	26 603	22 178	6 784 679.57	2 527 129.06
九年一贯制学校	—	—	9 054	—	—
十二年一贯制学校	—	—	528	—	—
小学教学点	883	4 986	3 624	10 346 632.58	785 592.75

数据来源：长春教育统计摘要数据整理

（二）中心城区基础基本情况

2023年，长春市中心城区共有小学161所；班数6 767个，其中普通小学3 713个，九年一贯制学校2 882个，十二年一贯制学校172个；在校生数269 333人，其中普通小学142 681人，九年一贯制学校119 265人，十二年一贯制学校7 387人；教职工数为11 054人，专任教师数为17 705人，其中普通小学10 428人，九年一贯制学校6 886人，十二年一贯制学校391人（见表3）。

表3　小学中心城区基础基本情况统计表

类别	校数	班数	在校生数	教职工数/人	
				教职工	其中：专任教师
小学	161	6 767	269 333	11 054	17 705
普通小学	—	3 713	142 681	—	10 428
九年一贯制学校	—	2 882	119 265	—	6 886
十二年一贯制学校	—	172	7 387	—	391

数据来源：长春教育统计摘要数据整理

（三）长春市小学基本情况

1. 办学规模情况

2023年，长春市小学学校数为342所，其中南关区、朝阳区、宽城区、绿园区、二道区、双阳区、九台区、净月、莲花山、经开区、汽车区、新区、中韩（长春）国际合作示范区等13个市区188所，榆树市、公主岭市、农安县、德惠市4个县（市）154所；班数为13 186个，其中南关区、朝阳区、宽城区、绿园区、二道区、双阳区、九台区、净月区、莲花山区、经开区、汽车区、新区、中韩（长春）国际合作示范区等13个市区7 901个，榆树市、公主岭市、农安县、德惠市4个县（市）5 285个；在校生数为445 948人，其中南关区、朝阳区、宽城区、绿园区、二道区、双阳区、九台区、净月区、莲花山区、经开区、汽车区、新区、中韩（长春）国际合作示范区等13个市区303 641人，榆树市、公主岭市、农安县、德惠市4个县（市）142 307人（见表4）。

表4　长春市小学基本情况表（一）校数、班数、在校生数

区域	校数	班数	在校生数
长春市	342	13 186	445 948
市区小计	188	7 901	303 641
南关区	27	692	26 459
朝阳区	27	957	36 482
宽城区	24	860	33 722
绿园区	16	805	31 960
二道区	15	725	30 119

续表

双阳区	15	441	11 824
九台区	12	693	22 484
净月	14	590	24 067
莲花山	13	46	1 328
经开区	9	427	17 674
汽车区	6	456	18 271
新区	5	1173	47 913
中韩（长春）国际合作示范区	5	36	1 338
四县（市）小计	154	5 285	142 307
榆树市	48	1 411	32 408
公主岭市	40	1 320	42 310
农安县	36	1 477	38 143
德惠市	30	1 077	29 446

数据来源：长春教育统计摘要数据整理

2. 小学办学条件情况

2023年，长春市小学教职工数为31 589人，其中南关区、朝阳区、宽城区、绿园区、二道区、双阳区、九台区、净月区、莲花山区、经开区、汽车区、新区、中韩（长春）国际合作示范区等13个市区14 496人，榆树市、公主岭市、农安县、德惠市4个县（市）17 093人；专任教师数为35 384人，其中南关区、朝阳区、宽城区、绿园区、二道区、双阳区、九台区、净月区、莲花山区、经开区、汽车区、新区、中韩（长春）国际合作示范区等13个市区21 440人，榆树市、公主岭市、农安县、德惠市4个县（市）13 944人；校舍建筑面积数为3 312 721.8平方米，其中南关区、朝阳区、宽城区、绿园区、二道区、双阳区、九台区、净月区、莲花山区、经开区、汽车区、新区、中韩（长春）国际合作示范区等13个市区1 572 700.9平方米，榆树市、公主岭市、农安县、德惠市4个县（市）1 740 020.9平方米；占地面积为17 131 312.2平方米，其中南关区、朝阳区、宽城区、绿园区、二道区、双阳区、九台区、净月区、莲花山区、经开区、汽车区、新区、中韩（长春）国际合作示范区等13个市区4 372 693.0平方米，榆树市、公主岭市、农安县、德惠市4个县（市）12 758 619.1平方米；图书为10 111 542册，其中南关区、朝阳区、宽城区、绿园区、二道区、双阳区、九台区、净月区、莲花山区、经开区、汽车区、新区、中韩（长春）国际合作示范区等13个市区5 016 624册，榆树市、公主岭市、农安县、德惠市4个县（市）5 094 918册；学生用数字终端数为27 952台，其中南关区、朝阳区、宽城区、绿园区、二道区、双阳区、九台区、净月区、莲花山区、经开区、汽车区、新区、中韩（长春）国际合作示范区等13个市区14 112台，榆树市、公主岭市、农安县、德惠市4个县

（市）13 840 台；固定资产总值为 620 445.2 万元，其中南关区、朝阳区、宽城区、绿园区、二道区、双阳区、九台区、净月区、莲花山区、经开区、汽车区、新区、中韩（长春）国际合作示范区等 13 个市区 387 678.4 万元，榆树市、公主岭市、农安县、德惠市 4 个县（市）232 767 万元（见表5）。

表5 长春市小学基本情况表（二）教职工、办学条件

区域	教职工数/人 教职工	其中：专任教师	校舍建筑面积/平方米	占地面积/平方米	图书/册	学生用数字终端数/台	固定资产总值/万元 固定资产总值	其中：教学仪器设备资产值
长春市	31 589	35 384	3 312 721.8	17 131 312.2	1 011 1542	27 952	620 445.2	107 221.8
市区小计	14 496	21 440	1 572 700.9	4 372 693.0	5 016 624	14 112	387 678.4	64 185.6
南关区	1 567	2 144	162 377.2	216 031.0	525 300	1 534	41 296.0	7 114.8
宽城区	1 571	2 213	178 729.2	310 732.0	678 307	1 746	61 681.8	9 227.2
朝阳区	2 545	2 659	246 610.3	327 462.0	702 242	2 593	10 0813.0	15 359.4
二道区	1 270	1 891	131 667.9	226 170.0	543 012	1 341	18 748.6	5 565.4
绿园区	1 902	2 067	181 660.8	451 109.9	544 641	1 733	44 177.8	5 904.3
双阳区	1 799	1 393	194 275.4	1 278 621.5	588 507	1 455	47 814.8	7 753.3
九台区	1 643	2 342	170 480.7	724 945.0	565 228	1 025	30 222.6	3 393.5
净月区	868	1 476	173 874.9	308 743.3	298 575	722	17 384.8	2 691.0
莲花山区	131	186	12 399.0	41 025.0	28 106	82	1 138.5	1 84.5
经开区	650	1 082	67 357.5	170 184.3	315 061	1 285	17 234.8	4 264.7
汽车区	392	1 009	32 337.0	90 861.0	198 855	452	5 238.4	2 411.6
新区	59	2 891	14 774.0	80 384.0	4 740	45	1 423.4	64.0
中韩（长春）国际合作示范区	99	87	6 157.0	146 424.0	24 050	99	503.9	251.9
四县（市）小计	17 093	13 944	1 740 020.9	12 758 619.1	5 094 918	13 840	232 767	43 036
榆树市	4 803	4 100	408 737.1	2 551 509.2	1 385 415	3 443	64 322.4	8 917.2
公主岭市	4 252	3 313	501 956.3	3 256 369.9	1 277 896	3 237	56 139.4	11 034.0
农安县	4 405	3 587	475 297.2	3 507 060.4	1 307 398	3 374	65 019.9	14 995.9
德惠市	3 633	2 944	354 030.4	3 443 679.6	1 124 209	3 786	47 285.0	8 089.1

数据来源：长春教育统计摘要数据整理

三、教育改革发展情况

（一）突出政策引领，全面落实新课程标准

在新形势下，按照中央对教育的新要求，尤其是落实好立德树人根本任务，2022年对现有的课程方案和标准做了修订完善，新的方案和标准在2022年秋季开始执行。本年度基于义务教育新课程标准，落实以下工作：

一是抓实全员培训，确保新课程落地生根。将全员培训作为推进义务教育课程实施的重要手段。创新培训形式，通过视频直播、远程协同、线上线下的混合式教研方式，实现优质教研全覆盖。常态化跟进指导，建立中小学教学视导与调研制度，及时分析、解决课堂教学实施中的问题。

二是强化统筹实施，推动提质增效新突破。严格依据课程方案和课程标准开展教学。科学评估学生发展水平，注重活动化、生活化。关注小初衔接，把握课程深度、广度变化，合理安排不同学段内容，体现连续性和进阶性。加强课内外学习有机融合，整体规划课后服务与学校教育教学活动，根据需要在课后服务时间内安排体育与健康、劳动，开展科学探究、社会实践、艺术活动等，保障课程实施，发展学生特长。

三是健全长效机制，引领义务教育高质量发展。围绕新课程标准，落实教学基本要求、基本规范、基本规程，指导学校做好课程整体规划，围绕课程标准、核心素养、课堂教学内容方法等开展教学研究指导。加强教育督导，将学科实践、课业负担纳入督导。落实"双减"要求，积极利用人工智能等信息化手段，为教师提供基础资料、优质资源和个性化指导，减轻简单重复工作负担，更大力度推进优质资源共享。

（二）多措并举，推动义务教育优质均衡发展和城乡一体化

1. 积极赋能学校内涵建设

一是本着推进服务学校发展、靠前服务教师教学的理念，重点针对薄弱学校开展持续、抵近的教学指导服务14次，视导覆盖11个城县区域的24所小学。以"立足单元整体，聚焦深度学习"为研究主题，保底听评课700余节。坚持把教学指导与服务送到基层，以调研工具应用为核心，汇编调研报告、开展座谈培训，帮助学校推进教学改革、提升教育教学质量。强化文本指导，组织编写6个学科的《长春市小学作业指导与实施意见》《长春市小学教学基本要求》计12份。完成年度教研发展报告和学科发展报告7份。

二是落实新课标理念，围绕学科组建设、个人备课、课堂教学、作业设计与布置、批改与辅导、教学评价和校本研修及教学常规管理等开展过程性教学诊断与指导，开展基于新课程标准理念下的教材培训、集体备课现场培训、学科研讨70余场次，线上线下累计参培人数11万余人。坚持以"教—学—评"一体化的视角开展现场教学研究，充分发挥教研员在服务学校教育教学改革、教师专业成长、学生全面发展、教育管理决策等方面的专业作用，探索创新教研工作方式，提升工作针对性、有效性。

三是全力开展老牌学校振兴专项行动。针对教育局确定的首批振兴行动重点对象，开展专项调研行动,共行走10个县区,19所老牌校。挖掘学校的优势潜能,找出问题症结所在,抓住关键环节,制定时间表和路线图,切实做到"一校一研、一校一案",抓实实施新课程的重大机遇,采取市区联动,联合调研视导常态化、专题化,推动课堂教学转型,全面提升育人水平。

2. 推进义务教育城乡一体化进程

长春市城乡协同发展策略不断升级,帮扶对子由345个增加至425个,帮扶范围扩大23.2%,在教学研究、教师培训、校长交流和学生活动等方面持续加强同频共振。施行城市大学区对口帮扶乡镇大学区、县城学校"1+1"帮扶乡镇中心校、中心校+村小等帮扶模式,推动优质教育资源共建共享。开展结对教研、专题培训、学生实践等活动上千次,累计组织教师120余人送课下乡,受益教师达1.6万余人。依托国家中小学数字教育平台和"长春云校",实现市区优质学校与农村薄弱学校"同上一节课",以信息化手段缩小城乡义务教育发展差距,实现优质资源有效共享。

(三)严格落实"双减"政策要求

1. 深入推进"双减"工作

以加强作业管理和考试管理、提高课堂教学质量等为重点,增强校内优质教育供给能力,保障学生校内学足学好,大力弱化校外培训需求。探索实践学生作业改革创新模式,指导学校广泛开展"双减"背景下的分学科、分课型精细化研究和专题探索6场次,下沉区域开展新课标新实践教研指导现场培训共计9场次。组织开展推省、国家级学科大赛选手的试教指导12次。

2. 探索作业改革路径

聚焦作业创新改革,我市多次组织专家到校开展作业管理专业化指导,开展教师培训与教研,提高教师作业设计能力和管理水平。创新制定"421"自主作业模式、"3+1+X"作业改革模式、"基础+特色+个性"作业设计模式等,不断优化学生作业结构。指导学校将"优化作业设计"作为课题纳入教学研究,尝试开展分学科、分课型的精细化研究和专题探索。

(四)全面深化幼小科学衔接工作

重点开展幼小衔接的课程开发与指导。研究开展幼小衔接期的主题活动课程建设,推进基于标准的课程建设研究和顶层设计研究,加强对学校衔接期课程实施的专业指导,推进学校课程规划与实施,构建促进学校幼小顺利、科学衔接的课程体系。小学教研室组织各学科中心组团队开发编写《长春市幼小科学衔接攻坚行动联合教研资料汇编》——小学语文、数学、道德与法治、科学、英语学科的《基于幼小衔接的单元教学设计与指导》。制定《长春市幼小科学衔接攻坚行动小学入学适应(入学准备)教育教学指导意见》,坚持秉持儿童立场,增强学科课程之间的统整与融合,注重学生既有经验与活动的整合,为每个儿童搭建成长适应的阶梯,为儿童终身发展提供系统化学习支持。

（五）提升教师队伍教育教学水平

本年度加强卓越教师、市级中小学中青年学科带头人、市级学科骨干教师等名优教师梯队建设。组织开展181个新一轮长春市中小学名师工作室工作，提高工作室组织建设能力，加大考核力度，发挥示范引领作用。促进乡村振兴，实施"名师牵手计划"，启动乡村骨干教师名校名师跟岗提升工程，订单式送课下乡等，持续开展乡村教师培训，提高乡村教师教育教学水平。以赛代培，组织开展教师基本功、教师教学反思能力、名优教师培训课程说课、信息技术与学科教学创新融合案例等竞赛，提高教师业务素质，不断加强教师队伍建设。

（六）持续推进"互联网＋教育"发展

一是落实教育信息化2.0的发展目标，推进智慧教育新基建，通过全市义务教育薄弱环节改善与能力提升项目，推进教育网络环境建设，加快智慧校园建设和农村学校信息化建设。

二是统筹谋划"互联网＋教育"大平台建设，整合基础教育平台，统筹谋划职业教育平台，升级接入学前教育平台，实现全市教育相关应用系统互联互通，实现"用数据说话、用数据决策"的科学化教育治理。

三是探索组建"1+N"长春云端学校共同体，规划建设"长春云校"，构建线上线下混合式课堂等教学新模式，为学生提供全场景"云资源"，让教育供给更好赋能学生全面、个性发展。本年度共构建云课学习共同体8个，实现优质资源共建共享，市（县）区校协同开展"集优赋能提质增效"云课建设课例研讨30余场次、经验交流近30场次，培训带动面广、关注度高、辐射面大、实效性强、目标指向精准。

四是统筹共建大数据服务展示中心，完善教育数字化评价体系，深挖教育数据价值，提升网络安全防护能力和净化教育网络应用空间，筑牢系统网络安全防线。

（七）深化基础教育质量评价改革

深化学业质量评价研究，使考试评价从甄别走向诊断，构建形成性教学评价体系。基于素养导向的试题命制与教学诊断指导序列活动2次。开展各城县区试题命制评价指导工作2项，一是建立小学各学科优质试题资源库；二是开展县区及城区薄弱校的试卷命制指导6次，基于评价视角为推进薄弱校教学改进发生提供可能。

落实教育部《国家义务教育质量监测方案（2021年修订版）》以及教育部等六部门《义务教育质量评价指南》，继续组织开展2023年义务教育小学毕业年级学业质量监测命题工作。精准落实质量监测整体部署，命题坚持育人导向、素养立意，开展2023年长春市小学毕业年级学生质量监测命题、试卷发放、监测报告统计分析工作。

（八）创新五育融合育人体系

一是发展小学德育工作，全面落实《幼小初高一体化德育体系建设的实施方案》，打造德育课程范式，创新德育载体建设，提升德育品牌实效；二是创新大中小学思政教育一体化；三是推动新时代劳动教育高质量发展，统筹推进课堂知识与实践教育有机融合，打造校外教育与校内教育的创新合作模式，着力构建学校、家庭、社会协同一体社会实践教育工作格局；四是举办体育与美育赛事。

四、教育发展的问题分析

（一）优质均衡发展和城乡教育一体化有待推进

党的二十大报告提出"加快义务教育优质均衡发展和城乡一体化"的战略性任务。目前，我省城乡义务教育资源配置不断优化，整体教育水平显著提升，但仍存在一些问题：一是教育资源方面，城市具有优势，农村较为薄弱，导致城乡、校际差距较大，"城市挤、农村弱"问题一定程度存在；二是"五育"并举落实方面，"重智、轻德、弱体、少美、缺劳"现象、教育教学器材配备匮乏、场地建设不足等问题不同程度存在；三是个别学校课后服务吸引力不强，资源不够丰富，内容较为单一。

（二）新课程标准落实不到位，教师培训形式单一

2022年3月25日，教育部印发《义务教育课程方案和课程标准（2022年版）》。方案和标准明确提出，各地要统筹谋划、系统推进义务教育课程方案和课程标准（2022年版）落地实施。新课程标准出台后，自上而下都在有序推进和落实，但是仍然存在教师教育观念滞后，课改意识不强，教师的教育理念陈旧，教育方法落后的问题。部分教师表示，外出培训机会较少，培训主要采取线上方式，培训形式过于单一。

（三）教师结构性短缺、科研能力不足，农村教师教学实施能力培训需要强化

吉林省委、省政府高度重视我省教师队伍建设，协同创新、多措并举，致力培养造就高素质、专业化、创新型教师队伍并取得显著成效，但目前还存在一些问题：一是教师结构性短缺现象仍然存在，专任教师有减少趋势，如部分学校个别学科专业教师相对匮乏、配备不足，教师缺口主要通过兼职方式缓解，班主任教师兼顾双科教学，精力有限，致使个别专业学科授课质量不高；二是个别教师对科研工作重视不够，科研能力不足，在工作中重实践操作轻研究积累；三是农村教师教学实施能力培训需要强化，许多农村教师反映，工作压力较大、工作环境较差，这些因素都成为制约农村教师专业发展的重要问题。目前，我国的城镇化进程虽然不断深入，但不可否认，我国农村教育资源仍然相对匮乏。

（四）需持续防范化解校外培训监管治理新风险

长春市校外培训工作监管有力，联合发力，紧盯问题整改，纵深推进治理工作，呈现良好教育生态，但仍存在一些治理风险：一是隐形变异治理难题仍需破解。有的机构以"高端家政""住家教师"等名义开班，有的机构则转移到居民楼、酒店、咖啡厅等隐秘地点违规开展培训，此类问题发现难、取证难、查处难，需持续跟踪治理。二是正面宣传引导不足仍需破解。由于个别地方和学校过度关注升学率，加剧了教育功利化倾向，"剧场效应"导致一些家长产生焦虑而盲目为孩子报班补课，需持续转变教育观念、提高社会各界对"双减"工作的共识。

五、教育发展的策略建议

(一) 持续推动义务教育优质均衡发展和城乡教育一体化

一是通过加快创建农村温馨校园,推进城乡义务教育共同体建设,以城乡义务教育一体化建设行动为支点,以课堂教学高质高效实施为抓手,聚焦新课程标准的落地落实,破解城乡校际教学质量不够均衡、乡村小规模学校教学亟须改进等问题;二是加强对乡村学校专业引领与指导,推动形成"以强带优,以优扶弱"的良性循环,全面提高乡村学校教学质量。

(二) 进一步落实新课程标准在教育教学中的实施与落地

2022年3月25日,教育部印发《义务教育课程方案和课程标准(2022年版)》。方案和标准明确提出,各地要统筹谋划、系统推进义务教育课程方案和课程标准(2022年版)落地实施。有计划、有步骤地组织开展培训,多种形式强化课程改革理念和改革总体要求的研修交流,实现校长、教师及教科研人员、教育行政人员全覆盖;加强课程实施管理与指导,制定省级义务教育课程实施办法并报教育部,明确学校课程实施的工作要求;大力推进教学改革,转变育人方式,切实提高育人质量;加大条件保障力度,保证课程有效实施。

(三) 进一步强化师德师风建设,着力优化农村教师队伍建设

一是通过加大优秀教师典型表彰宣传力度和师德失范行为通报警示力度,提升全体教师师德修养和法治素养,推进师德师风建设;二是推进教师精准培训改革,加大培训力度,完善培训体系,创新培训实施环节,引导培训院校优化资源配置,切实提高培训质量和培训效果。尤其是要根据农村教师专业发展的内在要求,为他们提供多种形式的培训机会,相关部门也应当切实关注农村教师的专业发展需求,并组织多样化的培训活动。

(四) 发挥"双减"协调机制作用,持续推进校外培训监管工作

发挥好"双减"工作专门协调机制作用,持续推进校外培训监管,巩固深化"双减"成果。一是常态化监管校外培训。充分发挥"双减"工作专门协调机制作用;二是提升信息化智慧化监管水平。完善应用"全国校外教育培训监管与服务综合平台"。另外,以"三个加强"为支撑,聚力推动校外培训治理工作:一是加强隐形变异培训治理,巩固学科类治理成果。保持声势不减、力度不减,坚决防止培训乱象旧态重演,重拳打击学科类隐形变异培训,依法依规查处违法违规培训行为;二是加强非学科类培训监管统筹,推进完善分类监管体系。发挥好"双减"工作专班办公室职能,加强沟通协调,进一步压实科技、文旅、体育等业务主管部门责任,平稳有序完成非学科培训机构移交工作;三是加强校外培训监管行政执法,发挥好《校外培训行政处罚暂行办法》利器作用,持续推进校外培训绿色评价。健全行政执法机制。推动市(州)优化机构职能和资源力量配备,力争实现部门间违法线索互联、监管标准互通、处理结果互认。

六、长春市教育大事记

2023年1月,长春市基础教育研究中心组织各学校充分利用"长春名师云课"积极

推进"双减"背景下教育生态重构。创新优质资源个性供给服务模式，促进教育优质均衡发展。

2023年2月24日，长春市教育局与长春师范大学签署战略合作框架协议。长春市教育局将与长春师范大学进一步深入沟通与合作，积极为长师大与长春市基础教育研究中心、市属中小学建立协同合作机制搭建桥梁、提供便利。

2023年2月27日，长春市教育局与东北师范大学召开战略合作洽谈会。东北师范大学创建的"师范大学、地方政府、中小学校"三方合作的"U-G-S"教师教育模式，在长春取得了较好实效。东北师范大学将继续发挥学校特色学科和教师教育优势，聚集优质资源，办好合作学校，为长春市"办好老百姓家门口每一所学校"做出积极贡献。

2023年2月，义务教育段各学科陆续开展"立足单元整体　聚焦深度学习"2023年春季长春市新课标背景下的教材培训暨集体备课，"学科五育并举　融合育人"2023年春季长春市线上教材培训活动。

2023年3月7日，召开长春市基础教育高质量发展教育科研课题开题暨高峰论坛。会议主要落实国家、省、市教育工作会议安排部署，深入推进长春市教育局"1688"奋进计划和基础教育强校行动计划，深化教育教学改革，加强科研课题引领，全力推动长春教育高质量发展。

2023年4月4日，长春市教育局召开2021年度基础教育质量监测结果发布暨2022—2023年质量监测工作部署会。会上强调要充分发挥监测评估促进教育高质量发展的价值作用，精准破解质量提升"最后一公里"问题，紧紧围绕"1688"教育奋进计划，进一步做好全市基础教育质量监测评估工作。

2023年8月，义务教育段各学科陆续开展"立足单元整体　聚焦深度学习"2023年秋季长春市新课标背景下的教材培训暨集体备课，"学科五育并举　融合育人"2023年秋季长春市线上教材培训活动。

2023年8月15日，长春市教育局举行2023年长春市直属校中小学教师信息技术应用能力提升工程2.0启动大会暨市直学校管理团队领导力提升培训开班仪式。本次培训围绕"基于数字素养的教师专业发展、提升工程2.0文件解读、混合式校本研修活动的组织策略、校本应用考核方案的编制、学校信息化发展规划与学校校本研修计划分享"建构培训课程，探索具有长春特色的教师信息化素养提升新模式。

2023年9月12日，长春市第八届中小学生"学宪法　讲宪法"演讲比赛・知识竞赛圆满举行。比赛自始至终贯穿对习近平法治思想，以及党的二十大关于全面推进依法治国重要战略部署的学习和贯彻。选手们能够结合自身经历、感悟和时政热点，准确阐述对宪法核心要义和精神实质的理解，体现出具有较高的法治素养与扎实的演讲功底。

2023年10月15日，"长春云校"正式开课。长春云校积极回应当下关切、促进优质均衡、努力构建线上线下混合式课堂、直播教学、异步点播、学情分析、精准指导等教与学新模式，为学生提供云课程、云课堂、云教学、云直播、云指导、云评价、云合作等全场景"云资源",丰富学生学习路径和学习体验,让教育供给更好赋能学生全面而有个性的发展。

2023年11月17日,长春市教育局举办全市中小学"大思政课"建设经验交流暨融合教学研讨活动。本次活动深入学习贯彻习近平总书记关于思政课建设和"善用'大思政课'"重要讲话重要指示批示精神,落实《全面推进"大思政课"建设的工作方案》部署要求,梳理总结全市中小学"大思政课"建设成果经验,发挥典型示范引路作用,推进"大思政课"建设提质提效。

2023年11月,根据《长春市教育局关于开展中小学幼儿园教师"以赛代培"系列活动通知》精神,长春市教育局下发了《长春市小学教师教学基本功大赛暨教学名师评选活动通知》,经过校级初选、区域推送、市级复审,通过闭卷考试、面试考核、综合评定等环节,完成市级名师评选工作。

2023年12月20日,长春市2023年中小学(含职业)青年教师教学技能大赛成功举办。本届大赛充分发挥了教学竞赛的示范引领作用,大赛优胜选手将推荐参加全省、全国中小学青年教师教学竞赛,以此推动教学竞赛活动不断向纵深发展,进一步激发全市广大青年教师更新教育理念、掌握现代教学方法的热情,更好地创造性开展教学工作,积极建功新时代。

报告执笔人:肖宇轩 彭懿馨 李艳辉 李春艳 肖乐筠

长春市初中教育年度发展报告

一、教育发展的时代背景

1. 教育部办公厅关于印发《基础教育课程教学改革深化行动方案》的通知（教材厅函〔2023〕3号）中明确提出：2023年启动，有组织地持续推进基础教育课程教学深化改革。至2027年，形成配套性的常态长效实施工作机制，培育一批深入实施新课程的典型区域和学校；总结发现一批教学方式改革成果显著、有效落实育人要求的教育教学案例；教师教学行为和学生学习方式发生深刻变化，教与学方式改革创新的氛围日益浓厚，基础教育课程教学改革形成新气象。

2. 实施义务教育强校提质行动，加快优质均衡发展。教育部、国家发展改革委、财政部《关于实施新时代基础教育扩优提质行动计划的意见》（教基〔2023〕4号）中强调：要充分利用现有校舍资源、改扩建教学楼、建设新校区、合并周边薄弱学校、倾斜调配教师编制等方式，在不产生大班额情况下，进一步扩大学位供给，推进优质学校挖潜扩容，加快办好一批条件较优、质量较高、群众满意的"家门口"新优质学校。

3. 扎实推进农村义务教育教师队伍建设。教育部、中央编办、国家发展改革委、财政部人力资源社会保障部关于《大力推进农村义务教育教师队伍建设的意见》（教师〔2012〕9号）中指出：要扎实推进农村义务教育教师队伍建设，探索建立农村义务教育教师补充新机制，编制配备切实保证农村学校师资需求，多渠道扩充农村优质师资来源，大力促进农村教师专业发展，建立健全城乡教师校长轮岗交流制度，切实保障农村教师待遇，大力表彰在农村长期从教的优秀教师，建立分工明确协调配合的工作机制。

4. 教育部办公厅等四部门《关于进一步规范义务教育课后服务有关工作的通知》（教基厅函〔2023〕26号）中强调指出："双减"工作开展以来，各地不断提升学校课后服务水平，满足学生多样化需求，强化学校教育主阵地作用，取得了显著成效，同时也提出五严禁，即严禁随意扩大范围，严禁强制学生参加，严禁增加学生课业负担，严禁以课后服务名义乱收费，严禁不符合条件的机构和人员进校提供课后服务。

二、教育发展的基本概况

（一）发展规模情况

全市初中阶段学校326所，在校教职工3.47万人，其中专任教师2.84万人。全市初中阶段毕业生7.44万人；当年招生7.21万人；在校生22.79万人，比上年减少0.19万人。担任初中阶段教学任务的专任教师2.2万人。（见表1—3）

表1　长春市初中学校数（单位：所）

	学校数	教育中门	其他部门	民办
城区	105	97	1	7
镇区	109	104	0	5
乡村	112	110	0	2
合计	326	311	1	14

数据来源：《2022—2023长春教育统计资料》（长春市教育局）

表2　长春市初中学校基本情况统计表（单位：人、平方米）

	教职工	专任教师	占地面积	校舍面积
城区	15 572	11 275	——	——
镇区	12 011	7 329		
乡村	6 646	3 697		
合计	34 229	22 301	10 789 258.73	3 765 478.61

数据来源：根据《2023长春教育统计摘要》（长春市教育局）整理

表3　长春市初中学生基本情况统计表（个、人）

	班级数	毕业生数	招生数	预计毕业	在校生 合计	其中女	城区	镇区	乡村
初中	5 443	74 920	77 577	74 487	229 771	109 294	127 439	75 786	26 546
城区	2 839	40 151	43 830	40 095	127 439	60 617	127 439	75 786	26 546

数据来源：根据《2023长春教育统计摘要》（长春市教育局）整理

（二）师资数量与结构情况

2023年，长春市初中共有专任教师22 301人，其中女教师为16 672人，占教师总数的74.76%。教师年龄结构：35岁以下教师6 990人，占比31.34%，50岁及以上教师5 409人，占比32.97%；教师学历方面：本科学历人数最多，为19 117人，占比为85.72%。（见表4—6）

表4　初中专任教师情况统计表（单位：人）

分布	合计	女	24岁以下	25—29岁	30—34岁	35—39岁	40—44岁	45—49岁	50—54岁	55—59岁
长春市	22 301	16 672	1 015	3 145	2 830	2 543	2 998	4 361	3 465	1 944
城区	11 275	8 758	578	1 497	1 416	1 323	1 666	2 070	1 819	906
镇区	7 329	5 423	303	1 130	1 046	882	862	1 319	1 109	678
乡村	3 697	2 491	134	518	368	338	470	972	537	360

数据来源：根据《2022—2023长春市教育统计资料》整理

表5 初中专任教师学历情况统计表（单位：人）

分布	合计	女	博士研究生	硕士研究生	本科	专科	高中及以下阶段	本科及以上学历占比	女教师占比
长春市	22 301	16 672	12	2 402	19 117	765	5	96.55%	74.76%
城区	11 275	8 758	7	1 446	9 543	278	1	97.53%	77.68%
镇区	7 329	5 423	5	847	6 166	311	0	95.76%	73.99%
乡村	3 697	2 491	0	109	3 408	176	4	95.13%	67.38%

数据来源：根据《2022—2023长春市教育统计资料》整理

表6 长春市初中学科专任教师学历情况统计表（单位：人）

学科分布	合计	女	博士研究生	硕士研究生	本科	专科	本科及以上学历占比	女教师占比
道法	1 522	1 223	1	165	1 316	40	97.37%	80.35%
语文	3 376	2 798	1	382	2 939	54	98.40%	82.88%
数学	3 483	2 622	1	316	3 065	101	97.10%	75.28%
外语	3 420	3 057	0	459	2 865	96	97.19%	89.39%
物理	1 551	1 000	1	185	1 316	48	96.84%	64.47%
化学	974	738	2	140	804	27	97.13%	75.77%
生物	1 068	875	2	175	851	39	96.25%	81.93%
地理	1 021	785	2	92	882	45	95.59%	76.89%
历史	1 493	1 143	0	149	1 296	47	96.78%	76.56%

数据来源：根据《2022—2023长春市教育统计资料》整理

（三）专任教师专业技术职务、年龄结构情况

长春市初中教师22 301人，高级职称教师7 273人，占比32.61%；中级职称教师6 795人，占比30.47%，45岁及以上中级教师最多，占比41.07%。（见表7）

表7 长春市初中专任教师技术职务、年龄结构情况

职称分布	合计	女	24岁以下	25—29岁	30—34岁	35—39岁	40—44岁	45—49岁	50—54岁	55—59岁
正高级	45	25	0	0	0	0	0	3	24	18
副高级	7 228	5 045	0	0	1	41	466	2 099	2 775	1 846
中级	6 795	5 037	1	153	703	1 260	1 887	2 103	626	62
助理级	4 898	3 923	130	1 571	1 502	943	577	139	27	9
员级	282	230	105	122	33	9	6	1	4	2
未定级	3 053	2 412	779	1 299	591	290	62	16	9	7

数据来源：根据《2022-2023长春市教育统计资料》整理

三、教研热点、难点问题的研究探索

依照研究热点（学术热点），确定研究流程（第一步：核心词搜索；第二步：主题可视化确定热点方向；第三步：可视化分析确定知名作者），以 2023 年 1—12 月份为检索时间点；由中国知网检索到"个性化教育、核心素养教育、教—学—评一体化、教师专业发展需求、大单元教学、初中教研"6 个方面，为当前教育教学上的热点、难点问题。

（一）检索"个性化教育"核心词

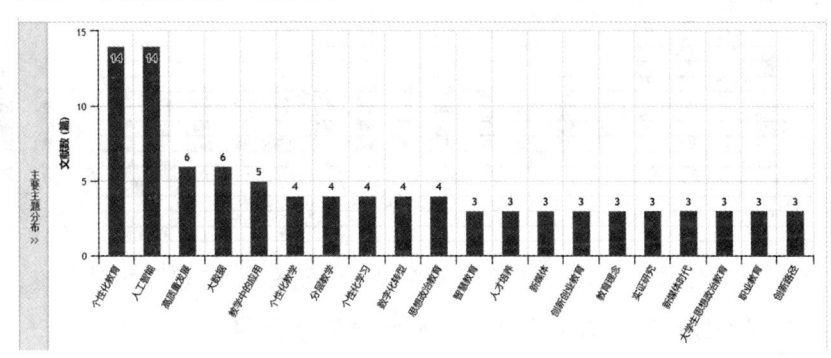

检索文献关于"个性化教育"核心词，以发文量 200 篇为统计基准，其中"主要主题"显示个性化教育占 14 篇，比例为 7%。（见上表）

（二）检索"核心素养教育"核心词

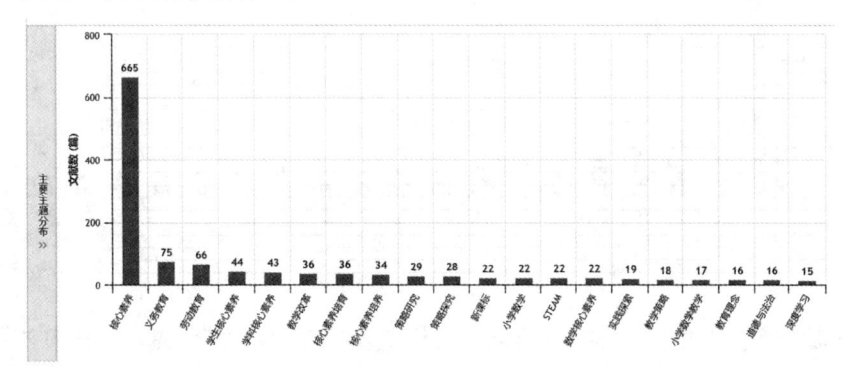

检索文献关于"核心素养教育"核心词，以发文量 1 700 篇为统计基数，其中"主要主题"显示核心素养占 665 篇，比例为 39.1%，占比较大。（见上表）

（三）检索"教—学—评一体化"核心词

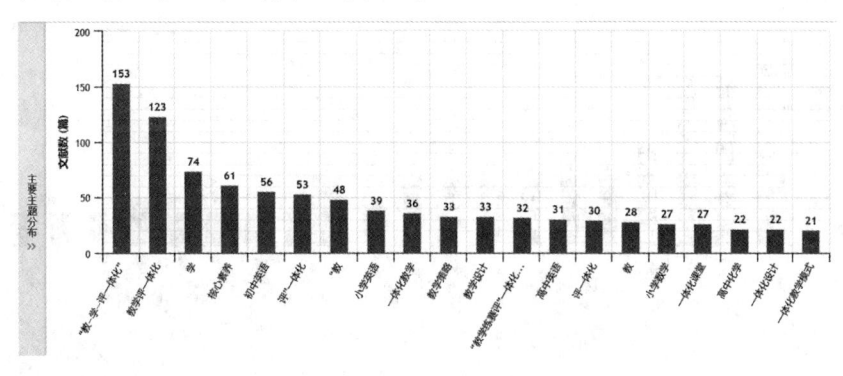

检索文献关于"教—学—评一体化"核心词，以发文量 1 500 篇为统计基准，其中"主要主题"显示教—学—评一体化占 479 篇，比例为 31.9%，占比较大。（见上表）

（四）检索"教师专业发展需求"核心词

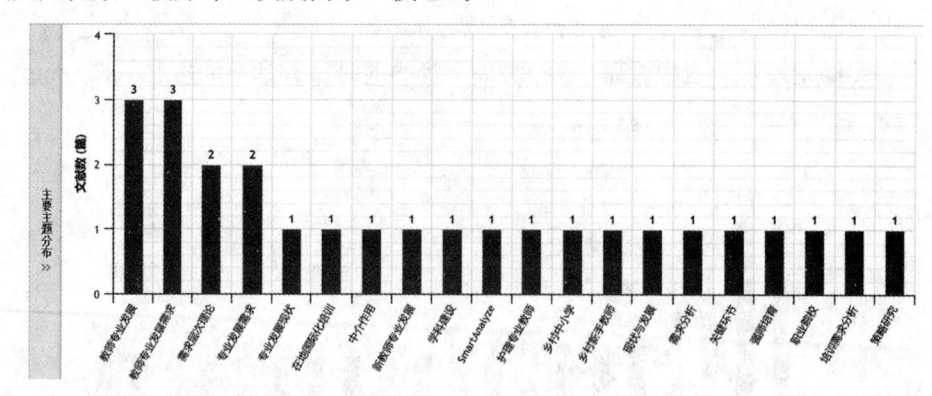

检索文献关于"教师专业发展需求"核心词，以发文量 13 篇为统计基准，其中"主要主题"显示教师专业化发展需求 7 篇，比例为 53.8%。（见上表）

（五）检索"大单元教学"核心词

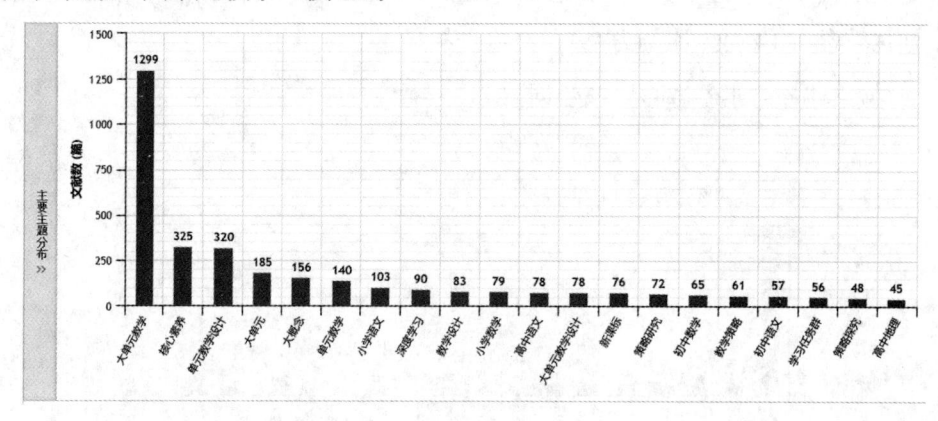

检索文献关于"大单元教学"核心词，以发文量 4 000 篇为统计基准，其中"主要主题"显示大单元教学 2 100 篇，比例为 52.5%，占比较大。（见上表）

（六）检索"初中教研"核心词

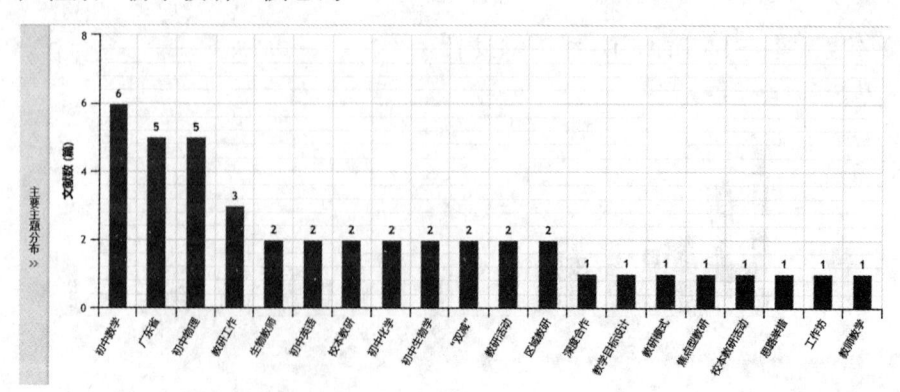

检索文献关于"初中教研"核心词，以发文量40篇为统计基准，其中"主要主题"显示初中教研17篇，比例为42.5%，占比较大。（见上表）

针对上述热点、难点问题，长春市初中主要采取以下应对措施：

一是双减政策的深入落实。自"双减"政策颁布以来，如何减轻学生作业负担和校外培训负担一直是教育教学工作的重点考量。初中部先后2次举行"双减"背景下的"作业设计评比"大赛和1次"单元结构化作业设计评比"大赛；组织2次全市"学科核心素养作业设计专题讲座"和1次"作业设计大赛总结专题培训"等活动，确保了教育"双减"政策能够得到有效落实。

二是教改工作的探索完善。初中部努力把提高教育质量、促进教育公平、加快课程改革作为义务教育阶段的工作目标，不断提升"长春市教育质量提升工程"建设质量。为深入推进新课程的组织与实施，初中部采取"改进教育教学方法、优化教育资源配置、完善教育评价体系"的方法，组织开展"集体备课、教材培训、评价改革培训"等活动，全面推进教育教学质量的稳步提高。

三是智能教学的推广应用。"提高教学效率和效果，实现个性化和智能化教育，促进教育公平，节省教育资源和成本，保护学生隐私和数据安全"已然成为当下教育教学的主要手段，初中部能够紧随时代发展需求，将信息化、数字化、智能化等技术与课堂教育教学有机衔接，较好地克服了地域差异、授课形式、年龄区别、教育背景等问题困扰。

四是师资人员的历练培养。教师既是学生学习的主导者和领路人，又是教育持续发展的关键因素。初中部长期致力于加强教师队伍建设，探索提高教师的专业素养和教学能力，通过"课题研究、骨干辐射、全员练兵、教学展示、名师示范、专题讲座、专项培训"等活动，坚持与时俱进创新教育理念和人才历练培养模式，不断吸引优秀人才热心从教、精心从教、长期从教、终身从教。

五是中考命题的精准把握。中考试题是初中教育教学的指挥棒，对各科教学质量起到积极的引导、促进作用，具有以评促教、以评促学、以评育人的功效。初中部严格按照确保试题正确方向、依据课程标准命题、科学设置试卷难度等要求，提出了要进一步减少记忆性试题，增加探究性、开放性、综合性试题，坚决防止出现偏题、怪题，不断促进教育教学与中考命题的准确对接。

四、教育教研开展的重要举措

教学是基础教育的核心，也是教育改革发展、探索研究的重点。新时期，教育教学面临着前所未有的机遇和挑战，需要广大教育工作者不断摸索、探究和创新，以满足学生求知欲的需求。

（一）学考对接，命题质量得到不断提升

初中部不断加强考试评价改革的研究和探索，注重提高考试命题质量和水平。优选命题人78人、历时12天完成长春市2023年度中考命题工作；动用785人，历时10天完成电子阅卷工作，实现了"考生满意、家长满意、学校满意、社会满意、政府满意"的工作目标。

一是抓好命题人员的专业培训。5月份，初中部组织中考命题人才库1 100人开展命题专业培训活动，通过外请专家、内聘骨干等方式开展多元素、多维度、高层次的技能培训，持续提升中考命题人员的理论根基和专业素养。

二是抓好命题方向的模拟检测。根据省、市关于中考命题改革方案通知要求，初中部组织开展了"初中毕业学科考前质量检测"工作，通过对全市63 139名学生命题测试，以及7条基础数据的精准分析，了解和掌握当下学校教学现状，为中考命题工作提供基本思路和数据支撑。

三是抓好命题质量的均衡提升。为促进全市薄弱区域学校学生复习质量提升工作，促进区域整体发展，全面提高中考质量，初中部推行了全市毕业年级复习攻坚"引路课"活动，开设了骨干教师中考复习展示课以及复习策略专题讲座等，帮助薄弱学校学生把握复习方向，找准复习重点，理清复习范围，确保实现总复习阶段成绩均衡提升。

四是抓好命题水平的持续提高。为持续发挥考试命题对学校教育教学的引导作用，促进教学评价的一致性。8月，初中部组织教师、教研员、主管教学领导三个层面的中考命题质量研讨分析会，分析试卷质量，提出改进策略，总结优势，发现不足，确保中考命题专业水平的可持续提升。8月初，各中考学科分组组建评估队伍，在对63 139份考生试卷数据分析基础上，撰写中考命题"自评估报告"和"典型试题分析"等工作，出色完成教育部对中考试题评估工作。

（二）赛培融合，师资力量得到不断优化

教师是教育的中坚力量。有高质量的教师才会有高质量的教育。支持和吸引优秀师资力量从事教育是初中教研部门职责所在。

一是岗位练兵"展风采"。积极引导全市在职教师学习"新课程"、理解"新课标"、掌握"新教学"，全面提升新理念下教学能力，促进专业能力的不断提升，初中部组织开展了全市"教师教学能力大练兵"活动，经学校、县市区层层选拔、推荐、区域遴选，历时一年时间，共计2 499名教师脱颖而出，参加长春市教育局基础教研部组织开展的名师大赛总决赛，经过笔试和面试两轮次筛选比拼，择优参加2023年度长春市教师教学基本功大赛暨教学名师评选，74人荣获"十佳教师"称号，110人荣获"教学新秀"称号，972人荣获大赛评比二、三等奖，为初中教育教学质量注入了新鲜血液。

二是以赛代练"励精英"。教师要成为"大先生"，做学生为学、为事、为人的示范，促进学生成长为全面发展的人。为进一步凸显"教师教学基本功大赛暨教学名师评选"引领作用，不断深化"教学名师"的蝴蝶效应，发挥"名师授课"的示范、带头作用。初中部陆续组织开展了全市"十佳教师"优质课推荐活动，9个学科（语文、数学、英语、物理、化学、道德与法治、历史、生物学、地理）的36节优质课成果面向长春市全体教师进行

了现场展示，各学科教研员进行主题专业化评课，各专家就落实新课标进行专题讲座，为全市教师提供了一场空前的教学盛宴。

三是择优推选"树典型"。为大力提升全市"教学名师"队伍建设水平，不断提高各级教师"争排头、当尖兵、创先进"的意识和能力，激发全市所属教师"以赛代练、以赛强技、以赛促学"的目的，初中部借助吉林省"名师评选"活动契机，先后聘请47位专家，开展3轮次的评课、评审、评选活动，现推送教师98人，参加省精英、新秀教师评比、角逐活动，争取获得优异成绩。

（三）分享互惠，教研赋能得到不断增强

教研是保障基础教育，提升教学质量的重要支撑。初中部结合实际，深入研究义务教育课程方案和学科课程标准，积极探索新课标和信息技术融合的多种教学方式，促进多元化教学生态。

一是教研赋能大幅提升。为进一步贯彻落实"2023年全国基础教育教研工作"会议精神，提升全市区域教育高质量发展，深化教研改革机制，发挥各级教研机构研究、指导、服务职能。初中部组织开展教研赋能教育高质量发展论坛暨基于核心素养导向的初中学业质量分析交流会，全市17个县（市）、区教研员分别作区域年度中考质量分析汇报，分析研讨各区域中考质量存在的优势、差距及短板，提出改进策略和工作设想，确保教研能力得到大幅提升。

二是教研互惠效益倍增。按照年度教研工作会议精神，初中部利用半天时间，组织380人召开"学科教研研讨会"，全市初中9个学科教研员作教研主题发言及典型经验介绍，认真总结梳理初中教研活动特点、规律及教研过程中的优缺点，做到了模式新颖、互惠互利、资源共享，为进一步提升初中教研工作质量指明了方向，积蓄了力量。

三是教研定位靶向精准。为提升教研工作的针对性、有效性、吸引力、创造力，初中部组织召开全市"春、秋两季教研课题研讨会"2次，累计组织进修学校主管教学领导层面、学科教研员层面、直属学校教研组长层面研讨交流会19次，通过一系列的教学教研会，为各级理清了工作思路，找准了教研方向。根据上级"1688"计划要求，初中部组织9个学科教研员先后到绿园区87中学、二道区108中学等老牌学校开展蹲点调研指导活动，通过"听课评课、座谈交流、备课指导、专题讲座"等形式，了解和掌握学校教学教研现状、存在问题和困惑，并提供解决策略和指导办法。

（四）齐聚云端，名师汇集线上持续助力

"云端课堂"是激发和提高学生学习兴趣、拓展思维层次、养成自主学习、终身学习的有效途径。初中部通过优化整合全市师资中的优势力量和精英骨干，逐步开启"区域数字化校园"和"云端教育新时代"等模式，不断提升全市教学教研的效能。初中部严格按照国家《义务教育课程方案和课程标准（2022年版）》要求，帮助全市所属学校不同层次、不同群体的学生在云端找到适合自己的课程，先后组织9个名师团队，共计36人，精心设计、

精准谋划了"暑假云端复习全课程""同步云端课堂"等活动,内容覆盖语文、数学、英语、物理等9个学科,合计124节课时;同步录制单元学习指导课146节,现已逐步搭建了"线下云上衔接紧密、课上课下无痕对接"知识学习网,为全市学子实现由"学会"向"会学"的跨越式转变持续助力。

（五）多措并举,推动城乡优质教育资源均衡

面对城乡教育质量发展不均衡、教育资源分布不均匀等挑战,初中部积极采取"送教下乡、送培到县、资源共享"等措施,调整、优化城乡间教育资源分布,助力城乡教育质量一体化发展进程。初中部通过"送教下乡"活动,以选派骨干教师到农村学校授课、开展教学示范、组织教学研讨等方式,将先进的教学理念和方法带到农村,帮助农村教师提高教学水平和能力。为提升县域初中教师专业素养和教学能力,初中部邀请学科专家、优秀教师团队围绕教学理念、教学方法、课堂管理等方面开展"送培到县"活动,帮助县域教师拓宽视野、更新观念、提高技能。

五、教研面临问题分析及对策

（一）教研引领作用的定位不准

教研引领在推动教育进步和提高教学质量方面起着决定性的作用。为推动教研活动的高质量、可持续的发展,提升教研活动的整体水平和影响力,为学校的教育教学工作注入新的活力和动力,促进学校的整体发展。建议措施如下:

一是强化教研引领。教研部门应积极参与课程和教学改革,为其提供科学的指导和建议。通过制定课程标准、评估教学质量、推广教学案例等方式,推动学校的教育创新和优化发展。定期组织教师参加教研培训,提升教师的教研能力和意识;鼓励教师参与课题研究,将教学实践与理论研究相结合,关注教育教学中存在的核心和亟待解决的问题。

二是创新教研方法。打破传统教研模式,尝试采用线上教研、跨学科教研等新型教研方式,举办多样化的教研活动,如学术沙龙、研讨会、教学比赛等,持续调动和激发教师的教研热情;发挥骨干教师、教学名师的示范辐射作用,通过示范课、观摩课等活动,发现和挖掘优秀的教学方法和研究成果。同时,注重引入前沿教育理念和技术手段,丰富教研内容,活化教研形式,提高教研质量。

三是突出教研特色亮点。结合各区各校特色和优势,开展具有地方特色和学科特色的教研活动,鼓励教师创新教学方法和手段,打造具有个人特色的教学风格。完善学科教研队伍和兼职教研员队伍建设,组建跨学科教研团队,在现有教研成果的基础上,深入挖掘和拓展教研的深度和广度。加强与省内外先进区域的交流与合作,引进先进的教育理念和经验。

（二）教研质量提升的动力不足

推动教研活动的高质量、可持续的发展在能力上还有欠缺,与发达地区同行业相比,还需转变观念、对标看齐、持续用力。建议措施如下:

一是教研机制需长效建立。建立教研激励机制和评价体系，对教研中取得突出成果的教师进行表彰和奖励；积极构建科学化、标准化的教研评价体系，将教研活动纳入教师的考核和晋升。同时，将研究成果应用和转化到实践教学，在教学中验证其有效性和可行性。要及时建立教育评价和质量监控机制，对学校教学质量进行评估、监管。

二是教研成果需资源共享。投入更多资源用于教研活动的开展，包括经费、场地、设备等，要建立教研资源共享平台，将优质的教学资源、教案、课件等集中起来，供教师参考和使用，促进教研成果在教学实践中的应用，将理论研究成果转化为实际教学效果。

三是教研能力需稳步提升。定期举办教研能力提升培训活动，包括教学方法、课题研究、论文写作等，鼓励教师参与高层次的学术交流和研究项目，提升教师的学术影响力。加强区域教研的合作交流，与省内外优秀教研机构建立合作关系，开展教研活动，分享经验和资源。同时，教研部门要为教师提供个性化的指导和人、财、物上的支持，确保其全身心投入到教育教研当中。

六、长春市初中教研大事记

（一）确定教研发展"总基调"

2023年3月，组织召开年度教研工作会议，全市17个县市区进修学校、直属校主管校长、主任及各学科教研员、兼职教研员、教研组长、备课组长等400余人参会，会上总结2023年度教研工作，部署2024年度教研工作思路及努力方向。

（二）明确教材教法"风向标"

1.2023年2月，组织各学科"新课标"教材教法集体备课活动。

2.2023年8月，完成了长春市"秋季期初教材分析教法指导暨集体备课"活动。

（三）抓牢学业考评"主阵地"

1.2023年4月，组织生地学科八年级"电子阅卷模拟大练习"活动。

2.2023年4月，组织开展初中毕业年级复习"引路课"活动。

3.2023年4月，组织开展英语听力"中考入闱命题"考试工作。

4.2023年5月，组织开展毕业年级"学业水平考试电子阅卷模拟大练习"工作。

5.2023年9月，组织开展"中考质量分析会"活动。

（四）筑牢人才培养"压舱石"

1.2023年5月，组织长春市初中"学业水平考试人才库培训"活动。

2.2023年11月，完成长春市第四届初中"教学名师"评比活动。

3.2024年3月，圆满完成长春市"第六届学业水平考试命题人才库遴选"工作。

报告执笔人：朱宝环　钟　红　王　锐　宋惠丽　刘　萍　王宇哲

长春市普通高中教育年度发展报告

一、高中教育改革发展时代背景

（一）政策研究

1.国务院办公厅于2019年6月11日印发了《国务院办公厅关于新时代推进普通高中育人方式改革的指导意见》，指出要落实立德树人根本任务，深化育人关键环节和重点领域改革，强化综合素质培养，全面实施新课程，使用新教材，发展素质教育，为学生适应社会生活、接受高等教育和未来职业发展打好基础，努力培养德智体美劳全面发展的社会主义建设者和接班人。

2.教育部办公厅于2020年7月7日发布了《教育部办公厅关于做好普通高中新课程新教材实施国家级示范区和示范校建设工作的通知》，要求各示范区和示范校在课程建设、教学改革、考试评价等关键领域进行积极探索，在开发选修课程、推进选课走班、加强学生发展指导、实施综合素质评价、健全学分认定管理办法和完善办学质量评价等重点环节实现突破。长春市入选国家级示范区，三所高中被评为示范校。

3.教育部等九部门于2021年12月14日印发《"十四五"县域普通高中发展提升行动计划》，要求围绕建设高质量教育体系，健全县中发展提升保障机制，全面提高县中教育质量，促进县中与城区普通高中协调发展。吉林省教育厅等六部门随后印发了《吉林省"十四五"县域普通高中发展提升行动计划》，长春市为贯彻国家、省工作精神，制定了《长春市县域普通高中发展提升行动计划实施方案（2023—2025年）》，力争到2025年，县中整体办学水平显著提升，健全市域内县中和城区普通高中协调发展机制。

4.教育部办公厅于2023年5月9日印发了《基础教育课程教学改革深化行动方案》，要求普通高中在保证开齐开好必修课程的基础上，注重适应学生特长优势和发展需要，提供分层分类、丰富多样的选修课程，形成体现学校办学特色的课程系列。

5.教育部、国家发展改革委、财政部于2023年8月16日发布了《关于实施新时代基础教育扩优提质行动计划的意见》。提出实施普通高中内涵建设行动，推动普通高中多样化发展，支持一批基础较好的地区和学校率先开展特色办学试点，在保证开齐开好必修课程的基础上，适应学生特长优势和发展需要，提供分层分类、丰富多样的选修课程，形成体现学校办学特色的课程系列，发挥示范引领作用。

（二）热点难点

1.大中小学思政课一体化建设研究

党的二十大报告提出，用社会主义核心价值观铸魂育人，完善思想政治工作体系，推进大中小学思想政治教育一体化建设。构建大中小学思政课一体化共同体，切实发挥思政课立德树人关键作用，是落实这一重大部署的关键环节。要打造各学段有效连接、螺旋上升、协同推进的大中小学思政课一体化共同体，紧紧扭住"共同体"这一主轴，围绕为什么要建设大中小学思政课一体化共同体、建设什么样的大中小学思政课一体化共同体、怎样建设大中小学思政课一体化共同体等核心问题，找准着力点，以共同体的力量推动大中小学思政课一体化建设，增强思政课育人成效。

2. 高中阶段学校多样化发展的理论与实践研究

普通高中多样化发展包括学校多样化、课程多样化、体制多样化、办学形式多样化及评价体系多样化等方面，是满足不同潜质学生的个性化需求，普通高中需要形成多元、开放、可选择的办学格局，也是当前国家需要建设创新型国家及培养创新型人才的需求。

要把高中多样化办学落到实处，需要推进高中建立现代学校制度，实行现代治理。其中最为关键的是，在学校内应该把教育权和学术权落实给全体教师，由教师委员会负责学校的教育事务和学术事务。如学校的课程建设，应该由教师委员会进行论证、决策，探索本校的个性化、特色办学。对教师的评价也应该由教师专业同行进行，关注教师的教学能力与实际教学贡献，以此促进教师的职业化、专业化发展。

3. 实施普通高中内涵建设行动，促进优质特色发展

国家要求深入挖掘优质普通高中校舍资源潜力，增加学位供给，并结合实际优化招生计划安排，有序扩大优质普通高中招生规模。通过区域内集团化办学、城乡结对帮扶、教育人才"组团式"帮扶国家乡村振兴重点帮扶县、部属高校和省属高校托管帮扶县中等方式，持续扩大优质普通高中教育资源总量。适应因地制宜推进职普协调发展要求和人民群众愿望，新建和改扩建一批优质普通高中。

4. 全面推进县域普通高中高质量发展

推进县中发展提升，是教育强国强省建设的战略所需。习近平总书记指出，建设教育强国，基点在基础教育，基础教育越扎实，教育强国步伐就越稳、后劲就越足。强调要围绕服务国家战略需要，聚焦人民群众所急所需所盼，着力构建优质均衡的基本公共教育服务体系；强调要坚持以人民为中心发展教育，更加注重解决教育发展不平衡不充分问题，着力缩小教育的区域、城乡、校际、群体差距，让全体人民享有更好更公平的教育；强调要把高质量发展作为各级各类教育的生命线，加快建设高质量教育体系。总书记的这些重要论述，为我们推进县中发展提升指明了前进方向，提供了根本遵循。

二、高中教育发展的基本概况

（一）普通高中总体概况

全市高中阶段学校162所，当年招生6.96万人，在校学生21.21万人，在校教职工2.35万人，其中专任教师1.57万人。

全市普通高中学校88所（完全中学24所，高级中学56所，十二年一贯制学校8所），

比上年增加1所，教职工1.82万人，其中高中专任教师1.51万人（共有18 282名教职员工，其中专任教师11 975名。完全中学教职工5 565名，专任教师2 510名；高级中学10 384名，专任教师8 727名；十二年一贯制学校2 263名，专任教师738名）。全市普通高中毕业生5.35万人；当年招生5.5万人，比上年增加0.12万人，在校学生16.4万人。担任普通高中教学任务的专任教师1.19万人。

（二）市直属专任高中教师情况

市直属高中专任教师3 097人。其中博士研究生毕业1人，硕士研究生毕业613人，本科毕业2 466人，专科毕业17人。专任教师学历水平有了很大提高。按专业技术职称统计，正高级教师18人，副高级教师1 020人，中级教师1 406人，助理级教师545人，其他教师108人。教师的专业技术水平明显提升。按年龄结构统计，35岁到55岁的教师占绝大多数，教师队伍年富力强且经验丰富。

（三）普通高中办学条件

近年来，我市积极安排资金，整合薄弱学校，建设优质高中，加快高中信息化步伐，改善普通高中办学条件。市直属中学占地面积120多万平方千米，其中绿地面积30多万平方千米，运动场地30多万平方千米。校藏图书130多万册，数字终端机1万多台，教室1 371间。目前，我市普通高中硬件条件在东北地区居领先水平。

（四）普通高中教育质量

几年来，我市积极深化课程改革，构建丰富的学校课程体系，满足学生素质发展的需求。探索高效课堂改革模式，促进学生学业水平逐渐提高。开展心理健康教育、生涯规划教育，促进学生健康成长。各高中学校积极探索多样化办学的多种途径，实施创新人才培养、普职融通改革，满足学生多样化的发展需求，教育质量高位运行。高中"双新"工作、备考研究等工作，在全国颇有影响。

三、高中教育改革发展

（一）切实推进大中小学思政课一体化建设

长春市为落实国家政策，聚焦大中小学思政课一体化建设，着力开展了一系列研究活动。

1. 以共商为前提，联合谋划大中小学思政课一体化共同体建设的整体布局

长春市教育局在坚持落实立德树人根本任务的基础上，在局党委领导下，立足社会资源、经费投入、队伍建设、条件保障等方面进行共商共建，做好顶层设计；大中小学各学段加强协商，在教学目标、教学内容、教学方法等维度实现循序渐进和螺旋上升；思政课程和课程思政同向同行，共同谋划大中小学思政课一体化建设的课程体系，实现了优势互补、各有侧重。

2. 以共建为基础，协同参与大中小学思政课一体化共同体建设的各项工作

长春市大中小学思政课一体化共同体建设由各学段协同开发、共同发力。高中阶段重在提升政治素养，大学阶段重在增强使命担当。依托"手拉手"集体备课中心，围绕同一

主题，进行跨学段主题研讨，在课程理念一体化、目标内容一体化、教学教研一体化、课程评价一体化等方面，进行集体攻关，一体化设计和推进大中小学思政课教学实践。

3. 以共享为关键，广泛使用大中小学思政课一体化共同体建设的系列成果

长春市大中小学思政课一体化共同体建设着力打造一批示范性强的"精彩一课"、产出一批高质量的优质课程资源、形成一批高水平的教学研究成果、培养一支横跨各学段的优秀师资队伍。

4. 以共赢为目的，切实发挥大中小学思政课一体化共同体建设的互助功效

长春市教育局坚持问题导向，使之成为大中小学思政课一体化共同体建设的重要遵循，还发挥各学段的优势，在互帮互助中共同进步。高中阶段着力破解重知识讲授而轻价值引导等方面的问题，基于共同体探寻知识讲授与价值引导相统一的有效策略。

（二）实施普通高中内涵建设行动，促进优质特色发展

1. 普通高中优质资源扩容行动

一是深入挖掘优质普通高中校舍资源潜力，增加学位供给，结合实际优化招生计划安排，有序扩大优质普通高中招生规模。二是通过深化"10+N"联盟发展、集团化办学、城乡结对帮扶等方式，持续扩大优质普通高中教育资源总量。三是出台县中帮扶方案，依托厅市共建项目，扩大省属高校托管帮扶县中范围，同步实施优质高中帮扶县域高中行动，实现23所县中帮扶提升全覆盖。四是适应区域科学布局、职普协调发展的要求，新建和改扩建若干优质普通高中。下半年，深入研究推动市直优质高中（十一高、二中、市实验、二实验）集团化办学。以双阳区151中学、九台区师范高中、榆树市一中、德惠市四中、农安县十中、公主岭市范家屯一中为重点，推动每县区1所薄弱高中显著提质。年内评选出5个普通高中联盟发展优秀共同体。将在2—3年内完成市十六中学异地重建，在长春新区建成1—2所优质公办普通高中。

2. 优质特色普通高中创建行动

一是在特色办学积极性高、基础条件好的学校，开展科技、人文、社科、理工、外语、体育、艺术、国际等方面的优质特色普通高中创建行动，积极发展综合高中。二是支持一批基础较好的学校率先开展特色办学试点，在保证开齐开好必修课程的基础上，适应学生特长优势和发展需要，提供分层分类、丰富多样的选修课程，形成体现学校办学特色的课程系列，发挥示范引领作用，推进普通高中多样化发展。三是依托拔尖创新人才培养联合体，按照"全市统筹、课程共建、生源共聚、师资共用、成果共享"模式，加快拔尖创新人才自主培养，以拔尖创新人才自主培养提升学校特色办学水平和层次。下半年，重点推进我市普通高中拔尖创新人才培养联合体开展相关工作（十一高、二中等）。年底召开了全市普通高中多样化有特色办学成果经验交流会。

3. 普通高中"双新"建设行动

开展"双新"国家级和省级示范高中建设"回头看"，持续深化普通高中新课程新教

材实施国家级示范区建设，推进高考综合改革，进一步加强高一年级学生选课走班指导。深入总结普通高中"双新"改革三年工作成果，提炼学校课程建设、教育教学管理、学生发展指导、学分制管理等方面的新方法、新经验，提高普通高中教学质量和人才培养水平。下半年，组织了高考改革考察，召开高考质量大会，加强高考命题研究，举办了"双新"示范区建设现场会（九台一中），加强高三备考指导，特别是重点苗子全程跟踪，深入推进拔尖创新人才培养。在完成国家级示范区示范校建设三年工作后，重点推进省级示范校建设，发挥示范校辐射带动作用。

（三）深入实施县域高中提升计划

1. 实施县中标准化建设

落实新时代基础教育扩优提质行动计划要求，根据国家普通中小学校建设标准，结合普通高中教育技术装备指南要求，规划实施县中标准化建设。加强县中办学基础建设，加快补齐短板，加强学科教室、心理训练室、创新实验室、社团活动室、实验设备与信息化教学条件建设，确保满足高考综合改革和普通高中育人方式改革需求。

2. 加强县中队伍建设

一是加强编制使用管理。通过强师计划、公开招聘、公费师范生、"县管校聘"等多种方式，加大编制统筹调配力度，优化学科结构，确保满足高考综合改革需要。二是强化教师业务能力。建立梯级培养机制，搭建正高级教师、教学名师和名班主任工作室平台，发挥名优师资示范辐射作用，对新任教师、县级骨干教师、班主任和管理人员实施分层分类重点培养。积极开展县中校长全员轮训、县中骨干教师专题培训和县中教师全员培训，重点提升普通高中新课程新教材实施、高考综合改革重点任务以及信息技术与教育教学融合应用等方面能力。三是加强校长队伍培训。建立市、县、乡（镇）梯级校长培养体系，采取名校挂职、跟岗锻炼等形式，提升校长综合素质和管理智慧。搭建名校长工作室等平台，发挥名校长示范引领作用。

3. 提高教研工作水平

各市县区教研部门配齐普通高中各学科专兼职教研员，建立行政部门主导、教研专业支撑、学校主体参与的教研工作格局。建立区域联合教研、校际联合教研以及基于新技术的信息化教研机制。发挥市、县两级教研部门作用，实行定点包保，主动下沉县中，全程听课全面诊断。开展送研下乡、送培到校，提高县中教师的专业素养。大力实施优秀教学成果推广应用计划，开展县中专项教研活动，为促进县中教师专业成长和教育教学改革提供有力支撑与服务。

4. 开展县中托管帮扶

一是建立省、市、县三级托管帮扶体系。借力省教育厅持续高位推动区域一体化发展规划政策红利，落实省级高等院校与县中开展定向托管帮扶、对口共建。通过"政策引导、双向选择"原则，将县域高中全部纳入全市"10+N"联盟发展框架，保证每所县中都加入城区高中联盟。鼓励县域内优质高中与薄弱县中开展精准帮扶，实现省、市、县帮扶100%全覆盖。二是开展高质量共享共建活动。各级帮扶对子通过专题培训、交流研讨、换岗实践、跟踪指导、示范展示、项目合作等途径，建立健全教学、教研、科研一体化机制，在课程建设、教学资源、教师培训、教学管理等方面实现共享，推动城乡间、县域内、校际内优势互补、共同提高。

5. 提升县中综合改革水平

一是深化课堂教学改革。充分发挥国家新课程新教材实施示范区、国家级和省级示范校的引领带动作用，进一步优化课程实施。严格执行普通高中课程方案和课程标准，将学校是否开齐开足体育与健康、艺术、综合实践活动、劳动和理化生实验等课程纳入教育督导内容。充分发挥课堂育人的主阵地作用，积极探索基于情境、问题导向的自主、合作、探究式课堂教学，提高课堂教学质量，培养学生学习能力。二是推进教育综合改革。严格落实省市高考综合改革实施方案、吉林省普通高中新课程实施方案、吉林省普通高中学生综合素质评价实施办法，创新教学组织管理，有序推进选课走班、学生发展指导、综合素质评价等工作。推动教育教学方式数字化变革，强化信息技术与教育教学深度融合应用，利用新技术创新教育教学模式、转变育人方式，探索常态化"线上线下融合教学"新模式，同步教研、同步训练、同步评价，助力县中共享优质教育资源。三是推动县中多样化有特色发展。围绕科技、人文、体育、美育等领域，着力打造学校特色品牌项目和标志性成果。依据县中自身文化底蕴和发展优势，利用农业农村资源、工矿企业资源等，加强劳动教育和综合实践活动，形成具有县域特色的普通高中育人模式。四是开展教育质量评价。制定普通高中学校办学质量评价实施方案，推进县中落实国家普通高中学校办学质量评价指南，完善出入口评价和激励机制，健全激励机制，促进县中教育内涵发展和质量提升。

（四）科学完善拔尖创新人才培养机制

长春市普通高中拔尖创新人才培养的总体目标：培养具有基础知识扎实、领悟能力突出、创新能力较强、实践操作能力出色的基础教育阶段优秀人才，初步形成具有本地特色的基础教育拔尖创新人才培养体系。一是依托高等教育院校，建设5个长春市英才培养基地。二是在奥运会、世界大学生运动会项目范围内，遴选打造10个长春市中学生优势运动项目（如冰上项目、球类竞技项目、田径项目、射击项目、水上项目、街舞、太极拳等），建设高水平运动队。三是依托中国科协领导下的五大学科竞赛，打造优秀教练员队伍，培养输送优秀竞赛学生。四是推动基础学科招生改革试点（强基计划）工作，建立5个试点招生学校。

1. 构建课程体系

以贯通化进阶课程设计为抓手，探索大中小学贯通培养拔尖创新学生的实施路径，形成进阶课程、学段衔接课程、个性化课程等各类课程，最终形成全市互鉴通用的拔尖创新人才培养课程体系。

2. 搭建培养平台

一是通过机制建设和教师培养，建立校本创新人才培养平台。学校通过健全指导教师选拔、培养、奖励体制和学生选拔机制，结合聘任校外名师或高校专家走进校园等方式，建立适合本校情况的创新人才培养平台。二是依托省级示范校，建立创新人才培养基地。各学校与省级示范校合作开展学术性拔尖创新人才早期培养工作，依托省级示范校，共建基地学校，构建跨区域、跨学校、跨学段、跨学科的协同培养的拔尖创新人才培养基地。三是与高校合作，建立校外创新人才培基地。以吉林大学、东北师范大学、长春理工大学、长春光机所等优质高等院校和科研院所为依托，结合实际自建或与其他学校共建学生创客中心、创新实验室、生命与科学体验馆，开展科学创新与技术实践的跨学科探究活动，建立校外创新人才培养途径和培养基地。

3. 拓宽生源渠道

一是择优选拔有一技之长的优秀学生。按照学校拔尖创新人才学生选拔标准，在具有爱国情怀、国际视野、创新精神和实践能力的学生中，不只选择全科优秀的学生，还可以选择在某一学科或某一领域有特长的学生，作为学校的基础生源。二是提前选拔早慧学生。建立早期遴选机制，打破学校、年级、年龄的界限，加强各级各类学校的联动，从低年级选拔智力和能力水平高的学生进入高年级或与高年级学生共同参与拔尖创新人才培养活动。三是长期跟踪培养优秀学生。建立优秀学生跟踪培养机制，通过遴选和评估，从低年级开始对有潜力的学生进行跟踪培养，为专业创新拔尖人才培养提供优秀生源。

4. 打造师资队伍

坚持"引进与培养同步，优化与提高并重"原则，启动实施高端人才引育、"双师型"队伍建设等人才工程，制定出台人才引进政策，加快高端人才引进和自有教师培养工作，打造人才聚集新高地。一是集聚全市优质教育资源，依托吉林大学、东北师范大学、长春理工大学、长春光机所等高校及科研院所选拔培养一批拔尖人才导师团队，创建名师工作室、博士工作站，组建拔尖创新人才培养的规划团队。二是建立专项资金，打造或引进金牌教练，推动金牌教练走教送教。三是注重师资队伍可持续发展，持续推进青年骨干教师国内外访学、教学技能提升，完善教师发展培训制度，构建教师发展支持体系，提升教师专业素质，保持教师团队活跃力、生命力，为培养拔尖人才奠定坚实支撑。

（五）积极推进"长春云校"建设工作

长春"智慧云校"分三期建设。一期"智慧云校"按照"数据整合，应用提升"的设计思路，重点建设"一库、一门户、六系统"，即一套基础数据库、一套空间门户、智慧学习系统、智慧教学系统、智慧教研系统、数字资源系统、智慧评价系统和智慧管理系统；二期"智慧云校"按照"数据驱动，学习创新"的设计思路，重点建设"一站、三模式、两重点"，即"一站"是教育大数据仓，"三模式"是基于大数据的"精准学、个性学、深度学"新型学习模式，"两重点"是用户数字画像和云校特色活动建设；三期"智慧云校"

按照"数字赋能,教育变革"的设计思路,重点建设"两扩、五块、双指标",即学前教育和职业教育云校平台两方面扩展建设,五块是指分别提升智慧学习系统中的"项目化混合式学习+"板块,智慧管理系统中的"人才管理+、教务管理+"板块,智慧评价系统中的"学生综合素质+、质量监测分析+"板块,"双指标"是实现教育高质量"全民素养"、绿色可持续"终身学习"的发展指标,构建全民教育体系,实现学校教育向全民教育的跨越。

1. 智慧学习服务

立足学生全面发展核心素养,满足数字化时代学生多样、个性化学习需求,实现线上线下相融合的混合式学习、校内校外相结合的项目化学习、课堂课后相闭合的全程式学习、统整个性相配合的大单元式学习、书面实践相应合的主题式学习等新型应用场景,全面压减学生学习负担,丰富全市中小学生自主学习路径。

2. 智慧教学服务

在满足预习、备课、授课、作业、测评的现有教学实践流程紧密结合的同时,实现基于多媒体信息化条件下的教学模式提升,充分融合学校教学新工具、新理念、新教法,探索大单元教学,开展主题化、项目式学习等综合性教学活动,构建线上线下混合式课堂、直播教学、异步点播课堂、学情分析、精准提分等创新教学模式。

3. 智慧教研服务

搭建教师培训环境,提供权威专家讲座、名师经典案例学习课程,并实时跟踪教师课程学习过程,培养教师教学能力;在教研方面,通过集体备课、案例观摩、双向互动、交流研讨等形式开展教师间优秀教学方法和优质教学资源的共享和传播。将网上培训和传统的面授指导相融合,从而达到相互补充、互相融合的研修。

4. 智慧管理服务

借助云数据中心构建全市智慧教育云服务支撑,整合汇聚全市教育信息化数据信息,集中分析、处理、应用,在中心能够高效组织教育管理工作,全面掌握全市智慧教育应用情况,实现教学分析大数据呈现、教学应用统计分析呈现、资源使用统计分析呈现、设备状态统计呈现。

四、高中教育发展的问题分析

(一)教育资源分配不均衡

我市普通高中教育资源不均衡的现象仍比较突出,各类别学校之间、城市和县区高中学校之间存在着教育资金分配与教师资源配给不均衡现象,这导致了教育质量和教学条件的差异化,一定程度上影响学生公平接受教育的权利。

(二)应试教育思想依然存在

我市普通高中教育仍普遍存在着应试教育思想过重的问题,部分学校和教师倾向于以应试教学为主导,忽视学生的创造力和综合素养的培养,导致学生的学习压力过大,心理健康问题频发。

（三）学科设置和教学方式滞后

部分普通高中学校的学科设置和教学内容与当前社会需求和发展趋势存在一定的滞后性，无法满足学生的实际学习和发展需求。

（四）教研活动的科研含量低，无法转化为成果

教研活动仅仅局限于教材分析、统一计划、统一进度、统一作业、商议教学设计，或围绕各类公开课开展说课、评课活动等，缺少深度教研，更缺少将教研转为科研的意识。即使有开展课题研究，也因为缺乏有力的教育教学理论的指导和实践钻研，往往教研实效低。

五、教育发展的策略建议

（一）政府需要加大对普通高中教育的投入

教育资源短缺是普通高中教育面临的一个主要问题，政府应该加大资金支持，注重改善基层学校的师资条件和教学设施。通过政策倾斜和资源整合，实现教育资源的均衡配置，让每一位学生都能享有良好的教育资源和教学条件。

（二）学校应当加强素质教育，改变过重的应试教育倾向

应试教育虽然可以在一定程度上提高学生的应试能力，但往往忽视了学生的综合素养和能力培养。学校应该倡导素质教育，加强对学生综合素养的培养，培养学生的创造力、团队合作能力和社会责任感，以应对未来社会的需求。

（三）学校应及时调整学科设置和教学内容

以往一些学校的学科设置和教学内容滞后，无法适应社会的发展需求。学校应当根据社会需求和学生兴趣，及时进行教学内容和学科设置的调整，确保学生接受最新、最实用的知识和技能培养。

（四）提高教师的薪酬待遇和扩展职业发展空间

加强教师队伍的培训和激励措施，提升教师的专业素养和工作积极性。政府应注重教师的薪酬待遇，继续加大对教师的培训和激励力度，提高教师的综合素质和专业水平。

（五）注重学生的综合素养培养

通过课外活动、社会实践等方式，培养学生的团队合作能力、表达能力、创新意识和社会责任感。只有培养全面发展的人才，学生才能更好地适应未来的社会需求，更好地发挥自己的作用。

（六）继续在普通高中开展深度学习研究

深度学习要求学生在学习过程中能够了解学习目标，自主地对学习产生兴趣，培养深度学习习惯，真实情境下的学习，对学习过程和结果进行评价和反思。开展深度学习的教学实践，通过数据采集开展对比实验，探究出高中各学科深度学习的教学模式，以提供更适合学生的高中课堂教学策略，从真正意义上让学生在学习能力与学科素养的培养上都有进步。

（七）依托网络平台，构建协同创新研究机制

为缩小与先进教育地区发展差距，实现区域均衡发展的战略目标，需开展长春地区教育资源平台建设研究。这需要厘清平台建设的基本思路，力争未来几年，在各级各类教育协同发展的实践基础上，搭建互联网+教育资源平台，聚集本地教育资源、承接各地优质教育资源，实现资源共享、协同发展。

六、长春市教育大事记

1. 每年均组织参加全国十城市教研协作体高考备考研讨会。
2. 每年均组织参加东北三省四市教研协作体高考备考研讨会。
3. 每年均组织实施长春市普通高中质量监测活动。
4. 每年均参与组织长春市中考命题、阅卷工作。
5. 近五年每年完成思政"精彩一课""最有影响力教师"评选工作。
6. 近两年每年完成与吉林教育电台联合录制"精彩一课"工作。
7. 2022年4月18日至今，推进长春市智慧教育"因材施教"项目。
8. 2022年7月11日，下发《长春市普通高中学科教学基本要求》。
9. 2022年8月19日，下发《长春市中小学拔尖创新人才培养方案》。
10. 2022年8月25日，形成"10+N"联盟发展新格局，实现民办高中、新建高中全覆盖。
11. 2022年9月15日—22日，组织"用好统编教材、落实新课程理念"教学研究系列活动。
12. 2019年8月—2023年8月，完成高中教师教材、教法培训。
13. 2022年9月20日，完善并实施长春市县域普通高中提升计划。
14. 2022年9月22日—10月20日，举办长春市普通高中"三新"改革成果交流会（东北师大附中、十一高、九台一中）。
15. 2022年11月25日，搭建与东北师范大学联合成立基础教育研究院框架。
16. 2022年12月23日，召开长春市普通高中高质量发展教育大会。
17. 2022年11月—2023年5月，组织实施长春市普通高中教师岗位大练兵活动。
18. 2023年2月28日，组织实施"长春云校"建设工作。
19. 2023年8月22日，组织召开拔尖创新人才培养研讨会。
20. 2023年12月22日—23日，组织全市普通高中校长考察学习。
21. 2023年12月5日—26日，完成全市普通高中教育教学评估工作。
22. 2023年9月19日—11月11日，完成吉林省教学名师、优秀教研组长、优秀课例、优秀实验课例评审推送工作。
23. 2023年11月15日，与内蒙古兴安盟建立常态化教育教学交流机制。
24. 2023年12月25日—2024年1月5日，完成赴新疆阿勒泰地区送教助研工作。

报告执笔人：王胜柏　管培勇　邹芬　崔洋　杨悦

长春市教育科研年度发展报告

教育科研是教育改革和发展的关键力量，也是提高教育质量和培养创新型人才的重要保障。2023年，是全面贯彻落实党的二十大精神的开局之年，长春市教育科研工作以提升高质量教育水平为核心目标，坚持发挥引领教育创新、服务教育决策和指导教育实践等作用，着力推动长春市"1688奋进计划"的全面落实，并取得了显著的成绩。

一、教育科研改革发展背景

（一）政策梳理

1. 教育科研促进基础教育高质量发展

教育科研肩负着服务决策、创新理论、指导实践的重要使命，是教育创新发展和质量提升的有力支撑。2023年全国教育工作会议强调要加快建设高质量教育体系，全面做好教育改革、发展、稳定各项工作，强化目标导向、问题导向和效果导向，把教育与国家、与时代、与世界、与经济社会发展进行"强连接、真融入、真推动"，开辟新赛道，做出新优势，发挥教育科研引领作用，保障基础教育在教育强国建设中的基础性、支撑性作用落地。2023年5月，教育部办公厅印发《基础教育课程教学改革深化行动方案》，方案指出，要实施课程方案转化落地规划、教学方式变革、科学素养提升、教学评价牵引、专业支撑与数字赋能五大行动，坚持循证决策，全面把握本地区基础教育课程教学改革现状，分析课程教学改革推进过程中的重难点问题，开展广泛深入专业的调查研究，强化严密论证，建立基于证据的决策机制。要联合教研机构、科研院所、高校及培训、电教、装备等部门，协同配合组建专家团队，形成基础教育课程教学改革专业支撑力量，保障基础教育质量全面提升。

2. 教育科研助力开创教育协同育人新生态

教育科研是教育改革创新发展的有力驱动，更是教育新样态建设的开路先锋。2023年1月，教育部等十三部门联合印发了《关于健全学校家庭社会协同育人机制的意见》，贯彻落实党中央、国务院决策部署，立足未来学校发展势态，让家庭、学校、政府、社会都承担起教育事业发展的重任。明确指出要推动有关高等院校、科研机构、专业团体开展学校家庭社会协同育人理论与实践研究，加强理论建设与专业人才培养，建立一支高素质的家庭教育指导专家的队伍；要积极探索、不断总结、大力推广学校家庭社会协同育人有效模式、创新做法和先进经验，积极推进协同育人实验区建设，切实发挥科研成果的示范引领作用。

3. 教育科研赋能科技创新工作新格局

科学教育是提升国家科技竞争力、培养创新人才、提高全民科学素质的重要基础。党的二十大把教育强国、科技强国和人才强国作为我国发展战略目标，习近平总书记在二十届中共中央政治局第三次集体学习时又做出"要在教育'双减'中做好科学教育加法"的明确指示，强调要加强教材、教学、师资和校外场所建设和科学实践活动方面的改革。2023年5月，教育部等十八部门发布《关于加强新时代中小学科学教育工作的意见》中指出要发挥各级教研部门和教学指导委员会作用，甄别、培育、推广先进教学方法和模式；强化部门协作，统筹动员高校、科研院所、科技馆、青少年宫、儿童活动中心、博物馆、文化馆、图书馆、规划展览馆和工农企业等单位，鼓励高校、教科院、科研院所建立科学教育研究中心，开展理论研究与实践，主动对接中小学，为科学实践活动提供有力保障。

4. 教育科研推动基础教育优质均衡发展

党的二十大报告明确提出，"加快义务教育优质均衡发展和城乡一体化，优化区域教育资源配置，强化学前教育、特殊教育普惠发展，坚持高中阶段学校多样化发展"。2023年8月30日，教育部、国家发展改革委、财政部联合印发了《关于实施新时代基础教育扩优提质行动计划的意见》。意见强调要扎根一线研究解决幼儿园实践问题，探索在市（地）域内更大范围推进义务教育均衡发展实现路径，持续扩大优质普通高中教育资源总量，扩大特殊教育资源，推进普惠融合发展。构建"大思政课"体系，加强科学与文化素质培养，强化体美劳教育。完善教师培养培训体系，加强教研支撑引领，强化基于教学实际问题和课例案例的研究。提升国家中小学智慧教育平台建设应用水平，推广融合应用优秀案例，促进优质教育资源广泛共享。及时总结宣传行动计划实施的成效、经验，引导全社会支持基础教育高质量发展。

5. 教育科研推进国家STEM教育战略布局

STEM教育是世界各国提升科技竞争力的重要途径，也是众多发达国家抢占科技高地的国家战略。2023年11月，联合国教科文组织大会通过了在中国上海设立教科文组织国际STEM教育研究所的决议，旨在促进从幼儿到成人的各个阶段科学、技术、工程和数学领域的教育改革，为全民提供包容、公平、适切和优质的STEM教育。教科文组织在华设立的国际STEM教育研究所，是欧美之外第一个全球一类中心，以引领变革性研究，建立全球标准，推动创新教育实践为基本职能，推进我国教育现代化进程，同时，也为各级科研院所开展STEM教育研究提供了方向性引领。

（二）学术热点

基础教育作为教育改革的核心领域，一直是教育的热点。本部分以中国知网核心期刊库为文献源，以"教育科研"为检索核心词，以中文核心期刊的学术论文为基本载体，在2023年1月至12月的区间节点内进行检索，共检索出论文152篇，其中，北大核心和CSSCI期刊36篇。

1. 期刊文献整体分析

从论文研究的主题看，基础研究热度较高的是高质量发展、科研诚信教育、策略研究和科研素养等。

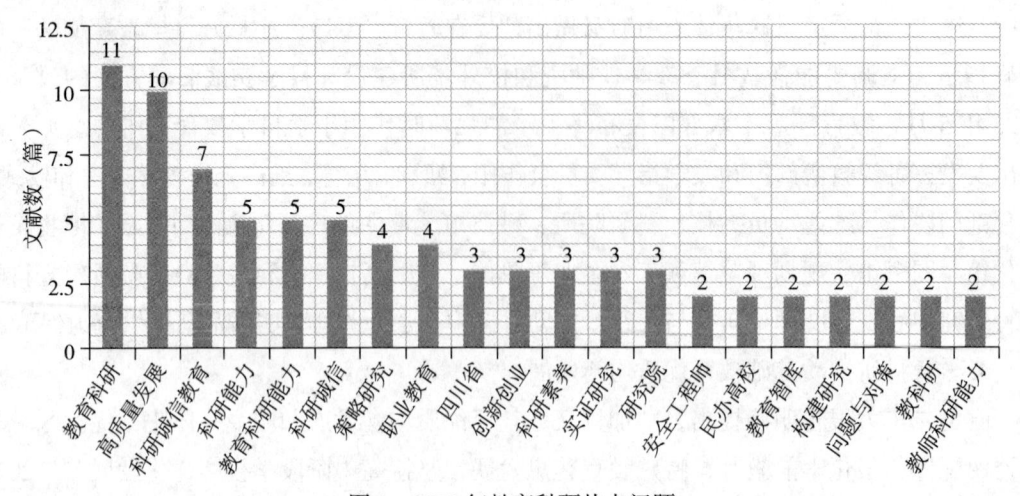

图 1　2023 年教育科研热点问题

从支持基金上看，在 152 篇论文中，受全国教育科研规划课题资助 7 篇，受国家社会科学基金资助 3 篇，受教育部人文社会科学研究项目资助 3 篇，受中央高校基本科研业务项目资助 3 篇，受国家自然科学基金资助 3 篇，从地方科研项目支持情况看，江苏省、重庆市、广西壮族自治区各 2 篇，重庆高校 2 篇。

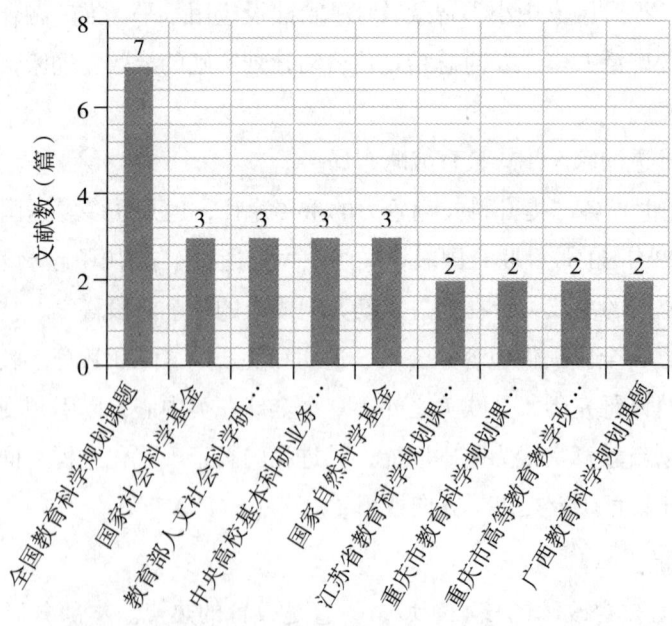

图 2　2023 年度教育科研期刊基金项目资助分布统计

2. 期刊的内容分析

结合国家、省、市重大课题、重要会议及代表学者的研究动态，以及论文被引用、下载、作者研究机构分布等因素，从检索到的论文中筛选出涵盖高校、职教、中小学、科研院所等北大核心和CSSCI期刊15篇进行深入分析。

（1）高质量发展。

高质量发展是近年来教育科研的热点研究问题，主要包括教育科研的区域路径方法和策略、人工智能教育影响、乡村教育振兴研究三大方面。

创新教育科研的区域路径方法和策略是提高区域学术影响力的必由之路，也是提高教育科研质量的关键。徐昌、穆铭等人针对区域学术影响力的现状调研，提出了要加强顶层设计，完善"市—区—校"教育科研治理体系，搭建合作平台，营造教育科研多层级互动发展的生态环境，注重赋权增能，多路径提高科研课题研究质量。何暄等人提出协同攻坚、以师为本、"科研驻校"和成果导向的四大战略行动，构建组织保障、制度支持、资源支持三大区域教育科研支持保障体系。孙刚成等人提出基础教育科研要构建以内生人文价值为核心的多元价值融合为导向，以内外动力融合驱动为基本理念，以多主体共促研用一体化为管理机制，以大数据管理为主体方式的新时代中国特色的"善治"科研治理现代化体系。

人工智能与教育融合是近年来社会发展对教育影响的大趋势，人工智能对教育科研生态带来巨大冲击，也带来了前所未有的变革。刘宝存等人指出，以ChatGPT为代表的新一代人工智能工具能够在工具层面提升研究者的科研效率与质量，在思维层面提供新的教育研究认知路线，在范式层面拓宽教育科学研究叙事尺度，但也面临学术伦理道德问题和教育数据安全风险等挑战。教育研究者要不断提高自身能力素养，确保自身的主体性、批判能力以及创新能力不被人工智能技术工具消解。

乡村教育振兴是衡量教育质量的重要标准，也是实现教育现代化的基础保障。叶剑等人提出教育科研是促进乡村教育跨越式发展的必然路径，能为乡村教育个性化问题提供破解思路，实现资源的深度挖掘与差异化定位，培育教师队伍自我造血功能，支撑乡村教育振兴的品质提升和可持续发展，让教育科研成为撬动区域教育品质发展的重要支点。

（2）教师科研素养。

提升教师科研素养是提高教育质量的硬指标，杨修平等人提出，行动研究是教师有效提升自身科研素养的必然选择，是顺应教育教学规律的本质需求，更是助推自身职业生涯发展的内在诉求。高继红等人提出教师职前培养要通过科研启动期、科研准备期、科研实施期和成果发表期四大周期，发展教师选题评估的信息意识，信息检索能力、信息资源知识、参考文献著录等方面的信息知识，信息获取、评价管理、交流创造等方面的信息能力，以及学术规范等信息道德。袁立新等人提出教师要通过发展愿景引领、专业部门组织、机制优化生态、课题深化实践等路径提升科研能力。

（3）科研诚信教育。

科研诚信是研究者应遵循的原则和底线，是科研成果质量的前提保障。由于人工智能的发展，科研诚信已经成为全球的难题。2022年3月，中共中央办公厅、国务院办公厅印发了《关于加强科技伦理治理的意见》，将科研诚信作为现阶段突出的问题着力解决。周力虹等人指出，解决这一问题要从科研诚信的三个来源即科技伦理、学术不端和技术之变进行切入，一是利用信息资源管理学科的数据智能优势，从不同角度分析和发现学术不端问题并明确问题性质、提供治理路径。二是推动图书馆等信息资源管理机构协同参与，共同制定和推广科研诚信的相关规范和标准，为研究者提供数据管理和知识服务。三是要将科研诚信教育贯穿研究人员的整个科研生命全周期，特别要重视处于职业生涯早期的科研人员的科学素养和学术规范教育，并建立科研诚信教育的长效机制。王高峰等人认为，科研伦理教育是预防科研人员出现越轨行为的第一道防线，其研究应该从应用伦理学、教育伦理学、教育技术学三方面入手，打造科研伦理实践平台，营造良好的信息化、开放化的伦理教育氛围。

综合所述，教育科研作为教育改革的重要推手，围绕教育热点、难点、痛点问题，一直发挥着方向引领和实践指导的作用。高校、科研院所和广大一线教育研究人员的协作越来越紧密，教育理论与实践不断深入结合，为解决基础教育的问题提供了丰富的有效方案。

二、长春市教育科研事业发展概况

（一）长春市教育科研机构和人员概况

长春市基础教育研究中心是全市教育科研主管部门，负责指导全市幼儿教育、基础教育、职业教育、特殊教育、高等教育等领域的科研工作和课题研究；评估考核年度基层单位的教育科研工作；管理各级各类课题的立项、过程督导、结题、成果评审鉴定和宣传推广等工作；研究长春教育发展中的重点、难点问题，配合教育行政部门，组织、承担我市重大教育项目研究；建设科研基地校、科研梯队、科研专家库；为我市教育行政部门提供决策参考；搭建信息交流平台，开展走基层和线上科研培训。

1. 科研机构设置

全市拥有17个县（市）区和近70所省市直中小学（幼儿园），全部设有科研机构。各县（市）区均建立了教育科学研究工作领导小组，教育局主要领导担任小组组长，下设领导小组办公室（教科所或教研中心），以教科所命名的共13个，其中独立建制的有2个，分别是朝阳区和公主岭市，直接归教育局领导，其他11个教科所均属于当地教师进修学校的一个部门；以教研中心命名的有4个，分别是净月区、长春新区、莲花山区、中韩示范区。直属校（幼儿园）均施行科研一把手负责制，由主管校长（主管园长）抓落实，普遍配备科研室和专职人员负责科研工作。

2. 科研队伍现状

目前，长春市拥有一支实力雄厚的科研队伍。市级层面，专职科研人员15人，兼职科研人员90人，其中硕士学历25人，本科学历80人；正高级教师15人，副高级教师69人，其他职称21人。县（市）区级层面，专职科研人员58人，兼职科研人员15人，其中硕士学历5人，本科学历62人，其他学历6人；正高级教师4人，副高级教师43人，其他职称26人。

（二）课题研究"三维"驱动，全方位深化研究

2023年，我市坚持问题导向，强化顶层设计，注重科研布局，全面实施课题研究带动教师专业发展，形成了覆盖全域的课题研究管理服务体系，构建了各级课题研究新样态。

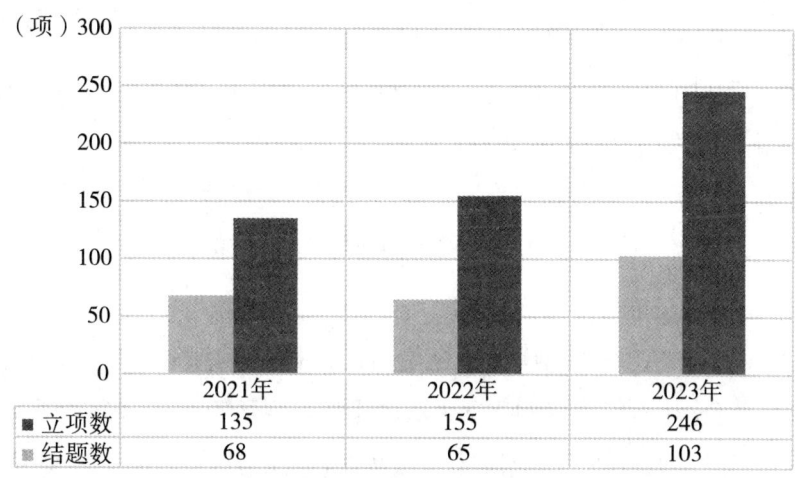

	2021年	2022年	2023年
立项数	135	155	246
结题数	68	65	103

图3 长春市2021—2023年吉林省规划课题立项、结题情况统计图

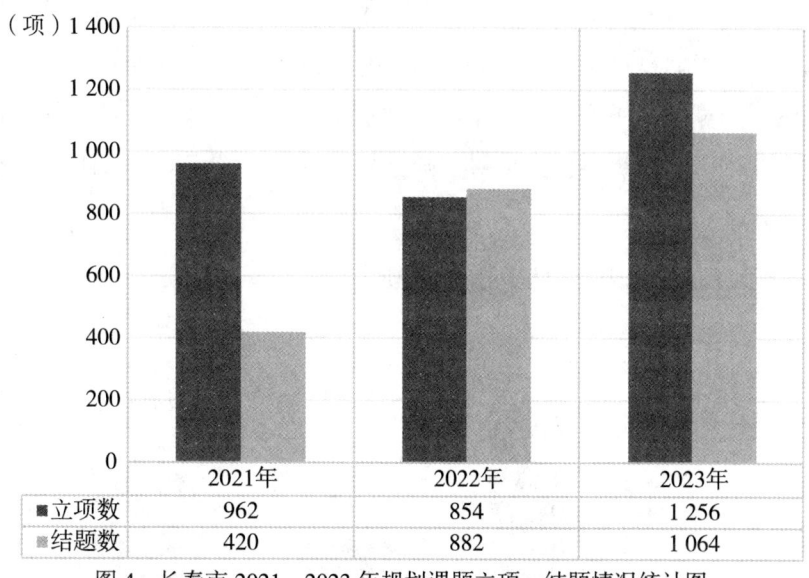

	2021年	2022年	2023年
立项数	962	854	1 256
结题数	420	882	1 064

图4 长春市2021—2023年规划课题立项、结题情况统计图

1. "一维"，即借助主导课题聚焦破解全局性问题

瞄准国家教育重大战略，立足我市教育改革全局性问题，以市教育局和研究中心领导主持的10个重大项目为引领，以县区局长负责的46个区域主导课题为依托，通过"重点突破、双层引领、三级推进"研究策略，破解了"质量工程"提质、"温馨校园"创优、

"核心素养"落地等一系列瓶颈问题。

2. "二维",即依托规划课题指向探索前瞻性问题

把握研究方向和学术前沿,利用国家省市级重点规划或委托课题,影响和带动广大教师参与研究。今年我市省级规划课题立项246项,其中重点及委托课题16项,年度结题103项;市级规划课题共立项1 256项,年度结题1 064项。高水平的规划课题研究,破解了"五育融合""双减落地""课程构建""新课标实施"等一系列新形势下的前沿问题。

3. "三维",即通过专项课题落地解决现实性问题

围绕教育局重点工作,我市采取"专项化落地、优质化升级"的策略,组织带动全市教师开展了"高质量发展""教育助力东北振兴""温馨校园""青春期教育""科研基地校""兼职科研员""心理健康教育""STEM教育""德育""学前教育""信息科技"等一系列专项课题研究。专项课题立项1 300余项,结题800余项。

(三)提升科研队伍能力,全区域梯队培育

我中心以打造研究型、学术型科研队伍为目标,对五支科研骨干采取了分层培养策略。依托"选—培—管—用"工作机制,通过材料审核、现场答辩、综合考评等方式,遴选了100名科研智库专家、100名科研名校长、220名科研名师、300名科研骨干,同时调整了已有90名兼职科研队伍。通过组织课题研究、撰写报告、参加培训、参与管理、基层调研等渠道,提升区域教育科研的牵引力。对于一般教师,我们采取了"规划课题校本化落地,校本课题优质化升级"机制,鼓励广大教师积极参与小课题研究,据统计目前小课题研究参与率达到了80%以上,有30%成果丰硕的小课题在年度课题评选中直接立为规划课题。同时,组织科研人员对教师进行30余场、数千人次的培训,提升了我市科研队伍整体水平。

(四)强化凝练推广成果,全过程持续赋能

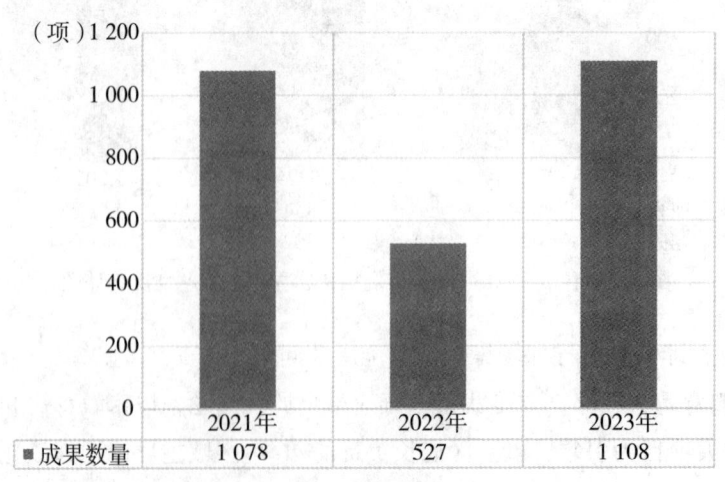

	2021年	2022年	2023年
成果数量	1 078	527	1 108

图5 长春市2021—2023年教科研优秀成果情况统计图

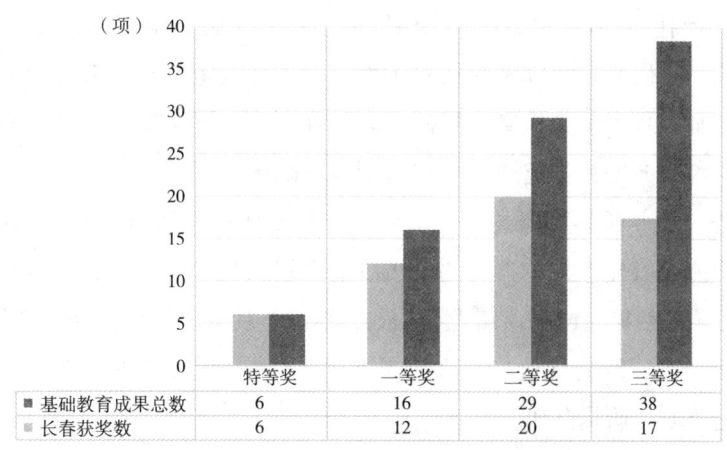

	特等奖	一等奖	二等奖	三等奖
基础教育成果总数	6	16	29	38
长春获奖数	6	12	20	17

图 6 长春市获吉林省基础教育教学成果奖统计图

借助 55 项吉林省基础教育成果和 1 108 项年度市级优秀课题成果，拉动我市课题成果质量整体提升。依托"高质量发展"主导课题的 556 项专项课题，评选优秀研究成果 262 项，形成了 30 项研究报告，编辑出版《新时代区域基础教育高质量发展的创新与实践》；依托科研基地校评选出 1 670 项优秀成果，遴选 30 篇优秀报告，编辑出版《教育科研赋能基础教育高质量发展》；通过主办教科研高峰论坛、省级课题开题会、基础教育优秀成果发表会等 10 场大型活动推广系列成果；利用承办省区域局长论坛、"三新"成果展示会、省科研兴校名校长工作室启动大会、省首届高质量发展论坛等 15 场大型会议推介长春经验；凭借 2023 中国 STEM 教育发展大会、全国心理健康共同体第二届论坛、广州 15 个副省级城市学术年会等高端平台扩大域外宣传。同时以权威公众号、《长春教育》专栏等渠道，陆续推送了系列科研成果，让科研成果走进学校、深入课堂，扩大成果应用。

三、长春市教育科研改革发展

2023 年是党的二十大精神在教育事业上落地生根的关键年，这一年，我市教育科研工作取得了突出成效。

（一）专家分层引领，科研队伍建设实现新突破

为全力抓好人才培养和科研队伍建设这项基础性工作，我市搭建平台载体，强化制度供给，优化科研环境，进一步完善四级体系建设，为教育改革发展提供人才保障。

一是教育科研智库引领。聚焦教育局工作中心，聘请智库专家围绕"心理健康教育""《长春教育》期刊"开展了大型调研活动，形成了《长春市中小学生心理健康教育知识知晓率调查》《〈长春教育〉期刊发展现状调查与对策研究》两份决策咨询报告；把脉课题研究，指导国家、省、市级课题的立项、过程研究、结题、成果评选等活动，发挥了专家的智库作用。二是本土教育家引领。组织评选优秀教育研究成果，编辑出版了 4 部《中国教育专家领航系列丛书》（第五辑），在《长春教育》等媒体上进行丛书第三辑和第四辑的 6 部专著推介。组织本土教育家参与了广州、杭州、重庆、长春四次全国性学术论坛和多次省域经验交流活动，展示了我市教育专家风采，推广了长春改革经验。三是科研"双名"+

骨干队伍引领。依托"151""251""351"队伍培养工程，组织开展了第六批长春市教育科研型名校长、科研型名教师和科研骨干教师的评选认定工作，借助专项课题、科研论坛、名校长（名师、骨干）工作室、科研编著、外出委培五个途径，实施多样化、分层次队伍培训，树立科研典型；制定《长春市教育科研队伍管理办法》，对"双名"和骨干教师实施动态管理，培养长春科研的骨干力量。四是专兼职科研员引领。发挥15名市级专职科研员研究职能，依托主持、参研的省级以上规划课题，深入基层开展调研，并围绕重点研究方向，主导或参与完成高质量调研报告；组织开展了兼职科研员专项课题研究工作，对兼职科研员工作进行综合评价，评选出了20名优秀兼职科研员，打造了一支素质高、能力强的专业化兼职科研员队伍。

多维度、全方位的专家引领必将为我市科研队伍注入新的活力，积蓄新的动能，助力我市教育质量持续提升。

（二）基地品牌建设，学校科研特色实现新突破

为推动教育科研基地对全市教育研究的示范引领和辐射带动作用，我中心开展了基地校建设提升年系列评选活动。

一是高位谋划，分类建设，动态管理。采取动态的方式对186所科研基地校进行管理，通过材料审核和现场评估的方式，考察了三百余所学校，评出了15所核心示范校、30所示范基地校、50所科研基地校。我市24所学校入选省级优质示范基地校，8所学校获批科研基地立项单位，5所省级基地校进行了揭牌和学术论坛，实现了省市直和各县（市）区以及城乡全覆盖，持续提升了科研基地校质量。二是高标推进，专家助力，拓宽渠道。长春市基础教育研究中心组织专家帮助基地校梳理提炼科研成果，总结办学特色，编著了《教育科研赋能基础教育高质量发展》一书；依托基地校评选课题和优秀成果，年度立项课题150项，评选成果1 600余项，拓宽了基地校办学思路，促进了课堂教学改革，有效提升了基地校教师的课题研究水平和成果梳理能力；开辟了《长春教育》基地校特色风采专栏，全面宣传展示基地校研究成果。

基地校动态管理和各级示范基地校打造发挥出了良好的品牌效应，有效激发了县（市）区科研部门和学校的研究热情以及对高端成果的追求，这将成为我市教育科研再上新台阶的强有力推动。

（三）高峰论坛引领，热点难点研究实现新突破

为加快教科研深度融合，实践教科研协同创新机制，交流区域教育优质均衡发展的新动态、新举措、新经验，我中心依托教育科研基地校持续开展系列"教科研高峰论坛"活动，有效发挥了教育科研基地校的支撑、驱动、引领作用。

本年度长春市成功举办了四届"教科研高峰论坛"。东北师大附属中学承办了主题为"三新背景下的课堂教学研究"第一届高峰论坛，朝阳区明德小学承办了主题为"'双减'背景下的课外阅读指导"第二届高峰论坛，长春市第八中学承办了主题为"聚焦三新培育核心素养，智慧教育建设新样态学校"第三届高峰论坛，长春市第八十七中学承办了主题

为"集优集群推动区域基础教育高质量发展"第四届高峰论坛。围绕论坛主题，相关领域的专家学者、行政管理人员、基层实践者从不同的角度进行了学术交流与研讨，通过线上与线下相结合的方式，为广大一线的教师与研究人员搭建了学习与提升的平台。

今后，长春市将全面推动高峰论坛活动的系列化、常态化开展，全面贯彻落实习近平总书记关于教育的重要论述精神，充分发挥教科研引领作用，深入推动区域教科研协同创新体系构建，深化基础教育领域综合改革，助推全市基础教育高质量发展。

（四）评价激励引领，科研管理生态实现新突破

教育科研评价是教育改革发展过程中的重要环节，只有完善教育科研评价指标体系，才能保证科学研究的发展方向。

我市精准把握了教育科研综合评价的改革方向，着眼国家教育发展目标与战略规划，形成了周期科学评价量化体系。一是建立了目标明确、权责清晰、管理有序、评价科学的科研治理体系。以分区视导、现场指导等方式，覆盖17个县（市）区、60多所省市直属校（幼儿园），开展分层调研，摸清底数，统计县区、学校各级各类课题数据，考查课题研究具体情况，进行全程督导，确保课题研究扎实推进。二是构建了具有时代特征、区域特色、立足实际的教育科研评价体系。围绕课题研究、队伍建设、基地校建设、区域特色、成果推广、承办现场会等方面的教育科研工作进行年度质量评估，实现全市教育科研评价的全覆盖。三是形成了"导—督—评—改"一体化科学评价管理模式。聚焦课题带动、项目管理、实践指导、评价提质、交流推广、科研培训等教育科研工作，着力做好"研"字为先，强化课题研究的实效性；"实"字立足，增强管理指导的针对性；"活"字突出，激发大型活动的创造性；"严"字托底，增强教育评价的精准性，实现全周期科研量化评价管理模式，以教育科研评价改革促进基础教育综合评价改革。

我市教育科研质量评价改革的时机和条件日趋成熟，未来，我市将不断完善科研评价机制，构建科学化、多元化、精细化、全面化的完整科研评价体系，充分发挥教育科研评价的多重功能。

四、长春市教育科研存在的问题与分析

随着教育事业的不断发展，教育科研在推动教育改革和提高教育质量方面发挥着越来越重要的作用。然而，在实际工作中，我市教育科研仍存在一些问题，这些问题制约了教育科研的发展和成效。

（一）前瞻性研究成果不足

当前我市针对教育热点、难点问题解决的优质教育科研成果数量还不充分，质量和转化应用也需进一步提升，已有教育科研成果中还存在理论与实践缺少深度融合、教育科研成果转化率较低等现象，部分成果停留在理论层面或实践层面，理论难以转化为实际的教育实践，实践成果中缺少理论提升和规律性认知，优质成果的不足制约了教育改革的进程，理论与实践的脱节影响了教育实际问题的解决。

(二)教师科研素养尚需提升

教育工作者因区域、地域、学历及个人发展过程不同,对教育科研的重视程度也各不相同,有些教育者的观念相对落后,缺乏创新意识和探索精神,部分教师的研究内驱力上还尚显不足,教师在意识、理念、能力等方面的科研专业素养的进一步提升还任重道远。

(三)合作与交流有待加强

我市教育科研机构之间、与高校和研究机构之间的合作与交流虽取得一定的成绩,但是还缺乏有效的合作机制和平台,距离打破区域、机构之间的壁垒,实现常态化教育科研融合,还有一定差距。

(四)科研评价机制仍需完善

新时代背景下的科研评价还需在原有评价量化体系基础上与时俱进,在评价目标、评价标准、评价内容、评价手段上不断完善,发挥数字赋能优势,构建智能化、个性化、综合化评价新生态。

五、长春市教育科研发展方向

(一)把握国家政策,深化领航工程

一是方向领航。利用我市科研智库,积极开展重大教育政策的理论培训和权威解读,把握科研方向,坚定学术立场,确保我市教育科研动态与国家大政方针的一致性。二是研究领航。关注教育改革热点研究,引领市域突破改革瓶颈,创新新时代育人育才规律和"三新"教学模式,探索五育融合的学科体系、教学体系和质量标准体系,跟进新时代背景下的 STEM 教育、未来教育等前瞻性课题,提炼引领性教育研究成果,带动市域整体发展。三是决策领航。立足市域教育难题,开展决策咨询服务。瞄准关系人民群众切身利益的重大教育问题,加强市域基础性、前瞻性、针对性教育政策研究,寻求破解教育难题的有效策略和办法,为各级教育行政部门提供决策参考和智库支持。四是信息化领航。立足新时代教育信息化发展要求,继续加强长春市"互联网+教育"大数据平台创新开发,建设名师网络"三递"课堂、教科研云平台,构建中小学优质数字教育资源体系,为各级各类教育数据的汇聚、管理、分析和服务提供研究平台和成果应用路径。

(二)加强队伍建议,深化强基工程

一是打造高端智库团队,发挥科研引领作用。聘请省内外教育专家组建新型专家智库团队。建立与省内高校和院所定期走访机制,开发专家科研项目数据信息库,积极对接相关领域专家,形成灵活开放的科研人才引进制度。充分发挥专家的"智囊团"作用,推进科研项目引领、人才对接、资源开发,在完成高质量育人的同时为长春教育发展提供智力支持。二是打造教育家型科研队伍。实施"151"校长培养、"251"名师培养、"351"骨干培养工程,分批次培育一批有知名度和影响力的校长队伍、名师队伍和骨干队伍,为教育智库建设储备领军人才,为带动长春市域教育发展提供科研人才保障。三是定期组织科研队伍赴国内名城名校考察学习、学术交流,举办市域高峰论坛,开展成果现场观摩会、研讨会、发布会,拓宽科研视野,推动成果共享。

（三）推动多元合作，深化跨域工程

一是深化与中国教科院、心理教育联盟会、副省级城市联盟、东北三省四市联盟等多个平台对口合作，遵循长春市"1688"计划，建立跨域、跨界、跨学科的智库交流、课题合作、成果推广等交流平台，组织开展高水平理论研究、实践研究、决策咨询、社会服务，为长春市教育全面振兴护航。二是深化高中联盟发展，探索组建强强联手、同类互助、交叉集群等新型教科研联盟，逐步完善全市普通高中"10+N"联盟发展新格局，在人文、社科、理工、科技等诸多科研领域探索特色发展路径，促进高中教育从分层教育逐步向分类教育转型，同时，推动县域质量提升，持续实施县中托管帮扶工程，加快提升县域高中整体科研水平。三是推动全市义务教育大学区管理改革，强化城乡教科研联盟，完善以优带弱结对帮扶制度，加快薄弱学校优质化进程，推动老牌学校焕发生机活力，深化温馨校园内涵建设，促进城乡一体化发展。四是推动学前教育行动计划，构建以公办园为核心、普惠园为主体的学前教育公共服务新体系，加强大园区建设，促进以强带弱学前教育整体建设，落实幼小科学衔接研究工作，构建家、校、社联盟体，推进协同育人发展。

（四）健全评价机制，深化驱动工程

教育科研评价改革要立足新时代智能化、个性化特征与需求，改进结果评价、强化过程评价、探索分类评价、健全综合评价，做好质性评价和定量评价适当结合，促进基层科研评价由"指标达成"向"评价机制"的根本性转变。一是建立了全市科研评价指标体系。完善评价指标、评价要素、评价方式等关键性指标，使科研评价的引导、诊断、改进和激励功能得以充分发挥，促进区校教育质量有效提升。二是建立科研评价的协同机制。围绕工具研发、数据分析、报告研制等方面开展了督导、科研部门协同联动的评价工作，将考核评价结果作为教育督导和评优评先的依据。三是加强对校长的综合考核评估。构建并试行校长科研能力指标考核标准，采取"学校综合科研质量+校长个人课题成果"的量化方式，对校长的科研理念、科研能力、科研绩效三大方面进行综合评价，激发校长科研动能，整体提升校长科研能力。

"十四五"是长春市教育科研向教科研一体化转型的关键时期，需要加强内驱力与外驱力协同作用，从规划、投入、理论与实践结合、评价体系构建、成果转化、人才队伍建设和合作与交流等方面进行全面改进和提高，推动我市教育科研的健康、持续发展，更好地服务于教育事业的发展需要。

六、长春市教育科研大事迹

1. 3月7日，市教育局在长春市第八十七中学组织召开全市教育科研课题开题会暨高峰论坛。市教育局党组成员、副局长李亚君，绿园区政府副区长杨一秀出席会议。绿园区教育局、长春市十一高中、长春市第八十七中学进行了汇报，省教科院院长郭天宝进行指导。东北师范大学柳海民教授，以及农安县教育局、东北师大附中等单位作了专题汇报。线上线下参会人数6 000余人次。

2. 4月7日,朝阳区承办吉林省第五届区域主导课题局长论坛暨构建五育并举育人体系成果交流会,展示了朝阳区构建五育并举育人体系的理论思考与实践收获,为全省推进区域教育高质量发展提供了借鉴参考。

3. 4月19日—21日,长春市中小学心理健康教师代表由我中心编辑部刘彦平主任、科研部李昤老师带队,赴杭州参加第一届中小学心理健康教育研究城市共同体论坛活动。刘彦平主任参加了本次研讨并发言。

4. 2023年5月12日,组织长春市中小学教师参加了净月区华岳学校和明泽学校共同承办的吉林省首届教育科学高质量发展论坛暨"净月·新优"德育教育教学研讨会,省教科院郭天宝院长、徐向东副院长进行指导,市基础教育研究中心张月柱主任参与揭牌,王淑琴副主任进行点评,线上线下两万余人参会,推动了德育的深入研究。

5. 5月—12月,我中心对科研基地校进行检查评估。分别对16个县(市)区154所中小学校和36所省市直属学校进行了检查和验收。评选出15所核心示范科研基地校,30所示范科研基地校和50所科研基地校,将以长春市教育局名义对此次晋级的科研基地校予以认定和表彰。

6. 7月15日,长春市教育局在长春市十一高中举办全市普通高中"双新"建设阶段成果交流会。长春市教育局局长崔国涛参加会议并讲话,会议由副局长李亚君主持。长春市十一高中交流了"双新"建设成果。省教科院院长郭天宝做了专业指导。市、县教育局相关处室负责同志,全市普通高中校长,长春市十一高中托管校、友谊校相关负责人300余人参加会议。

7. 11月4日—5日,全国第五届STEM教育大会在长春市汽开区举办,大会以"做好科学教育加法,为创新铺路"为主题,来自教育部、科技部、中国教科院、吉林省教育厅、长春市教育局、长春汽开区管委会的领导及来自全国各地的专家、领导和老师逾1500人现场参会。长春市9所学校以云走校的方式向全国展示了长春经验。

8. 11月8日,在广州举办了全国十五个副省级城市教科研工作会议,长春市基础教育研究中心副主任王淑琴在会上做了发言,介绍了长春的经验,发出了长春声音。

9. 11月12日—18日,我中心主办的长春市中小学(幼儿园)教科研型名校长、科研型名师、科研骨干教师高级研修班在重庆举行,全市中小学(幼儿园)教科研型名校长、科研型名师、科研骨干教师共49人参培。

10. 12月18日,长春市第六批教育科研骨干教师遴选答辩活动在长春市艳春小学举行。12月20日,长春市教育科研型名校长、名教师遴选答辩活动分别在长春市第八中学和长春市第六中举行。12月25日,公示认定第六批长春市教育科研型名校长100名、教育科研型名教师220名和教育科研骨干教师300名。

报告执笔人: 黄 娟 关爱民 张 辉 王 惠 谭 清 李 杰
宋剑锋 杨秀艳 李 昤 张 玲 杨 悦

专题研究报告

ZHUANTI YANJIU BAOGAO

长春市幼小衔接情况专题研究报告

一、研究背景

2021年4月，教育部出台《关于大力推进幼儿园与小学科学衔接的指导意见》中，要求幼儿园与小学开展入学准备教育和入学适应教育，这吹响了幼小科学衔接的号角，也为发展的道路指明了方向。2021年7月，中共中央办公厅、国务院办公厅出台《关于进一步减轻义务教育阶段学生作业负担和校外培训负担的意见》（以下简称"双减"政策），这表明党和政府实施"双减"政策的决心。

在"双减"政策下，我市幼小衔接工作取得了重要进展的同时，也存在监管力度不足、儿童主体意识淡薄、双向衔接不到位、协同育人机制有待完善等需要直面的问题。幼小衔接是系统的、持续的、渐进的过程，因此，本报告拟探讨"双减"政策下幼小衔接的现实意义，使家长在重视儿童智力发展的同时，兼顾他们的全面发展，逐渐回归到教育的本质，并推动我市良好教育生态营造和高质量教育体系的构建。

二、调研问题与设计

（一）调研目的

为深入了解我市小学实施入学准备和入学适应教育的情况，准确把握幼小衔接工作中的问题，进一步推进幼小衔接教育工作的顺利开展，为我市制定相关政策提供可靠依据。

（二）调研内容

1. 教师基本资料：包括教师的教龄、学历，以及学校所在位置。

2. 幼小衔接小学教育现状：学生适应小学生活的情况，教师对幼小衔接教育的了解情况及幼小衔接教育的开展实施情况。

3. 家庭基本情况：包括孩子性别，孩子的就读园所类型，孩子的主要照顾者及父母受教育水平等。

4. 幼小衔接家庭教育现状：家长对幼小衔接教育的了解情况及重视程度、幼小衔接教育中家庭的准备情况。

（三）调研对象结构构成

此次调研主要使用在线问卷调查方式。为了全面、真实地了解幼小衔接教育开展情况及实际需求，本次调研面向长春市所有城县（市）区小学教师及家长。

1. 调研区域：全地区覆盖

本次调研覆盖长春市所有城县（市）区。其中包括朝阳区、二道区、汽开区、长春新区、双阳区和德惠市等6个幼小衔接实验区中35所试点小学。

2. 城乡占比：考虑均衡

调研的学校比例中，充分考虑了城乡占比均衡。其中城市学校占比为52.32%，乡镇学校占比39.92%，农村学校占比7.76%。

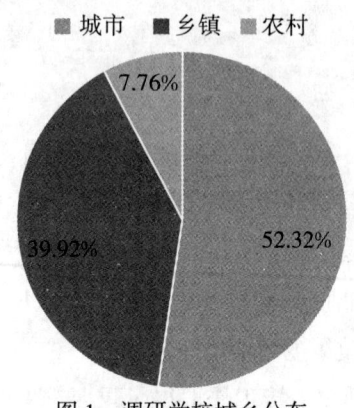

图1 调研学校城乡分布

3. 调研对象：精准抽取

具体到每所学校，调研对象包括：家长及教师。

其中参加调研的教师基本情况是：教龄1—3年占比20.23%、4—6年占比13.31%、7—15年占比14.97%、15年及以上占比23.11%，具有层次性。本科及以上学历占比89.61%，可见调查对象整体的专业化水平处于较好层次。

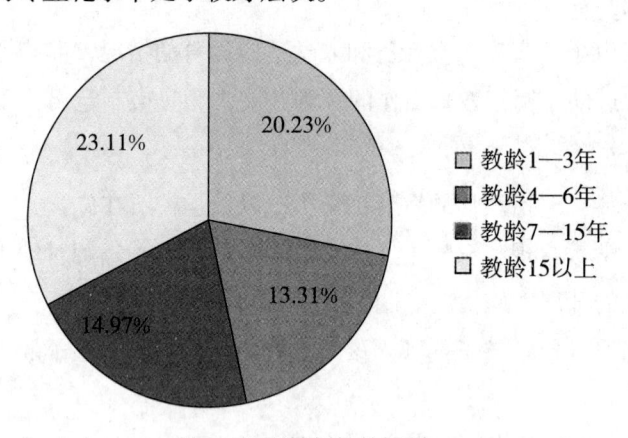

图2 调研教师教龄情况

（四）调研工具

本次调研采用的调研工具主要为问卷调研（详见附件）。调研问卷按照不同的研究对象分为两种类型：教师版、家长版。

教师版问卷从教师基本情况和幼小衔接教育现状两个维度共设计了12个题目，问卷信度较高、结构效度良好。同时从教师的视角对幼小衔接教育工作的了解程度、开展情况、需要解决的关键问题进行了调查。

家长版问卷从家庭的基本情况和幼小衔接家庭教育现状两个维度设计了题目,问卷信度较高、结构效度良好。同时从家长的视角对幼小衔接教育的了解程度、家庭教育准备情况进行了调查。

三、研究基本情况与分析

此次调研主要采用问卷星在线问卷调查的方式,问卷回收情况如下:

表1 有效问卷回收数量统计

问卷类型	有效问卷
教师版	10 751
家长版	66 893

对问卷进行分析,综合结果如下:

(一)园校联合教研优势凸显

探索幼小科学衔接,就要先打通幼小衔接的渠道,通过问卷调查我们发现62.24%的教师认为建立好联合教研制度是推进幼小衔接工作的重要方面。教师在儿童课程与实施、教学与管理、评价与反馈等方面均有一定程度的提升,及时解决教师在入学准备和入学适应实践中的突出问题,小学和幼儿园建立的教研学习共同体有着极其重要的作用。

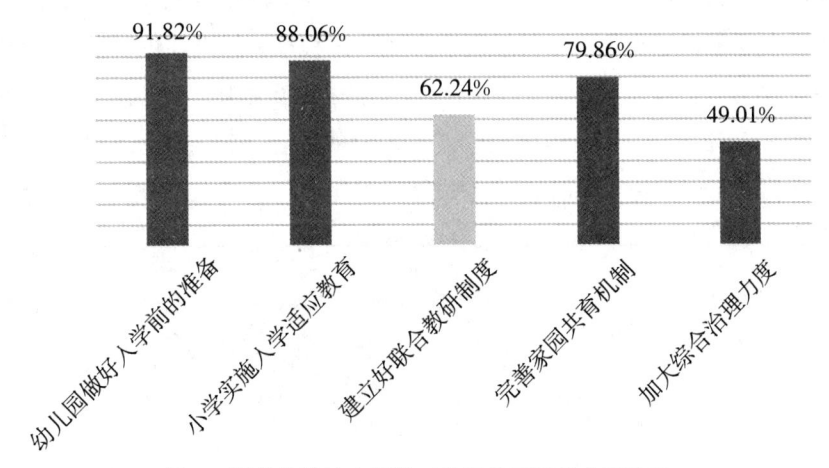

图3 顺利推进幼小衔接工作需协同的各方面比重
（幼儿园做好入学前的准备 91.82%；小学实施入学适应教育 88.06%；建立好联合教研制度 62.24%；完善家园共育机制 79.86%；加大综合治理力度 49.01%）

同时数据显示有90.93%的教师认为幼儿园的入学准备和小学的需求具有连续性。可见幼儿园和小学通过园本教研、校本教研等方式对幼小双向衔接持续深入的研究是十分必要的。

(二)教师课程意识逐步提升

作为幼小衔接教育的实施主体,教师能否正确看待、实施入学适应期教育,直接决定了幼小衔接教学实施的效果。从教师对入学适应期教育教学内容的关注来看,有91.91%的教师关注学习的适应,92.64%的教师关注了身心的适应,48.77%的教师关注了社会的适应,81.54%的教师关注了生活的适应。通过数据能够看出教师整体对幼小衔接关键要素重要性的认同，教师能以学生发展为核心，进行多维关注。教师在进行入学适应期教育教学内容时能够结合儿童身心发展的实际情况，打破单纯以知识性学习为主体的入学适应教育模式，加强对儿童入学身心、生活、社会、学习四个方面适应性的关注，确保了儿童身心的全面健康发展。

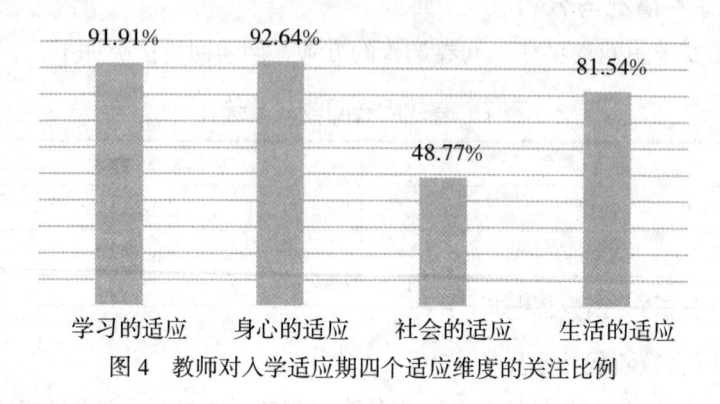

图4　教师对入学适应期四个适应维度的关注比例

- 学习的适应 91.91%
- 身心的适应 92.64%
- 社会的适应 48.77%
- 生活的适应 81.54%

在入学适应教育教学期间，教师对学生的"评价形式""评价内容"和"评价方式"，始终以尊重儿童身心发展规律作为出发点，从多维度有意识地帮助学生感受、体验、积累、交流和回顾成长收获，建立学习兴趣和自信心。通过数据我们可以发现有57.72%的教师采用过程性评价，通过档案袋等方式，收集学生成长过程中各级适应目标的变化，这种评价形式能让学生及家长感受到儿童发展的阶段性、过程性，促进评价、目标、教学一体化，可视化。在评价方式上有63.05%的教师选择性开发"闯关卡""心愿树"等儿童感兴趣的评价载体，采用自评、互评、他评定期或不定期的综合评价方式，量化与质化相结合，形成个人成长档案。以多边灵活性评价方式促进学生更好、更快地适应小学生活。

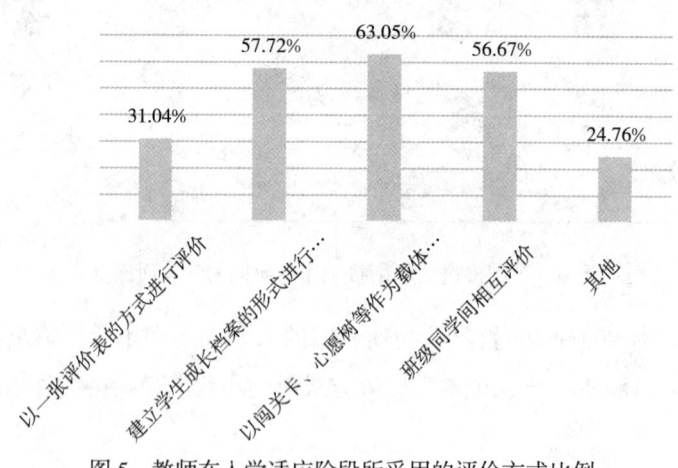

图5　教师在入学适应阶段所采用的评价方式比例

- 以一张评价表的方式进行评价 31.04%
- 建立学生成长档案的形式进行… 57.72%
- 以闯关卡、心愿树等作为载体… 63.05%
- 班级同学间相互评价 56.67%
- 其他 24.76%

（三）学生学习方式发生转变

通过问卷调查，发现44.85%的家长更关注幼小衔接课程中学生的学习方式。家长不再盲目让孩子进行汉语拼音、十以内加减法、认识简单的汉字等知识学习和训练，提早增加孩子的学习负担，而是转向对学生身心、生活、社会、学习四个方面的适应性关注，以激发兴趣、培养习惯为主。同时一年级入学适应期以学生为主体，采取游戏化、生活化、综合化的学习方式，这种学习方式的转变为儿童搭建成长适应的阶梯。

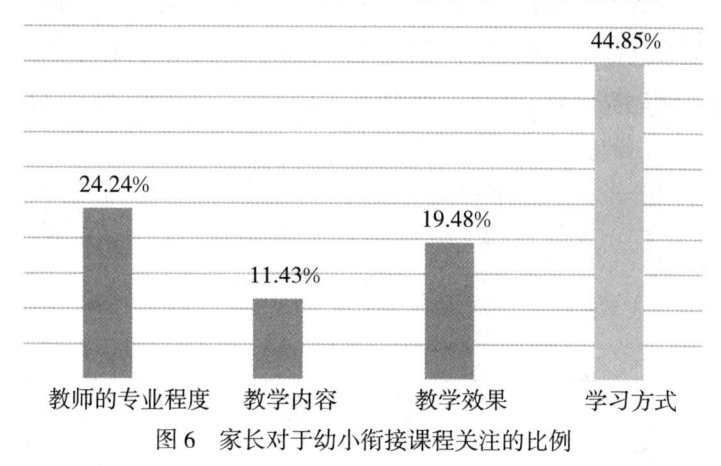

图6　家长对于幼小衔接课程关注的比例

教师的专业程度 24.24%
教学内容 11.43%
教学效果 19.48%
学习方式 44.85%

（四）家校育人体系成效凸显

通过数据，我们发现超过98%的家长认为幼小衔接十分重要，愿意陪伴孩子体验幼小衔接的相关活动，同时能够帮助儿童做好相应的入学准备，可见家长对幼小衔接教育非常的重视。

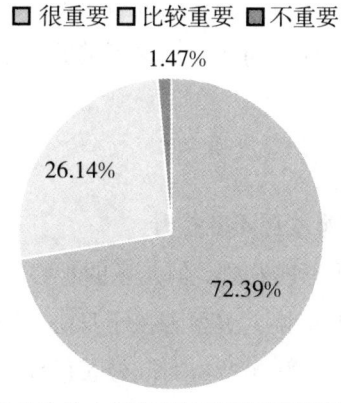

图7　家长认为幼小衔接对孩子是否重要的数据比例

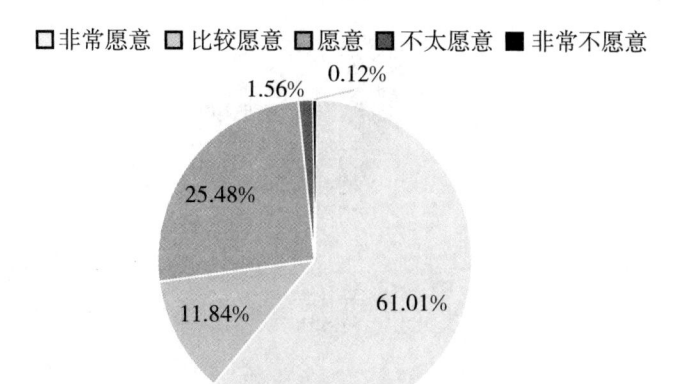

很重要 72.39%
比较重要 26.14%
不重要 1.47%

图8　家长是否愿意陪同孩子参加幼小衔接的体验活动数据比例

非常愿意 61.01%
比较愿意 25.48%
愿意 11.84%
不太愿意 1.56%
非常不愿意 0.12%

通过调研"有利于儿童入学适应的因素",有60%以上的家长认为家长和学校对儿童进行入学适应教育有利于儿童更好地适应小学生活,可见从家长的角度能够充分认识到家长与学校是命运共同体,促进"家—园—校"的协同共建,方能及时了解各方面的困惑与想法,并能针对性地提出解决方案,让孩子真正受益,让课程设计日趋合理。

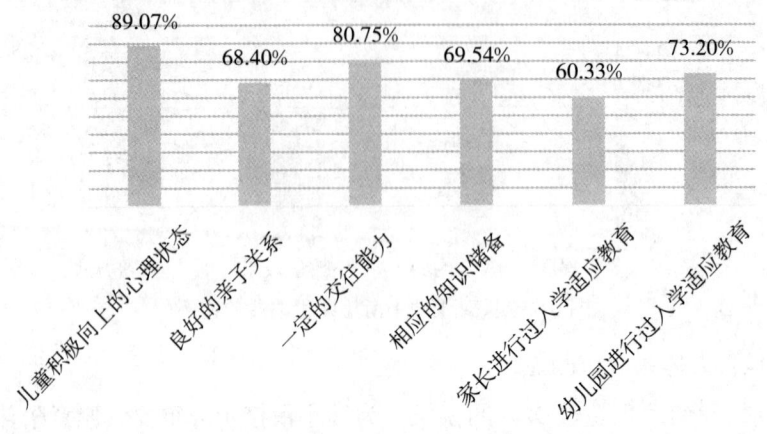

图9 有利于儿童入学适应的因素

根据调研我们发现,七成以上的家长认识到了幼儿入小学后可能存在的认知、习惯和能力适应困难的问题,所以在入学教育的家庭准备阶段,家长能有针对性地进行指导,幼儿园、小学与家长通过衔接、互动与沟通,加深了彼此的了解,这便能够有助于学生顺利适应小学生活。

四、研究结论

(一)儿童差异较大,衔接难度已不断提升

幼儿园与小学虽然在阶段上紧密相邻,但儿童的身心发展日新月异。面对环境的变化、学习任务的挑战,能否顺利过渡衔接,关系着孩子身心健康与人格发展。部分学生需要一学期及以上的时间适应小学生活。学生适应时间较长的原因在于学生个体差异较大,没有具备足够的能力适应小学生活,这也是幼小衔接教育的重点关注群体。

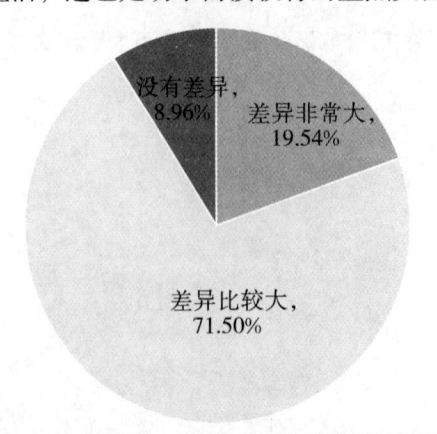

图10 一年级新生对于基础知识的学习差异比重

（二）家长期待较高，衔接质量应再创新高

超过 98% 的家长认为幼小衔接十分重要，同时愿意陪伴孩子体验幼小衔接的相关活动。通过数据可以看出家长十分期待参加幼小衔接体验活动，而且希望参与的类型多样化。家长的高期待对幼小衔接教育的质量提出了更高的要求。

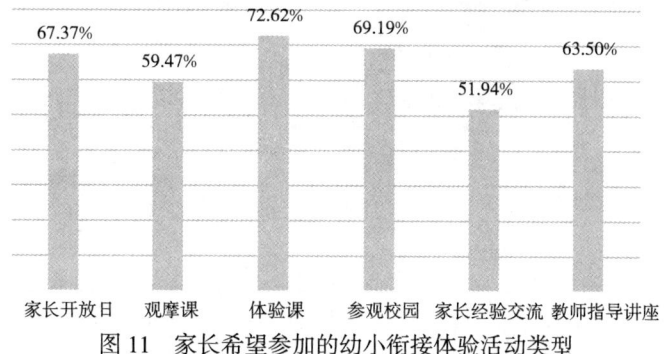

图 11 　家长希望参加的幼小衔接体验活动类型

（三）培训需求增加，指导方式应更加多元

家园校共育机制建立后，应该针对幼小衔接为家庭教育提供更加丰富多样的支持与帮助，通过调研，76.58% 的家长希望小学教师进行指导，62.68% 的家长希望入校参观体验，我们不难发现家长期待学校能提供更加专业、更加多样化的指导。

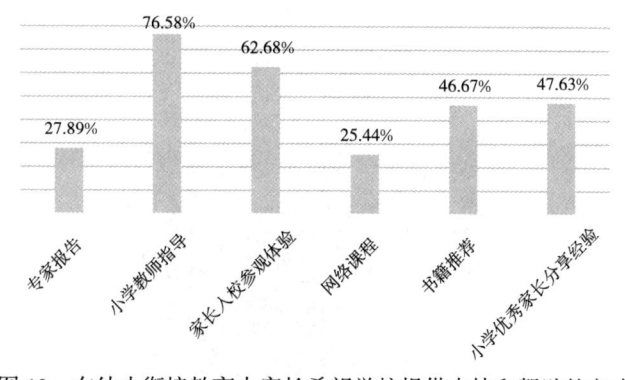

图 12 　在幼小衔接教育中家长希望学校提供支持和帮助的方式

数据显示 72.5% 的家长没有参加过幼小衔接的相关培训，73% 的教师没有参加过幼小衔接的相关培训，可见培训的覆盖面应该加大。

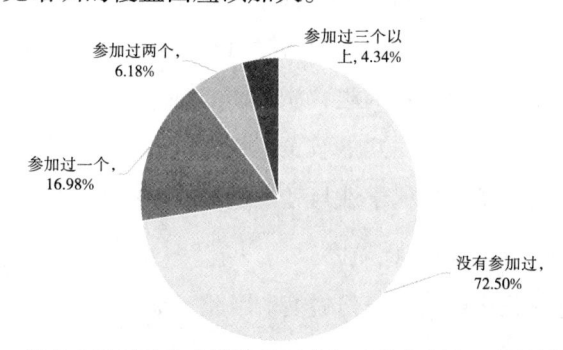

图 13 　家长在孩子进入小学前是否参加过幼小衔接相关培训的比例

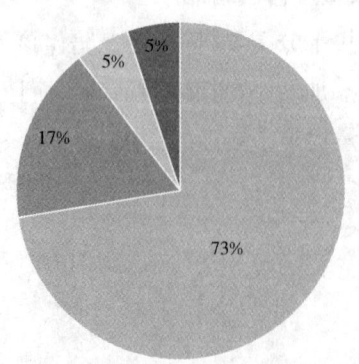

图 14　教师是否接受过幼小衔接教育方面的培训的比例

(四)"零起点"教学意识应大力推广

通过调研教师"对幼儿园提早讲授小学知识情况的持有态度",我们发现27%的教师持支持的态度,认为能够让儿童提前适应小学的学习模式,28%的教师表示理解,认为幼儿园老师的初衷是为了缩短儿童适应小学的时间,37%的教师理解但不支持,认为过早学习可能会影响儿童对小学学习的兴趣,8%的教师持反对意见,并坚决抵制幼儿园具有"小学化"倾向。作为教师应该强化学科知识"零起点"教学的意识,遵循幼儿身心发展规律和认知特点。

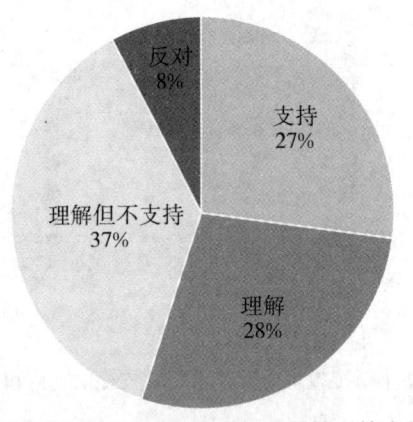

图 15　教师对幼儿园提早讲授小学知识的情况持有的态度比例

五、对策与建议:"一二三四"多元体系推进幼小衔接

幼小衔接指的是幼儿教育与小学教育的衔接。解决好幼儿教育与小学教育的衔接问题,对于促进孩子的可持续发展,对于提高教育质量,完善人格品质,都具有重要意义。而长期有效地推进与发展,离不开一以贯之的政策引领。"一二三四"多元体系聚焦幼小衔接的方方面面,试图指引出一条兼具科学性与教育性的发展之路。

(一)"一核"引领:科学衔接指航向

幼小衔接的过程是成长历程中的身份蜕变。因此,幼小衔接应以"科学"衔接为核心,体现"四重"要义:

一是衔接理念要科学，即应遵循教育教学规律和儿童的身心发展特点；二是衔接目标要科学，即应最大程度保障儿童平缓过渡，而不是陡然转变；三是衔接内容要科学，即围绕儿童的身心、生活、社会以及学习内容进行设计；四是衔接方式要科学，即幼儿园与小学要"双向奔赴"、系统衔接，构建科学、高效、可实施的教育生态圈。

1. 要从讲政治的高度认识幼小衔接

"教育从娃娃抓起"，这是各国教育的共识。如何抓好儿童教育，如何做好幼小衔接，促进儿童身心健康发展，是世界各国正在努力探索解决的教育难题之一。就我国而言，党和国家高度重视儿童教育。

习近平总书记指出，教育要实现"幼有所育，学有所教"。党的十八大以来，中共中央国务院先后印发《关于学前教育深化改革规范发展的若干意见》《关于深化教育教学改革全面提高义务教育质量的意见》，提出幼儿园"坚决克服和纠正'小学化'倾向"、小学一年级"注重做好幼小衔接"的要求。2021年3月，教育部出台《关于大力推进幼儿园与小学科学衔接的指导意见》，从国家层面对幼小衔接进行总体部署和科学指导。5月，省教育厅印发《推进幼儿园与小学科学衔接攻坚行动实施方案》，将幼小衔接作为一项"攻坚行动"。

这些文件，为推进幼儿园与小学科学有效衔接提供了根本遵循。同时，也可以看出，幼小衔接已经成为国家意志，上升为国家重要决策，为此，必须对其高度重视，并与国家和省里的部署要求保持高度一致。

2. 要从全链条教育改革的视角认识幼小衔接

教育改革是一项系统化综合性工程，已经进入深水区、攻坚期。当前，随着我国教育综合改革的逐步深入，从高校招生制度改革、高考改革到中考改革，从课程改革、教学改革到评价改革，越来越呈现出全链条、系统化特征。从这个意义上讲，幼小衔接是对教育改革的前移和延伸，是教育综合改革的应有之义和重要一环，也是深化教育综合改革的重要举措和必然要求。对此，我们要建立系统思维，树立改革意识，从大局、全局出发，提高认识，积极主动，扎实抓好幼小衔接各项工作。

3. 要从坚持儿童为本的立场认识幼小衔接

科学有效的幼小衔接既能促进学前阶段教育的开展，也是儿童在小学阶段连续性发展的客观需要，其后续影响会在儿童的一生中反复呈现。可以说，幼小衔接实质上是儿童终身幸福的奠基工程。然而，反观当前我们的儿童教育，情况不容乐观，有的甚至严重偏航偏向。"小学化"倾向在一些幼儿园"犹抱琵琶"甚至颇受追捧，给小学起始年级教学带来困惑和干扰；"非零起点"教学在一些小学还依然存在，屡禁不止。

脑科学研究结果指出，0—7岁儿童应以游戏化学习为主，但事实上，一些幼儿园和培训机构却是极力推行知识性学习方式，他们在幼儿园就努力培养所谓"学神""学霸"，并以此为噱头展开宣传，但很多孩子在后续学习过程中后劲不足，学习态度浮躁，学习兴趣减弱，逻辑紊乱，不但快乐的童年被剥夺，更可能导致幼儿心理被异化。

这些现象，违背儿童身心发展规律和教育教学规律，已经成为教育的"顽瘴痼疾"。因此，扎实推进科学有效的幼小衔接意义重大、十分必要。我们是搞教育的专业人士，我们更应该充分认识幼小衔接的重要性、必要性、紧迫性，要以强烈的社会责任感和时代使命感扛起推进幼小科学衔接的责任义务和使命担当。

（二）"两项"策略：助力衔接见成效

幼儿园与小学长期以来一直处于"各为其主"的状态，缺乏统一的协作机制与沟通平台。为达到幼小衔接的稳中有序、向前发展，就亟待搭建起幼儿园与小学之前的合作桥梁，探索有效合作的新模式、新路径。

1. 组建幼小教师共同教研体，搭建"桥梁课程"平台

小学与幼儿园的衔接问题，不仅是两种教育机构的衔接，但其实质是教育机构与儿童生活的衔接。双方的长期分离导致机构间"渐行渐远"，从而使我们的幼小衔接工作在多方面存在"断层现象"。因此，应系统构建"幼小协同"体系，幼儿园和小学共同教研，相互学习，都做到眼中有孩子、心中有尺度、手中有策略，有效地改善双方的本位主义。

尝试组建幼小教师协同教研体。双方定期围绕不同主题，开展交流教研活动，探索幼儿园培养与小学低年级教法的衔接方式，使小学教师更加关注幼儿的身心发展特点，不以高年级的要求和标准，来过分苛责低年级学生，同时制定出连续性的整体教育计划，从而让儿童平稳过渡。

同时，"共同教研体"还可定期开展教师培训，建立合作性的专业发展团队，共同致力于"入学准备"相关问题的解决；学生间的桥梁课程主要包括开展幼儿园大班与小学一年级的主题月课程等，通过桥梁课程帮助儿童认识和了解小学教育的方方面面，并有机会在小学生的陪伴下更好地开启小学生活。

2. 建立家、校、园紧密合作的幼小衔接模式

教育从来就不是学校一个系统的事业，而是全社会的共同事业。在这些利益攸关者当中，家长的观念占据重要位置。对家长而言，一个难以跨越的观念鸿沟在于，一旦讲到零起点，家长和社会会认为降低了标准，但是核心素养体系的提出，事实上给出了一个新的起点，这个起点指向人的终身发展的学习，其实对家庭、社会、教育而言是更高的挑战。

各校可根据实际情况组织家长学校、家长开放日等活动达成与家长的沟通联系。可以通过举办专题讲座，开展"家校工作坊"以转变家长观念；通过家长夏令营、网络课堂、线上家访等形式，有针对性地开展教育指导，缓解家长的焦虑情绪，淡化竞争意识。同时，也可邀请家长代表参与，倾听意见并不断完善。帮助家长树立正确的教育观，摒弃"抢跑"意识，缓解入学焦虑。

小学与幼儿园衔接至关重要，为确保孩子们平稳过渡，双方需共同努力。小学应组织教师入园体验，理解幼儿学习方式，寻找小学新课标与《3—6岁儿童学习与发展指南》的共通点。同时，小学应从儿童需求出发，探讨幼儿面临的问题和解决策略，加强与幼儿

园合作。将"游戏故事"融入小学课堂，但需结合学习要求。教室环境应温馨舒适，学习进度适当放慢。双方共同努力，为孩子们创造顺畅、愉快的过渡期，为他们的未来发展打下坚实基础。通过这样的衔接，孩子们能更好地适应小学生活，实现身心全面发展。

构建家、校、园三位一体的幼小衔接模式，有助于形成三方良性互动，有效缓解社会焦虑情绪，营造和谐的社会氛围。在这样的环境中，儿童能够自然而然地专注于他们成长阶段的学习与探索，保持对生活和知识的热爱与渴望。

（三）"三维"机制：深化衔接有保障

幼小衔接是一项系统性、综合性、长期性工程，需要多方助力共建共进、多维协作。有了充足的保障机制，方能行之有度，操之有效，通过制度的协同保障，将幼小衔接推向"深水区"。

1. 强化综合施策，完善协同机制

完善教育行政部门、教科研机构、幼儿园、小学多方合作的工作机制，完善园校联合教研、教师互动、资源共享、协同沟通机制以及家、园、校协同育人机制。加强幼儿园和小学的沟通是进一步提升幼小衔接的重要突破口。这一机制有双重的内涵：其一是指教师之间的沟通渠道畅通；其二是指加强幼儿和小学生的沟通和交流。

为了有效推进幼小衔接工作，教师应当与当地小学建立紧密的合作关系，确保对幼儿升学动向有深入的了解。通过观察和分析幼儿进入小学一年级后的状态，如他们的心理状态、学习习惯等，为后续工作提供有价值的参考。同时，幼儿教师和小学教师需利用信息化平台、社交平台等线上沟通渠道，以及交流会、座谈会等线下沟通渠道，打破壁垒，进行深入的交流与合作。这样不仅能及时了解当前教育的新形势，还能针对幼小衔接中出现的新问题，灵活调整教学目标和教学方法，确保教育的连贯性和有效性。加强幼儿和小学生的沟通交流则主要依托于体验课等方式。园方和小学可以共同举办夏令营、户外拓展、科学参观等一系列活动，组织幼儿园大班幼儿和小学1—2年级学生共同进行学习，这不仅可以加强园、校之间的深度合作，还可以增加幼儿和小学生之间的交流机会，为幼小衔接工作增加实践经验。

2. 加强课程建设，扎实有效推进

围绕儿童身心、生活、社会、学习等方面，园校分别设计相应课程，积极构建幼小衔接课程内容体系。在课程设置上我们需要明确，涣散与聚合是幼小衔接的异态与本真之对比。知识虽散，但其作为渊源的生活则持续呈现着强烈的聚合之态。"要摒弃各科目之间那种致命的分离状况，因为它扼杀了现代课程的生命力。"

首先，维持幼儿园阶段的主题教学传统，并在这些主题中融入多元化、富有深度的衔接课程。儿童在完成这些主题学习时，不仅需要运用跨学科的知识，还需要培养他们探索事物内在联系的能力。

其次，积极促进课程的融合。教育内容应融入儿童的日常生活和社交活动，符合他们的直接经验特点。通过故事、对话和实践，将不同科目和类别的课程相互融合，实现儿童生活经验的整合。例如，在数学课程中教授大小和加减法后，可以在社会课程中组织分水果的活动，鼓励孩子们与陌生的同学进行互动，同时在语言教学中引导孩子们一起阅读和朗读相关课文，以加深记忆和理解。

再次，要确保课程推进的有序性。教学应有条不紊地进行，优先教授对儿童发展至关重要的内容。以语言学习为例，虽然语言具有高度抽象和复杂的特点，但由于其在生活中的必要性和高频使用，儿童通常能较早地掌握语言能力。因此，在幼小衔接的过程中，应优先考虑培养儿童的规则意识、纪律意识、自我整理规划能力以及社交能力等，这些能力对于儿童平稳度过衔接期具有重要意义。

最后，建立科学的幼小衔接课程评价机制。在小学初始阶段和尚未进入小学之前，教师应首先给予儿童鼓励式评价，然后逐步引导儿童进行自我评价和互相评价。让儿童对自我和他人的表现以及与课程的契合度做出初步判断，从而培养儿童的反思能力。

3. 强化综合治理，强化督导评估

为了维护教育秩序和规律，可以联合相关部门，对幼儿园、小学及校外培训机构进行持续监督，严肃处理违反教育规律的行为，并启动专项治理行动。为了确保信息的透明度和公开性，我们将通过宣传栏、公示栏和学校网站等渠道，公开幼儿园大班和小学一年级秋季学期的课程设置及学科教学计划，让每一位家长都能清楚了解。一旦发现幼儿园大班幼儿出现流失现象，我们将迅速查明原因，追踪去向，并及时向当地教育部门报告。对于存在严重违规办学行为的幼儿园和小学，我们将依法追究校长、园长及相关教师的责任，以维护教育公平和儿童的健康成长。

要将入学准备教育、"去小学化"、入学适应教育和"零起点"教学纳入学前教育和义务教育质量评估的重要内容，纳入督导评估体系，督导评估结果向社会公布，接受社会监督。对幼小衔接工作做得不到位的，追究相关领导和责任人的责任。同时，市、县（区）教育局设立并主动公开投诉举报电话，主动接受社会监督，坚决查处违规办学行为。

建立监测机制，完善联动体系。制定监测机制可以从监测主体、监测内容、监测方式进行考虑。就监测主体而言，应当将幼儿园和小学教师、家长都纳入监测体系，三方既是联动工作的执行者，又是评价者，执行与评价相辅相成。监测内容应包括联动的频率、内容、效果等，监测方式则应采用过程性和结果性监测相结合。此外，还应注意在监测过程中整理资料建立联动台账，对资料的研究和分析可以解释幼小衔接联动举措的有效性，有助于对联动质量进行评估，巩固和改进后续幼小衔接联动方案。

总结衔接成效，推动持续改进。首先，监测小组应将监测数据及情况及时汇总，结合监测过程中的座谈等过程性材料，组织幼儿园和小学分享幼小衔接的设想和具体做法，评选最佳实践范例和最佳幼小联盟，组建联动工作开展有特色有实效的团队进行宣讲和经验介绍，录制宣传视频，扩大影响力，推广联动经验。其次，建立幼小衔接联动优质资源库，如建立优质教师资源库，开展指导和帮扶工作；建立优质联动案例库；开发网络信息平台，开辟幼儿园和小学教师以及家长围绕幼小衔接交流意见的专门板块，并请优质教师资源库中的成员定期组织线上沙龙等活动。最后，监测小组还应根据监测结果出具整改意见，持续推进幼小衔接工作不断优化。

（四）"四大"行动：开拓衔接在路上

幼小衔接的改革举措奠定基础，保障机制平稳有序，这是幼小衔接不断深化提升的动力所在。而想要因势利导，集中力量办大事，也离不开专项行动的推进与助力。开拓进取，攻坚克难，幼小衔接步履坚实，任重道远。

1. 大力做好多维度的宣传引导

在宣传范围上，从市里到县区、从幼儿园到小学，各级各类部门都应该做好宣传，共同营造良好的教育生态。教育行政部门、教科研部门、家庭教育指导中心、幼儿园和小学要利用家长会、家长课堂、家长学校、致家长信等途径手段，深入开展幼小科学衔接理念的学习、培训与指导，全面转变家长观念，大力破除"不能输在起跑线上"的认知误区，缓解家长焦虑和"抢跑"心理。

在宣传内容上，既要宣传什么是错误的做法，讲清危害在哪里，更要宣传什么才是正确的做法，讲清道理在哪里。在宣传方式上，尽量做到灵活多样，可以搞"一问一答"，相对精准严肃地宣传政策；可以采用动漫制作、一图看懂，用幽默的形象和诙谐的语言，让家长更乐于接受；也可以搞问卷调查，既做了调研，又做了宣传，一举两得。

在宣传手段上，倡导利用新媒体新手段，比如抖音、快手、视频号、电子海报等，扩大宣传受众，加快传播速度，真正做到让百姓喜闻乐见、家喻户晓。

2. 统筹做好入学准备和入学适应教育

幼小衔接是否真正成功，关键要看幼儿园的入学准备教育和小学一年级的入学适应教育这两项工作做得怎么样，虽然这两项工作分属学前和义务两个学段，但它是幼小衔接的"一体两面"，不能割裂对待。

作为教育行政部门，要建立健全幼小衔接相关的制度机制，一方面要抓好指导和监管，指导幼儿园做好幼儿园的事，指导小学一年级做好一年级的事；另一方面又要抓好统筹和融合，双向衔接，特别是指导小学一年级设立半年的入学适应期。在适应期内，学生的成长可以低起点、小步幅，由慢到快，静待花开，确保每一名儿童顺利过渡。

作为幼儿园和小学，园长、校长要切实担负主体责任，做好教师全员培训，教育引导幼儿园教师要知道自己的边界，教育引导小学教师要明白自己的起点，幼儿园不能"越俎代庖"，小学一年级不能"偷工减料"，谁也不能违背规律和规定。

3. 提前做好联合教研活动，及时推广经验

教师专业能力的高低决定幼小衔接的效果，教研活动则是促进教师专业能力发展的重要途径，幼儿园和小学积极开展教研联动能加强教师对科学幼小衔接的认识，提升教师主动学习内驱力，增强研究意识，提高衔接质量。

市教研中心和各级进修学校应做好联合教研，这也是推进幼小衔接的重要前提。从课程设置、内容谋划、教案设计、进度安排等各个方面，提前对幼儿园和小学一年级教师进行指导，并做好对接，让老师们"有备而来"。在实施过程中，教研人员要勤走、勤说、勤研究，深入幼儿园和小学，及时发现、总结、推广好经验好做法。

一是以课题为引导进行深入研究。我们的区域以省级课题为核心引领，辅以多项市区级课题，以及广大教师的小专题研究，形成了一个专题课题群的研究框架。这个框架旨在深入探索幼小衔接中的难点问题，如活动设计、学习支持、入学准备、联合教研以及家长参与等。

二是通过常规教研推动实践探索。长春市采取区域主题教研的方式，结合校（园）联合教研，对科学衔接的理论进行实践应用，并分享经验。此举旨在提升教师在主题活动设计、家校（园）沟通以及小学段"零起点"教学等方面的技能，同时培养跨学段的教学骨干力量。

4.严格监管民办园、民办校和校外培训机构

这是推进幼小衔接并确保胜利果实的重要保障。幼儿园"小学化"的重灾区是民办园和民办培训机构，他们往往以超前学习新课程、早期智力开发等为噱头，吸引家长的眼球，引发家长的焦虑。研究表明，幼儿超前、超额学习对脑智力开发并无多大效果，甚至会起反作用，而在儿童注意力培养、学习习惯养成、数学后续学习等方面更是弊多利少。教育行政部门应建立专班巡视组，以"钉钉子"的精神，持续发力，加强综合治理。

同时，还应落实国家、省、市有关规定，严禁校外培训机构面向学前儿童开展小学文化课程培训或向学龄前儿童教授小学课本知识，鼓励开展音乐、美术等艺术特长类培训，提升综合素质。教育行政部门不得审批面向学前儿童开展小学文化课程培训的机构，对现有培训机构审批办学内容和实际经营范围进行清查整治，对接收学前儿童违规开展培训的校外培训机构进行严肃查处并列入黑名单，将信息纳入全国信用信息共享平台，按有关规定实施联合惩戒。

报告执笔人：肖宇轩 周玉卓 李 博 杨 穆 郭 峤 彭懿馨

附件1　长春市关于幼小衔接适应期教育现状的调查问卷

（教师卷）

亲爱的老师：

您好！感谢您参与这次调研活动。我们正在进行一项关于教师在幼小衔接教育中所起作用的问卷调查，希望您能根据个人的实际情况，逐一回答问卷中的问题。请放心，您提供的所有信息都将仅用于研究，我们会严格保密。我们真诚地希望您能够坦诚地分享您的看法和经历。您的支持对我们的研究至关重要，非常感谢您的参与！

【第一部分】教师基本资料

1. 您的教龄？（单选题）

　　A.1—3年以内

　　B.4—6年

　　C.7—10年

　　D.11—15年

　　E.15年以上

2. 您的学历？（单选题）

　　A. 高中或中专

　　B. 大专

　　C. 本科

　　D. 硕士

　　E. 博士

3. 您学校所在位置？（单选题）

　　A. 城市

　　B. 郊县

　　C. 乡镇

　　D. 村屯

【第二部分】幼小衔接教育现状

1. 您对于长春市幼小衔接主题课程的了解情况如何？（单选题）

　　A. 深入理解并应用

B. 比较了解

C. 不太了解

D. 完全不了解

2. 您觉得班级儿童在入学多久后能完全适应小学生活？（单选题）

A. 1个月

B. 2个月

C. 3个月

D. 一学期

E. 一学期以上

3. 在教学过程中，您认为零起点和非零起点学生的学习差异性体现在哪个方面？（多选题）

A. 知识接受程度

B. 学习的主动性

C. 学生课堂规则意识

D. 注意力集中程度

4. 您认为入学适应期的教育教学内容应关注到哪些方面？（多选题）

A. 学习的适应

B. 身心的适应

C. 社会的适应

D. 生活的适应

5. 您的入学适应教育能做到哪些方面？（多选题）

A. 零起点教学

B. 梯度推进教学内容

C. 有制度把控

D. 有计划依循

6. 您在入学适应阶段所采用的评价方式是什么？（多选题）

A. 以一张评价表的方式进行评价

B. 建立学生成长档案的形式进行评价

C. 以闯关卡、心愿树等作为载体进行评价

D. 班级同学间相互评价

E. 其他

7. 根据您的实际工作经验，您认为孩子能否顺利适应小学生活，主要取决于什么？（多选题）

A. 学习兴趣、学习态度

B. 学习习惯、学习能力

C. 提前预学

D. 交往能力

E. 生活自理能力

F. 规则意识和任务意识

G. 其他

8. 您在幼小衔接教学过程中遇到的教学困境主要来自以下哪个方面？（多选题）

　　A. 因提前学习课程，学习兴趣较低

　　B. 因学习难度增大，学生适应较慢

　　C. 因教学方式改变，学生接受困难

　　D. 以上都有

9. 您认为如何才能在尊重差异的情况下保证教学进度？（单选题）

　　A. 关注学龄初期儿童认知发展特点，调整教学方式

　　B. 了解幼儿园常用的教学方法，做好教学过渡

　　C. 在最短的时间内转变儿童学习习惯

　　D. 快速让儿童适应小学课堂的教学节奏

　　E. 其他

10. 您认为在全面推进幼小衔接工作进程中,仍需要解决的关键问题是什么？（多选题）

　　A. 小学与幼儿园之间对衔接工作不重视、少沟通

　　B. 家庭教育与学校教育没有形成合力

　　C. 相关领导重视不够

　　D. 培训力度不足，培训形式单一

附件2　长春市关于幼小衔接家庭教育现状调查问卷

（家长卷）

亲爱的家长：

您好！感谢您参与这次调研活动。我们正在进行一项关于家庭在幼小衔接教育中所起作用的问卷调查，希望您能根据个人的实际情况，逐一回答问卷中的问题。请放心，您提供的所有信息都将仅用于研究，我们会严格保密。我们真诚地希望您能够坦诚地分享您的看法和经历。您的支持对我们的研究至关重要，非常感谢您的参与！

【第一部分】家庭基本情况（请在相应的选项上打√。）

1. 您孩子的性别？

   A. 男

   B. 女

2. 您孩子是否是独生子女？

   A. 是

   B. 否

3. 您的家庭情况？

   A. 双亲家庭

   B. 再婚家庭

   C. 单亲家庭

   D. 其他类型

4. 您孩子就读的园所？

   A. 公立儿童园

   B. 私立（民办）儿童园

5. 您孩子的主要照顾者？

   A. 父亲

   B. 母亲

   C. （外）祖父母

   D. 其他亲属

   E. 保姆

6. 您的家庭住址？

　　A. 城市

　　B. 郊县

　　C. 乡镇

　　D. 村屯

7. 您孩子父亲的受教育水平？

　　A. 初中及以下

　　B. 高中或中专

　　C. 大专

　　D. 本科

　　E. 硕士

　　F. 博士

8. 您孩子母亲的受教育水平？

　　A. 初中及以下

　　B. 高中或中专

　　C. 大专

　　D. 本科

　　E. 硕士

　　F. 博士

【第二部分】幼小衔接家庭教育现状（请在相应的选项上打√。）

1. 您是否了解幼小衔接教育？

　　A. 非常了解

　　B. 比较了解

　　C. 了解

　　D. 不太了解

　　E. 完全不了解

2. 您是否担心儿童的入学适应问题？

　　A. 非常担心

　　B. 比较担心

　　C. 担心

　　D. 不太担心

　　E. 完全不担心

3. 您认为有利于儿童入学适应的因素有哪些？（多选题）

　　A. 儿童积极向上的心理状态

B. 良好的亲子关系

C. 一定的交往能力

D. 相应的知识储备

E. 家长对儿童进行过入学适应教育

F. 幼儿园对儿童进行过入学适应教育

G. 其他因素：_____

4. 幼小衔接教育中，家庭应注重培养儿童的哪些基本生活能力？（多选题）

A. 会自己穿脱衣服

B. 会清洁个人卫生

C. 会整理自己的物品

D. 会妥善保管自己的物品

E. 会自己用餐

F. 会自己上厕所

G. 会做简单的家务

I. 其他方面：_____

5. 幼小衔接工作中，家庭应帮助儿童做好哪些心理适应方面的准备？（多选题）

A. 自我保护意识及基本能力

B. 自信心

C. 有一定的抗挫能力

D. 规则意识

E. 做事学习的自主性

F. 其他方面：_____

6. 家长认为孩子已经做好的入学准备有哪些？（多选题）

A. 儿童期待入学的心理准备

B. 同伴交往能力的准备

C. 自理能力准备

D. 学习能力的准备

7. 幼儿园是否通过不同的方式组织孩子去小学体验生活？

A. 经常组织

B. 偶尔组织

C. 从没组织

8. 您愿意陪同孩子参加幼小衔接的各种体验活动吗？

A. 非常愿意

B. 比较愿意

C. 愿意

D. 不太愿意

E. 非常不愿意

9. 您在孩子进入小学前参加过幼小衔接相关的培训吗？

　　A. 没有参加过

　　B. 参加过一个

　　C. 参加过两个

　　D. 参加过三个以上

10. 您希望参加幼小衔接的哪些体验活动？（多选题）

　　A. 家长开放日

　　B. 观摩课

　　C. 体验课

　　D. 参观校园

　　E. 家长经验交流

　　F. 教师指导讲座

11. 您觉得参加幼儿园开展幼小衔接教育活动多少次比较合适？

　　A. 每周一次

　　B. 两周一次

　　C. 一个月一次

　　D. 每学期两次

　　E. 每学期一次

　　F. 不必开展

12. 您对于幼儿园针对儿童入学适应教育工作的满意程度如何？

　　A. 非常满意

　　B. 比较满意

　　C. 满意

　　D. 不太满意

　　E. 非常不满意

13. 您对于幼儿园针对儿童入学适应教育的哪些方面培养比较满意？（多选题）

　　A. 心理准备

　　B. 体能训练

　　C. 自理能力

　　D. 同伴交往能力

　　E. 学习能力

　　F. 思维训练

　　G. 道德品质

H. 学习习惯

14. 您认为孩子入小学前有必要提前学习小学课程吗？

 A. 非常必要

 B. 比较必要

 C. 必要

 D. 不太必要

 E. 非常不必要

15. 您如何看待幼儿园不提前教授小学课程？

 A. 非常支持

 B. 比较支持

 C. 支持

 D. 不太支持

 E. 非常不支持

16. 您的孩子上小学前，对于小学一年级语文课程学习情况如何？

 A. 学过全部

 B. 学过一大部分

 C. 学过一小部分

 D. 一点没学

17. 您的孩子上小学前，对于小学一年级数学课程学习情况如何？

 A. 学过全部

 B. 学过一大部分

 C. 学过一小部分

 D. 一点没学

18. 您的孩子上小学前，对于小学一年级英语课程学习情况如何？

 A. 学过全部

 B. 学过一大部分

 C. 学过一小部分

 D. 一点没学

19. 您对于孩子提前学习小学课程的学习效果是否满意？

 A. 非常满意

 B. 比较满意

 C. 满意

 D. 不太满意

 E. 非常不满意

20. 您的孩子提前学习小学课程的途径是什么？（多选题）

    A. 幼儿园

    B. 课外辅导机构

    C. 家庭

    D. 网络课程

    E. 没学习

21. 您通过何种方式获取幼小衔接的家庭教育知识？（多选题）

    A. 书刊与资料学习

    B. 教育讲座

    C. 家长间交流

    D. 家庭访问或约谈

    E. 家长开放日等活动

    F. 网上交流（QQ、微信、论坛）

    G. 其他方式：_____

22. 在幼小衔接教育中，您期待学校提供哪些方式的支持和帮助？（多选题）

    A. 专家报告

    B. 小学教师指导

    C. 家长入校参观体验

    D. 网络课程

    E. 书籍推荐

    F. 小学优秀家长分享经验

    G. 其他方式：_____

【问答题】

您在孩子"入学准备"和"入学适应方面"还有哪些困惑及建议？

_____

_____

_____

最后，再次感谢各位家长的积极参与！

长春市初中教研员专业发展现状与对策的研究报告

一、研究背景

（一）我国对教育的方针和态度

教育是一个国家发展的基石，担负着培养人才、推动社会进步的重要使命。随着社会的不断发展和进步，国家对教育的政策也在不断调整和更新。

为了适应社会和经济的发展需求，我国教育系统正在进行一系列的改革。一是注重创新教育理念，鼓励学校实施多元化的教育模式，培养学生的创新能力和实践能力；二是树立终身教育理念，倡导人们终身学习的思想，鼓励参加各种形式的继续教育学习，为人们提供更多的学习机会；三是国家重视教育工作者的培训和管理，提高教师的职业道德素养、教育能力和专业水平，以此来构建高素质师资队伍。

总之，国家对教育的发展持有积极态度，致力于构建高质量的教育体系，以更好地服务于社会主义现代化建设，促进社会全面发展进步。

（二）教研员在我国的教育中发挥重要作用

教研员的职责和任务不同于任课教师。教研员是学科教研带头人，是将课程目标落实到课堂教学中的重要引领者，在学校教育体系中扮演着至关重要的角色，主要负责教学研究、课程设计、教学资源开发和教学评价等重要工作。随着教育改革和教育现代化的不断发展，教研员的专业发展成为教育领域的重要课题。

首先，教育改革对教师提出了新的要求，同样对教研员的能力水平和责任就有更高的要求。以往，教研员的主要职责是组织教师进行教学研究、指导教学工作等。然而，随着教育改革的不断深入，考研员需要更加积极地参与教育改革进程，推动教学质量的提升和教学模式的创新。

其次，课程改革对教研员的专业素养提出了新的要求。教研员需要深入研究新的课程理念，紧跟时代教育发展潮流，为教师提供有针对性的教学指导。教研员还需要组织教师培训，帮助他们理解新的课程理念，掌握新的教学方法。需要教研员具有较强的组织能力、丰富的教育教学经验，能够结合教学实践，为教师提供有效的培训。

另外，信息技术的发展为教育带来了新的发展机遇，为教育带来了深远的影响。它极大地丰富了教育资源，使得优质的教育内容得以更广泛地传播。作为初中教研员，需要掌握并运用信息技术来提升教学和教研水平。同时也应充分利用网络平台，共享教学资源和教学方法，提高教研活动的质量和效率，引导教师使用信息技术提高教学质量。

最后，教育评估已成为教育改革和发展的重要手段。初中教研员需要积极参与评估工作，通过评估，我们可以更全面地了解教学质量，发现教学中的问题，并及时提出改进措施。这不仅能提升教学质量，更能保障教育公平，使所有学生都能得到公正、合理的评价。

（三）教研员需要具备的能力

首先，在学科知识与教学技能方面，作为初中教研员，应不断提升自身的学科知识水平，了解最新的教学理论和方法，熟悉教学资源的开发和利用，掌握课程设计和评价等教学技能。初中教研员作为学科专家，他们的学科知识水平直接影响着教师的教学质量。

其次，在科研能力与创新意识方面，初中教研员是深入的探究者，不仅要关注表面现象，更应善于挖掘问题的根源，运用教育理论，分析数据，探究教学问题的本质，提出有针对性的解决方案，他们的研究不仅关注教学方法和策略，更关注学生的需求和成长，为教学质量的提升提供有力支持。初中教研员同时还是教学创新的推动者，他们结合教学实践，开展教育教学研究，提出创新性的教学理念和方法。

再次，在团队协作与领导能力方面，团队协作是教研工作的基石。初中教研工作并非一人之力可完成的任务，需要团队的协作。初中教研员需要与教师、教育专家和学生等各方保持密切联系，共同开展教研工作，在这个过程中，良好的团队协作能力至关重要。作为团队的领导者，初中教研员需要具备一定的领导能力，包括制定教研计划、组织研讨会和观摩课、激励和评估团队成员，及时解决教研过程中遇到的挑战和困难等。

最后，在教学管理与指导能力方面，初中教研员作为教学管理和指导的桥梁，他们的职责不仅仅是研究和传播新的教育理念和方法，更是要为教师提供实际的帮助和指导，需要深入了解教师的教学实践，观察他们的教学方法和策略，并根据实际情况提供有效的改进建议。同时，还需要与学校管理层沟通，协调各方面的资源，为教师提供良好的教学环境。初中教研员需要具备专业化的课题研究和为教学指导服务的能力，需要深入研究教育领域的前沿理论和实践，为学校的教学改革提供理论支持和实践指导。

（四）教研员的专业发展面临的困境

当前，教研员的专业发展是一个亟待解决的重要问题。在国家教学考试制度陆续出台的形势下，中学教学面临着全面的挑战，对教研工作的质量和教研员的业务能力也提出了更高的要求。在当今的全面挑战之下，教研员能否担此重任？他们的工作现状如何？他们的需求又是什么？这就需要全面了解教研员的工作现状和发展需求，探索出教研员专业发展和研究的有效策略，促进教研质量的提高，助力学校教研制度的完善和改进。

同时，教研员队伍建设亟待加强。据了解，目前我国教研员没有严格、明确的专业标准，教研员的遴选、培养和退出等机制不够健全。教研员还缺乏专业的发展机制，其业务能力的提升和培训缺乏制度保障，针对教研员的培训项目不够，教研员本身的专业能力的提升与普通教师相比相对滞后，教研员的考核激励机制仍不够健全。

另一方面，教育系统内各类荣誉表彰、人才称号很少考虑教研员，教研员成长缺乏激励机制。对教研员工作的考核也缺乏科学标准，因此，新的教研员职称的晋升也是难上加难。

他们不仅要提供指导和支持给一线教师，还要不断提升自身的专业水平，以确保教育工作的质量和实效。

综上所述，为了深入了解初中教研员的专业发展状况，提高教研工作的有效性，设计了针对初中教研员的调查问卷。本报告将对调查问卷数据的整理和分析结果进行总结，以此为促进初中教研员专业发展提供理论依据和实际建议。

二、研究问题与设计

（一）研究问题

1. 自然情况

在对长春市专职教研员年龄、学历、职称等自然情况的统计调查的基础上，对教研员队伍的整体结构、性别结构、年龄结构、职称和学历结构、工作年限、荣誉情况等进行分析研究，发现长春市初中专职教研员队伍存在的优势与问题，为教学改革、政策研究、教学管理提供依据。

2. 研究能力

《教育部关于加强和改进新时代基础教育教研工作的意见》指出，"政治素质过硬""事业心责任感强""教育观念正确""教研能力较强""职业道德良好"是教研员应具备的基本条件。其中的"教研能力较强"是指"具有扎实的教育理论功底，教学经验丰富"。这一要求指明了学科教研员专业能力中两个最关键的部分——教学能力和研究能力。本次调研对教研员的教研能力从以下几方面进行调查研究：

（1）课题研究能力。通过课题研究，教研员可以帮助教师有效地解决在教育教学实践中遇到的问题和困惑，进一步提升教学效果和管理水平。课题研究也是教研员专业提升的重要途径，它可以增强自学能力，改变教育教学观念，提升教学质量和科研能力，帮助教研员养成更科学、系统的教学和工作作风，提高科研能力和水平。本次调研从教研员近五年主持和参与课题两方面进行研究，分别对国家级、省级、市级的课题数量进行统计分析。

（2）发表论文能力。论文是教研员工作过程中的研究成果或经验总结，发表论文能够促进学术交流和知识传播。通过在知名期刊或会议上发表具有影响力的研究成果，教研员的学术地位将得到认可。论文发表的情况也能反映教研员的研究能力。本次调研对教研员近五年公开发表的论文数量进行统计分析。

（3）专题讲座培训能力。在各种培训中做专题讲座是教研员引领作用的一种体现，在做专题讲座的过程中，教研员将自己的理念、经验、研究成果等与教师分享，获得教师的认可，帮助教师进一步提升，这也是教研员研究能力的体现。本次调研对教研员近五年在市级以上培训中做专题讲座的数量进行统计分析。

（4）中考命题能力。评价能力是教研员能力的重要组成部分，中考是评价学生学业水平的重要手段，能够参与省市中考命题工作，说明教研员具有一定的评价能力。本次调研对教研员近五年参加省市中考命题的次数进行统计分析。

（5）专业能力。教研员作为教师的指导者和引领者，自身要具有扎实的专业学识和丰富的教育教学能力，能取得一定的荣誉。本次调研对教研员近五年获得国家级、省级、市级的荣誉数量及教研员指导教师获得荣誉的数量进行统计分析。

3. 专业发展

教研员的专业发展是教研员的专业素养不断提高，专业水平逐步提升，专业价值得以实现的过程，是教研员职业和本体获得提升的过程。本次调研对教研员的专业发展情况从以下几方面进行调查研究：

（1）自主研修方面。自主研修是专业发展的输入，是内省的过程，是教研员专业成长的动力和助推器，拥有自主研修能力的教研员，能更好、更快地持续成长。本次调研对教研员自主阅读书籍情况进行统计分析。

（2）针对教研员的专职培训方面。教研员的角色非常重要。在一个区域内，学科教师的专业发展、学科教学质量的提高、学科课程改革的推进、学科素质教育的实施、学科立德树人任务的落实等，教研员都起着无可替代的引领和指导作用。本次调研对教研员近五年参加的针对教研员的专职培训方面进行统计分析。

4. 基本工作

教研员是在教育行政机构的教研部门中以教学研究与指导为根本职责的工作人员。当前教研员的日常工作包括两方面的内容：第一是行政性的工作，主要是上传下达省、市各项活动，还有教学检查工作。第二是教研工作，它的形式比较多样，有集体调研、教师培训、听课评课、教学质量监测、读书学习、组织比赛、组织课题研究、安排区域教研、收集优秀教研成果等。本次调研对教研员的基本工作情况从以下几方面进行调查研究：

（1）听课、评课工作。听课与评课，是教研员最主要的工作和应当具备的重要基本功之一，通过听评课，能促进教学研究的深化，推动教学工作的发展。本次调研对教研员一年来参与听课、评课情况进行统计分析。

（2）组织集体备课工作。集体备课和培训是规模较大的重要的教研活动，为了更好地提高教师教育教学能力，发展教师的专业水平，区域内学科教研员会根据实际情况，组织开展多次集体备课活动，以达到域内教师共研讨、同提升的目的。本次调研对教研员一年来组织集体备课、培训情况进行统计分析。

（3）域内命题工作。命题是教研员的基本功，每一学期，各区域教研员会根据各区域实际情况，进行命题工作。本次调研对教研员一年来的命题情况进行统计分析。

（4）指导集团、区片和学校备课工作。备课是课堂教学的前提，集体备课更是共同探讨教育方法、解决教育教学疑难问题的重要平台，教研员深入备课组，亲自参与指导集备，更能拓展教学的思路，明晰教研的方向。本次调研对教研员一年来指导集团、区片和学校备课工作进行统计分析。

（二）研究设计

1. 研究对象

长春市各区（县）教师进修学校九个学科专职教研员。

2. 研究内容

区（县）专职教研员的专业发展和研究能力；教研员在促进自身专业化发展方面的对策或经验以及困惑甚至问题；进修学校作为教科研机构在促进教研员专业化发展方面的对策或经验以及困惑乃至问题。

3. 研究方法及过程

（1）文献研究法。收集相关学术文献，分类整理、归纳提炼观点，形成文献综述；政策文本分析，收集分析国家和各省自2019年以来关于教研员专业发展的文件标准等，从中提炼出对本研究有价值的资料。

（2）调查法。选取11名教研员实施两轮调查，每一轮调查的结果作为下一轮调查问卷的资料，形成教研员专业发展基本要素；两轮调查后，正式对全市各区（县）教师进修学校九个学科专职教研员发放"专业发展和研究能力"的基本情况的全部问卷。（本次问卷共发出155份，回收有效问卷155份）

（3）访谈法。作者（课题组成员）前往朝阳区、南关区、二道区、绿园区、宽城区进修学校召开了区教研员专业化发展座谈会，听取样本所在区域单位在促进教研员专业化发展方面的科学策略和成功经验，学习了教研员在促进自身专业化发展方面的有效方法，特别是教研员个人促进自身专业化发展方面的典型案例。同时针对客观题调查问卷呈现的数据信息，进行大量的个人访谈，将相关信息整理后，对客观题问卷调查信息进行补充与佐证。

（4）行动研究法。在研究过程中，提出研究设想，制定研究计划，并根据研究活动的开展情况来推进教研员发展状况及研究，边总结、边应用，扎实推进研究进程。

4. 研究工具

使用了问卷星进行了问卷调查并进行数据的分析和统计；同时使用了腾讯会议和希沃白板对教研员进行了线上的个人访谈。

三、研究基本情况与分析

（一）队伍结构

此次调研对长春市16个区域的初中专职教研员队伍自然情况进行了统计，从统计结果上看，长春市初中专职教研员共有162人，其中城区103人，外县59人。

1. 各学科总体结构情况

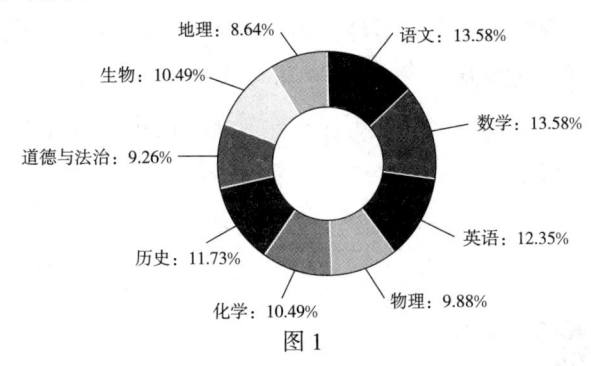

图 1

由图 1 看出，初中阶段 9 个学科中语文、数学、英语教研员占比为 39.51%，其中城区的语文、数学、英语教研员占比为 43.69%，可以看出由于三个学科在中考中分值占比较多，很多进修学校在人员配比上超出了 1∶1，这对于精细化教研，提高教研质量起到一定作用。

2. 性别结构情况

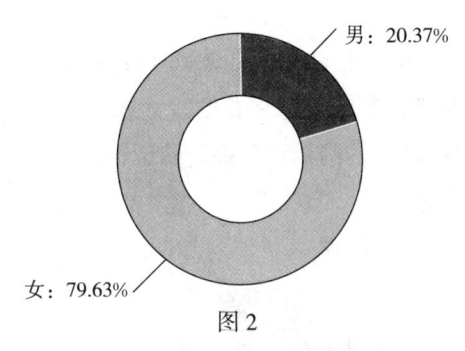

图 2

由图 2 看出，教研员性别结构中，女性占据优势，达到了 79.63%，超过男性 59.26%，男女结构不均衡。在大多数城市教师男女比例失衡日渐凸显，这个问题也同样影响到了教研员队伍。男性的性格和思维特点是勇敢刚毅、关心时事、爱好广泛、思维活跃等，这是女性不能替代的。另外女性在家庭中承担着家务、生育、教育等重担，这对专业成长和职业工作带来一定的影响。所以均衡教研员队伍男女比例，对提高教研工作健全、完善、科学地指导、服务起到一定作用。

3. 年龄结构情况

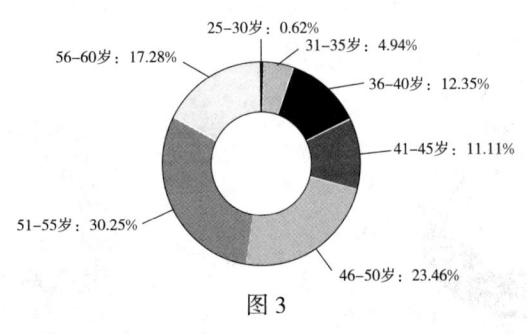

图 3

由图 3 看出，在专职教研员队伍中，51—60 岁这个年龄段的教研员占到整个专职教研员队伍的 47.53%；41—50 岁的教研员占比 34.57%，这个年龄段正处于事业发展上升期，教学经验和管理经验兼备，使其更能胜任教研员工作；36—45岁的占比23.46%，这个年龄段的教研员数量少，说明后续力量不足；年龄在25—35岁的人数最少，仅占比5.56%。整体来看，长春市教研员的年龄主要集中在46岁及以上的群体。整体年龄结构不合理，老龄化严重，年龄分布过于集中，要让更多成熟、优秀的中年教师加入教研员队伍，使这支队伍增强活力、增续后备。

4. 学历结构情况

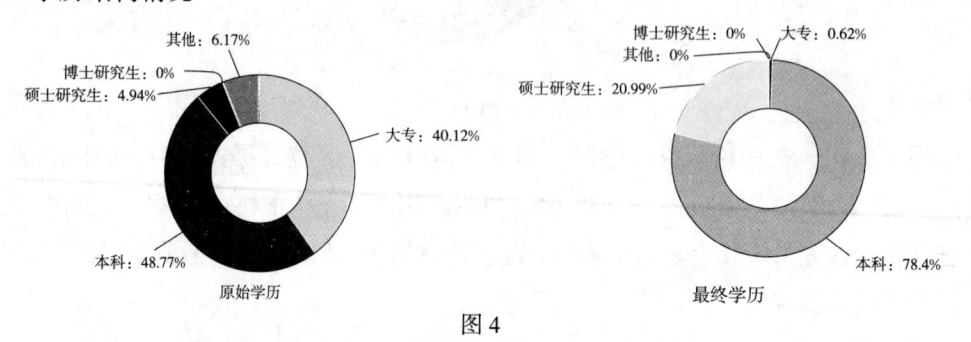

图4

由图4看出，几乎所有教研员专业水平都达到了本科及以上学历，硕士研究生的比例占到了20.99%。教研员队伍中需要更多的学者型、专家型教师，高学历意味着更高的眼界和思维方式，提高进入教研员队伍的门槛，对提高队伍整体素质和研究能力起到关键作用。

5. 专业技术职称结构情况

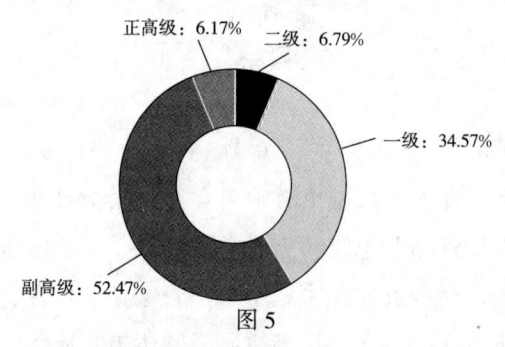

图5

由图5看出，半数以上教研员专业水平达到了副高级以上，说明教研员队伍建设结构性和质量性很好。提高教研机构专业技术高级岗位比例，符合教研员岗位专业要求高、指导责任重的特色要求，让教研员岗位吸引更多的优秀教师加入。

6. 从事一线教学和教研工作的年限情况

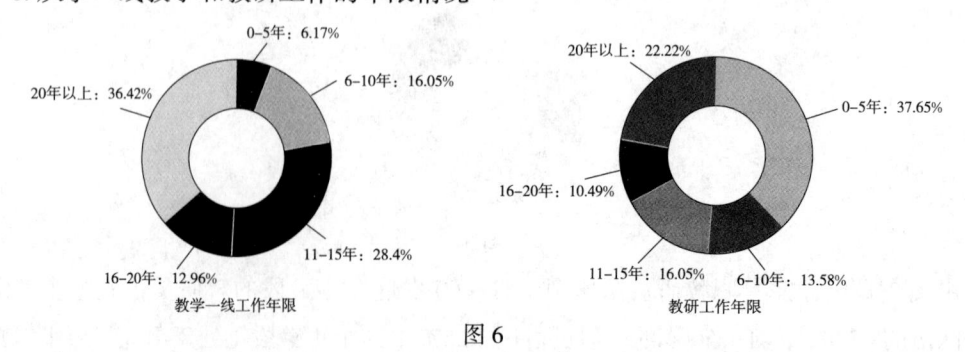

图6

由图 6 看出，93.83% 的教研员具有 6 年及以上一线教学工作经历，基本符合国家政策要求，且 49.38% 的教研员都有 15 年以上教学工作时间，这说明教研员大都是从一线教学中走出的具有丰富教学经验的优秀教师。还可以看出，从事教研工作时间 0—5 年的占到 37.65%，这些新教研员由于工作时间短，还处在转型期，专业发展规划不明确，因此当下迫切需要提升研究指导能力。同时看到从事教研工作 20 年以上的教研员占比 22.22%，这些熟练型教研员具有多年的教研工作经验，他们开展常规教研工作游刃有余，但长期的工作惯性和低挑战性成为他们创新变革的羁绊。

7. 获得荣誉情况

市骨干占 69.14%，省骨干达到 32.72%，这再次说明来到教研员岗位的都是长春市教师队伍中的优秀教师。教研工作需要创新，对教研员各方面能力提升需要较高的素养；省、市学科带头人占比达到 22.84%，这说明教研队伍中具备了一定数量的专家型教研员，为教研工作的高质量进行提供了保障。

（二）研究能力

1. 课题研究能力分析

（1）2019 年以来主持国家级课题数据。

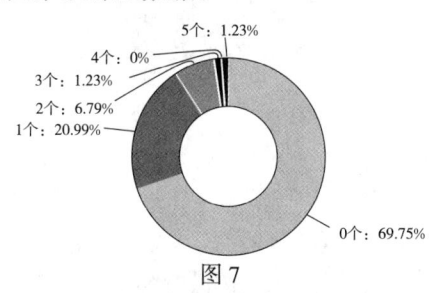

5个：1.23%
4个：0%
3个：1.23%
2个：6.79%
1个：20.99%
0个：69.75%

图 7

（2）2019 年以来主持省级课题数据。

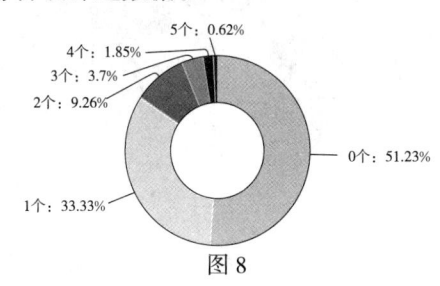

5个：0.62%
4个：1.85%
3个：3.7%
2个：9.26%
1个：33.33%
0个：51.23%

图 8

（3）2019 年以来主持市级课题数据

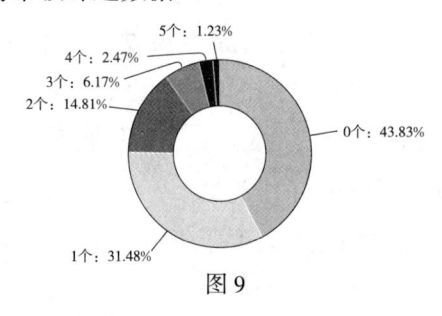

5个：1.23%
4个：2.47%
3个：6.17%
2个：14.81%
1个：31.48%
0个：43.83%

图 9

（4）2019年以来参与国家级课题数据。

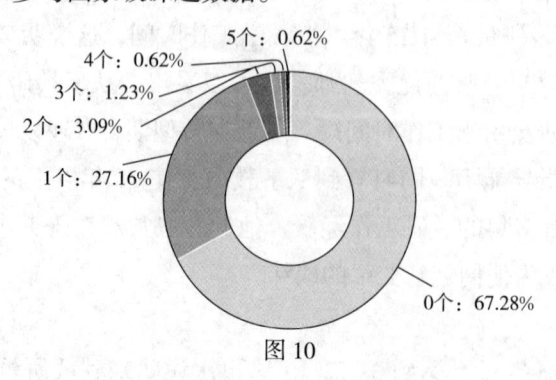

图10

饼图数据：
- 0个：67.28%
- 1个：27.16%
- 2个：3.09%
- 3个：1.23%
- 4个：0.62%
- 5个：0.62%

（5）2019年以来参与省级课题数据。

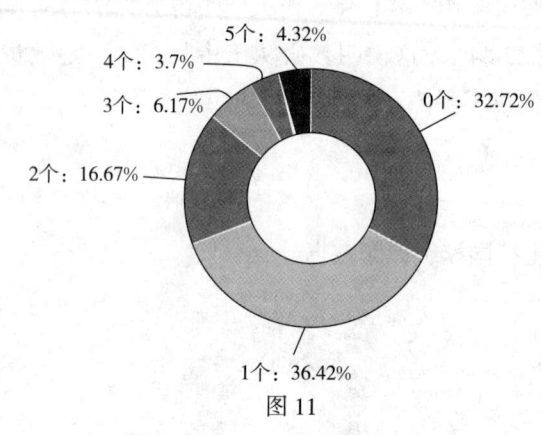

图11

饼图数据：
- 0个：32.72%
- 1个：36.42%
- 2个：16.67%
- 3个：6.17%
- 4个：3.7%
- 5个：4.32%

（6）2019年以来参与市级课题数据。

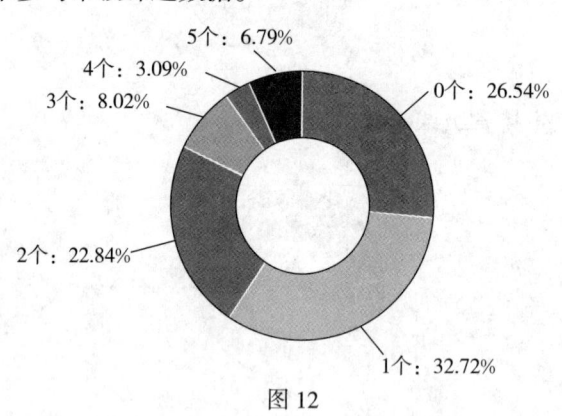

图12

饼图数据：
- 0个：26.54%
- 1个：32.72%
- 2个：22.84%
- 3个：8.02%
- 4个：3.09%
- 5个：6.79%

分析图7—12的数据：通过调研统计，我们发现，教研员中主持过国家级课题的占30.25%，教研员中主持过省级课题的占48.77%，教研员中主持过市级课题的占56.17%；教研员中参与过国家级课题的占32.72%，教研员中参与过省级课题的占67.28%，教研员中参与过市级课题的占73.46%。由于课题完成难度的不同，相对比较，主持和参与国家级课题的人数最少，市级的最多，参与课题的人数又比主持课题的人数多一些。数据表明，多数教研员都能开展课题研究工作，长春地区的教研员课题研究能力普遍较强。

（7）各地区主持市级课题的数据。

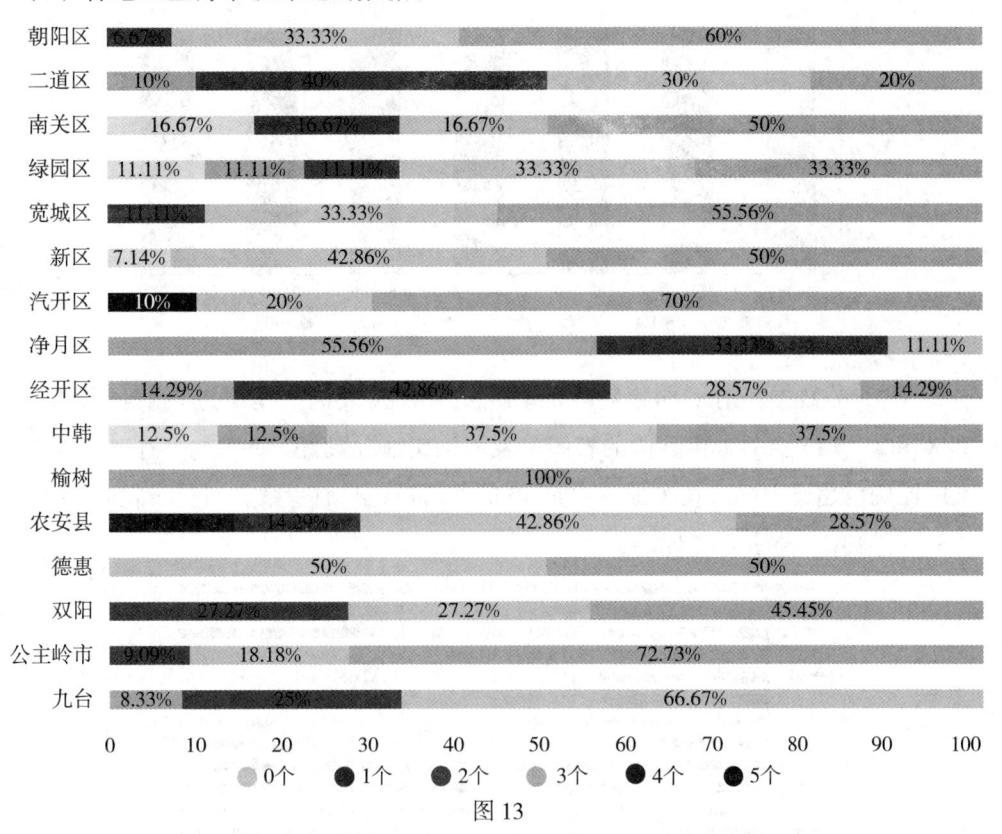

地区	0个	1个	2个	3个	4个	5个
朝阳区	6.67%		33.33%		60%	
二道区		10%	40%	30%	20%	
南关区	16.67%	16.67%	16.67%	50%		
绿园区	11.11%	11.11%	11.11%	33.33%	33.33%	
宽城区	11.11%		33.33%	55.56%		
新区	7.14%		42.86%	50%		
汽开区		10%	20%	70%		
净月区			55.56%	33.33%		11.11%
经开区	14.29%	42.86%	28.57%	14.29%		
中韩	12.5%	12.5%	37.5%	37.5%		
榆树				100%		
农安县	14.29%	14.29%	42.86%	28.57%		
德惠			50%	50%		
双阳		27.27%	27.27%	45.45%		
公主岭市	9.09%	18.18%	72.73%			
九台	8.33%	25%	66.67%			

图 13

分析图 13 的数据：对长春市各地区的教研员完成课题数量做横向对比，以主持市级课题人数为例，多数城区完成课题的情况要高于县区，县区中农安县课题完成情况最好，城区中二道区完成课题情况最好。

2. 发表论文能力分析

（1）2019 年以来发表论文数据。

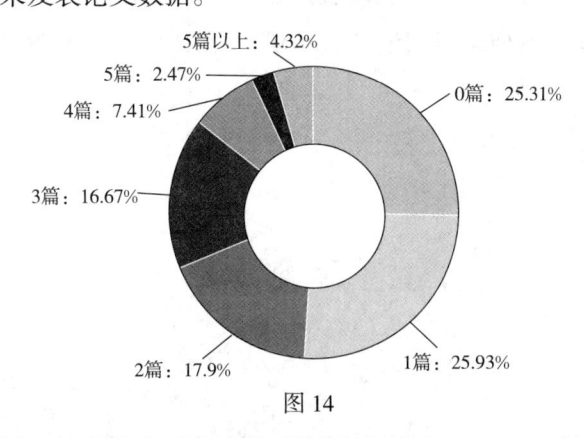

- 5篇以上：4.32%
- 5篇：2.47%
- 4篇：7.41%
- 3篇：16.67%
- 2篇：17.9%
- 1篇：25.93%
- 0篇：25.31%

图 14

分析图 14 的数据：教研员中五年内发表过论文的占 74.69%，每年平均至少公开发表 5 篇论文的占 6.79%。数据表明，多数教研员都能把自己的研究成果或经验总结成论文公开发表，长春市地区教研员的论文能力都很强。

（2）各年龄段发表论文数据。

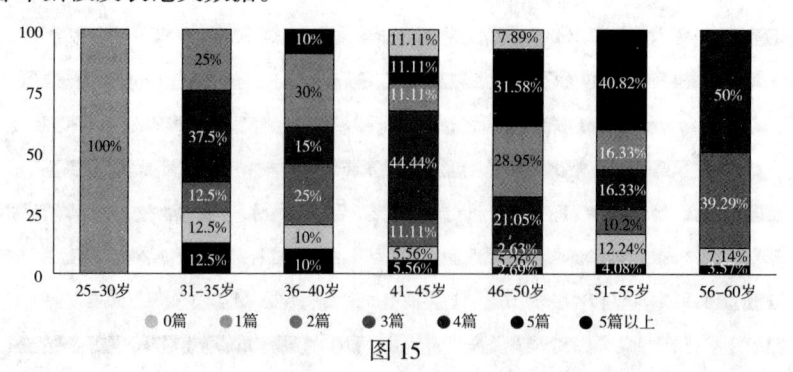

图15

分析图15的数据：对不同年龄段的教研员公开发表论文情况进行对比分析发现，31—35岁和41—45岁两个年龄段的教研员发表论文情况最好，并且每年平均至少发表一篇论文的比例也超过10%，其次是46—50岁的教研员，只有少数教研员没发表论文。

（3）各地区发表论文数据。

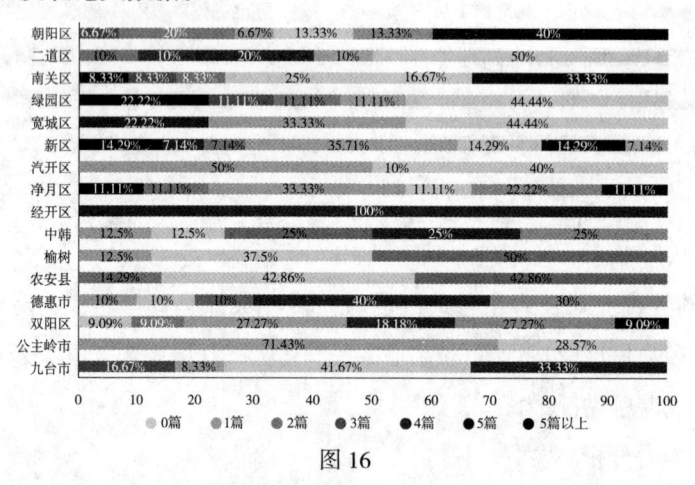

图16

分析图16的数据：各地区教研员发表论文情况对比发现，平均发表3篇以上论文的区域占87.5%，不同地区教研员发表论文情况有很大区别，相对较好的是绿园区、二道区、中韩区等，其中绿园区教研员平均每年发表一篇以上论文的占比人数最多。

3.专题讲座培训能力分析

（1）2019年以来在市级以上培训中做专题讲座数据。

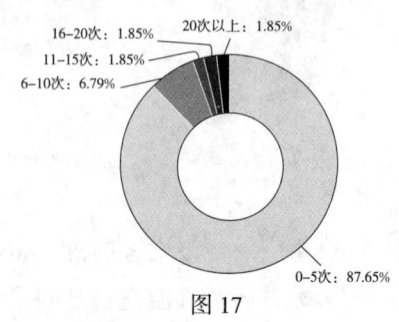

图17

分析图17的数据：通过调研统计，我们发现，教研员中平均每年在市级以上培训中做专题讲座的次数高于 5 次的占 12.35%，2019 年以来市级以上培训中做专题讲座的次数主要集中在 0~5 次的范围,占比高达 87.65%。数据表明,教研员做专题讲座的次数并不理想,有待学习实践以提升专业辐射的能力和力度。

（2）各地区教研员 2019 年以来在市级以上培训中做专题讲座数据。

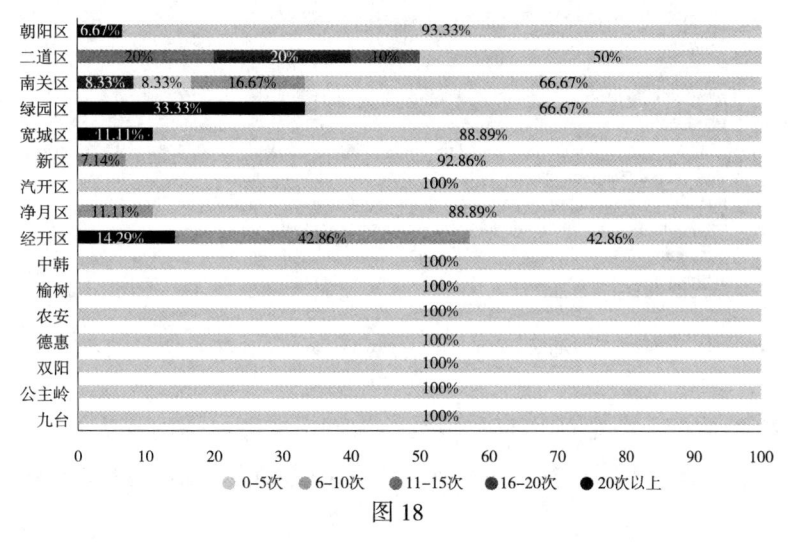

图 18

分析图 18 的数据：通过数据对比分析，2019 年以来在市级以上培训中做专题讲座 20 次以上的有宽城区和二道区，各地区教研员做讲座培训的能力差别较大，城区好于县区，在城区中二道区和南关区的总体培训情况最好。

4. 中考命题能力分析

（1）2019 年以来参与省市中考命题数据。

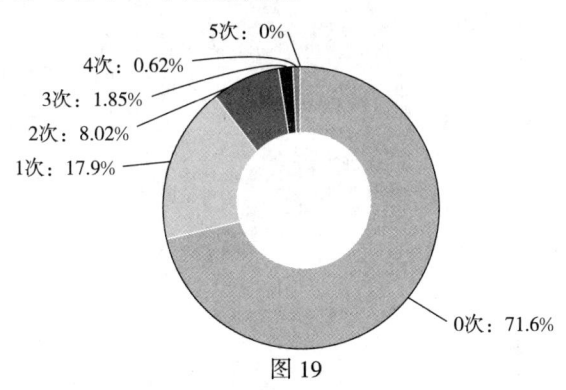

图 19

分析图 19 的数据：通过调研统计，我们发现，教研员中没有参加过省市中考命题工作的占 71.6%，5 年内只参加了一次省市中考命题工作的占 17.9%，参加过两次以上省市中考命题工作的占 10.49%，由于中考命题制度的限制，没有连续 3 年以上参加中考命题工作的。数据也表明，由于中考命题人数的限制，教研员参与中考命题的机会并不多，多数教研员都没有参加省市中考命题的经历，这一方面需要主管部门提供参与机会，另一方面也更需要教研员钻研业务，提升中考命题的专业能力和专业素养，使自己能胜任中考命题的使命和担当。

（2）各地区2019年以来参与省市中考命题数据。

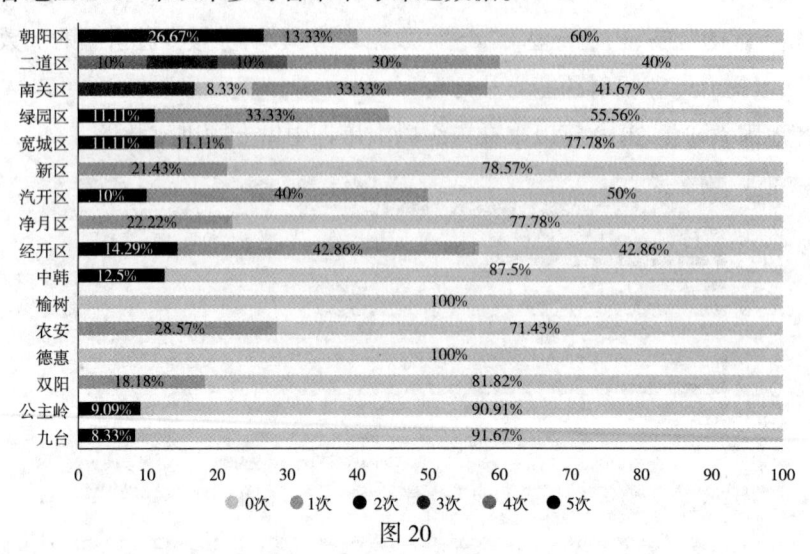

图20

分析图20的数据：各地区均有教研员参加省市中考命题的经历，不同地区参加省市中考命题工作的情况不同，参加过2次及以上中考命题的地区占62.5%，城区普遍好于县区。

5. 专业能力

（1）2019年来获得国家级奖项数据。

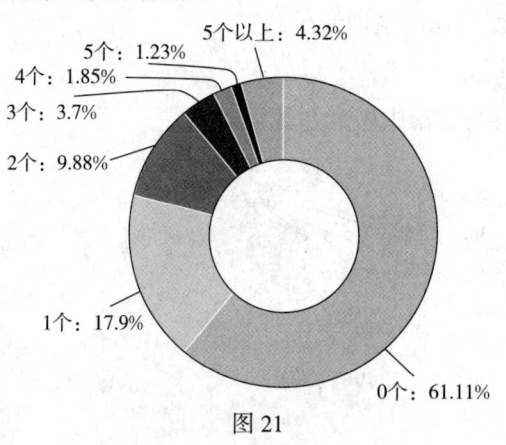

图21

（2）2019年来获得省级奖项数据。

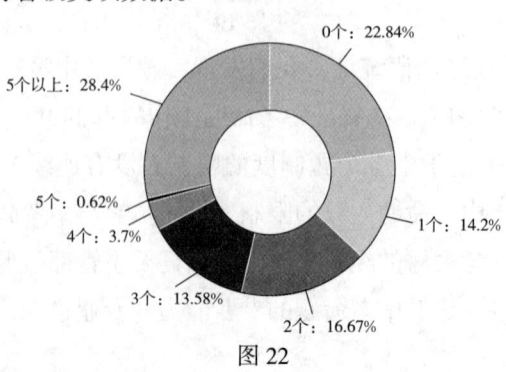

图22

（3）2019年以来获得市级奖项数据。

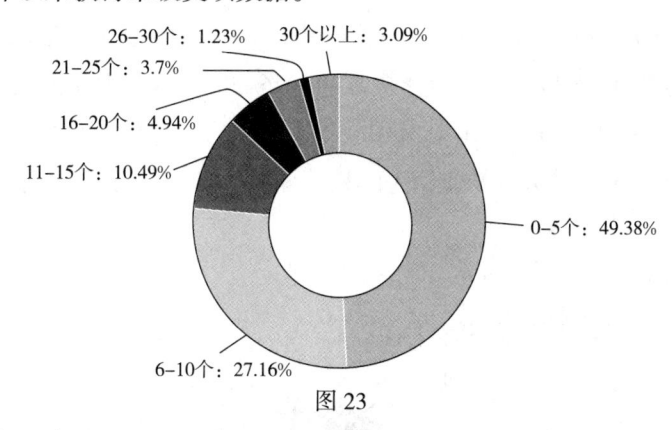

26-30个：1.23%　30以上：3.09%
21-25个：3.7%
16-20个：4.94%
11-15个：10.49%
0-5个：49.38%
6-10个：27.16%

图23

（4）2019年以来指导教师获市级以上奖项数据。

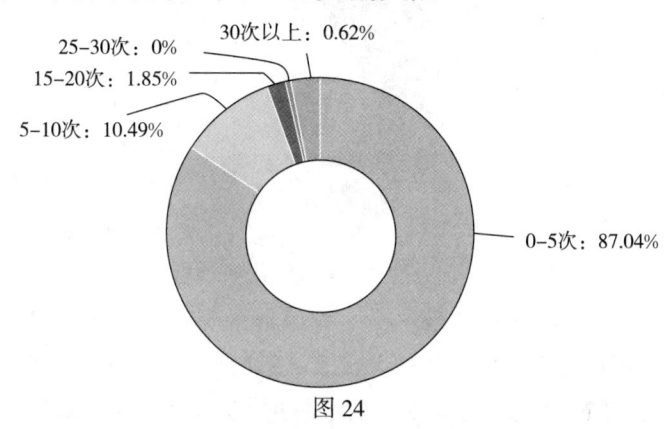

25-30次：0%　30次以上：0.62%
15-20次：1.85%
5-10次：10.49%
0-5次：87.04%

图24

分析图21—24的数据：教研员中获得国家级奖项的占38.89%，获得省级奖项的占77.16%，在五年内获得市级奖项累计及超过16个奖项的占12.96%。数据表明，长春地区教研员在专业队伍建设和专业发展方面在不断努力进取，团队的业务素质在不断提高。

（5）各地区教研员2019年以来获得市级奖项数据。

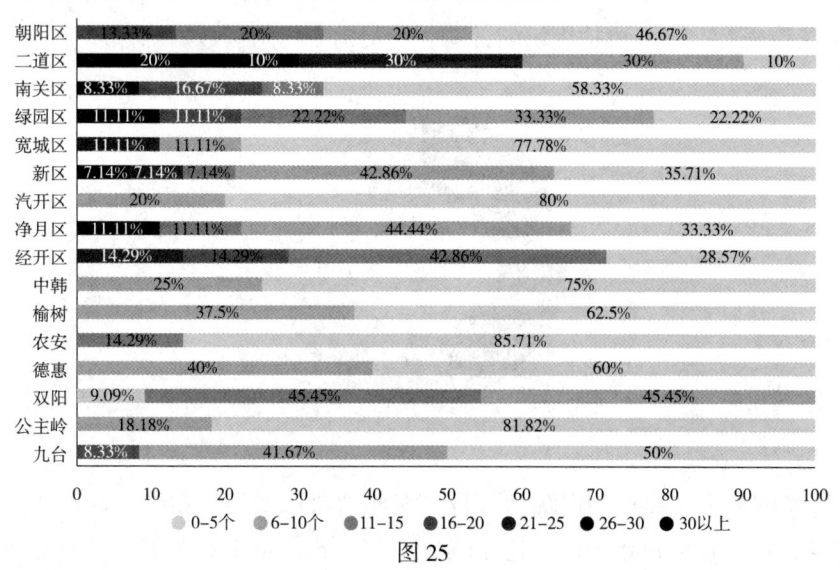

地区	0-5个	6-10个	11-15	16-20	21-25	26-30	30以上
朝阳区	13.33%	20%	20%	46.67%			
二道区	20%	10%	30%	30%	10%		
南关区	8.33%	16.67%	8.33%	58.33%			
绿园区	11.11%	11.11%	22.22%	33.33%	22.22%		
宽城区	11.11%	11.11%	77.78%				
新区	7.14%	7.14%	7.14%	42.86%	35.71%		
汽开区	20%	80%					
净月区	11.11%	11.11%	44.44%	33.33%			
经开区	14.29%	14.29%	42.86%	28.57%			
中韩	25%	75%					
榆树	37.5%	62.5%					
农安	14.29%	85.71%					
德惠	40%	60%					
双阳	9.09%	45.45%	45.45%				
公主岭	18.18%	81.82%					
九台	8.33%	41.67%	50%				

图25

分析图25的数据：对长春市各个不同地区的教研员获得奖项数量做横向对比，以获得市级奖项数量为例，11个县区获得11个及以上奖项，占16个区域的68.75%，多数城区要高于县区，获得10个以上奖项占比最高的是经开区；城区中获得30个以上奖项的有二道区、绿园区、净月区和新区；6县区中获得10个及以上奖项的有农安、双阳和九台。数据表明，各县区教研员能保持专业领先的精神面貌，不断学习进取，起到了模范表率的作用。

（三）专业发展

1.2019年以来每年自主阅读书籍数量统计

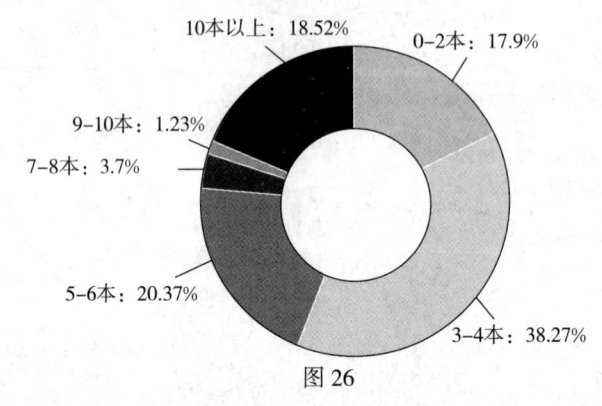

图26

分析图26的数据：通过调研统计发现，教研员每年读书10本以上的占18.52%，5—10本的占25.3%，5本以下的占56.17%。通过数据分析，我们不难发现，读书数量低于5本的教研员比例总和超过半数，而且读书数量超过10本以上的教研员群体数不足20%，说明教研员群体中有相当数量的教研员进行着大量的自我提升，也有部分教研员的专业提升意识不强，学习意识和动力不足。学习与实践研究应该是教研员的重中之重，教研员们应继续加大阅读数量，保证教学理念和教育思想与时俱进，不断引领区域教师专业发展，增强自身的专业素养和责任意识。

2.2019年以来参与专业机构组织的针对教研员的专门培训数据统计

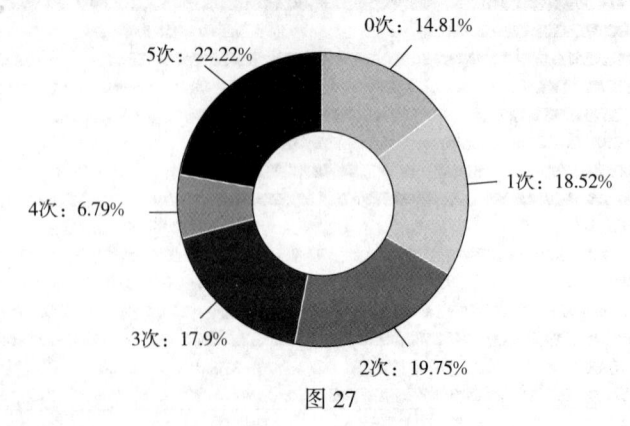

图27

分析图27的数据：通过调研统计发现，专职教研员5年内参加培训不超过3次的占70.99%，5年内没有参加过培训的占比14.81%，说明市级以上相关部门针对教研员的专门培训次数有限，这也是导致当前的一些教研工作因循守旧、缺乏创新的原因。

（四）基础工作

1.2019年以来每年平均听评课数量统计

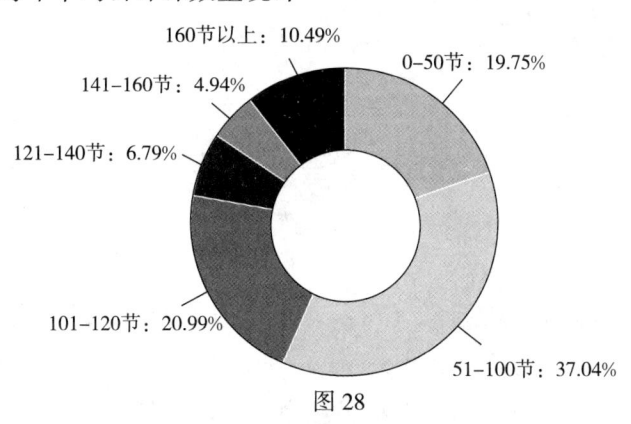

图28

分析图28的数据：通过调研统计，教研员中每年听评课100节以上的占43.21%，这些教研员在工作中的听评课覆盖面比较大，体现出教研员的工作重心下移，较好地深入学校、课堂、教师、学生之中，能根据教学一线的实际情况开展学科教学研究，指导学校和教师加强教学实施研究，促进改进教学工作，形成在课程目标引领下的备、教、学、评一体化的辐射作用。大多数教研员每年平均听评课的数量在51—100节之间，占比37.04%，基本完成教研员听评课的任务，相对较少的人每年听评课的数量不足50节，占比19.75%。

2.每年组织集体备课、培训次数统计

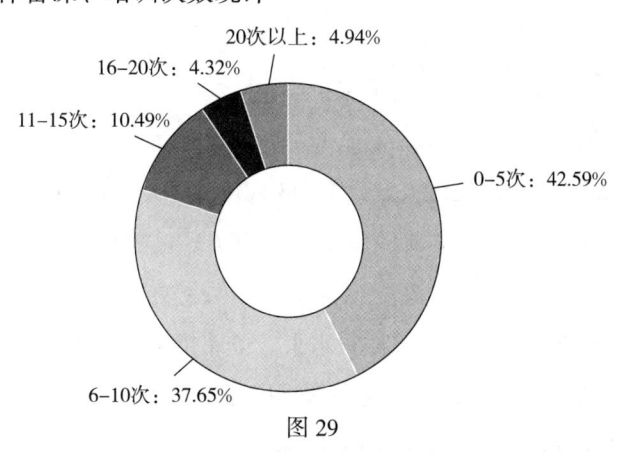

图29

分析图29的数据：通过调研统计，组织集体备课、培训的人员中，每年不足5次的占42.59%，组织6—10次活动的占37.65%，组织10次以上的占19.75%。区域教研员根据本区域实际情况，有计划地进行集体备课活动，可以使教师之间互相学习、共同进步、同步提高。从统计上来看，各区域均能保证常规的备课工作数量，也有个别区域能超额完成任务，整体备课情况落实较好。整体来看，组织活动的次数主要集中在0—10次之间，且组织次数随着次数增加占比逐渐减少。

3. 每年命题数量统计

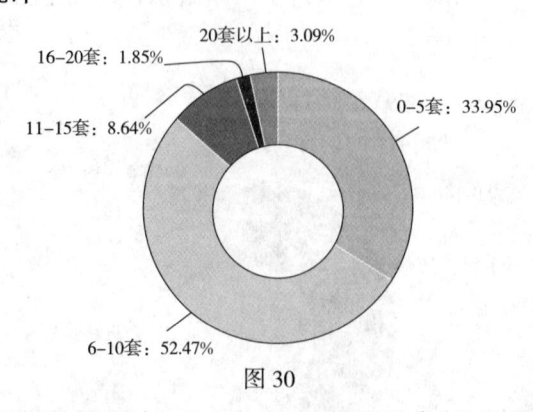

图30

分析图30数据：根据数据统计，有52.47%的教研员命制试题总数在6—10套题之间，有33.95%的教研员命制试题总数不足5套，10套以上占13.58%。由于区域情况不同，各区域每年进行检测的次数不同，所以教研员在命题数量上有一定的差异性。这些数据表明大部分教研员命题工作量适中，既不会过于繁重，也能够保持一定的命题频率。

4. 每年指导集团、学区、学校集体备课次数统计

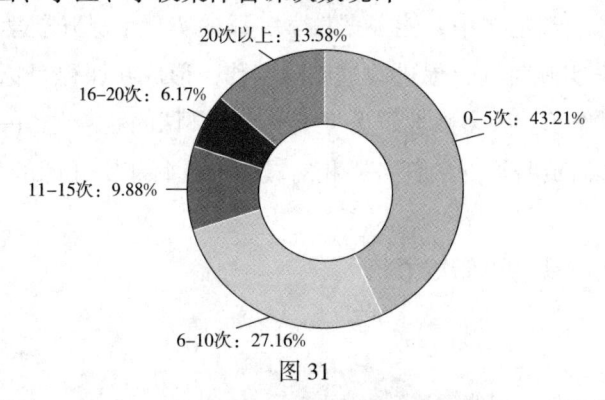

图31

分析图31的数据：通过调研统计，大部分指导集团、学区、学校集体备课次数集中在10次以内，其中5次以下占比最高，达到43.12%，其次是6—10次占27.16%。相对而言，指导集体备课次数超过10次的比例较低，占29.63%。整体来看，备课次数较为分散，但仍有一部分学校备课次数较多。这些数据提供了教研员对学校备课指导频率的一个概览，学校的大小、学校的地理位置、教师的经验水平、备课指导的需求等因素，对其都有影响。备课指导较频繁的区域和学校，有助于提高教学质量和学生的学习成绩。

通过抽样调查和访谈的形式，对教研员群体的基本工作进行调研的数据显示，绝大多数教研员都能按规定完成基本工作任务，而且有一部分教研员超额完成工作任务，但仍存在极少数教研员工作任务不达标的情况，可能存在一些客观因素，但建议及时调整。

四、研究结论

（一）队伍结构

通过对教研员队伍结构的调查分析，发现存在以下问题：一是男女比例不均衡；二是

老龄化问题严重；三是新手教研员占比较大；四是外县教研员工作量较多。同时也看到教研员队伍中高学历、高荣誉、高职称群体比例较大，长春市教研员整体素质高，理论基础扎实、重视教学实践，为教研员进一步专业化发展、履行教研职能奠定了坚实基础。

（二）研究能力

由数据分析可知，目前长春地区教研员研究能力存在优势与不足。

1. 长春地区教研员目前存在的优势

一是教研员教科研能力较强。多数教研员都能进行课题研究，教研员带领教师通过课题研究教学方法、创新教学手段，使教师能够更好地传授知识，培养学生的创新能力，提高教学和实践能力。

二是教研员善于总结与分享。教研员能够将自己的教科研成果和工作经验整理成论文发表或整理成培训文稿做专题讲座，发挥教研员的引领指导作用。

三是教研员自身专业水平较高。长春地区多数教研员都具有较高的专业水平，无论是自身参加比赛还是指导教师参加比赛，都能获得很好的成绩。

2. 长春地区教研员目前存在的不足

一是教研员的各项能力地区差异较大。几乎所有的数据，城区都要优于县区。城区各个区之间也有明显差异。有些数据个别县区会高于个别城区。

二是参与中考命题几率不大。由于每年省市中考的命题人数有限，教研员参加省市中考命题的机会并不多，所以很多教研员都没有省市中考命题经历。

（三）专业发展

根据数据的分析可知，目前长春地区教研员的专业发展和基础工作方面存在一些优势，但仍有一些未尽事宜，需要进一步的加强和提升。

1. 专业发展和基础工作方面的优势

教研员的自我学习能力较强，具有自我发展的内驱力。教研员通常具有较强的教育学、心理学等相关领域的专业知识，能够从理论和实践层面对教学进行深入研究。教研员能够准确理解和把握教育政策，指导学校和教师有效贯彻落实国家、省、市教育行政部门的相关政策。教研员擅长组织和实施教师培训，指导教师提升教学技能和专业素养。

2. 专业发展和基础工作方面的不足之处

教研员在进行教学研究和教师培训时可能会受到资源限制，如时间、资金和设备等。教研员往往需要同时处理多项任务，如研究、培训、命题、组织集体备课等，工作压力较大。教研员的建议和指导可能在某些情况下不被学校或教师完全接受，影响其工作效果。

（四）基本工作

1. 教学研究工作

教研员能围绕本学科课程方案、课程标准、教材、教学、作业和考试评价等育人关键环节开展研究。

2. 教学指导工作

教研员能指导学校推进课程教学改革，促进校本教研指导，帮助教师准确把握教学规律，及时总结成果和推广经验。

3. 教学服务工作

教研员能落实包区域、包学校、包学科、包教师、包质量责任制度和乡村学校、薄弱学校联系点制度，促使教研员服务学校教育教学质量提升。

4. 教学评价工作

教研员能指导学校建立以发展素质教育、创新素养教育为导向的科学评价体系，指导学校改进教师评价和学生评价办法，提炼总结课堂提质增效、优化作业管理等方面的典型经验。

5. 基础研究工作

教研员能围绕落实立德树人根本任务的教学目标展开研究，就提高德育实效、提升智育水平、强化体育锻炼、增强美育熏陶、加强劳动教育等重点问题深入开展内容、策略、方法、机制等研究。

五、对策与建议

（一）优化队伍结构

为了解决存在问题，一方面要优化教研队伍年龄结构，及时遴选优秀年轻教师充实教研队伍，保持教研队伍充满活力；另一方面在按照国家课程方案配齐所有学科专职教研员基础上，有条件的地方可以分学段配齐学科专职教研员；还可以建立专兼结合的教研队伍，聘请若干名符合条件的兼职教研员，助力教研工作，改善教研员人手少、任务重的局面，这一点长春市及有些区域已经实现。

（二）提升研究能力

调研中发现长春地区教研员自身专业能力和专业素养都处于较高水平，也具有一定的工作热情，能积极投身到教科研活动中，并将自己的研究成果以不同方式分享给一线教师，起到指导和引领的作用。但是由于地区差别和政策等因素，教研员的发展机会有限，建议从以下几方面解决问题：第一，各地加强对教研员教科研工作的重视，为教研员开展教育教学研究专项课题提供便利，促进教研员带领教师进行教学研究和探索，把国家的新的教育教学理念更快更好地落实到课堂中；第二，每年定期组织针对教研员的专题培训，更好地发挥教研员的研究、指导、服务作用；第三，省市中考命题人选拔时增加教研员占有比例。县、区教研员每年都有在本区域的命题任务，具有一定的命题实践能力，参加省市中考命题具有一定的优势，同时教研员缺少大量做题的积淀，在命题的深度上缺少准确的定位能力，需要加强针对性的专业做题训练，以提高命题解题能力。

（三）赋能专业成长

教研员的专业成长应贯穿终身学习的理念，蕴含不断发现问题、研究问题、解决问题的过程，继承和创新专业理论、专业知识和专业技能；教研员的专业发展，应该聚焦在课程教学评价领域中，并与基层学校的教师合作。

1. 内修外辅，为专业发展蓄能

教育教学改革的不断深化给教研员提出了更高的专业素养要求，教研员自身要加强自主发展和终身成长的意识，以专业发展为核心，培养专业性情怀，发展成长性思维，在不断提升自我修养和品格、专业知识与技能的过程中，充分发挥学科专业引领者的角色，做好一线教师的引路人。要促进教研员的专业发展，不仅需要其自身不断进修和提高，外部环境的支持和帮助也很重要。教育行政部门应该明确教研员的职责，减少教研员行政事务，不委派教研员协助完成职责之外的工作，保障教研员专业发展的良好环境。

2. 深入课堂，为专业发展提能

课程改革的核心在课堂，课堂是连接教研员与师生的载体。教研员应当与课堂在一起，通过改变教师的教进而改变学生的学是教研员的责任。备课上课、听课评课、说课磨课等都是与教学实践相关的工作，这些实践工作是教研员最重要的基本功，是教研员提升专业能力的有效路径。

专职教研员每学期初都能组织指导系统备课，保持对教材的熟悉度，能够对教学中可能产生的问题进行较为系统的研究。第一，在听课评课中可习他人之所长，传递好的教学经验；第二，通过听课评课可发现实际教学中存在的问题，促进有针对性地进行专题研究、行动研究、课题研究等；第三，说课磨课是扎实课堂教学实施的有效方法，有利于提高课堂教学效率。

3. 加强研究，为专业发展储能

在教研工作中，研既包括研究教法、学法、考法、评法，还包括研究团队建设、教师专业发展指导等。

教法学法研究方面，教研员不断深化教学理念、探索有效教学方法、推动学法创新以及积极参与课题研究与实验，从而有效地促进教师的专业成长和教学质量的提升。

在考法评法研究中，命题研究是关键、是核心，既要厘清学科现行纸笔测试的整体趋向，又要熟练掌握试题命制的基本技术，这就需要教研员深入分析学科命题特点，把握学科主干知识，钻研命题技术，提升命题水平。

团队建设主要包括各年龄梯队教师队伍的建设和整体学科教师队伍专业思想及专业水平的提升，这是学科教研工作的拓展性要求，也是提升教研员专业能力的辅助性手段。研究团队建设，需要教研员深入研究各年龄梯队教师的成长需求，把握不同年龄阶段教师的发展特点，特别是新时代青年教师的特点，按需设计学科研训项目，扎实做好基础性教研工作。

4. 教研创新，为专业发展输能

随着科技的发展、社会的进步，大力倡导教研员创新教研工作方式。可以根据不同学科、不同学段、不同教师的实际情况，因地制宜采用区域教研、网络教研、综合教研、主题教研以及教学展示、现场指导、项目研究等多种教研方式，以教研工作的灵活性和针对性提升教研活动的吸引力和创造力。随着互联网技术的普及与运用，教研员可以积极探索信息技术背景下的教研模式改革。通过对教研信息的选择、收集、加工、分析和使用为基层教师提供精准、有效的学习资源，为教研工作高质量开展提供保障。

2024年3月9日，在十四届全国人大二次会议民生主题记者会上，教育部部长怀进鹏表示：我们推进数字教育，就是期望推动教育均衡和能力提升，通过数字化来改变、改善以及提高教育质量，促进教育公平，用一根根网线去消弭数字鸿沟，用一块块屏幕去链接不同的课堂。这对中国这样一个人口众多、发展不均衡的大国来说，要实现教育的高质量发展，发展数字教育就不是我们常说的选修课，而是必修课。

报告执笔人：朱宝环　宋惠丽　房越超　刘　萍　于　晶　周丽莹

普通高中新课程新教材实施国家级示范区建设工作的研究报告（2020—2023 年）

一、三年建设目标总体完成情况

经过三年的探索与实践，长春市普通高中新课程新教材实施水平在吉林省内已经处于领先地位，接近国内一流水平，搭建了系统全面、质优有效的满足长春市新课程新教材实施的相关机制、体制、标准体系，总结先进经验，形成长春模式，塑造吉林典型，推动成为影响、辐射省内外新课程新教材实施的国家级示范区。

主要达成以下建设目标：

（一）区域、学校、教师、学生四维协同发展示范区

以区域特色发展、学校多样发展、教师专业发展、学生全面发展为四条主线，构建了区域、学校、教师、学生四维协同发展的体系。以"一区一案""一校一案"实施策略为核心，整体提升长春市普通高中办学水平和教育质量，打造新课程新教材实施下的育人高地，形成具有长春特色推进新课程新教材实施的长春模式，推动我市在全省示范引领作用的进一步彰显。

（二）以既有品牌课程为基础不断创新品牌课程的示范区

以"核心价值观培育""时事新闻课""阳光心理促进课""艺术小课间"等既有品牌为基础，发挥具有区域特色、优质多元、全域开放共享、学生个性选择、分类分层特点的品牌课程体系示范效应。三年来，长春市守正创新，结合地区实际不断推动传统品牌焕发新生，实现新的质的突破。一是与新华社合并开发740集"时事新闻课"，推动二十大精神、习近平新时代中国特色社会主义思想"三进"工作扎实开展，厚植学生家国情怀；二是深入落实国家教育部署，以心理（德育）工作先进校、长春市心理健康教育和家庭教育志愿团队为依托开展学生心理健康课程、家长家庭教育课程研发工作，内容涵盖青春期教育、习惯养成、情绪调适、安全常识、亲子陪伴、家校合作等涉及学生健康成长多项内容，目前已经开发包括幼小中高全学段各年级共 8 800 节微课程，从"阳光心理促进课"跃升为"长春蓓蕾课堂"；三是把五育并举落到实处，实现"核心价值观培育""艺术小课间"遍地开花，并逐步延伸拓展，落实国家"双减"政策的基础上规范优化学校课后服务课程，形成"兴趣优先，育人为主，多元选择"的课后服务体系，指导各学校认真开发"第二课堂"，推动实现"三全"育人。

(三)基于学科核心素养的课堂教学方式改革示范区

以国家课程方案、课程标准为指导原则,以吉林省新课程实施指导意见为基础,全面落实学科核心素养,全面实现课堂教学方式的改革,形成具有创新性新课程新教材实施教学实践。三年来,各地各校立足办学实际并在广泛借鉴全国先进经验的基础上创建并推广了长春市基于不同学习主体的有效课堂教学范式,对学情进行了精准分析,重视差异化教学和个别化指导,打造了一批特色课堂教学典型样本,服务于课堂教学方式改革示范区的创建。

(四)以增值性评价体系为核心的评价方式改革示范区

示范区创建以来,长春市基础教育研究中心不断整合长春教育评价资源,构建以区域普通高中学校为评价对象的科学评价标准,通过考试监测、竞赛评优、实地调研等多样化载体对各校新课程新教材实施效果做出客观公正的评价。此外,长春市积极推动建设可信可用的学生综合素质评价体系,召开多场专家培训会、专题座谈会、经验交流会,把增值性评价体系内化到各校办学育人理念和行动中,切实转变学生评价模式,促进学生认识自我、规划人生,推动学生积极主动发展,为国育才为党育人。

(五)以智慧教育为核心的高水平教育信息化平台建设示范区

三年来,长春市对标高位,整合优势资源,不断推进新课程新教材的实施与信息技术深度融合,教育信息化、智能化水平得到显著提升,融合互联网及5G等前沿技术,打造全新的"云课堂",以"名师云课"为基础建成"长春云校",推动实现这一民生工程焕发新生、生机盎然、生生不息。

(六)打造以点带面的国家级示范校、区域高中联盟、市域教研协作体共同推进的示范区

在长春市教育行政部门的指导下,三所国家级示范校通过不断努力,已经形成了各自的发展特色,用一朵云推动一片云,形成了优质高中、城区高中、农村高中多层次的示范经验与模式,充分发挥了示范校的示范引领作用;长春市普通高中教育联盟作用得到最大限度发挥,在既有的基础上不断扩大联盟基础,由城区高中向县(镇)高中、农村高中延伸,分层分类打造高中联盟,实现新课程新教材实施全区域、全学段覆盖;长春市坚决贯彻"开放的教育理念",沿着"点—线—面"的发展模式积极建立拓展省际教研协作体,由区域性示范校到东北三省四市,再到全国十城市,在全国范围学习、借鉴与推广。

二、重点工作与成效

(一)区域课程指导与管理

长春市立足实际,成立以主管局长为组长的课程指导与管理领导小组,健全工作机制,层层压实责任,"一张蓝图绘到底",不断推动普通高中课程方案在全市转化落地,做好区域和学校课程规划与实施管理。

一是细化分工。建立了课程指导中心、教师发展中心、教学指导中心、学生发展指导中心、生涯规划指导中心等"五大中心",具体推进新课程新教材实施。

二是积极拓展资源。拓展高中教育发展资源空间教学改革与指导,主动融入长春振兴突破三年行动计划、统筹推进长春市教育高质量发展"1688"奋进计划,与东北师范大学合作成立长春市基础教育研究院,支持普通高中依托高等学校、科研院所等资源联合培养人才,推动协同创新共享优质资源,探索建立了长春高大研(高中、大学、科研院所)合作新模式。

三是立足各校实际。指导监督各区、各普通高中制定了切合实际的新课程新教材实施规划,实现"一区一策""一校一案",并发挥龙头学校示范作用,依托全市普通高中"10+1"联盟推动实现"月光普照,众星拱月"全新校际合作新局面,认定10所基地校,进一步缩小校际差距,打造公平课程公平教育。"五大中心"指导各校以大课程观念聚焦核心素养,优化课程设置和课程结构,形成了"优势、开放、多元"的课程体系。为了满足学生多样化的选择和分类培养的要求,形成多元化、分类培养模式,提出了目标激励、人格养成、能力构建"三位一体"的课程理念,突出注重法制教育、心理健康教育和生涯规划教育,构建了以人生规划教育为主线,以课程建设为载体,适合学生兴趣、特长和职业发展倾向的多样化、多层次的课程体系。 如东北师大附中的"12345"学术型课程体系、长春十一高中的五大单元课程、长春市外国语学校的民族文化特色课程和国际化特色课程等。

四是发挥统筹作用。完成了《长春市普通高中学科教学实施意见》《学科教学案例集》编辑工作。鼓励和指导学校根据自己的校情学情编写《国家课程学习指导手册》。如东北师大附中形成的《东北师大附中课程修习指南》,在入学时发给全体高一新生,并分享给全市各校。依托国家级示范校东北师大附中等学校,组织召开全省新课程新教材实施工作推介会、全市普通高中新课程新教材实施工作推进大会、全市普通高中"双新"建设阶段成果交流会、多次召开吉林省双新示范区和示范校建设论坛。

五是落实核心素养。围绕各学科课程标准推进核心素养进课程,全面改革教学方法和评价体系。在教学方法方面,规范课堂教学范式,突出围绕目标、基于情境、任务驱动、问题导向、讲究供需,注重学生的主体性和创造性,引导学生主动参与学习和实践。在评价体系方面,积极从传统的考试评价转变为多元化的评价方式。积极开展青年教师每日一课、骨干教师每周双课,教研员指导进一步推进"三新"背景下的课堂教学改革。以落实任务驱动为核心,立足大单元教学。

课程建设成果获得吉林省教学成果奖24项。东北师大附中"小初高思政课一体化'四段三维一式'教学改革探索与实践"荣获国家级教学成果奖一等奖。课程管理校长及管理团队成员,面向宁夏、内蒙古、陕西等地介绍新课程新教材实施的经验。东北师大附中校长在新课程新教材实施第二批、第三批实验区校启动仪式上发言介绍经验,并在教育部新课程新教材实施总结大会上代表发言。

(二)教学改革与指导

为适应"三新"改革,长春市不断探索核心素养指导下的教学模式改革,落实立德树人根本任务,为国家源源不断培养"科技巨擘""大国工匠""文艺新星"等多样化拔尖类创新型人才。一是把观念改到底,以解放思想为主要抓手廓清教学改革迷雾,依托长春继续教育培训平台、长春市教育官方公众号、"以赛代培"系列活动,采取专家引领、同伴互助、自主研修等方式不断更新教师教育教学观念,掌握最新教育信息技术,基于实际形成特色教学主张,内化"三新",外化行动,从"新"到骨子里到"新"到课堂里,通过"头脑翻转"推动"教学翻转"。二是把课堂改到底,长春市围绕课程方案、课程标准实施教学质量提升行动,指导全市各高中积极探索发展基于学生核心素养的教学实践模式,依托三所国家级示范校,开展创新教学组织形式、课堂形态的前瞻性探索试验,启动德育、美育、劳动学科教育基地建设,基于"大中小德育课程一体化"建设,打造高中特色学科课程。三年来,在政策的支持和鼓励下,各地各校创建并推广了长春市基于不同学习主体的有效课堂教学范式,结合各自办学实际形成新时代"五以"教学思想、"基于情境、问题导向、讲究供需"新教学范式,凝练形成知识建构课、典型例证课、双基训练课、实践研究课、单元验收课等五种课型,创新提出以"五厚四扶三式两有一案一单一图"为操作体系的"先扶后放"教学策略,开创"子衿课程"、"CAS"课程新图谱、国际化特色课程、民族文化特色课程,更多的前沿课堂、创新课堂、智慧课堂在各地各校全面铺开,融合互联网及5G等前沿技术形成《长春市基于核心素养培育的课堂教学案例集》,多项创新课程在《中国教育报》《吉林日报》《长春教育》发表,多项改革成果被评为省市乃至国家基础教育成果奖。此外,长春市不断推进教育公平,积极转化教育教学成果,依托长春云校、送课下乡、校际交流推动实现城乡共享优质课堂资源,促使学生在优质课堂中成为国家需要、社会认可、自我喜欢的时代新人。

(三)考试评价研究与指导

长春市坚持以学生为中心,推动完善以学生发展为核心的评价体系改革,探索建立以增值性评价体系为核心的评价方式改革示范区。一是建章立制,指导各地各校有的放矢地开展考试评价改革,为此,长春市最新制定了《长春市普通高中新课程新教材学科教学指南》,完善了《长春市普通高中教育质量综合评价体系》《长春市普通高中学生综合素质评价实施方案》,做到规范、专业、科学,为不同层次普通高中在新课程实施中落实和发展学科核心素养提供实践指南。二是调研转化,通过示范校带头调研引领各地各校加强综合素质评价研究,收集学校"校本化"的综合素质评价方案,积极转化调研成果,充实完善全市普通高中教育质量综合评价体系、评价标准、评价工具,建立基于大数据分析评价结果的反馈机制,以研促评、以评促学,实现全市普通高中学校对每门课程的教学进行全程管理,推动学校教育教学从而实现高质量发展。三是坚持多年打造出助力学生精准备考的辅导品牌,通过四次模拟考试,实现了精准发现问题、精准制定复习计划、教师精准辅导、学生精准复习的精准备考目的，助力春城学子实现教育梦想。

三年来，长春市为贯彻新高考的理念和选拔人才的目标，落实新时代育人的根本任务，促进学生健康成长、全面发展，遵循教育规律和学生身心发展规律，制定和研发了记录学生成长的综合素质评价校本平台。教育部门指导学校成立了学生综合素质评价工作领导小组，建立健全了学生综合素质评价管理工作群，构建以注重记录学生行为为依据，关注学生成长的过程性与发展性相结合的学术型学生综合素质评价的校本平台，力争尽早建立全面、综合、客观、细致地反映学生的综合素质的电子成长档案。同时积极推进省平台的使用和培训。

此外，通过多年的探索和实践，长春市摸索建立了"四元互动"激励式综合性素质评价体系，即通过一元评价（学生案例写实）、二元评价（学生同伴建议）、三元评价（家长指导）、四元评价（教师指导）相结合的方式，培养学生的个性特长和优秀品质，提高评价的可信度。长春市第八中学在此基础上开发了两个工具，即"五彩三杠"和"课时卡"，能够很好地记录学生参与的活动和获得的课时，在学生填写综合素质评价档案时就能够有迹可循。五彩，用五种不同的颜色代表学生德、智、体、美、劳五个方面的发展。红色代表德育、蓝色代表智育、绿色代表体育、紫色代表美育、土黄代表劳动。三杠，代表对学生进行德、智、体、美、劳五个方面评定考察后所确定的不同级别。"一杠"为班级级别，"二杠"为年级级别，"三杠"为学校级别。"五彩三杠"和"课时卡"评定工具使学生自信心、学习自律性和自主性增强，参加劳动和运动更积极，艺术素养得到彰显，学生整体精神面貌得到提升，"五彩三杠"和"课时卡"综合素质评价新工具，既达到对学生综合素质评价的目的，也成为有效激励学生全方面发展的内驱力。

（四）教研指导

依托长春市教育基础研究院、长春市教育学院、长春市基础教育研究中心、长春市职业与成人教育研究中心等资源全面建设"大教研"体系，指导各地各校实现"在教研教""边教边研"，服务新课程新教材实施的国家级示范区建设。一是初步建立大教研工作体系，全面树立"大教研观"，建立系统、高效的工作体系，组建长春市普通高中学科教研基地，形成《长春市普通高中新课程新教材实施优秀教学模式和典型案例》，服务和引领全市高中新课程新教材实施。二是打造U—G—S合作平台，坚持广泛招贤、为我所用的理念，吸纳省内外教育名家、发挥各大学专业力量、挖掘本市内教育精英组建我市基础教育专家智库，为我市教育发展提供智力支持。三是选树培育出一批高素质教研队伍，以其为基础成立了长春市普通高中教育智库。加强教研智库建设，为新课程新教材实施提供专业支撑，系统化设计"全员研修—练兵比武—研讨交流"活动，通过"理念—实践—提炼"等方式，助力一线教师将育人方式的变革在课堂落地落实。四是建立了项目式教研机制，推动实施教研标准体系建设、教研保障体系建设、教研基地建设、教研队伍建设、教育智库建设等五大行动项目，以项目驱动方式推动教育教研工作。五是携手相关城市组建成立了全国十城市教研协作体和东北四市教研协作体。依托教研协作体,开展课程改革、教学实践、新高考一体化等重点项目研究,帮助一线教师理解新课程改革,提高对新课程的认识和新型课堂教学实践的水平。

三年来,长春市多措并举,大力推进教学研一体化,构建大教研体系,形成了浓厚教育科研氛围,科研兴教深入人心,人人能研遍地开花。长春市第二实验中学面对大学毕业生提出了"二五七"蓝青工程,即"两年成为合格教师、五年成为骨干教师、七年成为优秀教师";长春市十一高中的教研活动以主题为形式,每学期一个主题,围绕教学实践开展针对性的活动,每学程开展一次,形成递进式教学研究态势;九台一中坚持以教学实际问题为导向,增强教师培训的针对性和实效性。坚持"做中学",开展专业引领和同伴互助下的课堂教学研究;德惠实验中学开展以问题为核心的教科研活动,在这个过程中学校逐渐形成了"校长、年级主任、备课组长"三级责任人主抓,"教务处、年级组、学科组"三级科研阵地的管理体系,使科研活动与学校课堂教学同步实施,实现人人有课题,组组有项目的良好科研之风。

(五)帮扶与示范引领

三年来,长春市不断总结经验,扩大创建成果辐射力和影响力,充分发挥示范校在长春地区的引领作用、长春示范区在吉林省的带动作用,高质量推行长春市普通高中联盟发展2.0版本,并加强长春示范区省内对口帮扶,加强教研协作体的区域外推广。

一是充分发挥了示范校的帮扶与示范引领。三所国家级示范校均为长春市普通高中"10+1"联盟的盟主学校,在此基础上继续深化普通高中联盟发展,打造普通高中联盟2.0版本。东师大附中以"互嵌共生"为理念,从单向支持转变为共同发展交互模式,探索形成了"三送三请三互动"精准帮扶模式,突出"部属高校县中托管帮扶项目""国家乡村振兴'组团式'帮扶项目"、吉林省政府乡村教师义培项目、深耕计划教育精准帮扶等四条主线,已经持续帮扶了11个省22个县域100多所中学,培训了两万余名乡村教师,辐射影响百万余名学生,共送课500余节,送教800余场;长春市十一高中以五所托管学校、长春市普通高中第九联盟八所学校为主,通过联合教研、影子培训、联合考试、课程共享等方式推广、分享、交流双新建设成果、经验,积极助力通化七中、珲春二中、双阳一中、靖宇一中、白城一中、内蒙古兴安盟二中等省域薄弱校发展,接待了河北、辽宁、安徽、海南、新疆、宁夏、重庆、浙江等十几个省市区100多所学校的考察参观,并受邀参加于珠海举办的"第六届中国教育创新成果公益博览会",双新建设工作走出东北区域,走向全国;九台一中不断完善校际交流机制,采用线上线下"混合式"帮扶模式,开展实地调研、同课异构等一系列帮扶活动,精准、系统、持续进行深度合作,教师专业能力得到提升,课堂教学模式持续深化,学校管理理念不断更新,"双新"实施稳步推进,将优质高中和薄弱高中深度捆绑办学,通过委托管理、联合教研教学、对口帮扶等方式,深化一体化办学模式。

二是充分发挥了基地校和示范区的帮扶与示范引领。由 50 所基地校分层分类对口帮扶省内其他地区同类型学校的新课程新教材实施；由示范区牵头组织省内九个地（市）州的新课程新教材实施协作体，定期召开各类型基地校新课程新教材改革创新经验交流会，推动优质教育资源的共享、辐射和带动，发挥示范区在吉林省内的示范引领作用。

三是不断扩大辐射领域推动实现内外双循环。通过举办"东北三省四市高考备考会""兴安盟帮扶指导""送教送培到乡""送教新疆""全国十城市教研协作体高考备考研讨会"，将新课程新教材实施成功经验纳入十城市教研协作体和东北三省四市教研协作体的工作范围，加强了新课程新教材实施经验的区域外学习与推广。近三年来，帮扶示范案例不胜枚举，成果显著。2023 年 11 月，新疆阿勒泰地区教育局邀请长春八中赴阿勒泰地区第二高级中学开展了送教助研活动；2023 年，长春市实验中学和扎赉特旗音德尔第一中学结成长兴联盟帮扶对子，和哈尔滨第一中学、沈阳市第二中学结成友谊校；长春外国语学校与长白山第二高级中学和抚松县第六中学两所中学对接，签订对口帮扶协议，并通过建立联谊教研组等形式，开启三校一体教师专业成长培养行动；长春市第二实验中学实施"四五六"工程，实现校际间理念、管理、课程、名师、评价的共建共享，扩大优质教育资源影响，由单体优势扩大到整体优势，由局部优势扩大到全局优势。

三、组织领导与工作保障

（一）工作领导

一是由长春市政府牵头成立新课程新教材示范区建设工作领导小组，政府副市长赵显任组长，市委教育工委副书记、市教育局党组书记、局长崔国涛任副组长，政府相关部门和教育系统内部相关处室（部门）为成员单位共同推进示范区建设。领导小组负责顶层设计、统筹推动工作，完善制度安排，提供政策支撑和资源保障。建立联席工作制度，定期协商解决实际困难。二是成立新课程新教材示范区建设工作推进小组，构建专家引领、学校主体，教研、科研、大学、专业机构共同参与的专家小组，成立专项课题研究团队，吸纳各方专业人士，把握新课程、新高考改革方向，指导改革推进过程，创设实验活动载体，总结试点典型经验，推动改革不断深入。

（二）机制建设

1. 建立专题研究机制

以基础教育研究中心为主体指导队伍，依据教学规律，结合已有改革基础，围绕教师发展、课程建设、教学改革、选课走班、综合素质评价等领域对各高中学校新课程新教材实施进行过程指导，明确工作开展思路，确定发展中的重难点问题，确保新课程新教材工作坚持正方向，提高区域课程实施整体水平。

2. 完善教科研管理机制

以新高考改革推进方案中的八大课题研究为切入点，深入开展新课程实施、新高考改革的实证性研究，秉承优点，扬弃不足，促进教师队伍的专业成长，提升教育科研的内涵发展，推进普通高中新课程新教材改革。

3. 建立新课程改革协同推进机制

建立国家级示范校、市级示范校、"三星级"特色校和普通高中分层分类开展新课程新教材实施的格局，总结可行性、普遍性的经验用于各学校，促进全市高中教育整体协同发展。

4. 建立对示范区（校）的常态评估机制

聘请省、市级研究部门和专家，研究制定示范区（校）评估办法，根据示范区（校）三年规划和年度工作任务对示范区和3所国家级示范校建设各阶段工作进行监测评估，做好年度工作总结。依据专家评估结果，及时调整建设进度和进程，严格按照任务要点，在三年周期内高质量完成示范区建设任务。

（三）队伍保障

1. 成立专家指导团队

组建由东北师范大学基础教育课程研究中心、其他示范区组成的研究共同体，吸纳优秀学科教研员、校长、学科带头人和骨干教师，对示范区（校）三年实施规划进行专业论证。加强对高中学校在教材培训、课程实施、考试评价、教研模式等环节的过程性指导，提高我市课程实施的整体水平。

2. 配齐配足学科教研员

围绕新时代教研员专业素养提升和新课程改革需求，调整完善教研员学历结构和专业结构，配齐配足学科教研员，特别加强音乐、体育、美术、综合实践、劳动教育、通用技术等学科教研员的配备，确保国家课程开齐、开足，确保教学质量。

3. 组建"智库"并发挥其支撑作用

积极挖潜，选拔学科专家、优秀教师、新锐力量充实"学科教研员与兼职教研员""教学指导委员会""考试评价委员会""名师云课工作室"等不同层级人才队伍，组建了长春教育"智库"，服务支撑国家示范区创建工作。

（四）条件保障

长春市立足实际，依据创建标准"软硬兼施"，搭建"人财物"多元保障体系，推动国家示范区顺利创建。一是加强示范区建设经费保障，主要用于专项研究、过程指导、培训研修、教研工作、教学资源建设等。二是加大硬件投入，适应区域新课程新教材实施的需要，在学校校舍建设、教学仪器设备配置、图书资料购置等方面，特别是向薄弱高中倾斜方面加强条件保障。研制新课程新教材背景下《长春市普通高中教育质量综合评价体系》，结合普及攻坚、高考综合改革要求，加强普通高中办学条件改善，满足选课走班对专用教室、实验室等设施的新要求，特别加强农村薄弱高中校园校舍建设、教学仪器设备、图书资料购置等，并依据标准加强和配置新课程的各项条件保障，确保新课程的顺利实施。三是加强校园信息化建设。保障网络与信息安全底线，初步满足了新课程背景下的备课、批改、走班排课的需要。

四、挑战与对策

（一）从观念角度看，片面质量观对新课程新教材实施提出了挑战

由于长期受应试教育片面质量观影响，当前整个社会、家长、学生甚至部分领导，都没有完全形成科学正确的教育质量观。"立德树人、五育并举"的国家要求大多止于口号；重智轻德、重智轻体等现象仍然较为普遍。

对策：认真落实2020年中共中央、国务院印发的《深化新时代教育评价改革总体方案》。一是坚持把立德树人成效作为根本标准，遵循教育规律，系统推进教育评价改革，发展素质教育，引导长春地区各校树立科学的教育发展观、人才成长观、选人用人观。二是坚持科学有效，改进结果评价，强化过程评价，探索增值评价，健全综合评价，充分利用信息技术，提高教育评价的科学性、专业性、客观性。坚持统筹兼顾，针对不同主体和不同学段、不同类型教育特点，设计符合其特点的评价指标体系。

（二）从课程角度看，课程规划、建设、实施能力的不足对新课程新教材实施提出了挑战

市级层面和学校层面整体规划方案能力和水平有待提高。区域学校发展水平不均衡，课程规划质量参差不齐，校长和教师课程领导力还有待提升。有些学校选修课程建设能力不高，校本课程专业性、系统性有待改善。新高考、新课程要求对学生进行全方位指导，这对于高中学校是极大挑战。

对策：教育公平一直是一项严峻的课题，近年来，长春市围绕优质教育供给、课程资源开发、考试招生制度变革等方面持续加大投入，实施"护蕾行动""蓓蕾计划""长春云校"等多项民生工程，推进长春教育均衡优质发展。下一步，对于课程实施面临的挑战，长春市将继续组织专业力量加强研究，对症下药，打破区域教育壁垒，建立专家引领、多元参与、优质共享的大课程体系。坚持"引进来"和"走出去"相结合，通过举办课程开发竞赛、课程专业培训、课程经验交流等活动，立足长春办学实际借鉴吸收有益经验，打造一批精品课程，多途径推广全市城乡学校。长春市还将加大经费投入，用于保障课程开发和实施，并制定政策引导、支持、鼓励校际联盟龙头学校帮扶弱校开展学生选课指导、课程开发指导，以点带面，实现良性互动、共同进步。

（三）从教学角度看，转变教学方式、培育学科核心素养对新课程新教材实施提出了挑战

在选课走班教学背景下，学校要提供分类、分层、精细化的课程教学，教师要对学情进行精准分析，重视差异化教学和个别化指导，这些都是需要学校和教师要共同面对的问题。

对策：对于选课走班，要不断向先改先行地区学习，积极"走出去"，扩宽眼界，还要适当"引进来"，取长补短，指导各地各校结合学情统一开展专业培训，加强联动获得

家庭社会的广泛支持;长春会进一步依托新课程新教材实施契机,加快完善各学科教学指导意见,推进课堂教学改革,改进教学的方式,注重学生自主、探究、合作学习,各地各校要在已有的特色课堂教学模式基础上继续研究推进,一地一策、一校一案,适当举办学校教学模式和特色办学评比,激励每个学校形成崭新的办学理念和个性的教学模式。

（四）从管理角度看,优化学校管理制度机制对新课程新教材实施提出了挑战

在吉林高考模式影响下,部分学校选考科目教师将会出现潮汐现象,呈现结构性短缺。可能出现有的教师有时不满工作量,有时又要超负荷工作,给教师管理带来挑战。教师工作负担无形中加重。有的学校可能突破行政班单一管理模式,既设置行政班,又设置教学班,这就需要加强行政班与教学班协调管理,加强与选课走班相匹配的教学管理。

对策：教师是学校的主体力量,是推动新课程新教材落地实施的关键群体。为此,长春市要进一步提高对教师的重视程度,研究提出更多的惠师利师政策,持续发放绩效工资,提高教师社会地位和社会待遇,提升教师满足感和获得感;继续加大"采兰计划""强师计划"的支持力度,选聘优秀的毕业大学生充实到长春教师队伍中,提升教师队伍活力,培育接续力量;对于教师工作量问题,要指导各地各校在政策允许的范围内灵活处理、机动解决,编制、人社、财政等相关部门要建立联动机制,提供多方位的保障;教育部门要指导各地各校做好选课走班方案及相关制度的建立完善工作,做到有章可循,同时加大与信息技术资源的整合,推动实现智慧选课走班的全覆盖。

（五）帮扶与示范引领工作展望

三年国家示范区的创建既充满挑战又衍生出重大发展机遇,"长春模式"的形成,也势必带动吉林地区乃至全国新课程新教材实施的变革和发展。下一步,我市将进一步凝练提升创建成果,在成果转化、成果推广、成果升级上下足功夫,推出宣传手册、案例集成、推介视频等多样化成果呈现方式,通过召开专题现场会、网络培训会、送教帮扶等系列活动推广"长春模式"、介绍"长春经验",在交流借鉴中优势互补,在推广帮扶中历练提升,为推动全国新课程新教材实施贡献长春力量。

报告执笔人：王胜柏　贾喜东　崔　洋　孟安华　管培勇

五育融合理念下跨学科项目式学习实践的研究报告

五育融合以"立德树人"为根本任务，是促进教育工作者和学生全面发展的重要理念。2024年全国教育工作会议上，教育部从7个方面部署全年教育工作重点任务：其中"夯实基础教育基点，开辟教育素质化新赛道，强化高素质教师队伍建设"明晰了重点与核心任务，突出了素质与创新观念，强调了高素质与高水平教师队伍建设的核心要求。结合对会议内容的解读，研判具体形势，结合地方特点，分析出实现"重点任务"的方法、策略不能是空中楼阁，需要教育主管和实施部门锚定工作重心，以有效而具象的工作路径，实现具有国家意志、省市特色、区块特点的教研工作格局。

长春市基础教育中心综合部涵盖3个学段，13个学科，31个教研群，其中美育、体育、综合实践、劳动、信息、心理等学科都是多元育人的核心学科。紧扣时代脉搏，把握教育发展趋向，各学科研判发展内涵，集中研讨确定开展"五育融合理念下的跨学科项目式学习课程研究"。

一、国内外研究现状

五育融合理念下的跨学科项目式学习课程研究主题，在中国知网查阅，无完全或雷同或相关选题。"五育融合教育理念下的课程建设"高质量文章仅有1篇；2022年至今"跨学科项目式学习课程研究"相关文献3篇；"跨学科"相关文章1.23万篇，"项目式学习"4 000余篇。综合知网相关数据分析，能够将"五育融合理念""跨学科""项目式学习"相结合的课程建构，不是一所学校、一位教师、一个班级能够实现的，其上位概念应结合国家政策的引领，教育管理部门的指导，课程实施覆盖面的综合研讨，是一个全方位、综合化、立体化的课程结构群。在"学习强国"及全国各地公众号调研来看，五育融合美育、体育、心理教育、数字化素养培育等与优秀传统文化相结合的教育内容，集中在北京、上海、天津、重庆、江苏、浙江、福建等发达地区，教育环境的优越能够有效促进五育融合教育理念的实施，其他地区能够将三个概念相结合实施的较为鲜见，这就要求研究团队对历史、意义、策略等国内外研究现状进行系统分析，汲取对长春市基础教育综合学科发展有益的研究依据。

（一）内涵与价值

在中国"五育"观念是有别于西方价值文化的重要教育使命。2018年《人民日报》发表文章以综合素养书写精彩人生——如何培养社会主义建设者和接班人中归纳：孔子说，"兴于诗，立于礼，成于乐"；毛泽东说，"欲文明其精神，先自野蛮其体魄"；朱光潜则言，"要求人心净化，先要求人生美化"。他们的回答，侧重点不同，却讲出了同一个道理：仅用专业知识教育人是不够的。好的教育，从来不仅仅是知识的传递，通过学习让孩子拥有高尚的品德、创新的思维、健康的体魄、良好的审美、劳动的习惯，才是教育的命题中应有之义。中国教育有别于西方价值文化，是教育赋予综合学科教育者的重要使命。

美育体育是德育之助、道德境界之津梁。2023年11月，教育部关于全面实施学校美育浸润行动的通知指出：充分发挥相关学科的美育功能。加强美育与德育、智育、体育、劳动教育的融合，挖掘和运用各学科蕴含的品德美、社会美、科学美、健康美、勤劳美、自然美等丰富美育资源，分学科推动制定美育教学指引。遴选征集跨学科、专业的美育教学、教研、教改优秀成果，推进成果转化。

1904年王国维发表文章，最早使用"美育"术语，有云："故秦西自雅里大德勒以后，接以美育为德育之助。……故审美之境界乃物质之境界与道德境界之津梁也。"纵观历史与现实，五育融合认知的转化使学科教育不再是孤立的学科教学，而被广泛应用于各领域教育中，呈现出运动与健康、科技与创造、艺术与社会、美育与人的发展等诸多融通关系。五育融合理念下的跨学科项目式学习观念来自多元性和包容性，社会发展离不开对未来的预见，需要有独立思考、独特判断和解决问题的能力来适应时代发展。

劳育是"全面发展的人的教育"重要教育路径。陶行知先生说，"生活即教育"是希望教育回归生活、在生活情境中汲取营养、获得力量、发挥想象、养成意志、激发创造、获取经验，是在智育、德育基础上综合运用所学，为祖国做出贡献的重要路径。

"知行合一"是五育融合观念重要的实践路径。王阳明认为，"知是行之始，行是知之成"。五育融合理念下的跨学科项目式学习课程研究，以学生已知为前提，重视学生在真实情境下，将知识与实践相融合，重视知行合一。师生要共同在"事上磨炼"，让学生在问题研究中合作担当，呈现团结的力量、研究的意志、面对失败的勇气、迎难而上的骨气，五育融合课程建设，其目标就是培养敢于担当的新时代建设者和接班人。

（二）方式与策略

以国家政策为方向指引，增强跨学科项目式学习策略研究广度。2001年国家启动了新世纪基础教育课程改革，教育部发布了《基础教育课程改革纲要（试行）》，在改革目标中指出：改变课程实施过于强调接受学习、死记硬背、机械训练的现状，倡导学生主动参与、乐于探究、勤于动手，培养学生搜集和处理信息的能力、获取新知识的能力、分析和解决问题的能力，以及交流与合作的能力。2019年10月，教育部基础教育课程教材发展中心、课程教材研究所和经济合作与发展组织（OECD）联合主办了基础教育课程改革与创新国际研讨会。会议以"面向未来的课程：机遇与挑战"为主题，共同探讨面向未来的人才培养、课程设计、教学与评价改革。会议指出，中国政府坚持德智体美劳"五育并举"、德育为先、能力为重的教育理念，深化关键领域改革，教育公平和质量明显提升，保障了亿万学生受教育的权利。2023年5月，教育部办公厅关于印发《基础教育课程教学改革深化行动方案》，其中教学方式变革行动中指出：实施教学改革重难点攻坚。教育部遴选一批国家级基础教育教学改革实验区、实验校，各级教育行政部门结合本地实际，相应设立一批实验区、实验校，依托专业机构建立指导支持机制，聚焦核心素养导向的教学设计、学科实践（实验教学）、跨学科主题学习、作业设计、考试命题、综合素质评价等教学改革重点难点问题，探索不同发展水平地区和学校有效推进教学改革的实践模式。从国家层面对课程改革实施策略做进一步指导。2023年12月教育部发布教育部等十八部门关于加强新时代中小学科学教育工作的意见强调，"将实验和探究实践教学纳入教学基本规范，制作科学实验和探究实践教学手册，强化实践性教学要求，增加实验课比例，规范实验安全管理。针对不同学段精心设计实验等实践性教学内容，注重与多学科融合教育、人工智能教育、社会实践等有机结合。创新教学方式，倡导启发式、探究式、项目式学习，提升学生动手实践能力、创造性思维能力和合作能力等。"这既是对科学教育的重要指导，同时也是对各学科学习方式实践研究的重要指导。以上文件从时间梳理可见，教育的发展、课程融合的方向、育人方式的改革，能力培养的递进都是与时俱进的，在不同时期、不同教育背景、不同发展时局的挑战下，以基础教育研究为本的教育战略变革迫在眉睫。

以社科基金重点研究项目为理论指引，明确本土跨学科项目式学习的实施路径。北京师范大学杨明泉教授，在《核心素养时代的项目式学习：内涵重塑与价值重建》一文中，综合界定项目式学习：一是认为项目式学习是一种学习方式。二是认为项目式学习是一种教学模式，侧重从学生学习的视角对这一模式进行解释。三是认为除了作为学习方式和教学模式之外，项目式学习还是课程设计的一种方式和更综合化的教育实践形态。浙江大学刘徽教授指出：素养导向的课程转型首要转变的是目标，而项目化学习、跨学科学习、STEM教育、合作学习等方法，都是通向目标的路径，这些路径之间也是交互的关系。以上两篇文献，从定义和关系上，明确了"五育融合理念下的跨学科项目式学习"是什么与哪些学习方式相关联，本研究不局限于历史方法的研究，同时对现代教育形式和教学策略的交互方式研究都有重要价值。

以各省市直辖区先进案例为学习目标，研究出适合长春市本土发展的研究方案。近年来北师大桑国元教授结合多省市协作体开展项目学习的实践研究，并创建公众号，为跨学科项目式学习提供可借鉴、可复制、可实施的案例及解析。杭州市基础教育各校基于核心素养以及学科实践的育人方式，打造了"未来实践+"等课程体系建设，该体系包含多项实践活动，涵盖若干核心概念，基于不同学段学生的特征，学习内容由浅入深、由表及里、由现象到本质，以全新的课程融合观念，贯穿整个学生的学习与成长，为"五育融合理念下的跨学科项目学习课程研究"提供了实践模式和体系建设的重要参考。基于各实验区踏实研讨的科研氛围、朴实有效的实验流程、扎实逻辑的理论研究成果，我们坚信，长春市基础教育研究中心有能力也有信心在本土研究团队的共同协助下，展现适合区域发展的研究成果。

二、长春市"五育融合"跨学科项目式学习研究现状

以教育部、省市相关文件为研究依据,长春市基础教育中心在教师研训、课程研究、教研范式等项目式研究实验中,逐步明晰问题,扩大研究覆盖面,取得了一定的经验和成绩,也显现出问题与不足,需要逐步推进解决。

(一)经验与成绩

1. 明确主体责任,指导区域重点学校开展研究

依据现有经验、研判教育发展形势,从学校管理、活动组织、重点区域指导三个方面,开展研究。

一是结合示范校教学管理部门统筹规划,设计各学科教学内容和课程实施步骤,开展以综合学科为主体的跨学科项目式学习。如,信息科技学科在示范校开展STEM跨学科项目式研究,形成了STEM课程实施立体模型。该模型在横向上构建了STEM课程结构,确立了求知、思辨、技能和创新的STEM教育4C目标,并细化了12个二级目标。在纵向上构建了STEM三级课程体系。

二是主题研讨集体备课活动,推进区域重点学校开展跨学科主题研究。如,体育、美术学科在春秋季集体备课中开展"跨学科项目式学习论坛活动",进行"大思政课"视域下的艺术学科集体备课展示。长春市学科兼职教研员,区域教研员和学科组形成学习共同体,各成员根据各自的专长和兴趣,分工合作,共同承担备课任务;分享教学经验和资源,共同讨论和解决教学中遇到的问题,促动美育、体育教师团队的整体理解和能力提升。

三是以重点区域完整案例为落实渠道,丰富研究资源。如,德育学科将长春市汽开区作为"全国中小学劳动教育实验区",将区域劳动教育和科技元素有机融入课程和学校德育教育中。幼儿园走廊里的传统民居,呈现"斗拱"设计的古建筑之美的同时,更将斗拱的"榫卯"结构,按比例制作成实物构件,孩子们可以自己动手组装。挖掘一汽资源优势,汽开区聚力研发科技教育课程,开发"吉车项目式学习"等创新人才培养课程,还编制汽车元素与科技创新相融合的"长春汽开区STEM教育实施指南",开展汽车模拟驾驶体验培训、"小匠人"无人车拼搭驾驶比赛等,培养学生的创新能力。把资源禀赋融入德育,成立红旗先锋少年宣讲团,孩子们走进智能生产线、工匠发明室、红旗展馆、高校等实践场域,引入中国网,带领学生走近大使馆,以更广的平台弘扬红旗精神;发挥德籍足球教练、国家优秀速滑裁判员优势,纵深发展校园足球、篮球、速滑等特色运动项目,推动和德国著名足球俱乐部合作,促进校园足球国际化;打造区域艺术名片,依托国家级专家指导,成立红旗青少年交响乐团、合唱团、民乐团、舞蹈团,师生在长影音乐厅举办新年音乐会、在红旗会堂为驻区企业家们慰问演出,向全国展播,深化五育融合。再如,心理学科以"积极心理资本"理念为依托探索建设校本课程,以省第二实验学校为典型示范校开展示范活动,指导心理教师团队精诚合作、守正创新,深耕心理健康教育;帮助青少年逐步养成积极的思维习惯,提升心理韧性,拓宽心理边界,积极乐观地应对困境和挑战,实

现心灵成长。音乐学科从"输出性"的教学思维，转变成"养成性"的教学思维——即为学生提供怎样的学习体验才能够帮助学生形成或提升核心素养及学科核心素养的尝试等。

2. 聚焦五育核心，引领区域课题研究带动

一是以课题为载体，深研、广探，谋优化转化路径。如：信息科技学科以新课标为契机，以培养学生信息意识、计算思维、数字化学习与创新，信息社会责任为核心素养目标，形成了新课标视角下培养学生数字素养的研究课题，并通过跨学科融合，拓展了学科边界，研发了数学编程、身边的算法、系统中的人工智能等优秀课例。再如：综合实践学科，以优质校为龙头，承担了吉林省教育科学规划课题"基于生态素养的小学综合实践活动项目化学习开发与实践研究"，积累了大量环境教育主题下的跨学科单元学习。

二是以教研活动为载体，谋划、落实课程融合路径。如：美术学科将跨学科的学习与融合作为提升学生综合素质的重要手段，将美术与舞蹈，美术与科学、美术与英语、美术和道德与法治，美术与语文相融合，从历史文化、技能技巧、方式方法、呈现形式等多角度丰富了艺术教育的内涵，也为学生提供了更广阔的创意空间。通过美术与舞蹈的相互渗透，学生可以在视觉与动态的艺术形式中，更全面地理解艺术的多元性和包容性，从而培养他们的艺术审美能力和创新思维。

3. 覆盖城区研究范围，以活动为载体联动各区积极参与

一是依托两个共同体，促进教师专业发展，由长春市基础教育研究中心牵头，开展跨学科项目式基地校遴选和核心教师培养对象遴选，组建"城乡教研共同体"和"跨学科共同体"，确定了"以共同体建设+教师队伍专业化的提升带动课程建设"的工作思路，促进教育教学质量的提高。从培养典型教师和选择典型课例入手，带动辐射区域内推广工作，在区域（校）内形成成果，然后以"1+N"城乡共同体的形式进行创新性和落地式研究、应用。试点区域按照"骨干教师培养—典型案例建设—课程体系搭建—成果有效推广"的思路，切实开展成果推广与转化工作。

二是探索两种示范模式，促进跨学科项目式融合纵深推广。成立跨学科项目式融合学习示范区（校），聚焦两大核心问题，采用三级教研联动制度，发挥区域教研优势，选取跨学科项目式融合学习示范区域（校），快速完成示范区（校）的课程开发，落实课程设计和活动设计。通过跨学科项目式融合体验等活动，鼓励学生走出课堂，主动将五育融合和跨学科项目学习相结合。成立教师跨学科项目式融合教学案例示范校（库）核心教师依托"五师"大赛及案例积累，整理归纳具有典型意义的跨学科项目式融合教学案例，细化跟踪（包括学生的就读大学、就业和成就等）为其他学生提供有价值的参考和借鉴。

4. 扩大教研引领面，名师引领促进研究效果的辐射

五育融合理念下的跨学科项目式学习，对教师的职业素养、专业素养，甚至技术素养、数据素养的认知要求，既要求全面性又要有一定的指标定量。基础教育中心综合部针对"教师数据素养，学科教学知识"抽样问卷数据分析，其中，多数教师集中于25—50岁之间，年龄在40—50岁的中年教师人数最多为66人，占比44.9%，仅30%的教师为30—40岁，

其他年龄段较少。依据抽样调查，辅助综合教研室开展问题研究。

一是抽样调研，明确问题。在整合技术的学科教学法知识维度方面，大部分教师具有较高的表现，平均题项得分为4.41分，在超过整合技术的学科教学法知识的多数题项上，超过50%的教师认为自己完全符合题项的描述，也有接近35%的教师认为自己有点符合，数据表明教师在整合技术、学科内容和教学法方面的知识和能力相对较高。仅有少部分教师表示不清楚、有点不符合，甚至表示非常不符合。（数据表如下）

	非常不符合	有点不符合	不清楚	有点符合	非常符合	平均分
我知道如何选择有效的教学方法来引导学生的思考和学习。	4(2.72%)	0(0%)	1(0.68%)	49(33.33%)	93(63.27%)	4.54
我知道如何制定合适的任务，促进学生对我的教学课题的复杂思考。	4(2.72%)	0(0%)	1(0.68%)	52(35.37%)	90(61.22%)	4.52
我知道如何通过练习来巩固学生对我所教学科的知识。	4(2.72%)	0(0%)	1(0.68%)	52(35.37%)	90(61.22%)	4.52
我知道如何评价学生在我的教学课程中的表现。	4(2.72%)	0(0%)	1(0.68%)	47(31.97%)	95(64.63%)	4.56
我可以选择技术来加强一节课的教学方法。	4(2.72%)	3(2.04%)	4(2.72%)	51(34.69%)	85(57.82%)	4.43
我可以为一节课选择增强学生学习能力的技术。	4(2.72%)	2(1.36%)	3(2.04%)	53(36.05%)	85(57.82%)	4.45
我可以将我所学到的技术应用到不同的教学活动中。	4(2.72%)	2(1.36%)	4(2.72%)	52(35.37%)	85(57.82%)	4.44
我正在批判性地思考如何在课堂上使用技术。	4(2.72%)	5(3.4%)	11(7.48%)	56(38.1%)	71(48.3%)	4.26
我知道技术发展如何改变我的教学。	4(2.72%)	2(1.36%)	5(3.4%)	67(45.58%)	69(46.94%)	4.33
我可以说明在我的教学中使用了哪些技术。	4(2.72%)	3(2.04%)	5(3.4%)	59(40.14%)	76(51.7%)	4.36
我知道在我的教学中目前有哪些新技术。	3(2.04%)	5(3.4%)	9(6.12%)	56(38.1%)	74(50.34%)	4.31
我知道如何利用技术参与我所在学科的教师研修和研究活动。	4(2.72%)	4(2.72%)	6(4.08%)	61(41.5%)	72(48.98%)	4.31
我可以适当结合我的教学主题、技术和教学方法来授课。	3(2.04%)	3(2.04%)	2(1.36%)	56(38.1%)	83(56.46%)	4.45

续表

我可以在课堂上结合学习的课程内容、技术和教学方法进行讲授。	3(2.04%)	2(1.36%)	1(0.68%)	60(40.82%)	81(55.1%)	4.46
我可以选择增强教学内容理解的相关技术。	4(2.72%)	3(2.04%)	5(3.4%)	64(43.54%)	71(48.3%)	4.33
我可以用适当的技术来加强教师教学和学生学习，促进学习内容理解。	4(2.72%)	2(1.36%)	5(3.4%)	62(42.18%)	74(50.34%)	4.36
小计	61(2.59%)	36(1.53%)	64(2.72%)	897(38.14%)	1 294(55.02%)	4.41

研究分析：年龄在40—50岁之间的教师，在学校中是骨干教师，研究能力与经验最为丰富。年龄在30—40岁之间的教师，对新理念持观望态度，需要继续从意识层面进行指导。"五育融合"是通过多元化、多维度、立体化建构科研体系，需要具有融合能力的骨干教师、名师，做针对性落实引领，激活区域教师的教育教学能力、思考能力和教育能力，促进五育融合理念下的课程建设，百花齐放。

二是运用两种教研方式，促进课程落地生根。首先，实现研培一体化"精准供给"。基于"需求导向""目标导向""效果导向"等基本原则，以新时代教师素质要求和国家课程标准为导向，以名师工作室、教师工作坊为依托，进行研培一体化"精准供给"，定期为教学管理者、科研骨干教师、德育负责人、骨干班主任进行专项培训，帮助教师提升跨学科项目式融合教学能力，为切实落实"思政教育一体化"工作赋能。其次，实现共通、共进、共享的"三体共进"。积极探索"课题式推广"模式，围绕学科融合、学业管理、家校共育等内容定期举办各类竞赛，真正实现生涯教育的共通、共享、共进。

5. 送培、送教支持薄弱地区

一是通过师资配备资源调研，进行现象分析。2022年长春市中小学综合学科教师线上教学情况问卷调查中，11 517名教师参与调查，其中被调查教师所在学校为"城市"比例是45.90%。另外农村被调查教师的比例是31.88%。本次参与调查的11个学科中，德育教师占比29.52%，明显高于含美育、体育在内的其他学科，这体现出三个信息：参与调研的城市教师比例较高，在疫情期间，综合上线教学比例，城市高于农村。德育学科教师参与比重较大，各区域对德育工作的重视程度较高。课程融合与全面发展战略中，薄弱地区亟须通过送培、送教、指导等形式，进入"五育融合"课程研究的视线，促进教育均衡。

二是以学科订单式送课形式，促进教育均衡。如，心理学科每学期推送优秀的大赛获奖教师和学科骨干教师跟随基础教研中心安排，采取半订单式送培、送教，提前收集薄弱地区教研需求，分析需求类型，根据需要确定具体指导形式，充分发挥优势资源的带动辐射作用，提高送培、送教的质量，加快地区间学科均衡发展脚步，促进心理学科提质增效。

三是加强信息环境建设，提升数字化实施能力。首先，信息科技学科注重创新性的教学设计，借助先进的教学技术，如虚拟实验、在线协作工具等，深度整合理论知识与实际操作，提升教师教研效率，为学科发展注入新的活力。其次，各学科在教研中强调跨学科合作，通过与其他学科的融合，促进知识的交叉传递，形成了更为全面的综合性学科理论，推动学科的深度和广度发展。另外，提倡名校、名师研修共同体的建设。在这个共同体中，优秀的教育者通过分享教学心得、研究成果等，形成了一种激励和促进机制，激发了更多教师的专业热情，通过定期的研修活动，名师们能够及时了解最新的教育技术发展趋势，将先进的教学理念迅速引入到教学实践，为整个区片教研共同体注入源源不断的创新动力。

（二）问题与不足

1. 总体谋划布局分散，分散与整体部署困难

首先，五育融合需要学校在教育教学中全面考虑五种教育的融合，但在实际操作中，学校可能会因为各种原因而难以做到全面融合。其次，五育融合需要教师具备跨学科的教学能力和素养，但在现实中，教师的专业背景和教学经验可能存在局限性，难以胜任跨学科的教学任务。最后，五育融合需要学生全面参与各种活动和实践，但在实际操作中，学生可能因为学业压力、时间安排等原因而难以充分参与。以心理学科为例，心理学科一个学校一两个专业教师，非学科背景、兼职人数众多，客观上存在集中教学研究难，学校分布分散，不便集中管理。兼职教师存在教师队伍不稳定，教师个人学科发展目标不清晰，新课程理念习得、学科专业知识及教学技能提升难，学科教师课程综合意识与能力提升在客观上存在更大的困难，专业性课题研究很难进行。

2. 薄弱县区落实不足，送教与培训资源不均

因薄弱县区教育资源和教师配备条件不均衡。探索以县区为基点、市域为统筹、教研室为指导的送教培训活动势在必行。目前存在的问题如下。

第一是组织结构不明确。在一些地区和学校，五育融合的实施缺乏明确的组织结构。没有专门的负责人或团队来协调和管理五育融合的相关工作，导致实施过程中的困惑和混乱。第二是资源分配不均。五育融合需要各种资源的支持，包括人力、物力和财力。然而，在实际操作中，往往会出现资源分配不均的情况。一些学校可能更注重智育和体育，而忽视了德育、美育和劳动教育。这种不均衡的资源分配会影响五育融合的效果。第三是师资能力不足。五育融合需要教师具备跨学科的知识和技能，目前一些教师的知识结构和教学方法还不能完全适应五育融合的需求，专业指导过多会影响老师的判断力，过少起不到良好效果，导致在送教过程中，教师无法有效地将五育融合在一起，从而影响教学效果。第四是学生参与度低。学生是五育融合的主体，他们的参与度对实施效果具有重要影响。然而，在实际操作中，一些学生可能对五育融合缺乏兴趣或理解，导致参与度低。这可能是由于教学内容和方法不够生动、有趣，或者没有充分考虑学生的需求和特点。第五是缺乏有效评价。五育融合的评价是确保其实施效果的重要手段。然而，目前一些地区和学校缺乏有效的评价机制和方法。这导致无法准确评估五育融合的实施效果，也无法及时调整和改进实施策略。

3. 实施过程跟踪不够，待考核与教育策略滞后

由于市区学科发展环境有待调整，专任学科教师分散，地域发展不均衡，学科教研员人数少，存在兼职情况，保证对各地区、各校区进行及时督导存在困难。项目研究处于自下而上的依靠各区域校际环境自主开展，跟踪深度、指导力度还存在不足，呈现问题如下。

一是教育效果不明确。由于缺乏对实施过程的持续跟踪，教育者难以准确判断五育融合的实际效果。这可能会导致教育资源的浪费，甚至可能使得一些有效的教育措施得不到及时推广和应用。二是教育策略的调整滞后。由于缺乏对实施过程的跟踪，教育者可能无法及时发现和解决教育过程中出现的问题。这可能会导致教育策略的调整滞后，无法及时适应学生的变化和发展需求。三是学生发展的不均衡。五育融合的理念是促进学生的全面发展，但如果实施过程跟踪不够，可能会导致某些方面的教育被忽视，从而造成学生发展的不均衡。例如，如果缺乏对体育活动的跟踪，可能会导致学生的身体素质下降。

三、长春市"五育融合"跨学科项目式学习发展战略

（一）形势研究

1. 国家政策落实，亟待理论与实践研究并进

研究如何以理论指导实践，实践如何重组、转化理论，科学实施五育融合。随着美育工作顶层设计的不断完善，综合学科首先从一个更为宏观的、立体的角度去思考，学生成为"全面发展的人"所需要具备的知识、能力、方法、态度与品格，然后再从学科特点出发，思考从哪些方面为学生全面发展提供助力。

2. 落实核心素养，亟待"五育融合"新举措辅助

依据区域送教订单，加强五育融合的具象化指导，真问题、真研究、真整改。整合课程内容，进行跨学科教学，鼓励各学科教师合作，设计跨学科的教学项目，为教师提供"五育融合"的专业培训，理解融合教育理念，掌握跨学科教学的策略与方法。

3. 区片联动实施，亟待教研牵头联动推动

教研室联动各市区，做到一区一策，一校一品，一科一议，调动全体教研群体参与联动，献计献策，激活区片责任和区片履职效能。建立跟踪机制，包括活动记录、教学反思、成果展示等，推动各区特色，将综合学科教研活动视为一个持续改进过程，不断总结经验，发现问题并与课题相并轨，鼓励教师参与或主持音乐教学相关的课题研究，通过研究解决教学中的实际问题，提升教研的深度与广度。

（二）主要任务

1. 加强理论与实践研究，促进"五育融合"理念入脑、入心、入行动

从三个层面明确理论研究任务：一是针对五育融合及跨学科项目学习对儿童及青少年成长的促进作用，明确理论依据，设计综合性课程结构图示，将不同学科的内容和活动有机结合，创造多元化的学习环境，鼓励展现学生参与各种实践活动的过程，呈现共性大概念；二是针对课程开发对学校教育理念落实的促进作用，明确课程形式，采用单元课、模

块课、无边界、融合式、项目式学习、探究式学习等理论的深探,建立健全各类型教学的适切评估体系,将学生的知识掌握程度,获得技能和价值的向度体现在理论设计之中,呈现综合素养全视域;三是针对片区参与大课程研究推动教师专业发展,明确教师发展目标,建设高质量教师队伍,区块开展跨学科项目式学习,以课程建设推动教师队伍发展,使教师参与科研常态化、动态化、生态化,既推动学校整体科研能力的发展,也推动教师队伍的高质量发展。

2. 针对新课标落实跨学科项目式学习课程研究,要做到四个吃透

第一,吃透各学科新课标对跨学科学习、项目式学习相关指导和积极的建议,省市教研员牵头,组建包括区教研员、教学名师、科研名师以及一线教师在内的实践研究团队。

第二,吃透新课标在学业质量标准中对课程融合的评价标准和指标的理解,寻找领域专家,对教师进行新课标解读、课程融合等方面的针对性培训。

第三,吃透新课标落实课堂、促进学生发展的具体要求,研究团队通过在一线备课、磨课、研课的方式,在实践中搜集学生反馈,反推新课标对学生发展需求的理解。

第四,吃透新课标在促进未来教育发展中的指导方向等,深入研读新课标文本,理解其背后的教育理念和目标;建立与新课标相关的教育研究项目,积极参与相关学术研究;开展教育培训和专业发展,使教育者充分了解和掌握新课标的要求。

3. 建立区片教研共同体,构建名校、名师研修共同体,夯实、扎实、共进步

一是建立"1+N"研修共同体。以研究任务为驱动,共同探讨任务情境,以学生的实际生活、真实情境为主;建立区片共同体,由各区教研员、兼职教研员带头,市级骨干教师、教学名师、新秀等优秀教师构建名校、名师研修共同体。通过教材培训、集体备课起到专业示范引领。

二是建立"11+N"宣传途径,做好课程建构与成果的宣传。通过美篇、微信公众号、心理微课、直播课等多种方式,激励教师参与课程建设。

三是建立一体化研究协作体,鼓励三个学段教研群的一体化课程设计,鼓励形成一体化研究团队,互相补齐短板,发现长板,共同进步。

(三)战略支撑

1. 平台建设

建设智能网络体验平台,开展教育局、教研室、区进修课程平台的选拔、推荐及活动组织,把成果意识、创新意识、参研意识最优化呈现。长春名师云课赋能,教研室组织各区教研员有针对性地把满足学生心理发展需求的优质课程推荐给学生,学生在家长陪伴下,利用假期时间通过电脑、平板、手机客户端等形式,定时观看云课,还可以利用在线互动的方式和各学科教师尤其是心理老师预约和咨询。

2. 活动推动

增强宣传力度,选拔典型、选拔新面孔、发现新思路、拓宽新课程,以活动推动课程

研究的滚雪球式、生态化发展。基础教育中心组织长春市中小学综合学科教师教学基本功大赛暨教学名师评选活动，长春市小初高一体化学科教学与生涯规划深度融合课例评比等活动，打造专兼职教师队伍，其中包括引进优秀毕业生综合学科专任教师，鼓励大队辅导员、班主任和其他学科优秀教师作为心理健康课程的兼职教师，着力打造一支以专职为主体、专兼结合、数量足够、质量过硬的师资队伍。

3. 资源支持

建设区域优质资源库，拓展校外参访资源，建设区域、学校博物馆资源，建设区域、校际人才库，开展名人进校园活动等，拓宽学生实验与研究的视野，满足学生优质学习资源的需求和跨学科项目式学习开放式学习方式的需求。

报告执笔人：郭　峤　赵丽静　薛连鹏　周玉娟　宋弘慧　刘　帅　刘晶晶　李丽萍　杨　杨　张雯辉　王　蕾　鹿　阳　张珊珊　王　萍　王淑艳

长春市中小学生心理健康知识知晓率的调研报告

一、研究背景

当前我国中小学生心理健康状况不容乐观。调查研究指出,目前我国心理问题小学生约占总人数的10%,初中生约占15%,高中生约占19%左右。2022年,俞国良教授的研究指出,我国大中小学生抑郁、焦虑、睡眠问题和自我伤害检出率偏高,其整体心理健康状况堪忧,另外当前心理健康问题呈现出低龄化的趋势。出现此现象的重要原因,一方面是家庭、学校以及中小学生自身对学业成就的高期待高关注导致中小学生心理健康教育被忽视;另一方面,是大众对心理问题的误解,如"小学生不会有心理问题""孩子有心理问题就是不想学习"等,导致中小学生心理问题得不到理解和疏导。然而中小学阶段是学生性格、思维和行为能力迅速发展的关键时期,由于知识经验和社会阅历的匮乏,以及心理社会性功能尚未成熟,一旦他们的心理健康问题不能得到及时预防、筛查、干预和矫正,很可能为成年后罹患心理障碍、心理疾病埋下伏笔。研究表明,个体的心理健康素养与其心理健康水平关系密切,高水平的心理健康素养能增强心理疾病预防识别能力,提高心理求助的及时性和服务的有效性。因此,作为提高中小学生的心理健康素养的基本前提,准确摸清他们心理健康素养现状,应属当务之急、时代亟须。

心理健康素养(mental health literacy,MHL)最早是由"健康素养"一词引申而来,最初指"帮助人们识别、处理和预防心理疾病的知识和观念"(Jorm et al.1997)。后经其他研究者不断拓展和发展,心理健康素养的内涵扩展到包括"个体促进心理健康、应对心理疾病的知识、态度和行为习惯"。心理健康素养的概念提出后,国外对心理健康素养的研究主要以调查研究和干预对策研究为主,调查研究中的测量方法主要包括情景案例访谈和量表测量两种方式。但是案例访谈问卷的信效度指标难以得出,操作难度较大且比较耗时,因此现行调查研究多以量表测量为主。1997年Jorm et al.使用包含了抑郁症和精神分裂症的情景案例对民众进行调查,结果发现公众心理健康素养水平不高。德国公众在2001年进行的抑郁症和精神分裂症识别率结果也比1993年有了明显上升。2016年的研究发现,亚洲参与者对精神障碍的识别能力也较差。此后,对心理健康素养的测量研究逐步发展,O'Connor & Leanne Casey于2015年围绕心理健康素养的概念编制成了心理健康素养量表(Mental Health Literacy Scale,MHLS),该量表可以对心理健康素养的各子成分进行有效的测评,但只适用于18岁以上成年人。之后Campos et al.针对12—18岁青少年的身心特点专门编制了心理健康素养测量工具问卷(Mental Health Literacy questionnaire,MHLq)。Dias et al.又在Campos et al.问卷的基础上开发了一种新的心理健康素养自我报告测量表——青年心理健康素养调查问卷。

国内也有学者结合中国国情与文化背景编制了符合国人特色的测量工具。例如江光荣团队根据对心理健康素养的重新界定编制了《国民心理健康素养问卷》。李丹琳结合我国青少年特点与我国当下的教育背景编制而成了《青少年心理健康素养评定量表》。而干预对策研究主要以社区干预、急救干预和学校教育干预为主。干预的主要方式是通过政府、社区、学校等牵头组织公益活动项目，宣传公众的心理问题知识和心理问题应对的方式方法，以此提高公众的心理健康素养。经典的干预项目有澳大利亚政府出资赞助开展的"beyond-blue"抗抑郁组织，通过在社区开展媒体宣传、名人讲座、资助赞助文体活动等形式，提升公众应对抑郁症的能力。但国内以往以青少年为对象的干预研究更多将目光聚焦于宣传教育手段对心理健康素养提升的效用，这种干预方法往往是强制个体被动地接受干预，干预效果可能会受学生主观意愿影响。综合实际效果考虑，本研究也以量表调查研究为主。

然而，中小学生心理健康素养在发展变化中尚未定型，对心理健康和心理疾病等相关知识逐渐了解，心理健康的态度和行为习惯也正在养成中；另一方面，现有的国民心理健康素养问卷内容多以成人视角为主，并不适合中小学生。而心理健康知识知晓率是反应人群心理健康素养水平的重要指标之一。因此，本研究也遵循以学生个体本身的心理健康素养为中心的原则，以中小学生心理健康知识知晓率为切入点展开调查研究，通过摸排中小学生的心理健康知识知晓率，展开实证调查研究，以期从知识和观念方面了解我市中小学生心理健康素养现状。

中小学生心理健康知识知晓率是指中小学生对心理健康知识的了解和掌握程度。基于文献分析，我国学者的研究结论和概念界定及学生心理健康现状，本研究认为心理健康知识知晓率包括对心理健康的基本概念、心理健康问题的影响因素、心理健康问题的预防和应对方法等方面的了解和掌握程度。而本研究使用的中小学生心理健康知识知晓率问卷则包括心理健康相关知识、心理疾病相关知识和心理健康促进相关知识三个维度。

另一方面，通过在中国期刊全文数据库上以"心理健康"为主题展开搜索研究，现得出数据结果如下：时间截止到2024年3月31日，数据库上关于"心理健康教育"的文献有79 223条，关于"心理健康素养"的文献有1 053条，关于"学生心理健康素养"的文献有225条（见图1）。

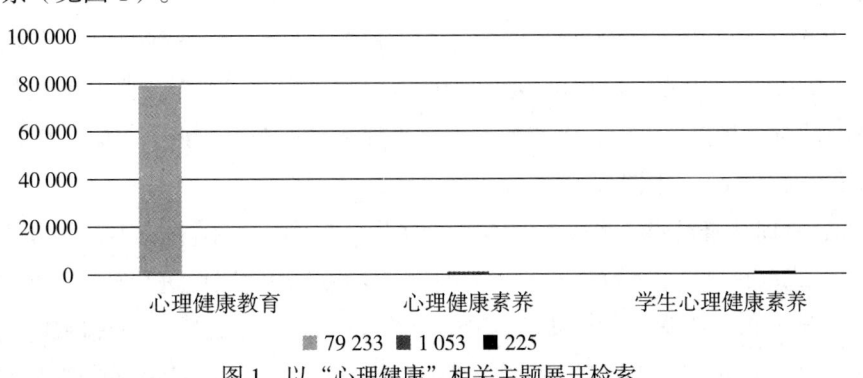

图1 以"心理健康"相关主题展开检索

纵观这225条文献,以"学生(整体)""高校(包括高职)学生"为调研对象的较多。以"中小学生(不包括中职、中专)心理健康素养"为主题的文献只有44条,但是关于"中学生(包括中职、中专)心理健康素养"的文献有50条,主题多以"调查研究""有效策略"为主;关于"小学生心理健康素养"的文献有20条,且研究主题多以"对策研究""提高能力"为主;关于"初中生心理健康素养"的文献有9条,关于"高中生心理健康素养"的文献有8条,研究以"现状调查"为主(见图2)。出现这一现象的原因有:大学生因其年龄、阅历和学习形式,展开调查比较方便。但是中小学阶段的心理健康素养对于个体一生的发展具有重要导向意义,本研究以中小学生为对象展开调查具有现实意义和创新性。

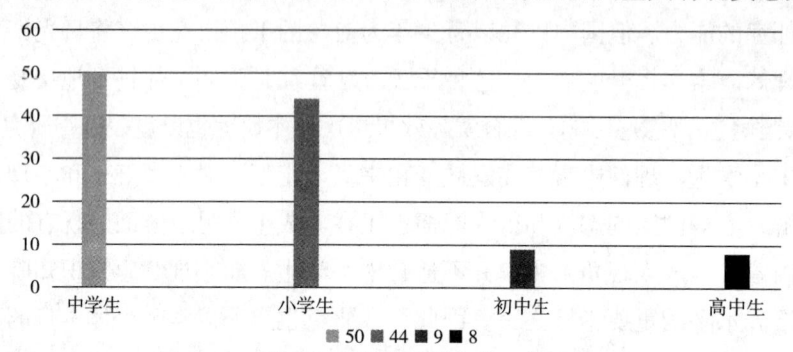

图2 以"学生心理健康素养"为主题展开检索

细分这225条文献的主要内容,其研究内容在2016年以前以"学生心理健康素养"的"影响因素"为主,2016年以后文献主要以"学生心理健康素养"的"构成要素""培养"以及"提升策略"为主,而2020年开始,关于学生心理健康素养的文献则主要以实证调查为主,其重点主要围绕"学生心理健康素养"的"现状调查""提升策略"等。从历年来文献的研究重点可以看出,关于学生心理健康素养的研究越来越以学生个体本身为中心。

在中国期刊全文数据库上,截止到2024年3月31日,关于"心理健康知识知晓率"的文献有118条,但是与主题"学生心理健康知识知晓率"直接相关的期刊只有5篇,其中2篇是关于大学医学生心理健康知识知晓率的研究。另外3篇文献:2003年曹成刚的研究结果显示渝西地区中小学生一般生理健康知晓率较高,对心理健康知识普遍存在着较大的认知缺陷;2017年常春英的研究结果显示赣州市中专生精神卫生知识知晓情况与国家要求还有一定差距;2021年姚晓萍的研究结果显示上海金山区中学学生心理卫生知识知晓率仅为61.42%,没有达到标准。经过对文献的研究梳理,不难发现,随着国家对心理健康教育的关注与重视,关于学生心理健康方面的研究越来越多,但关于学生心理健康知识知晓率的研究却很少,而且调查重点多在生理和精神卫生知识上,而不是心理健康知识,研究样本量很少,局限性较大。

近年来,心理健康素养已经成为健康中国建设的重要内容。国务院于2019年发布的《国务院关于实施健康中国行动的意见》明确提出"实施心理健康促进行动……到2022年和2030年,居民心理健康素养水平提升到20%和30%",要提升国民心理健康素养,就要深入研究心理健康相关知识水平、态度习惯改变的条件和机制,因此,心理健康知识知晓率具有重要的理论研究价值。2015年国务院办公厅转发的《全国精神卫生工作规划（2015—2020年）》明确提出在校学生心理健康核心知识知晓率应达到80%。在此背景下，本研究对中小学生心理健康知识知晓率进行摸底调查非常必要。教育是面向未来的，现在中小学生心理健康素养水平直接决定了未来我国国民心理健康素养水平，中小学生心理健康素养研究兼具现实与未来双重战略意义。

因此，本研究在长春地区范围内选取有代表性的样本，考察中小学生心理健康知识知晓率，比较不同社会学指标分组间心理健康知晓率的差异，为探索中小学生心理健康素养结构和提升途径提供依据。

二、研究方法

（一）研究对象

以长春市中小学生为调研主体，共回收问卷78 635份，其中有效问卷78 513份，问卷有效率为99.84%。调研范围涵盖长春市域17个县（市）区，调研区域分设城市（即城区）、县城和乡镇，研究小学、初中、高中等三个学段。研究样本在城乡来源、年龄、性别、是否独生子女、家长受教育程度、家长年龄和家庭收入上的分布情况如表1所示。可以认为，本次调查样本对总体的代表性较好，数据能够反映中小学生心理健康知识知晓率的情况。

表1 调查对象基本情况

项目	分类	人数	构成比/%
学校位置	市区	47 776	60.85
	县城	14 203	18.09
	乡镇	16 534	21.06
学段	小学	24 165	30.78
	初中	37 938	48.32
	高中	16 410	20.90
性别	男生	39 214	49.95
	女生	39 299	50.05
独生子女状况	独生子女	44 203	56.30
	非独生子女	34 310	43.70
家长学历	初中及以下	44 111	56.18
	高中或中专	18 953	24.14
	大学专科	6 509	8.29
	大学本科	7 816	9.96
	研究生及以上	1 124	1.43
家长年龄情况	20—30	731	0.93
	31—40	43 797	55.78
	41—50	29 214	37.21
	51以上	4 771	6.08

续表

	高收入	1 332	1.70
家庭年收入情况	中等收入	50 681	64.55
	低收入	26 500	33.75

（二）研究工具

本研究使用自编《中小学心理健康知识知晓率问卷》，共17个题目，由3个维度组成，分别测量心理健康理解（6个题目）、心理问题认知（4个题目）、心理发展认知（7个题目）。该问卷为判断题，回答"是"或"否"，判断题回答正确计1分，回答错误计0分，所有题目得分之和为此问卷总分。使用SPSS25.0对问卷的信度和效度进行分析，结果表明总体信度、效度均较好。通过pomp算法将问卷满分值转化为100分，得分越高，表示心理健康知识知晓率水平越高。问卷的主要测量学指标如下：3个维度的内部一致性信度在0.5—0.7之间。

问卷编制阶段，通过方便取样法抽取384名学生，其中102名中学生，282名小学生进行问卷试答。通过对问卷17个题目进行探索性因素分析，结果显示，KMO值为0.841，Bartlett球形检验显著，2(df=136)=585.063，$p<0.001$，表明数据适合进行探索性因子分析。根据碎石图，在第4个因子处存在拐点，因此提取3个因子。选择主成分法进行提取，3个因子累计方差解释率为53.89%，各题目所属因子上的载荷均处于较高水平，且不存在过大的交叉载荷，内部一致性系数为0.7。

（三）研究程序

2024年1月进行问卷调查，采用线上问卷星的方式收集数据。利用问卷星线上平台，生成二维码，由学生扫描二维码匿名答卷。将问卷星导出至Excel表格，并利用SPSS25.0进行数据整理、描述性统计分析。

三、研究结果与讨论

（一）中小学生心理健康知识知晓率总体上处于较高水平

被调查的78 513名中小学生的心理健康知识总知晓率为85.19%，其中，小学生知晓率为84.95%；初中学生知晓率为84.59%；高中生知晓率为86.91%。根据2015年国家卫生计生委等十部门制定的《全国精神卫生工作规划（2015—2020年）》提出的"在校学生心理健康核心知识知晓率应达到80%"的要求，按照本次调查的结果来看，学生的心理健康知识知晓率已经达到较高的水平。

学生在三个维度上的知晓率情况如表2和表3，从表2中可以看出，在心理健康知晓率及心理健康理解和心理发展认知两个维度处于75—100分高分段的人数占比很大，分别为76.4%和89.3%，维度2心理发展认知处于中间分数段50—75分的占比较大，为45%。由表3可以看出，总体知晓率均分为85.19，心理健康理解和心理发展认知都比较高，分别为81.92和92.73，心理问题认知维度相对稍低，为76.87，处于中上水平。

表2 学生心理健康知识知晓率各维度不同分数段人数情况

分数段	维度1	维度2	维度3	心理健康知识知晓率
0—25	1 319/1.7%	3 057/3.9%	723/0.9%	35/0%
26—50	5 318/6.8%	13 999/17.8%	1 068/1.4%	1 378/1.8%
50—75	11 854/15.1%	35 303/45%	6 629/8.4%	8 617/11.0%
75—100	60 022/76.4%	26 154/33.3%	70 093/89.3%	68 483/87.2%

注：表中维度1为心理健康理解、维度2为心理问题认知、维度3为心理发展认知（下同）

表3 学生心理健康知识知晓率各维度得分情况

分数段	维度1	维度2	维度3	心理健康知识知晓率
均分	81.92	76.87	92.73	85.19

由此可以看出，学生心理健康知识知晓率总体上处于较高水平，尤其是心理发展认知水平最高，这与当前长春市各中小学校对心理健康教育的重视有关，学校开展的面向全体学生的发展性心理健康教育活动能够很好地促进学生对自身心理发展的认识，也能够敏锐感知到自身心理的发展变化。但在心理问题认知维度上与其他两个维度相比明显不及，这与心理问题认知涉及的专业领域知识有关。随着时代发展，人们对心理问题越来越关注，但就学生而言，还是存在心理问题污名化的倾向，因此，对心理问题方面的话题还是较为敏感和回避。但是学生的成长过程必然要经历这样那样的心理困扰，而且当前随着学习压力的增大，心理问题的表现也越来越严重，甚至心理危机事件时有发生。这就需要对中小学生加大对心理问题的科学认知的教育，提高应对心理问题的能力。

（二）不同群体中小学生心理健康知晓率

1. 女生心理健康知识知晓率高于男生

不同性别学生的心理健康知识知晓率独立样本t检验的分析结果如表4。从表4中可以看出，女生在心理健康理解和心理健康知识知晓率上均要显著高于男生，女生的心理发展认知水平高于男生。

可能原因有二：一方面男生和女生在性格上存在差异，一般来说，女生比男生更敏感，往往更关注内在情感，对心理上的变化更为在意，自然也会因为心理上的需要去关注与心理健康相关的知识；另一方面社会对男生和女生的心理预期不一样，认为女生心理比男生更脆弱，需要给予更多关注。因此，往往女生更容易接收到与心理健康相关的信息。

表4 学生心理健康知识知晓率性别差异分析结果（N=78 513）

	性别（平均值 ± 标准差）		t	p
	男（n=39 214）	女（n=39 299）		
维度1	80.13 ± 18.38	83.71 ± 17.02	−28.349***	<0.001
维度2	76.91 ± 20.52	76.83 ± 20.48	0.554	0.579
维度3	92.58 ± 15.35	92.88 ± 13.96	−2.854**	<0.01
心理健康知识知晓率	84.50 ± 11.88	85.87 ± 11.24	−16.582***	<0.001

注：表中数值为平均值（标准差）；*p<0.05，**p<0.01，***p<0.001，下同。

2. 独生子女的心理健康知识知晓率高于非独生子女

是否是独生子女学生的心理健康知识知晓率t检验的分析结果如表5。从表5中可以看出，独生子女学生在心理问题认知、心理发展认知和心理健康知识知晓率上均要显著高于非独生子女学生，非独生子女学生的心理健康理解水平稍高于独生子女学生。

表5 学生心理健康知识知晓率独生子女差异分析结果（N=78 513）

	是否为独生子女（平均值 ± 标准差）		t	p
	独生（n=44203）	非独生（n=34310）		
维度1	81.76 ± 17.69	82.14 ± 17.95	−2.957**	<0.01
维度2	77.76 ± 20.13	75.73 ± 20.91	13.74***	<0.001
维度3	93.31 ± 13.97	91.99 ± 15.50	12.385***	<0.001
心理健康知识知晓率	85.57 ± 11.35	84.68 ± 11.87	10.615***	<0.001

这和独生子女与非独生子女占用的教育资源的不同有关，独生子女往往被关注的程度更大，获得心理健康知识的信息途径也会多于非独生子女。因此与非独生子女相比，独生子女的心理健康知晓率更高一些。

3. 初中学生心理健康知识知晓率比其他学段低

单因素方差分析显示（见表6）不同学段的学生在心理健康理解、心理问题认知、心理发展认知及心理健康知识知晓率上均存在显著差异。

表6 学生心理健康知识知晓率学段差异分析结果（N=78513）

	学段（平均值 ± 标准差）			F
	小学（n=24 165）	初中（n=37 938）	高中（n=16 410）	
维度1	81.02 ± 17.33	81.82 ± 17.79	83.49 ± 18.39	95.621***
维度2	75.22 ± 20.18	75.83 ± 20.76	81.72 ± 19.59	596.522***
维度3	93.88 ± 13.9	91.97 ± 15.33	92.81 ± 14.09	125.855***
心理健康知识知晓率	84.95 ± 11.14	84.59 ± 11.77	86.91 ± 11.65	238.785***

从表7可以看出，在心理健康理解和心理问题认知维度，小学生显著低于初中生和高中生，初中生显著低于高中生。在心理发展认知维度，小学生显著高于初中生和高中生，初中生显著低于高中生。在总的心理健康知识知晓率上，小学生和初中生显著低于高中生，但是小学生显著高于初中生。

总体上，高中生的心理健康知识知晓率最高，应该是受知识面的影响，但是小学生高于初中生的原因一个是因为小学生被试中，五六年级学生占比较重，这个时期小学生的心智已趋近中学生，但是相较中学生又较少受到青春期发育和中考学习压力的干扰。

表7 学生心理健康知识知晓率学段多重比较分析结果（N=78 513）

学生学段		维度1		维度2		维度3		心理健康知识知晓率	
i	j	MD	p	MD	p	MD	p	MD	p
小学	初中	−.799***	<0.001	−.611***	<0.001	1.910***	<0.001	.361***	<0.001
	高中	−2.471***	<0.001	−6.506***	<0.001	1.072***	<0.001	−1.962***	<0.001
初中	小学	.799***	<0.001	.611***	<0.001	−1.910***	<0.001	−.361***	<0.001
	高中	−1.672***	<0.001	−5.896***	<0.001	−.838***	<0.001	−2.323***	<0.001
高中	小学	2.471***	<0.001	6.506***	<0.001	−1.072***	<0.001	1.962***	<0.001
	初中	1.672***	<0.001	5.896***	<0.001	.838***	<0.001	2.323***	<0.001

4. 县城学生心理健康知识知晓率最高

不同地域学校的学生在心理健康知识知晓率及其各维度上均存在显著差异，县城学生最高，其次是城市，乡镇学生最低（详见表8和表9）。

表8 学生心理健康知识知晓率学校地域差异分析结果（N=78 513）

	城市		县城		乡镇		F
	M	SD	M	SD	M	SD	
维度1	82.28	17.64	82.81	16.91	80.13	18.89	110.935***
维度2	77.74	20.34	78.33	19.82	73.1	21.06	361.711***
维度3	93.14	13.86	93.72	13.49	90.7	17.46	210.973***
心理健康知识知晓率	85.68	11.33	86.25	10.88	82.83	12.55	450.951***

乡镇学生心理健康知识知晓率最低应该是受家庭资源条件和知识面的影响，县城学生显著高于城市学生，则可能由于县城学生的学习和生活压力小于城市学生，竞争压力小，更有时间和精力关注自身心理状况，心理需求更容易表达和被满足，而与之相反，城市学生学习压力较大，竞争激烈，心理上进行自我关注的空间较小，导致心理健康知识知晓率水平没有县城学生高。

表9 学生心理健康知识知晓率学校地域多重比较分析结果

学校地域		维度1		维度2		维度3		心理健康知识知晓率	
i	j	MD	p	MD	p	MD	p	MD	p
城市	县城	−.530**	<0.01	−.595**	<0.01	−.576***	<0.001	−.576***	<0.001
	乡镇	2.145***	<0.001	4.636***	<0.001	2.445***	<0.001	2.445***	<0.001
县城	城市	.530**	<0.01	.595**	<0.01	.576***	<0.001	.576***	<0.001
	乡镇	2.675***	<0.001	5.231***	<0.001	3.021***	<0.001	3.021***	<0.001
乡镇	城市	−2.145***	<0.001	−4.636***	<0.001	−2.445***	<0.001	−2.445***	<0.001
	县城	−2.675***	<0.001	−5.231***	<0.001	−3.021***	<0.001	−3.021***	<0.001

5. 家长是初中及以下学历的学生心理健康知识知晓率最低

家长学历对学生心理健康知识知晓率具有显著影响（F=381.55，p<0.001），见表10。家长是初中及以下学历的学生心理健康知识知晓率最低（见表11）。

表10 学生心理健康知识知晓率家长学历差异分析（N=78 513）

	初中及以下 M	初中及以下 SD	高中/中专 M	高中/中专 SD	大学专科 M	大学专科 SD	大学本科 M	大学本科 SD	研究生及以上 M	研究生及以上 SD	F
维度1	80.87	18.15	82.48	17.59	83.66	16.50	84.88	16.34	83.32	20.91	115.053***
维度2	74.57	20.64	77.74	20.31	80.58	19.38	83.67	18.59	83.63	20.59	457.029***
维度3	92.06	15.49	92.82	14.30	94.19	12.49	95.09	11.23	92.56	17.78	90.078***
心理健康知识知晓率	84.00	11.74	85.62	11.44	87.27	10.65	88.8	10.17	87.20	14.36	381.55***

表11 学生心理健康知识知晓率家长学历多重比较分析结果

家长学历 i	家长学历 j	维度1 MD	维度1 p	维度2 MD	维度2 p	维度3 MD	维度3 p	心理健康知识知晓率 MD	心理健康知识知晓率 p
初中及以下	高中/中专	-1.607***	<0.001	-3.172***	<0.001	-.754***	<0.001	-1.624***	<0.001
	大学专科	-2.793***	<0.001	-6.011***	<0.001	-2.127***	<0.001	-3.276***	<0.001
	大学本科	-4.011***	<0.001	-9.105***	<0.001	-3.027***	<0.001	-4.804***	<0.001
	研究生及以上	-2.448***	<0.001	-9.060***	<0.001	-0.501	0.257	-3.202***	<0.001
高中/中专	初中及以下	1.607***	<0.001	3.172***	<0.001	.754***	<0.001	1.624***	<0.001
	大学专科	-1.186***	<0.001	-2.838***	<0.001	-1.373***	<0.001	-1.652***	<0.001
	大学本科	-2.404***	<0.001	-5.932***	<0.001	-2.273***	<0.001	-3.180***	<0.001
	研究生及以上	-0.841	0.123	-5.888***	<0.001	0.253	0.574	-1.578***	<0.001
大学专科	初中及以下	2.793***	<0.001	6.011***	<0.001	2.127***	<0.001	3.276***	<0.001
	高中/中专	1.186***	<0.001	2.838***	<0.001	1.373***	<0.001	1.652***	<0.001
	大学本科	-1.218***	<0.001	-3.094***	<0.001	-.900***	<0.001	-1.528***	<0.001

续表

	研究生及以上	0.345	0.547	−3.049★★★	<0.001	1.626★★	<0.01	0.074	0.842
大学本科	初中及以下	4.011★★★	<0.001	9.105★★★	<0.001	3.027★★★	<0.001	4.804★★★	<0.001
	高中/中专	2.404★★★	<0.001	5.932★★★	<0.001	2.273★★★	<0.001	3.180★★★	<0.001
	大学专科	1.218★★★	<0.001	3.094★★★	<0.001	.900★★★	<0.001	1.528★★★	<0.001
	研究生及以上	1.563★★	<0.01	0.045	0.945	2.526★★★	<0.001	1.602★★★	<0.001
研究生及以上	初中及以下	2.448★★★	<0.001	9.060★★★	<0.001	0.501	0.257	3.202★★★	<0.001
	高中/中专	0.841	0.123	5.888★★★	<0.001	−0.253	0.574	1.578★★★	<0.001
	大学专科	−0.345	0.547	3.049★★★	<0.001	−1.626★★	<0.01	−0.074	0.842
	大学本科	−1.563★★	<0.01	−0.045	0.945	−2.526★★★	<0.001	−1.602★★★	<0.001

家长学历在初中及以下的学生心理健康知识知晓率最低这也符合常理，家长的文化程度会影响学生的心理健康知识水平。家长学历在研究生及以上的学生心理健康知识知晓率并不处于最高水平，可能因为高学历的父母往往工作压力更大，更顾面子，因此更关注学生成绩，而对孩子心理健康的关注则显不足。

6. 家庭收入中等的学生心理健康知识知晓率水平相对较高

不同家庭收入的学生在心理健康知识知晓率及其各维度上均存在显著差异，具体见表12。

表12 学生心理健康知识知晓率家庭收入差异分析结果（N=78 513）

	高		中		低		F
	M	SD	M	SD	M	SD	
维度1	76.26	26.42	82.99	17.26	80.18	18.10	286.839★★★
维度2	73.52	23.2	77.55	20.43	75.73	20.41	86.885★★★
维度3	87.92	20.38	92.78	14.29	92.87	14.99	73.161★★★
心理健康知识知晓率	80.42	15.85	85.74	11.40	84.36	11.58	240.293★★★

从表13可以看出，家庭年收入中等的学生心理健康知识知晓率水平最高，高收入家庭的学生心理健康知识知晓率水平最低。原因可能和家庭氛围有关，低收入家庭往往更加关注物质生活保障，高收入家庭则往往因为父母需要在工作上付出更多的时间精力，很可能无暇顾及孩子的心理成长。因此，中等收入家庭更有条件关注学生的心理健康。

表13　学生心理健康知识知晓率家庭收入多重比较结果（N=78 513）

家庭年收入情况 i	j	维度1 MD	p	维度2 MD	p	维度3 MD	p	心理健康知识知晓率 MD	p
高	中	−6.722***	<0.001	−4.035***	<0.001	−4.861***	<0.001	−5.324***	<0.001
	低	−3.915***	<0.001	−2.216***	<0.001	−4.945***	<0.001	−3.939***	<0.001
中	高	6.722***	<0.001	4.035***	<0.001	4.861***	<0.001	5.324***	<0.001
	低	2.807***	<0.001	1.820***	<0.001	−0.084	0.452	1.384***	<0.001
低	高	3.915***	<0.001	2.216***	<0.001	4.945***	<0.001	3.939***	<0.001
	中	−2.807***	<0.001	−1.820***	<0.001	0.084	0.452	−1.384***	<0.001

（三）关于中小学心理健康教育实践的启示

以本研究结果为依据，结合已有的研究发现，对中小学生心理健康教育实践提出几点对策和建议。

1. 全社会共同关注中小学生心理健康成长

长春市是全国首批心理健康实验区，多年来形成了全社会重视学生心理健康的良好氛围，也是此次调查结果比较乐观的根本原因。当然，基于目前学生心理健康问题现状，需要全社会，尤其是中小学持续加强对学生心理健康素养提升的关注度，探索更加行之有效的心理健康教育实施策略，全面提升中小学生心理健康教育水平。

2. 建立学生心理健康素养提升的有利环境支持系统

本次调查显示，家长不同学历、不同年龄段的学生在心理健康知识知晓率上都存在差别。另外，学生对于心理健康理解和心理发展认知两个维度高分段占比人数较多，分别达到76.4%和89.3%，但对于心理问题认知维度方面高分段人数占比只有33.3%，这与常春英等人的研究结果相似。中小学生大部分时间都在学校和家庭中度过，教师和家长对于学生心理健康素养来说至关重要。因此，要强化心理教师，乃至全体教师专业化建设，发展家校社协同育人机制，提升家长认知水平，为学生心理素养发展提供有力的支持和保障。丰富中小学生心理健康知识普及途径。

3. 提高对特定群体学生的关注度

《中小学心理健康教育指导纲要（2012年修订）》中提到"坚持面向全体学生和关注个别差异相结合"的中小学心理健康教育原则。本次调查结果显示，非独生子女、男性学生和家庭年收入较高这几个群体的学生，整体心理知识知晓率低于其他组别学生。这给我们的启示是，在学校的心理健康教育工作中，需要心理教师、班主任及学科教师多方协作，在心理状态情况、家庭成员关系、父母教养方式、排解压力方式、人际关系等方面给予以上特定群体的学生更多关注。也可结合学校实际情况，开展团体辅导、家长课堂、主题班会等形式，以促进他们对心理健康知识的知晓及心理健康素养的提升。

4. 加大对乡镇地区的支持

学校所处地域特点对于学生心理知识知晓率有显著的影响，依据本次调查结果显示，乡镇地区学校学生知晓率和各维度的得分均低于城市和县城学生，这方面与曹成刚以及国内外相关报道的结果一致。乡镇学校资源不够丰富，教师专业水平受限等实际困难，可以通过建立共同体等方式，城乡结合、以强带弱、区域化引领，促进协同发展。

（四）研究局限与未来研究展望

本研究还存在一定局限，研究选取的对象是吉林省长春地区的学生，缺少其他省市的样本，样本的选取具有地域局限性，研究结果的推广需要谨慎。

今后的研究可以从以下几点扩展：一是可以考查心理健康知识知晓率与家庭教养方式、学生心理健康水平之间的关联。二是发展与外省市的合作，未来研究增加研究对象的数量与来源地，以增加研究结果的推广度；三是从知识、态度和技能整合的心理健康素养概念出发，研究中小学生心理健康素养发展水平及提高的条件和机制。

四、研究结论

1. 中小学生的心理健康知识知晓率总体上处于较高水平。

2. 中小学生心理健康知识知晓率发展不均衡。在不同性别、不同学段、不同家庭收入、独生子女和非独生子女等学生之间，心理健康知识知晓率水平发展不均衡，存在显著差异。但这个不均衡是在较高水平上的不均衡。

3. 中小学生在心理健康知晓率各维度间发展存在不平衡，表现为心理健康理解和心理发展认知水平高于心理问题认知。

本研究结果显示，我市中小学生整体对心理知识知晓率的掌握情况较好。心理健康知识的普及工作，是心理健康教育工作中的重要内容，是提升学生心理健康素养的必要任务，但它不是心理健康教育工作的全部，如何使中小学生在出现心理问题时能够自我觉察，并有能力选择适合的排解方式化解，还有许多有待研究和提升的空间。希望本次研究成果能为教育行政部门制定政策提供数据支撑，为中小学今后开展心理健康教育工作的途径、方式方法、家校沟通等方面提供理论依据，有效提升学生心理健康素养，促进中小学校心理健康教育发展。

报告执笔人：宋剑锋　陈　杰　申昕苑　刘　苏　李朝恒

数字化助力长春市基础教育高质量发展

——资源部专题研究报告

一、研究背景

《中国教育现代化 2035》明确提出要利用现代技术加快推动人才培养模式改革，实现规模化教育与个性化培养的有机结合。教育部等六个部门在《关于推进教育新型基础设施建设 构建高质量教育支撑体系的指导意见》中指出，要优化资源供给服务，普及教学应用，创新评价应用，促进信息技术与教育教学深度融合，促进学生个性化发展。与此同时，"互联网+"、5G 技术、人工智能、虚拟仿真、大数据、云计算等新一代信息技术高速发展，对教育教学的变革产生了强大助力，为解决优质资源供给问题提供了全新的途径和机会。

长春市根据国家教育改革的基本方向，充分利用新技术提供的信息化支撑条件，聚焦新课程改革背景下对人才培养的新要求，紧扣新高考改革和新课程实施，聚焦学生个性化学习的共性教育问题，研究和探索新高考和新课改下教学的实施和课程资源的建设，推动优质资源的供给，深入探索构建适合我市的高质量教育教学课程数字资源体系。

二、研究问题与设计

（一）研究问题

资源分配问题、师资培训问题、资源库建设问题、监督与评估问题等。

（二）研究设计

研究对象：中小学信息化教育资源建设与应用。

研究方法：调查分析、比较研究、定性分析、定量分析等。

研究工具：问卷调查、实地调研与线上调研。

1. 问卷调查

（1）调查数据：全市共提交 11 900 份调查问卷。

（2）参与学校：高中提交 892 份，初中提交 3 503 份，小学提交 7 505 份。

（3）参与调查者：校长 131 人，教师 8 494 人，学生 3 275 人。

（4）关于教师、学生每周将计算机、互联网用于备课、学习以及教学的时间方面：6 486 份平均每天超过 1 个小时，一周超过 5 个小时；3 685 份平均每天 30—60 分钟，一周 3—5 小时；1 481 份平均每天少于 30 分钟，一周不超过 3 小时；有 248 份从不使用。所占比例如图 1 所示：

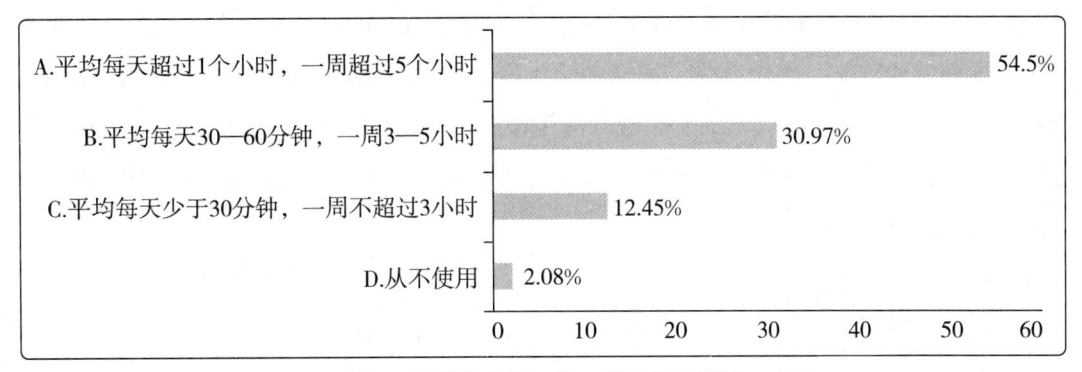

图 1　周网络备课、教、学时间比例图

（5）关于信息化软件资源能否满足教学需要方面：6 931 份能满足需要，4 130 份基本满足，605 份不能满足，234 份不清楚。所占比例如图 2 所示：

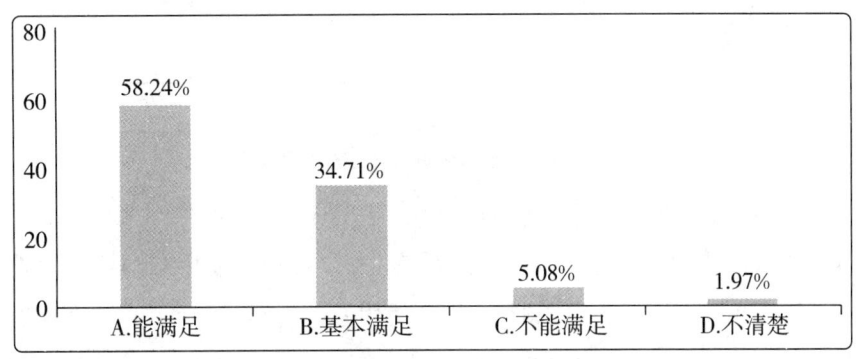

图 2　信息化软件资源满足教学需要比例图

（6）关于学校使用的课堂教学平台方面：使用希沃学习助手的有 5 022 份，使用科大讯飞的有 1 268 份，使用电子白板一体机的有 6 696 份，使用腾讯课堂的有 1 431 份，使用雨课堂的有 99 份，使用超星学习通的有 169 份，使用教育钉钉的有 4 754 份，使用升学 e 网通的有 238 份，使用青岛伟东的有 47 份，使用其他的有 2 454 份。所占比例如图 3 所示：

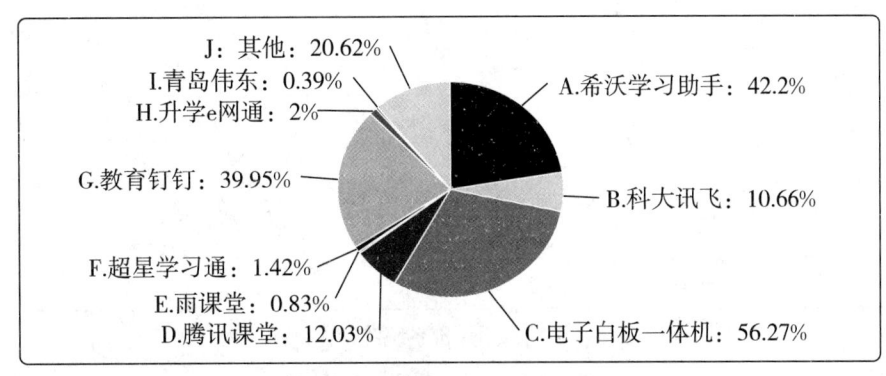

图 3　学校使用课堂教学平台统计比例图

（7）关于学校经常使用的教学资源平台方面：使用国家教学资源公共服务平台的 6 815 份，省级教学资源公共服务平台的 4 709 份，市级教学资源公共服务平台的 4 125

份，使用中国中小学教育教学网的4 657份，使用猿辅导的463份，使用智学网的1 098份，使用乐课网的175份，使用升学e网通的201份，使用掌门教育的93份，使用腾讯企鹅辅导的115份，使用天喻公司的488份，使用作业帮的1 182份，使用91淘课网的78份，使用七天教育科技的643份，使用新东方在线的150份，使用其他资源平台的2 510份。所占比例如图4所示：

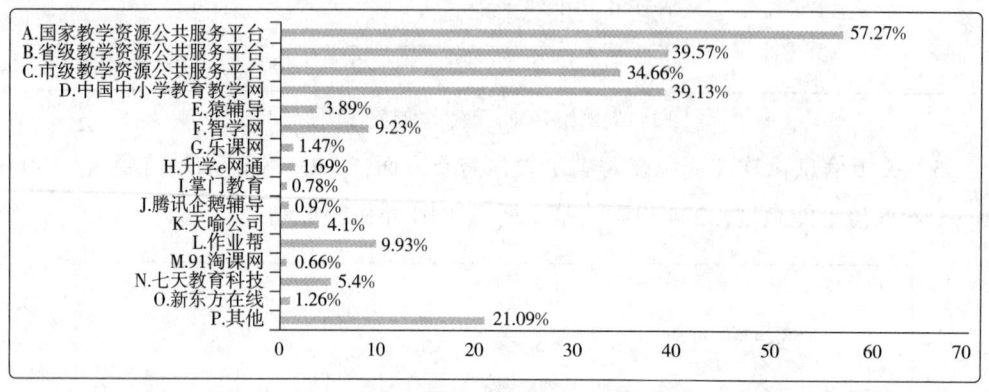

图4 学校常用教学资源平台统计比例图

- A.国家教学资源公共服务平台 57.27%
- B.省级教学资源公共服务平台 39.57%
- C.市级教学资源公共服务平台 34.66%
- D.中国中小学教育教学网 39.13%
- E.猿辅导 3.89%
- F.智学网 9.23%
- G.乐课网 1.47%
- H.升学e网通 1.69%
- I.掌门教育 0.78%
- J.腾讯企鹅辅导 0.97%
- K.天喻公司 4.1%
- L.作业帮 9.93%
- M.91淘课网 0.66%
- N.七天教育科技 5.4%
- O.新东方在线 1.26%
- P.其他 21.09%

（8）关于学校在教育教学中应用的评价系统方面：使用科大讯飞的1 586份，使用问卷星的4 275份，使用慧海综合素质评价系统的1 742份，使用东师综合素质评价系统的1 521份，使用武汉天喻评价系统的98份，使用考试阅卷评价系统的2 263份，使用鸿合课堂评价系统的357份，使用华翰云数据分析平台的174份，使用质量监测数据分析平台的1 798份，使用七天教育科技的843份，使用其他评价系统的4 169份，所占比例如图5所示：

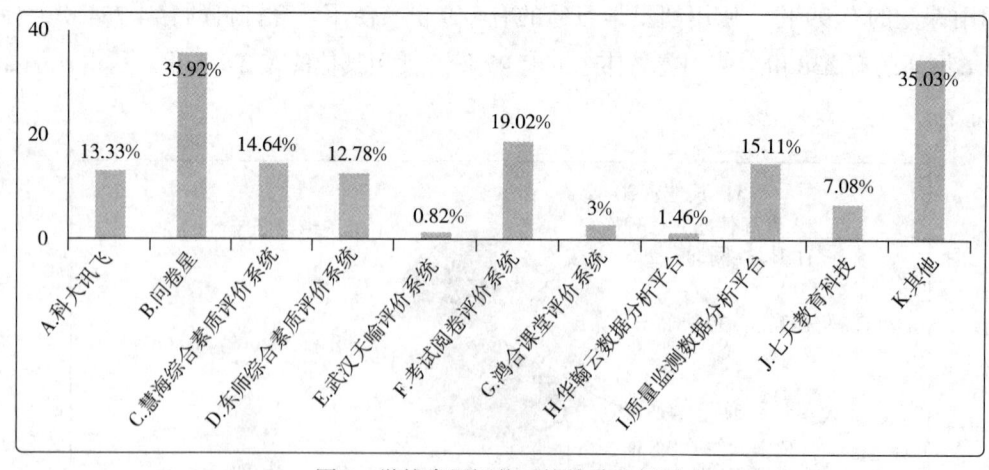

- A.科大讯飞 13.33%
- B.问卷星 35.92%
- C.慧海综合素质评价系统 14.64%
- D.东师综合素质评价系统 12.78%
- E.武汉天喻评价系统 0.82%
- F.考试阅卷评价系统 19.02%
- G.鸿合课堂评价系统 3%
- H.华翰云数据分析平台 1.46%
- I.质量监测数据分析平台 15.11%
- J.七天教育科技 7.08%
- K.其他 35.03%

图5 学校常用评价系统统计比例图

（9）学校在信息化教学需求方面总结如下：教学软件配备不足，主要表现是缺少学生学习情况评价分析系统等；优质资源短缺，需要加强优质资源开发与建设；增强信息技术专任教师的师资力量，加强教师信息化教学应用系统培训等。缺少硬件、设备陈旧需要更新，具体表现在带宽不够，缺少先进的备课设备，需要电子书包的配备，微机室安装交互式一体机，教室安装希沃白板互动教学设备，配备保护眼睛的设备等。

2. 实地调研与线上调研

为了更加准确地掌握我市各区域中小学校、市直高中的信息化教学资源建设与应用情况，为今后工作的开展提供依据，长春市基础教育研究中心教学资源部进行了实地调研与线上调研，并形成调研报告。

实地调研的县区有：朝阳区、南关区、二道区、宽城区、绿园区、汽车经济技术开发区、长春经济技术开发区、长春高新技术产业开发区、净月高新技术产业开发区。

实地调研的学校有：朝阳区解放大路小学校、长春市第三十中学、南关区西五小学、长春市第一〇三中学校、二道区长青小学、长春市第五十七中学、宽城区天光小学、长春市台北明珠学校、绿园区绿园小学、长春市第七十八中学、汽车经济技术开发区第七小学、汽车经济技术开发区第九中学、长春经济技术开发区北海小学、长春经济技术开发区博远学校、长春净月高新技术产业开发区新城大街小学、长春净月高新技术产业开发区第一实验学校、长春高新技术产业开发区尚德学校、长春市第八中学、长春市希望高中等。

线上调研的县区有：长春莲花山生态旅游度假区、双阳区、九台区、德惠市、榆树市、农安县。

线上调研的学校有：长春市实验中学、长春市第二实验中学、长春市第一中学、长春市第五中学、长春市第七中学、长春市第十中学、长春市第十九中学、长春市第二十中学、长春市第二十九中学、长春市第137中学、长春市养正高级中学、长春市艺术实验中学、长春市第一实验小学、德惠市第六小学等。

3. 存在问题

基于以上问卷调查、实地调研与线上调研，并对问题与情况进行了汇总与分析，发现长春市中小学信息化教育资源建设与应用主要存在以下方面的问题：

（1）信息化教学资源在区域分配上存在不均衡的情况。

教育资源的均衡化是实现基础教育公平的保证。边远地区和农村学校的信息化教学资源相对匮乏。学校之间使用的课堂教学平台、教学资源库、教学评价系统纷杂且不统一，有待统一配备建设。

（2）优质资源短缺，教学软件配备不足，需要加强优质教学资源库建设。

实现优质资源共享，如国家教学资源公共服务平台、省级教学资源公共服务平台、市级教学资源公共服务平台、中国中小学教育教学网、智学网、作业帮等资源平台，形成多层级多功能的丰富优质的资源库网络，以便更好地服务于教育教学。

（3）教师信息技术应用水平有待提高，加强教师信息化教学应用系统培训。

教师信息技术应用能力和信息素养是推动教育信息化建设的关键动力。教师之间在应用信息技术的能力水平方面存在差异，个别教师存在畏难情绪，认为信息技术深不可测，难以学会和掌握，或者受经验主义影响，看不到信息技术助力教学的优势，不能适应新课程改革的需要。增强信息技术专任教师的师资力量，加强其业务培训，进而指导学科教师的信息技术应用；对学科教师进行有针对性的系统培训（技术使用培训、学科教学方式、方法培训等）；加强供应商的技术指导，长期有效的售后跟踪服务（软件的及时升级、维护、技术指导等）。

（4）学科教学与信息技术的深度融合需要进一步加强。

优化教学内容和方法，着力于实现技术与内容的深度融合，开发适合学科教学的课件和教学软件，鼓励教师信息技术手段常规应用，引导教师信息技术手段无痕应用。

（5）网络安全教育需要重视。

面对日益增长的网络安全问题，学校和教师需要加强对学生的网络安全教育，确保学生在享受信息化带来便利的同时，能够安全使用网络。

（6）评估与反馈机制需要完善。

建立定期评估和反馈机制，对教育信息化工作进行监督和评价。通过数据收集和分析，不断调整和优化教育信息化的实施策略。

三、研究基本情况与分析

（一）长春名师云课工程

长春市教育局科学规划、统筹布局，构筑"名师云课"惠民工程，促进全市教育高质量发展，提升数字技术深度融合，推动人才培养模式改革，打造"名师云课"一张名片，下好数字教育一盘大棋。经过长春市教育局多年的实践探索，现已形成以"名师云课"数字资源供给优质均衡教育服务为主线的全纳教育新体系。

"长春名师云课"汇集省市骨干名师团队500余人，以新课标为抓手，聚焦学科核心素养，面向学生全面发展，形成了课程体系化、内容适切化、推送精准化的高品质课后服务新生态。课程内容覆盖中小学主干学科，包括同步单元复习、寒暑假专题复习、高考冲刺复习、培尖培优专项提升等多元化、多维度、立体化的课程，合计2 590个专题，共4 477课时，累计注册用户已达51万余人，累计学习次数已达900万余人次。从2023年寒假云课学习情况调研的2 000份抽样数据看，学生学习满意率达97%以上。"长春名师云课"也被赋予了多重身份，对学生是"免费家教"，对教师是"专业导师"，对管理是"作战参谋"。为解决优质资源个性化供给和教育高质量均衡发展提供了全新的途径和经验。

"长春名师云课"根据新课程改革的发展，深入一线调研学生真实需求，精心打造优质课程，通过大数据监测中心及时掌握课程建设情况、学生应用情况、学习疑难问题等，使得"名师云课"自适应发展，使学生"用得上""用得好""用得准""用得顺"。

1. 模式构建

依图谱构建课程体系。逐步完善学科图谱，建成知识体系、能力体系、素养体系的结构化、立体式课程体系。课程体系图谱见图6。

图6 课程体系图谱

依学情搭建课程内容。覆盖小、初、高，全学段、全学科、全领域，多层级、多样化的"名师云课"精品课程内容。课程建设情况见图7。

图7 "名师云课"精品课程建设统计图

依引擎创建课程路径。构建新引擎、新画像、新应用的智能学习支撑系统，建全平台智能算法、学习水平智能评测、学情诊断智能分析、学科课程智能推送等功能。智能学习支撑系统应用见图8。

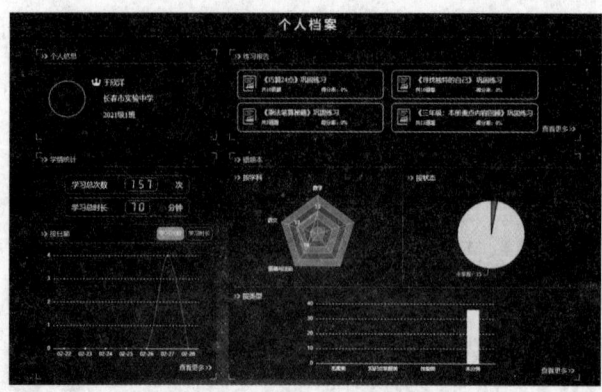

图8 智能学习支撑系统应用

依场景营建供给方式。课堂教学、线上教学、课后使用、假期使用……积极推进线上线下相融合的学习创新模式和数字化高品质课程，使学生足不出户也能学习名师课程，获得及时点拨，收获优质、个性、多元的学习体验。

2. 经验梳理

立树服务架构，创新数字教育管理机制。实现教育高质量发展，需要从组织机制上创新架构。"名师云课"形成了"1+1+1+X"团队协作机制，即1套研究与建设团队、1套管理与推进团队、1套应用与实证团队、X个示范与共创团队。长春市教育局联合东北师大教育部数字化学习支撑技术工程研究中心，汇集东北师大学科专家、信息化专家、学科教研员、省市骨干名师，组成"名师云课"研究与建设团队；整合长春市基础教育研究中心、长春市教育技术装备与信息中心等相关部门，组成"名师云课"管理与推进团队；集合长春市智慧教育示范校、国家省级课题实验校，组成"名师云课"应用与实证团队；聚合课程典型应用师生、典型学校推广模式，组成多个"名师云课"示范与共创团队，并组织交流研讨、应用展示、教学教研、评选评比等活动，创新组织管理模式、释放教育数据价值、积极探索数字教育机制体制，促进教育服务更公平、更均衡、更优质。

立建课程体系，推动高品质个性化学习。"长春名师云课"切实从学生的需求侧出发，紧扣新高考改革和新课程实施，落实立德树人，聚焦核心素养，满足学生高质量的学习需要，结合长春市教育教学改革的思路和方法，制定了长期的课程建设规划。横向融通学科核心知识、关键任务、疑难问题，纵向贯通落实"五育并举"、固本培基、素质提升，逐步骤、分层次、递进式地建设同步复习、专项复习、思维拓展等多元化、多维度、立体式课程体系。每套课程包括1套知识精讲视频、1套典题精练试题、1个主题精研论坛，形成课程服务"1+1+1"模式。借助智慧学习系统学科图谱智能算法、学习水平智能评测、学情诊断智能分析、学科课程智能推送、学生画像智能绘制，实现自主学习更多元、更精准、更适切。

立足家庭减负，实现名师服务普惠供给。"长春名师云课"通过"互联网+"、5G技术、人工智能、大数据等新一代信息技术，基于需求驱动和问题导向，以复习提优为抓手，以"导—学—练—评"为路径，以"平台+微信公众号"为载体，形成云上名师学习服务新生态，打破优质资源壁垒，解决名师资源稀缺的问题，满足薄弱地区学校对优质教育资源的需求。同时，充分依托教与学的大数据监测，及时掌握学生的学习情况，为学生学习提供精准指导，解决了老百姓普遍关心的孩子难辅导、名师难寻找、学习资源匮乏、辅导质量低、学习效果差、收费标准高的担忧，实现"名师在身边""名师亲指导"的家庭愿望，促进学习体验更深刻、更深度、更深层。

3. 发展成效

"长春名师云课"以应用为主、需求牵引的原则，成立长春名师云课工作领导小组，构建从学校管理到学科教研的责任落实机制，并建立云课工作专班，开展定期走访调研、线上调研、座谈调研等多种形式的应用反馈工作，总结学生应用方式、教师组织模式、学校推广机制。由学科教研员牵头，组织云课教师、学科骨干教师、学科带头人成立学科教研团队，定期梳理使用成果、典型案例、应用模式，举办线上、线下多形式的示范展示活动，以便更好地辐射推广，形成"长春名师云课"良性建设与应用的"生态圈"。

经调研反馈，80%的学生坚持每天花费10分钟到60分钟不等的时间来学习云课，并在观看的过程中养成了记笔记的学习习惯，及时利用云课的检测功能进行巩固练习。学生通过长春名师云课的学习，课后学习更加有序高效，学习成绩得到了显著的提升。同时，家长满意度较高，普遍认为"长春名师云课"解决了孩子难辅导、名师难寻找、无经济条件等家庭负担，切切实实做到了"家长减负"。

"长春名师云课"由长春市政府纳入民生工程统筹规划，通过网络给长春市学子免费提供优质的教育服务。"长春名师云课"工程，牢牢把握了国家教育改革的基本方向，充分利用新技术提供的信息化支撑条件，聚焦新课程改革背景下对人才培养的新要求，聚焦学生个性化学习的共性教育问题，汇聚信息化教育专家、学科教研员、正高级教师、省市一级优秀教师，组成了高质量的名师团队，汇聚成"名师云课"推送给所有学生和教师使用，解决学生在知识学习、能力培养、素养提升过程中的关键瓶颈障碍。通过政府的民生工程，让老百姓免费享受了最优质的教育，实现了让学生足不出户就能够享受到优质的名师资源和教育服务，推动优质资源的个性供给，支撑高质量教育体系的构建。

（二）"基础教育精品课"遴选工作

"基础教育精品课"是教育部在总结"一师一优课、一课一名师"活动经验的基础上部署的一项重要工作。部级精品课作为云平台优质课程资源，供广大师生学习使用，旨在激发教师教学热情，汇集优质教学资源，促进优质均衡发展。各级教育部门可通过线上线下相结合的方式，积极开展精品课交流展示活动，加大优质教育资源推广应用的力度，切实提升精品课使用效益，促进教育质量提高。

我市中小学校部分学科教师可自愿参加"基础教育精品课"遴选活动，具体学科为：小学语文、小学数学、小学英语、小学道德与法治、小学科学、小学美术、小学音乐、初中语文、初中数学、初中英语、初中道德与法治、初中历史、初中地理、初中物理、初中化学、初中生物学、初中美术、初中音乐、高中语文、高中数学、高中英语、高中思想政治、高中历史、高中地理、高中物理、高中化学、高中生物学、高中美术、高中音乐、高中信息技术、高中通用技术。

长春市基础教育研究中心高度重视"基础教育精品课"遴选工作，严格把握质量要求和部级精品课评价指标，坚持公开透明，保障公平公正。2023年在精品微课评选活动中，区、校推选327节微课，232节微课获市级优秀，129节微课获省级优秀，11节微课获部级优秀，省优占比56%，部优占比8.5%；在实验精品课评选活动中，区、校推选111节实验课，66节实验课获市级优秀，47节实验课获省级优秀，3节实验课获部级优秀，省优占比71%，部优占比6.4%；在特殊教育微课评选活动中，区、校推选18节微课，12节微课获市级优秀，11节微课获省级优秀，部级优秀无，省优占比92%，部优占比0。

（三）推进国家数字资源建设

根据《国家中小学智慧教育平台课程教学资源建设工作方案》，遵循《国家中小学智慧教育平台课程教学资源建设规范》，按照市教育局的工作安排，长春市基础教育研究中心与南关区共同完成了教师研修板块共计44节微课资源推送，教师研修板块涵盖教学改革、班级管理、专业发展、名师课堂、名师讲堂、名校长讲堂、专题研修、作业设计、考试命题、游戏案例、《指南》解读、幼儿研究与支持、培智等栏目。微课资源推送见表1。

表1 微课资源推送作品表

序号	资源标题	资源制作方	拟上线版块	拟上线栏目	资源版权方	资源格式
1	基于"双减"政策的"小学作业超市"校本实践	长春市南关区东四小学	教师研修	教学改革	长春市南关区东四小学	视频
2	吉林红色名人和播种时代新人	长春市南关区教师进修学校	教师研修	班级管理	长春市南关区教师进修学校	视频
3	铸牢中华民族共同体意识，系好人生第一颗纽扣	长春市南关区回族小学	教师研修	专业发展	长春市南关区回族小学	视频
4	七年级语文统编版《25河中石兽》	东北师大附属中学新城学校	教师研修	名师课堂	东北师大附属中学新城学校	视频
5	八年级历史《第11课 为实现中国梦而努力奋斗》	东北师大东安实验学校	教师研修	名师课堂	东北师大东安实验学校	视频
6	小学三年级数学《笔算乘法》（不进位）	长春市南关区树勋小学	教师研修	名师课堂	长春市南关区树勋小学	视频
7	小学一年级语文统编版《7操场上》	长春市第一〇三学校	教师研修	名师课堂	长春市第一〇三学校	视频

续表

8	中学生积极情绪发展在学科中的体现	长春市第九十八中学	教师研修	名师讲堂	长春市第九十八中学	视频
9	微视频与描图在英语教学中的应用	长春市第九十八中学	教师研修	名师讲堂	长春市第九十八中学	视频
10	教师如何做教学内容分析与学情分析	长春市第九十八中学	教师研修	名师讲堂	长春市第九十八中学	视频
11	校长的困惑与思考	长春市南关区树勋小学	教师研修	名校长讲堂	长春市南关区树勋小学	视频
12	校长的办学思想决定着学校的发展——绿色教育的美好追求	长春市南关区西五小学	教师研修	名校长讲堂	长春市南关区西五小学	视频
13	创设富有情趣的小学语文生态课堂	长春市南关区教师进修学校	教师研修	小学	长春市南关区教师进修学校	视频
14	基于英语学科大概念的单元整体教学设计与实施	长春市南关区教师进修学校	教师研修	小学	长春市南关区教师进修学校	视频
15	以双核为导向的项目式语文教学研究	东北师大附中新城学校	教师研修	初中	东北师大附中新城学校	视频
16	初中历史大单元教学探析	东北师大东安实验学校	教师研修	初中	东北师大东安实验学校	视频
17	英语学习活动观的阅读教学设计	东北师大东安实验学校	教师研修	初中	东北师大东安实验学校	视频
18	初中道德与法治大单元教学设计探讨	长春市第一〇三学校	教师研修	初中	长春市第一〇三学校	视频
19	基于新课标背景下数学模型思想的培养	东北师大附中新城学校	教师研修	初中	东北师大附中新城学校	视频
20	指向物理学科核心素养的大单元教学设计	东北师大附中新城学校	教师研修	初中	东北师大附中新城学校	视频
21	地理学科核心素养的内涵解读	长春市第一〇三学校	教师研修	初中	长春市第一〇三学校	视频
22	基于新课标下初中历史课堂教学中的德育素养实施路径	长春市第一〇三学校	教师研修	初中	长春市第一〇三学校	视频
23	基于核心素养的传统体育游戏创编与实践研究	长春市南关区教师进修学校	教师研修	初中	长春市南关区教师进修学校	视频

续表

24	学科课程渗透劳动教育，综合育人发展核心素养	长春市南关区教师进修学校	教师研修	初中	长春市南关区教师进修学校	视频
25	以"教研员工作站"凝聚教研合力	长春市南关区教师进修学校	教师研修	专题研修	长春市南关区教师进修学校	视频
26	思政课一体化建设的实践探索	长春市南关区教师进修学校	教师研修	专题研修	长春市南关区教师进修学校	视频
27	基于小学生学习心理的语文优化作业策略	长春市南关区教师进修学校	教师研修	作业设计	长春市南关区教师进修学校	视频
28	基于核心素养的化学学科中考命题实践	长春市第五十六中学	教师研修	考试命题	长春市第五十六中学	视频
29	加油站	长春市政府机关第三幼儿园	教师研修	游戏案例	长春市政府机关第三幼儿园	视频
30	基于可持续发展理念下的自编、自导、自演《万兽之王》——小剧场活动	长春市政府机关第三幼儿园	教师研修	游戏案例	长春市政府机关第三幼儿园	视频
31	青蛙和蛤蟆	空军航空大学幼儿园	教师研修	游戏案例	空军航空大学幼儿园	视频
32	有趣的模式	空军航空大学幼儿园	教师研修	游戏案例	空军航空大学幼儿园	视频
33	蛋宝宝站起来	空军航空大学幼儿园	教师研修	游戏案例	空军航空大学幼儿园	视频
34	《我是爱牙小天使》主题系列探究活动的实施与反思	长春市政府机关第三幼儿园	教师研修	《指南》解读	长春市政府机关第三幼儿园	视频
35	活化环境，彰显"儿童感"——《指南》背景下的幼儿园走廊环境创设	长春市政府机关第三幼儿园	教师研修	《指南》解读	长春市政府机关第三幼儿园	视频
36	从小班开始，如何在一日生活中渗透幼小衔接	长春市政府机关第三幼儿园	教师研修	《指南》解读	长春市政府机关第三幼儿园	视频
37	走进幼儿园户外混龄角色游戏	长春市政府机关第三幼儿园	教师研修	幼儿研究与支持	长春市政府机关第三幼儿园	视频

续表

38	幼儿生活习惯养成是良好行为素养养成的必要基础	长春市政府机关第三幼儿园	教师研修	幼儿研究与支持	长春市政府机关第三幼儿园	视频
39	基于幼儿兴趣的观察与支持——果子传送带	长春市政府机关第三幼儿园	教师研修	幼儿研究与支持	长春市政府机关第三幼儿园	视频
40	缓解幼儿入园焦虑心理的策略研究	长春市政府机关第三幼儿园	教师研修	幼儿研究与支持	长春市政府机关第三幼儿园	视频
41	《我是爱牙小天使》主题系列探究活动的实施与反思	空军航空大学幼儿园	教师研修	幼儿研究与支持	空军航空大学幼儿园	视频
42	特殊教育学校义务教育课程标准解读	南关区育智学校	教师研修	培智	南关区育智学校	视频
43	特殊教育之送教上门	南关区育智学校	教师研修	培智	南关区育智学校	视频
44	我的奶奶	南关区育智学校	教师研修	培智	南关区育智学校	视频

（四）评比竞技，提质赋能

1. 长春市中小学基于数字化环境下信息技术与教学深度融合展示交流活动

长春市基础教育研究中心和长春市教育技术装备与信息中心联合举办了"2023年长春市中小学基于数字化环境下信息技术与教学深度融合展示交流活动"。本次展示交流活动，共收到213件参评作品，小学评出48件作品入围决赛，初中评出65件作品入围决赛，高中评出56件作品入围决赛，展示交流活动的小学组、初中组、高中组决赛，分别在净月高新技术产业开发区华岳学校、长春净月第一实验学校、长春市第一中学举办。展示交流活动的总结会在南关区一○三中学举办。本次展示交流活动对我市基础教育的信息技术与教学融合应用工作起到了引领示范作用，对基础教育的信息化向数字化转型起到了积极的助推作用。

2. 长春市中小学信息化环境下教学评比系列活动

为推进教育数字化，需要提升师生信息素养，尤其是教师的数字素养，实现从智能设备使用者到数字化素养具备者的转变，适应"互联网+"教与学的需要。本着"建用并举"的目的，以"融合创新　应用示范"为主题，开展"长春市中小学信息化环境下教学设计评比活动""长春市中小学信息化环境下教学课件评比活动""长春市中小学信息化环境下微课评比活动"等教学评比系列活动，教学评比系列活动共收到区、校初评作品2 819件，经市级专家组评审，565件被评为优秀作品，纳入优质资源库。通过开展教学评比系列活动，达到了"建用并举"的目的，提高了教师信息技术与学科教学深度融合能力，推动信息技术手段在课堂教学的常态化应用，促进教师的专业发展，为减负增效工作的有效落实提供了方法与路径。

四、研究结论

（一）上下联动，助力国家资源建设

长春市各级教育部门全面贯彻教育部、省工作精神，积极开展精品课交流展示活动，深入实施教育数字化战略行动，为国家中小学智慧平台推送了一定数量的微课资源和优质课程教学资源，为国家智慧教育服务平台建设、数字教育资源共建共享提供支撑，为国家"双减"政策的落实、优质资源库的建设、促进教育均衡发展、推动教育高质量发展等工作，贡献长春教研的力量与智慧，实现了数字化带动教育转型升级。

（二）区域资源建设，促高质量发展

信息技术与教学深度融合展示交流活动、中小学信息化环境下教学评比系列活动的开展，提高了教师信息技术与学科教学深度融合能力，推动信息技术手段在课堂教学的常态化应用，促进教师的专业发展，为减负增效工作的有效落实提供了方法与路径。"长春名师云课"已经成为春城学子课后自主学习的"云上课堂"，成为长春市教育信息化的一张名片，形成惠及广大学子、促进教育均衡、推动信息化发展的教育品牌，形成了"互联网+教育"模式下优质教育资源共建共享的机制，实现了教育信息化向"教育大资源"转变、向"信息素养提升"转变、向"创新发展"转变，推动长春市教育高质量发展。

（三）研培并重，加强优质资源建设

长春市作为省会城市，为本省提供的资源优秀率占比较高，遥遥领先省内其他地区，但与国家其他省市相比，提供的资源优秀率占比较低。今后，在优质资源的开发、建设与应用工作中，我们还要深入思考研究，加大教师队伍的培训力度，力争有更多的优质资源被国家中小学智慧平台选用，有更多长春教育人风采在国家优质资源的大平台上展现！

五、对策与建议

（一）中小学信息化教育的发展保障

1. 科研领航，提升认知

课题研究对教育教学具有指导意义。通过实证分析和理论探索，为教学实践提供科学依据，有助于教育者理解教学中的有效方法，发现和解决问题，并根据研究成果调整教学策略，从而提高教学质量，促进学生全面发展。为此，进行相关课题研究：吉林省教育科学规划课题《高中"三新"改革视域下国家课程转化行动体系的构建与策略研究》，吉林省教育科学"十四五"规划课题《高中人工智能精准教学模式构建研究》。

2. 加强培训，提升能力

对学科教师多渠道、多形式系统培训。利用寒暑假等时间组织教师参加线上或线下的培训班，学习新的教育理念和信息化教学方法，带动教师转变教育观念与教学方式。通过实施各种培训项目，尤其是网络平台的使用培训、融合能力的培训等，进一步提升全市中小学教师的信息技术应用能力，并开展应用展示、经验分享等形式多样的教学教研活动。同时采用激励机制，通过评先争优、成果展示等形式鼓励教师积极参与信息技术培训和应用。

3. 有效应用，实践创新

辐射引领，促推绩效评价，在教学内容与技术的融合方面，教育部门和学校应推动教育信息化与课程改革的深度结合。通过建立跨学科的素质教育课程体系，促进技术与内容的有效整合。同时，探索智慧教室、虚拟实验室等教育新模式，开发适合不同学段、不同学科的个性化学习工具和资源，支持学生的个性化学习和自主探究。

4. 强化监督与评估机制

建立和完善教育信息化项目的监管体系，确保项目实施的效率和质量。通过定期的评估和反馈，对信息化进程与效果进行监测，以便及时调整和优化策略，确保投入产出效益最大化。

（二）中小学信息化教育的发展方向与对策

1. 深入推进长春名师云课建设

基于新课程标准和新教材要求，持续丰富完善学科图谱，建成知识体系、能力体系、素养体系的结构化、立体式课程体系；覆盖幼、小、初、高，全学段、全学科、全领域，多层级、多样化"名师云课"精品课程内容；构建新引擎、新画像、新应用的智能学习支撑系统，建全平台智能算法、学习水平智能评测、学情诊断智能分析、学科课程智能推送、学习进度智能提醒、学习轨迹智能留存；积极推进线上线下相融合的学习创新模式，建设"用得好""用得准"的数字化高品质课程，使学生足不出户得到名师课程和及时点拨，收获优质、个性、多元的学习体验。

2. 建成"互联网＋教育"大平台，实现互联互通开放

充分利用云计算、大数据、人工智能等新技术，构建全方位、全过程、全天候的支撑体系，助力教育教学、管理和服务的改革发展。探索实践在全市小学、初中、高中各个学段，依托"互联网＋基础教育"平台，组成"1+N"云端学校共同体。打破数字化技术开发利用的传统壁垒，利用大数据技术采集优化云端学校管理工作，为长春市中小学教育提供优质、适切的数字战略指导和培训，确保"云端学校"使用者会用、用好。探索利用数字化平台推动资源众筹众创，优化"云端学校"服务模式与能力，发挥"名师名课"示范引领作用，形成覆盖基础教育阶段所有学段、学科的生成性资源体系，切实解决资源供需瓶颈问题。科学整合各级各类教育资源公共服务平台和支持系统，逐步实现各类平台的互通、衔接与开放，实现教学资源、教育数据的共建共享，助力教育服务供给模式升级和教育治理水平提升。

3. 加强校企合作，让信息化手段助力中、高考改革

加强校企合作，充分利用科技公司的技术力量，加快大数据在教学上的应用，开发更适合智慧校园建设的智能化排课、备课、授课、管理系统；个性化学习系统（学业诊断与个性化学习提升系统、一对一辅导平台）；新高考配套系统：如高考题库（学科网、智学网平台、正确云系统）、精准报考（高考志愿填报指导系统）、生涯规划（职业生涯测试系统）、综合素质评价系统；中考配套系统：如英语听力考试系统（长春市自动化英语听

力考试系统）、英语口语交际系统、综合实践活动考试系统、中考体育加试系统等并广泛应用，形成从管理、教学、办公到研究、在线学习等一体化系统。

4. 推动智慧"治理清单"

以智慧教育示范区建设为目标，深入实施教育数字化战略行动，持续推动数字化转型升级，加强教育新型基础设施建设，探索人工智能背景下的人才培养新模式，着力构建基于数据驱动下的新型教育教学模式、教育服务供给方式以及教育治理新模式，建设基于国家智慧教育服务体系下的长春智慧教育云平台，深化"网络学习空间"和"三个课堂"建设普及应用，全面提升校长、研训员和教师数字化能力和数字素养，利用科技赋能城乡教育优质均衡一体化发展，建成覆盖中小学各学段、各学科的全口径优质数字教育资源体系。

长春市的教育信息化工作正以国家、省的教育信息化工作为依准，稳步发展，遵循均衡、可持续、深度融合、人才优先、共建共享的原则，实现公平而有质量的教育，实现科技教育融合，助推长春教育数字化转型升级，助力长春教育高质量发展。

报告执笔人：殷　娜　李桂娟　宋弘慧　宿国英　朴善姬　马淑平

《长春教育》发展现状调查与对策的研究报告

一、研究背景

《长春教育》创办于1999年,是长春地区唯一一本教育综合类官方期刊,由长春市教育局主管,2019年机构改革前由长春市教育科学研究所主办,2019年之后由长春市基础教育研究中心主办,准印号为(吉)LCC2021054。《长春教育》期刊有25年办刊历史,在发展过程中不断向《上海教育》《人民教育》等知名刊物学习,梳理、解读国家最新教育方针政策,围绕"双新建设""高质量发展""基础教育扩优提质"等方面制作专刊专题,帮助新兴优质学校提炼办学思想,并邀约名校长、名教师积极发声,破解本土教育实际问题,引进域外典型经验。设有"五育并举""办学特色""书林漫步"等10个栏目,结合教育局实事重点,新增了"校长论坛""专栏主持"等栏目,在宣传我市教育动态、促进教师学术成长方面发挥着重要作用。《长春教育》是我局从思想上、政策上、业务上指导长春地区教育工作的重要舆论工具,是宣传我市教育教学改革典型经验和优秀成果的重要媒体工具,其负责传达党的教育方针政策及国家省市关于教育工作的指导精神、工作部署、重要资讯,传播长春市教育教学改革的新鲜经验和先进典型,探讨教育中的理论和实际问题,介绍国内外教育情况,在助推长春教育高质量发展、促进教师专业成长方面发挥着重要作用。

目前长春市基础教育研究中心编辑部,负责《长春教育》的策划设计、专题采集、编辑修改、出版印刷、发行等工作,设置岗位4人。编辑部主任1人、美术编辑1人、文字编辑2人。《长春教育》全年共10期,印刷发行10万册,单月刊每年8期,双月刊每年2期;内容覆盖学前教育、基础教育、职业教育、特殊教育、民族教育、民办教育等领域,面向长春地区教育行政部门、教辅单位和各级各类基层学校(幼儿园)按市级骨干教师比例免费发放。

二、研究问题与设计

(一)研究问题

1. 当前内容架构

《长春教育》构建了"五个平台",即政策梳理平台、亮点宣传平台、特色凝练平台、思想推介平台和研讨交流平台。政策梳理平台包括特别关注、相关链接、长春教育信息联播、头条等资讯栏目,刊登国家最新教育方针、文件及市域内的实时讯息;亮点宣传平台主要包括各种专题栏目,如未来教育、区域劳动教育、五育并举、特殊教育等,刊发不人云亦云、不老调重弹、不模棱两可、不言之无物的新内容;特色凝练平台包括办学特色,如双新建设、活力教育、STEM 教育、乡村小规模学校建设等内容,在选稿上重视思想上有主张、表达上有特色,具有原创性、科学性、研究性的稿件;思想推介平台包括视界、书林漫步等栏目,基本刊登教育领航城市的新做法和专家学者的教学见解;研讨交流平台包括研修、校长论坛等栏目,为长春教师搭建沟通桥梁。创新是期刊发展的灵魂,《长春教育》需结合实际组织架构和文章倾向深入思考如何选取各领域内容。在基础教育蓬勃发展的同时,给予学前教育、特殊教育、职业教育、农村偏远学校发展等领域更多的帮扶,进行指导培训,还可帮助其与联络相应领域专家,共同设置专题覆盖,帮助其梳理凝练相关成果。《长春教育》不仅要合理组建教育内容,还要在众多教育期刊中独树一帜,成为一线教育者的百科全书。在框架和版面设计上也要增加创新性和教育性,深入挖掘实际问题,选择优质稿件,向更多的教师约稿,着眼全局,均衡城乡资源发展和各阶段、各学科教育。

2. 未来发展要素

(1) 方向把控。

《长春教育》办刊多年,具有三个特点:一是始终作为纸质版期刊媒体面向教师队伍。二是其综合性,不仅刊发国家前沿教育方针,还有本地教师文章和其他地域先进做法,包罗万象。三是作为地方性教育机关刊物,与面向全国期刊不同,更多地面对本土教师,在兼顾学术性的同时,更多给长春一线教师、校长提供发言平台,提供可学习、借鉴的典型经验和优秀做法,突出在地思维,为长春教育发展服务。随着互联网技术的快速发展、智能终端的迅速普及,传统教育期刊正面临着前所未有的冲击。我们要在对教育期刊进行"变"与"不变"的哲学思辨的基础上,立足传统媒体,着力新兴媒体,加强对外交流,从内容到形式,从思想到行动上突破教育期刊的现实困境,更好地实现传统教育期刊的发展再生,发挥纸质媒体的优势,适者生存。同时,仍需探究如何贴近读者需要,使教师可以利用碎片化时间阅读和思考期刊内容、拓展读者群体、如何增强《长春教育》影响力、如何激发教师热情和期刊转型等未来发展方面的问题。

(2) 队伍建设。

编辑人员是期刊发展的"把关人""守门人",担任着选题策划、作者遴选、编辑加工等环节。在信息化高度发展的今天,一要培养其政治过硬。坚持正确的政治方向、出版导向、价值取向,坚持以习近平新时代中国特色社会主义思想为指导,增强"四个意识"、坚定"四个自信"、做到"两个维护"。二是培养其业务全能。全力打造复合型人才,编辑不仅要具备扎实的编辑加工能力、良好的沟通表达能力,还要具有较强的数据搜集整理能力及研判能力,善于整合资源,了解读者多元化的需求,更要具备较强的技术应用能力。三是培养其思维创新。编辑工作不是简单的修修改改、贴贴补补,而是一种高度的创造性劳动。编辑不仅要参与主题策划、作者遴选、审稿、编辑加工、渠道推广等环节,还要考虑内容、形式、服务等方面的读者体验,使其具有示范性、创新性、可操作性。因此,编辑人才必须具备一定的创新思维,将创新意识融入选题策划,挖掘具有新思想、新信息、新知识的原创性选题,内部也必须形成成熟的编辑人才培养模式。

(3)后继保障。

一方面,编辑人员是期刊发展的核心与大后方。编辑人员质量的把控、数量的充沛,及编辑人员之间合理分工打配合是必须得到的保障,确保着《长春教育》的正常运行。因此,不仅要多渠道如外出学习、参加培训会、下校走访等形式促进编辑能力提升,也要寻求合适路径缓解人员压力,同时要形成有效的促进编辑人员协同发展机制。

另一方面加强行政方面支持。一是资源提供,《长春教育》可以利用高站位、全局性教育资源组成前沿信息,把舵教育航行。二是共同合作,通过与长春市教育局各业务处室沟通合作,推出共同专题专刊,并在业务指导方面上进行把关。

(二)研究设计

问卷调查法:通过问卷调查,为把握当前长春市教师群体发展现状和发展需求,了解《长春教育》期刊情况,选取长春各县市区、直属校一线教师作为研究对象,采用随机抽样法对其开展电子问卷调查。通过问卷星平台形成电子问卷,对学校教师进行问题调研,回收有效问卷4 907份。城市教师占比54%,农村教师占比46%,班主任占比57%,部分学科教师34%,领导干部9%(如表1)。

表1

	小学	初中	高中	总计
男	308	407	216	931
女	1 886	1 410	680	3 976
总计	2 194	1 817	896	4 907

问题设置如是否关注《长春教育》主办单位基础教育研究中心公众号,期刊所学内容是否影响到教学或个人发展,学校发展困境、认为的教育热点、教学难点、空白教育,每月阅读教育期刊时长(如表2)等问题。

表2

	小学		初中		高中	
经常	695	31.7%	764	42%	448	50%
有时	867	39.5%	627	34.5%	277	30.9%
偶尔	584	26.6%	362	20%	155	17.3%
没有	48	2.2%	64	3.5%	16	1.8%

通过问卷调查的数据汇总和归纳进一步掌握《长春教育》在一线教学上的作用,是否能有效帮助教师解决教学问题、帮助学校体系构建、促进素质教育等情况,以及了解当前《长春教育》的影响力和在今后对于稿件的倾向、筛选、发展定位、欠缺方面等问题,同时借此向教师做简单的微培训,以此提高期刊宣传力度。

归纳法：以《长春教育》期刊为研究对象，归纳《长春教育》在2023年刊登的主要专题及内容，即"主体性心理危机干预"刘玉新专栏、"新课标视角下的语文探究与实践"王帮阁专栏、STEM专题、大单元教学专题、新课程新教材等专题栏目，归纳其发布后一线教师给予的反馈、产生的影响、吸引读者亮点等，并将此数据记录保存妥当以此作为发展基础，时刻调整原有办刊思路，抓住关键点，打好组合拳，做好下一步的期刊策划和发展方向。

对比法：以高层刊物《上海教育》、省级地方刊物《吉林教育》、同级地方刊物《温州教育》《德阳教育》及《长春教育》近5年自身发展为研究对象进行对比。通过对比可知，以上期刊皆践行着服务教师、服务学校、服务教学、服务教育的宗旨，但《长春教育》在期刊定位上更多的是考虑其综合性而非单一的学术性，在期刊架构上也是有其部分固定栏目而非全面改组，在组稿上由部门组织专兼职编辑贯彻负责、网罗众家而非放权由各县区负责，在五年的发展历程中，《长春教育》的发展目标逐渐高远，期刊整体质量连年攀升，影响力不断扩大，并已开始通联外部平台。在出版周期、框架研究、内容分配、时政热点、版面设计等方面也进行数据的归纳对比。除此之外，《长春教育》还在对比过程中寻找其期刊的优势点、亮点。通过学习对比，不断加强《长春教育》内容的策划约稿、专题采集和期刊版式调整，不断提升期刊的时尚感和艺术性，力争从整体效果上做到主题突出、清新明快，实现审美价值和使用价值的统一。

座谈调研法：以长春市各县市区教科研员、一线校长、教师、特约编辑、通讯员等作为研究对象，开展线上线下座谈会。通过交谈了解到不同教育工作者对于《长春教育》的看法，一是群策群力，共同探讨期刊从组稿到出版中的各个细节。包括其最开始的稿件选择方向、字数、整体架构；过程中的期刊栏目设置、组稿内容、侧重领域、倾斜程度、城乡协调等热点话题；后期的宣传渠道、稿件纠错反馈等。二是表达自己对《长春教育》的期望和意见。共同探讨如何促进《长春教育》未来发展和发展方向，包括内容、版式设计、定位、平台宣传等。三是探究教育时政热点，如双新建设、教材管理、五育并举、大单元教学等热点难点话题，抓住在交流中迸发出的新的观点和思路。

三、研究基本情况与分析

（一）媒体形式多样化，传递教育声音

《长春教育》期刊除纸质版面向长春地区教育行政部门、教辅单位和各级各类基层学校（幼儿园）按市级骨干教师比例发放外，还借助"长春市基础教育研究中心"公众号，打造期刊专栏实时更新征稿、聘任、成果公布和优秀文章发表等信息。利用微信平台教师群、科研群、编辑群等转发国家最新教育方针及教育热点问题。立足传统媒体，着力新兴媒体，实现二者的融合共进、联动共生。打破传播范围小、知识内容服务单一、资源开发不到位等问题。与此同时，《长春教育》努力加强对外交流，利用国家级媒体平台发出长春声音。但据调查显示，目前每周阅读教育期刊2小时以上的教师仅占26.6%，同时，目前老教师对微信群、公众号、QQ群和等新媒体的应用还比较少，通过对长春非高校教师人员进行的问卷调查显示，其中存在部分调查者未关注过长春市基础教育研究中心公众号，应该说《长春教育》在贴近大众方面做得还不够。

（二）期刊框架创新化，传递本土声音

《长春教育》在2023年着力把握国家省市教育方针政策，全文转载了教育部发布的师德师风建设、家校社协同育人、心理健康教育、中小学科学教育，我市发布的"1688"奋进计划等十余项重要文件，全文刊发了赵显副市长、崔国涛局长等教育行政领导关于2023年度教育工作部署的重要讲话。同时创新栏目，赋权我市有一定影响力的名校长、名教师主持教育专栏，策划了"主体性心理危机干预""新课标视角下的语文探究与实践"等专栏，引导我市教育教学工作者重视立足新形势、真问题，研究新理念、新方法。结合我市"基础教育高质量发展"专项研究，从853项研究报告中遴选推出9大领域31项发展报告，公开出版编著《区域基础教育高质量发展的创新与实践》，为我市构建基础教育高质量发展体系提供助力，为各地教育发展提供路径，通过时时更新栏目转变促进期刊转型升级。

（三）编辑队伍专业化，传递有质声音

由于专职编辑人数不够，工作量繁杂，大体量的任务容易导致期刊内容的审核出现问题及出版周期的延长。据2023年实际出版日期调查10期期刊，有一期因此延长。编辑队伍的人员短缺不仅影响着期刊质量，也影响着编辑个人的专业成长。大量的工作在使编辑们无心无力进行深度的选题策划、参加专业培训、走访专家学者，也无力再阅读相关读物促进自身能力提升。结合实际《长春教育》在专职编辑不足的情况下，期刊编辑部实行了一年一度的选聘制度，组建了动态优化、"两特一专"专兼职编审队伍，即特约通讯员队伍、特约编辑队伍、专职编辑队伍，同时尽量将遴选的特约编辑及通讯员覆盖到各个领域、阶段、学科。以专题培训、跟岗学习和动态选聘等方式，提升了三支队伍在信息通联、专题采集、文字综合等方面的专业素养。

（四）影响宣传扩大化，传递特色声音

区域性教育期刊影响力增强的主要内因是其学术可用性，《长春教育》主要做了以下两点：一是倡导学术立场，营造研究氛围。《长春教育》大力倡导学术立场，围绕主题，组建专题、采编，展示我市优质研究成果，制作了"基础教育高质量发展""未来教育""劳动教育""五育并举的区域探索"等专题吸引教师兴趣，激发教师投稿，保障期刊资源，并将做出相关领域的创新探索和阶段成果在长春市域内进行展示，进一步发挥期刊宣传阵地作用。二是建立外联机制，扩大成果影响。与《中国教师报》等国家级媒体平台建立外联机制，畅通联络报送渠道，向中国教师报成功选送东北师范大学附属小学《我是京剧艺术传承人》、长春市力旺实验中学《科技筑梦，助力"双减""双新"》、长春市第八中学《2022年课堂改革十大样本之扶学课堂》等8项优秀成果被采纳，扩大了域内优质成果的对外影响力。同时,大力发展外因,通过各环节的相互配合促进期刊的良好运作。

(五)保障支撑常态化,传递上层声音

一是努力创造编辑成长的良好环境。因选聘的教师基本上为学校一线教师,日常工作繁忙,需要协调放在编辑工作上的时间。因此《长春教育》一直在寻求建立健全终身学习机制、大力提高学术期刊编辑的综合素养的路径。对编辑来说,其必须要做到稿件导向积极正确,没有语言、文字和文化常识错误,没有抄袭剽窃等学术规范问题,还要懂得科学研究活动的规律,深刻把握知识创新的本质要义。如果一篇论文没有任何知识原创贡献,那么应该立即识别出来。期刊编辑的能力和素养是在编辑工作中逐渐养成和完善的。通过每月一次的筛选稿件和修改稿件的任务分配及每周一次的业务培训,提升专兼职编辑包括站在国际国内研究前沿把握知识创新度的能力、鉴别学术成果与公共知识边界的能力、用学术语言与学者沟通和讨论的能力、对科学研究活动本身有准确认知的能力等。同时,加强完善编辑管理和培养机制,提升专兼职编辑队伍的专业素养,鼓励特约通讯员积极进行信息通联。总之,只有多措并举提高学术期刊编辑的综合素养,从根源上解决学术期刊编辑目前面临的各种问题,才能使编辑人才队伍更稳定。

二是行政机关的支持。一方面,部分行政部门如体卫处、基教处、外事处在《长春教育》发展过程中一直大力支持发展,给予上位帮扶,如积极投稿、共同编刊、确认主题、政策指导等。另一方面,部分县市区、直属校对教师在《长春教育》发布文章给予奖励,列入个人评奖评职考核中,在激励教师投稿中也扩大了《长春教育》的影响力。但目前不能未能使各县市区直属校都能达到,这也是《长春教育》下一步的努力方向。

四、研究结论

(一)加强教育讯息敏感性

《长春教育》作为一本长春教育事业的代表性刊物,必须站位高远,着眼于社会主义环境下当前的教育热点、难点、痛点,紧跟国家最新教育政策,关注长春市域内在教师成长、学生发展、教师成长、课堂创新、教材开发、学校转型等各方面形成新思路、新成果、新路径,有所建树的学校及专家学者。由于编辑人员数量过少和日常工作繁杂等原因,在下校调研、专家访谈等深入一线方面还有所欠缺。作为编辑人员不能闭门造车,纸上谈兵,除了日常工作外,要加强与各级各类学校、教师的沟通,对其出现的新理论、新资源、新对象、新现象要及时发现并要善于挖掘教育教学中易于忽视的小问题,通过下校了解,认真调研后择优进行宣传。在审稿刊登时要注意政治问题。书稿中凡涉及"一个中心,两个基本点"的基本路线和重大方针政策,对党和国家领导人的评价,国家法律、国界、政治、军事、外交、统战、宗教、民族、保密等重大问题,以及宣扬淫秽色情、封建迷信、荒诞无稽等内容的,不论明显的或隐性的,均须认真审读,慎重对待,提出处理意见。

（二）加强期刊覆盖范围

《长春教育》作为一本覆盖学前教育、基础教育、职业教育、特殊教育、民族教育、民办教育等领域的期刊，但其投稿文章与选用内容更多的还是覆盖小初高阶段，在其他教育阶段涉猎相对较少，一是基础教育仍占教育行业的大部分，二是《长春教育》在这些领域缺乏宣传力度，三是学前、职业、特殊、民族等教育领域宣传意识有所薄弱。因此，接下来《长春教育》要更多地做好宣传工作，通过新媒体手段及时发布栏目策划和约稿方案、开辟学术沙龙等，增加期刊与相关主体的黏性，促使编辑部门人员与相关主体之间能广泛而深入地进行互动交流。

（三）加强内外协同发展

通讯员是文章传达的中转站，通讯员队伍担任着发布征稿主题、征稿要求、每月各区校投稿数量、文章把关情况等信息，但目前通联队伍在信息传达和稿件把关问题上有所欠缺，存在信息传达不及时、稿件信息不完整、稿件定位错误等情况。因此，对通讯员也要加强队伍建设，引领其长效发展。对通讯员提出的建议和疑问及时反馈，利用线上线下平台，与通讯员队伍加强沟通联络，进行舆情把握、文字综合等方面的培训，使其更好做到上传下达工作，选取优秀稿件丰盈《长春教育》。

（四）加强编辑培养机制

编辑人员除编辑部专职编辑外，还包括每年选聘的12位特约编辑作为兼职编辑。特约编辑作为一年一度的兼职编辑，其流动性较大，虽在一定程度上能够扩大期刊的宣传力度，培养一线教师的审稿修改和县区稿件把关能力，但流动性的编辑队伍同样影响着期刊的长期稳定发展。一方面流动性过大，使得对新任特约编辑培养时间过少，对于稿件任务兼职编辑需从零开始，一年后培养好的编辑很有可能不再担任兼职岗位，一定程度上消耗了编辑培养的心血和时间。另一方面，为保证期刊质量，对于新任职编辑的任务反馈，专职编辑需花费更多时间再进一步进行修正，无形中也增加了编辑部人员的工作压力。因此，除要大力挖掘培养专兼职编辑的选稿、改稿、审稿、校稿等方面的专业素养外，更要建立稳定的编辑队伍，促进编辑队伍专业成长。

（五）加强教师专业培训

在每月期刊投稿中，教师投稿热情高涨，数量、种类都很丰富。但很多教师投稿往往达不到出版的质量，优秀文章少之又少。一方面，部分教师不懂投稿要求，各种题材皆有，且研究内容或空或小，不具有普遍性。另一方面，教师投稿内容缺少创新性，在众多稿件中难以脱颖而出，也难以作为示范性文章在《长春教育》上进行展示。对此，《长春教育》需加强对教师的培训，可采用新媒体技术，举办线上专题学术会议，进一步强化教师对《长春教育》和对投稿文章要求的了解。同时，还可以加强和教师的沟通，对一线教师教学中遇到的实际问题共同探究，选取主题，探求不同看法和需求，将热门主题进行数据记录，为编辑部提供未来文章的筛选。

五、对策与建议

（一）把准宣传定位

"十四五"时期，在习近平新时代中国特色社会主义思想指引下，教育报刊行业担负着"育新人、兴文化"的文化使命，肩负着"培根、铸魂、启智、润心"的教育责任，势必朝着融合发展、高质量发展的方向奋勇前行。《长春教育》将坚持以社会主义核心价值观和公序良俗作为引领，正确发挥宣传阵地的作用。一是传达党的教育方针政策及国家省市关于教育工作的指导精神和工作部署、报道长春教育的重要资讯、传播长春市教育教学改革新鲜经验和先进典型、加强素质教育，为广大中小学校（园）长、教师提高思想业务素质提供切实的帮助，为家长、学生降压减负。二是加强对外通联，推广长春经验。加强与省级媒体《吉林教育》、国家级媒体《中国教师报》《中国教育报》的通联工作，向外推送我市优秀教育成果，提升我市成果的域外影响力。继续学习先进地区办刊经验，开拓编刊视野，提升《长春教育》期刊质量。

（二）把准内容选择

学术性并不是教育期刊唯一的功能定位，它还承担着服务于党的政治任务、服务于教育事业的使命，有着很强的政治导向性和实用性。《长春教育》一要坚持以习近平新时代中国特色社会主义思想为指导，全面贯彻党的二十大精神和党的教育方针，深入贯彻新发展理念，主动融入长春市现代都市圈，建设"三强市、三中心""六城联动""十大工程"战略布局中，为党和政府决策服务，为春城教育发展服务。二要对标教育界，对一定阶段内教育的重点、难点、热点问题开展研究，加强专栏建设，如专题、校长论坛、特约专栏等栏目建设，邀约我市有影响力的名校长、名教师在《长春教育》上撰稿发声。三要把准服务导向，将学术研究向促进教育变革引导，聚焦本土真实问题，汇集域内前沿教育理念和宝贵经验，扭转教育者陈旧的教育观点与发展理念，为长春教育高质量、内涵式发展提供智力支持。四要创造一个宽松活跃的教育空间。贯彻党的"百家争鸣，百花齐放"的方针，鼓励不同观点、不同阶段、不同主题的商榷和争鸣，打造教育发展的智囊团和思想库。五要把握期刊创新，期刊创新的核心或主体在于编辑创新，编辑创新的重点是选题创新。作为智囊团，不应该是少数研究者的自言自语，而是要紧紧把握着时代脉动，击中教育绷得最紧的那根弦。因此，对那些观点重复、论证重复，甚至资料也重复的文章必须严以把关。只有在这些方面做得扎实，刊物的内容质量才有保证。六是要加强顶层设计，教育期刊要立足全局，着眼长远，通盘考虑，以开放的心态、共享的情怀，打破内部壁垒，畅通外部通道，对《长春教育》进行顶层设计，期刊要从以"内容为王"转变为"服务为王""渠道为王""平台为王"共存，对平台、内容、技术、人才等发展要素进行优化组合。七是要增强教科研协同，协同市教育局工作安排，指导各实验区、校落实本区校教科研方面研究方案，调研具体研究中遇到的瓶颈问题，并开展订单式培训、检查、研讨和指导。组织召开优秀成果展示会、结题会，对具有区域影响力和推广价值的优秀成果进行现场展示，邀请专家给予点评和指导，促进典型成果进一步总结提升和转化应用。

（三）把准队伍建设

1.完善发展机制

制度是刊物质量的根本保障。完善《长春教育》"三审三校"制度，做好工作合理分配，我们要通过制度建设来促进过程的落实：把好编辑关、审稿关、校对关这"三关"，提高稿件质量；注重"三校"，减少稿件差错，严守"三道防线"；注重"三步反馈"，即通过印前审读查硬伤、印后审读为评刊、编读互动求改进"三步反馈"，提升办刊水平。

2.实施"《长春教育》雁阵工程"

以编审经验丰富的专职编辑为"头雁"，以具有3年以上编审经验的兼职编辑为"大雁"，以新入职的年富力强的专职编辑为"雏雁"，采取"建台子、架梯子、铺路子、压担子"等激励策略，力争使专职编辑1年入门、3年出师、5年成才，成为编审队伍的中坚力量，形成《长春教育》编审队伍的三级发展梯队。通过组织参加相关培训，开阔专兼职编辑的视野，加深他们对教育政策的理解，不断提高专兼职编辑的专题策划、信息采集、文字综合、编辑审校能力，以及准确把握教育改革发展方向的能力；鼓励专兼职编辑开展教育教学研究，对相关教育问题形成自己的看法，提升教育科研能力，力争使他们成为基础教育领域的研究型教师。加强与特约通讯员沟通联络，对通讯员提出的建议和疑问及时反馈，真正发挥通讯员的通联作用。

（四）把准服务保障

1.信息建设，探寻新发展模式

教育期刊新媒体融合发展需要强大的技术支撑，其中"互联网+"的改革是重要举措之一。具体可以展望以下几方面的工作：一是可以进行期刊数字化出版，将期刊内容通过丰富的图、文、声、像等电子化处理方式展示出来，进而为《长春教育》新媒体融合提供素材。二是努力实现从传播到生产、管理、组织构架等全方位的互联网驱动，做到有效管理、能动创新，让数字技术服务于学术研究。三是通过在线数据分析处理、典型数据挖掘等技术，不断优化现有数字资源的使用。四是通过将海量教育教学研究及课堂教育数据与新媒体进行融合，实现知识的持续增量获取，形成数据库，把数据加工、数字阅读、数字教育作为未来发展方向，形成跨学科、跨领域、跨媒体的知识服务体系。五是加强与新媒体的嫁接，满足读者多样化、个性化的要求，对教育研究做到快速反应、主动牵引和创新发展。

2. 消除壁垒，探寻新组建机制

通过构建大型教育期刊出版编辑数据库平台，实现优势资源共享，将教育资源按学科分层次、分阶段地进行再次整合，从顶层到底层的制度设计和强力贯彻，以及从底层到顶层的自我创新和发展模式的总结。畅通长春教育宣传的域内外渠道，建立与国家主流媒体的联络机制，接下来《长春教育》将借助域内外"互联网+"平台，在推出1辑专刊、10+专题、10所新优质学校办学特色、10部好书推荐、100项优质原创教育成果的基础上，选送本土10项典型经验和优秀成果，扩大成果宣传平台，赢得期刊发展主动权。

报告执笔人：李笑颜　刘彦平

学校案例报告

XUEXIAO ANLI BAOGAO

实施阳光教育　培育阳光儿童

——长春市人民政府机关第二幼儿园教育发展报告

一、幼儿园简介

长春市人民政府机关第二幼儿园创建于1948年，是一所具有悠久历史的省级示范性幼儿园，隶属于长春市机关事务管理局。前期为在孤儿院基础上创建的长春市市立托儿所，1954年10月更名为长春市机关第二保育院，1956年更名为长春市政府机关第二幼儿园，1968年更名为长春市革委会第二幼儿园，1980年正式更名为长春市人民政府机关第二幼儿园（简称"市政府二园"）。市政府二园首任园长为荣晶，现任园长为张馨予。

目前，市政府二园一园两址，总园位于长春市宽城区，占地10 000平方米；全安分园位于长春市南关区，占地1 800平方米。总园和分园均设有托育中心，全园1—6岁婴幼儿500余人，教职工130人。

多年来，市政府二园坚持正确的办园方向，以幼儿发展为本，以"让每一个生命都能彰显出其特有的魅力"为教育愿景，以"尊重规律　自主发展"为办园宗旨，将"沐浴阳光　乐享童真"的阳光教育理念融入幼儿一日生活中，促进了幼儿的健康和谐发展以及办园质量的提升，先后被评为教育部园长中心实践教学基地、国家新样态实验基地、全国心系好儿童示范基地，获全国巾帼文明岗、全国青年文明号、全国"三八"红旗单位、全国儿童教育工作先进单位、全国家庭教育优秀单位、全国"双语实验幼儿园"、省"五四"红旗团支部、省幼儿教育先进单位、省托幼系统文明单位、省职业道德教育先进单位等百余项荣誉，曾多次作为"中国经验"在国际、国家学术交流会上交流经验，1项创新项目获吉林省教学成果一等奖，出版9部著作，发展历程及办园经验被《新中国学前教育七十年大型访谈录》一书收录，成为重要教育文献。在75年的办园历史中，市政府二园始终致力于幼儿的全面发展与个性化发展协同共进，为国家各个领域培养出许多优秀人才，曾培养出中央电视台著名主持人刘芳菲，男高音歌唱家、国家一级演员孙戈弋等知名人物；为北京大学、清华大学、北京航空航天大学、香港中文大学、美国卡耐基梅隆大学等海内外知名高校输送了近千名优秀人才；为各行各业培养了近万名骨干精英；在园的多名幼儿参加全国跳绳联赛、桃李杯等国家省市级比赛，并取得优异成绩，其中1名幼儿获全国跳绳联赛12个项目冠军，成功入选国家跳绳队，成为国家跳绳队有史以来年龄最小的运动员。

二、改革缘起

（一）历史的沉淀

阳光普照，新芽初绽。1948年，在党和政府的关怀支持下，市政府二园将一所孤儿院迁入日式建筑，改建成托儿所，使新中国的第一批儿童在党的阳光照耀下走进了专业的学前教育机构。60年代至70年代后期，市政府二园的主要职责是为市政府机关提供后勤保障服务。为了让加班多、下乡多、子女多的机关干部安心工作，市政府二园全部实行寄宿制，每周六天工作日。发展时期，市政府二园用先进的教育理念和多样化的办园方式不断丰富阳光教育的内涵，让阳光教育的文化精髓深入人心。80年代以来，国家对教育逐渐重视，学前教育法律法规日趋完善，学前教育工作逐步走入正轨，市政府二园在传统保教工作基础上逐步形成科学、规范的教育体系。近年来，国家加大对学前教育的政策与资金支持，促使市政府二园各项工作跨越式发展并形成独有的办园特色。2004年至2019年，市政府二园以多种合作形式创办分园，实现优势资源互补，呈现多彩绽放的工作局面。2020年以来，市政府二园依托国家发展托育的新政策，创办了两个高品质的一类公办托育机构，对推进我省公益性托育事业的发展起到了引领性作用。此外，市政府二园还通过开展"百名新教师跟岗学习""大园区""一优一带""助长工程"等公益项目活动，与薄弱园、民营园结对拉手，对中低收入家庭提供免费教育服务，将阳光教育的温情关怀不断扩散和传播。这些历史的烙印，让阳光精神不断传承和发扬，成为孕育阳光教育的重要基础。

（二）时代的呼唤

随着智慧经济时代的发展，社会对高素质人才的需求越来越大，教育受到的重视越来越多。2010年7月，《国家中长期教育改革和发展规划纲要（2010—2020年）》的颁布，第一次以国家战略层面明确了学前教育与义务教育、高中阶段教育的同等地位和发展目标；2011年11月，国家颁布了《关于当前发展学前教育的若干意见》，党的十八大进一步明确提出要"办好学前教育"，随后国家各部委先后发布关于学前教育的政策、法规和指导性文件，让学前教育成为教育领域的焦点，在国家层面上得到了前所未有的重视；党的十九大和二十大分别提出"幼有所育"和"强化学前教育、特殊教育普惠发展"，2018年11月，中共中央、国务院颁布了《关于学前教育深化改革规范发展的若干意见》，进一步助推了学前教育事业的快速发展。这一系列高层动向，为学前教育的发展营造了良好的阳光氛围，提供了切实的阳光保障。可以说，如何发展学前教育成为国家重视、社会关注、人民群众关心的教育热点，在一个充满机遇、充满挑战、充满期待、充满希望的新的发展时期，学前教育走进了阳光地带，帮助学前教育加速前行，使市政府二园的跨越式发展有了强劲的阳光动力。

（三）现实的需要

近年来，为提升学前教育质量，有效地解决入园难的问题，各级政府积极鼓励名园办分园，在2004年至2019年期间，市政府二园先后联办、合办了六所民办分园。2020年疫情期间，市政府二园临危受命接收了原市政府第四幼儿园园舍和大部分人员，并将其改建成公办性质的全安分园。在传承文化的基础上，如何顺应形势的变化，探索并形成集团化管理的新理念、新思路、新经验，更好地实现创新发展是市政府二园面临的新课题。

与此同时，《幼儿园工作规程》《幼儿园教育指导纲要》以及2024年11月8日颁布的《中华人民共和国学前教育法》等文件均指出3—6岁幼儿有着特有的年龄特点和发展需要，幼儿园应遵循幼儿的身心发展规律，采用与幼儿发展相适应的内容、方式和手段，对幼儿实施德、智、体、美、劳多方面全面发展的教育，促进其身心和谐健康发展。为了更好地实施素质教育，关注幼儿生命成长，就必须不断丰富完善幼儿园办园文化，形成提高保教质量，促进幼儿发展的内在动力。阳光幼儿的培养，离不开乐观开朗、积极上进、无私奉献的阳光教师队伍。深化学前教育改革，提升办园品质和内涵，能够有效激发教师职业热情，提升教师职业素养，挖掘教师职业潜能，使其真正成为幼儿学习、生活和游戏的支持者、合作者、引导者。

此外，作为国家级教育示范基地以及省级示范性幼儿园，市政府二园承担着推动幼儿教育事业的发展、带动幼儿教育事业整体提升的社会责任，拥有着比其他幼儿园更多的优势资源和成熟经验，有义务、有责任影响并带动区域内幼儿园解决新教师比例加大、办园经验缺乏、小学化等问题，帮助他们不断提升保教质量，实施专业化的学前教育。为此，市政府二园有必要进一步丰富内涵发展，让先进的办园思想和办园实践更好地促进辐射示范作用的发挥。

三、定位或目标愿景

2015年，市政府二园基于园史、园情以及学前教育发展的新形势和新要求，基于对生命哲学、终身教育、自然主义、建构主义、关于天性与教育的关系、行为科学等理论的认识和理解，明确提出了阳光教育办园思想，体现了落实"立德树人"教育根本任务的信念与追求。

教育使命：肩负"幼有善育"的教育责任，为幼儿全面发展和个性化发展奠基

教育愿景：让每一个生命都能彰显出其特有的魅力

教育宗旨：尊重规律　自主发展

办园理念：沐浴阳光　乐享童真

培养目标：培养健康、快乐、自信、友善、智慧的儿童，更好地适应未来的学习和生活。

园　　风：和谐　求实　包容　开放

教　　风：乐群　乐业　善诱　善思

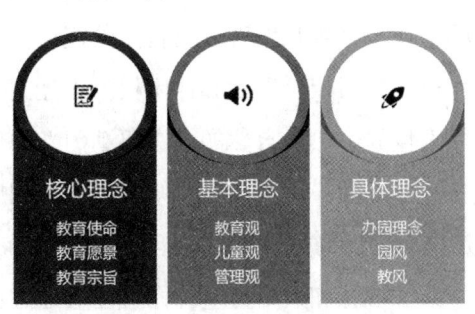

图1　阳光教育办园理念结构体系

（一）本质之蕴

阳光教育的办园理念是在对阳光特质与教育本质之间内在联系认识的基础上，将阳光精神有机融入我们的教育理解、教育思考、教育追求、教育期待中而形成的。阳光教育是和谐多彩文化的深层展现，是活泼专业队伍的具体表征，是优质保教的行动源头，是公平民主管理的实施载体，是家园合作共育的精神基础。"沐浴阳光　乐享童真"的办园理念体现了我们对幼儿个性的认识、理解和尊重，通过充满活力、顺应规律的阳光施教，充分释放幼儿本真的天性，引导他们自主发展，在阳光的滋养与支持下健康茁壮成长。

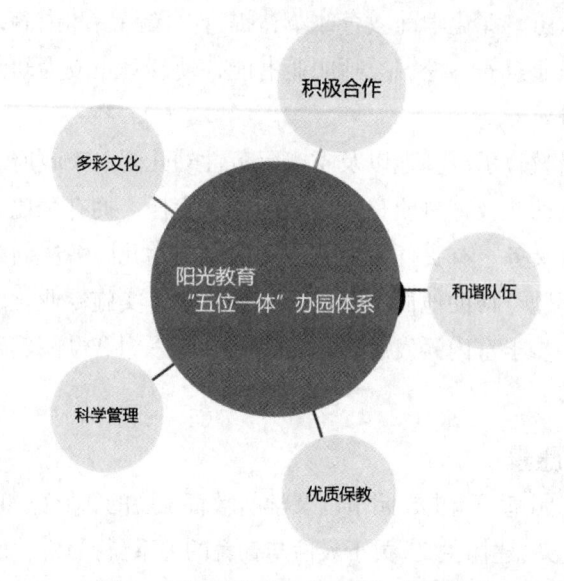

图2　阳光教育"五位一体"办园体系

（二）思辨之义

阳光教育的根本主旨是为了培养阳光儿童。阳光教育认为教育是一项会呼吸的事业，是孕育生命、滋养生命、雕刻生命、升华生命的过程。阳光教育追求"每一朵花儿都能绽放出特有的魅力，每一个幼儿都应拥有美好的未来。"以下为阳光教育的儿童观、教育观和管理观。

1. 阳光儿童观

阳光儿童是独特生命的个体，其生长发育具有自然的规律。阳光儿童拥有与成人一样的生存权、发展权、受教育权、学习权、游戏和休闲权。阳光儿童是积极主动的学习者，有着巨大的发展潜能，有探索世界、热爱自然的内在驱动力，他们在与教育环境互动中积极汲取阳光养分，获得各种直接经验，用行动去感知世界，在问题解决中探索创新，逐步建立学习品质。阳光儿童是全面发展的完整的人，能够积极地认识世界，客观地看待自我，友善地对待他人，他们不仅具备智慧和人格力量，而且能够通过体验教育生活，在适宜的环境和有效的支持中持续自主地发展。

2. 阳光教育观

阳光教育既是面向全体幼儿、关注幼儿发展各个方面和全过程的教育，也是尊重个性、包容差异的教育。阳光教育是在尊重幼儿主体地位和个体需求的基础上，运用多种形式，有目的、有计划地引导幼儿主动活动的教育过程，重视幼儿在学习过程中的感受与表现。阳光教育认为赏识教育如同阳光育苗，会让幼儿更加茁壮健康，教师要让幼儿感受到爱与信任，帮助他们获得归属感和自信心。阳光教育倡导为幼儿创设亲近自然、贴近生活、富有探索和挑战的支持性环境，充分释放其本真，鼓励他们的探索和发现行为，让他们乐于表达和积极创造，能够沿着自己的成长轨迹不断发展，为其今后健康幸福地生活奠定基础。阳光教育倡导建立家园融合的共同体，通过开放办园的方式促进办园质量的提高。

3. 阳光管理观

阳光教育的使命是让生命主动、健康地发展，追求给予生命持久而温暖的关怀。阳光管理营造包容、关爱、和谐、生态的文化氛围，为职工提供满足其多方面需求和实现自我价值的有效支持，形成"激励—努力—绩效—奖励—满意"的良性循环激励体系，最大限度地调动每一个人内在的激情与活力，让他们获得心目中幸福的人生体验，逐步完善自我激励、自我管理、自主发展的管理机制，进而促进幼儿健康成长。阳光管理是公平、透明、民主、开放的管理，将管理放到阳光下，扩大管理的参与度，增加管理的透明度，提高管理的公信度，实现人尽其才、物尽其用的管理效能，进而不断提高管理质量，实现内涵品质的提升。

四、实践探索

（一）塑阳光文化之魂

阳光文化以人为本、以爱为源，以建立民主、开放、发展的多元形态文化为落脚点，大力弘扬传承、凝聚、成长的主旋律，不断传播温暖积极、乐观向上的正能量，树立了"和谐　求实　包容　开放"的园风和"乐群　乐业　善诱　善思"的教风，使阳光文化更加富有意蕴。

传承延续阳光文化，让温暖积极、乐观向上的阳光精神通过自强不息、踏实奋进、勇于创新、追求卓越的二园人代代相传，不断丰富内涵，逐步形成多彩文化、和谐队伍、优质保教、科学管理、积极合作"五位一体"的阳光教育办园体系，并以建园70年为契机，通过开展贯穿全年的系列主题活动让文化得以传承、升华和传播。

播撒温暖的阳光文化充满人文关怀和爱的温度，对内用包容关爱让职工在"家"文化中获得归属感和职业幸福感，形成巨大的向心力和凝聚力，帮助大家在平等、关爱的环境中战胜困难，得到成长的力量和事业的收获，真情投入，真心付出，呈现出积极向上的工作状态和凝心聚力的工作氛围；对外通过"助"文化积极承担社会责任，以开放的胸怀拓宽帮扶援助的有爱之路，充分发挥党支部的战斗堡垒作用和党员的无私奉献精神，积极发挥专业优势，将阳光文化的温暖播撒到千家万户。

和谐多彩的阳光文化，倡导在和谐统一的阳光文化大背景下，最大限度地尊重人的个性发展，让每一位成人与幼儿都能得到爱的滋养，感受到生命的价值，获得积极的成长。如通过评选年度"感动人物"，颁发"最佳成长奖"等方式，多角度肯定教职工的闪光点；通过有意识保留的天然生态环境让历史的痕迹通过自然资源完美呈现，让有形的物质文化与市政府二园悦纳、包容的文化氛围相得益彰，使阳光教育增添了独特魅力。

（二）聚阳光团队之气

阳光教育以全面贯彻党的教育方针为价值引导，坚持思想和业务建设两手抓、两促进，培育具有时代精神、富有激情活力、追求个性发展的阳光教师，造就一支"师德高尚、业务精良、甘于奉献、勇于创新"的高素质教职工队伍。

师德教育厚植教育情怀。通过理论学习、主题论坛、经验分享、案例反思、同伴交流等多种形式的正反面交叉教育引导；不断改进教师评价方式，形成更加科学的职业道德规范体系；构建"发现问题—帮助改进""树立典型—总结经验—提炼推广"动力机制，建立师德教育数据库以及加大正面宣传力度等方式，提升教师职业认同度和职业幸福感，促使教师将外在师德知识、规则内化为道德力量和高尚人格，实现外在他律与内在自律的高度统一，使师德师风提高到一个新的水平。

精准支持助力专业发展。创设"学—研—做"一体化培养模式，多措并举有效促进教师专业发展；通过职业测评与自评相结合、培训与实践相结合等方式帮助教师建立成长档案，形成职业发展规划；创建教师成长中心，实施全覆盖、分层次，以理论讲座、技能训练、教学观摩、案例分析等为主要课程类别的培训；创新金字塔人才培养模式，遴选并成立名师培养预备队，通过一教三研、同课同构、环创讲评、定期与专家近距离对话、定期发布任务等形式让教师在任务的压力与激励中成长；创新教研方式，让教师轮流承担教研活动组织任务，帮助教师挑战自我，逐步建立专业自信，更好实现自我价值；建立自下而上的"自主式"培养发展模式，促进教师由实践型转向研究型，先后开展40余项省、市级课题研究且有三分之一的课题主持人为一线教师，其中1项为省规划重点课题；建立多种学习组织，帮助教师在同伴互助中拓展知识、积极思考；组建教育教学工作改善小组、搭建教学资源管理平台，为教师提供大量优质资源。

在这样的培养模式下，市政府二园被选定为教育部园长中心实践教学基地，东北师范大学、吉林师范大学、长春师范大学、长春幼儿师范高等专科学校等师范类院校的实训基地，累计培养出全国"三八红旗手"、全国最美教师、省劳动模范、省特级教师、省C类人才、省杰出园长、省教书育人楷模、省产教融合专家、省优秀教师、省级名师、省级骨干、省业务能手、省创新型教师、省学前科研骨干、长春名园长、市杰出园长、长春市智库专家、长春市教育家型园长培养对象、专家型园长培养对象、师德典型等75人。近年来，教师撰写论文发表于核心期刊5篇、省刊14篇，获国家奖励9项、省级奖励100余项，出版著作9本，成果被10本书籍收录，9篇案例获奖并入选市优秀游戏案例汇编，多篇案例在安吉游戏网站被录用，成为全国教师培训样板案例。

（三）创阳光教育之品

阳光课程全面贯彻党的教育方针，将国家对人才培养的要求融入其中，依托持续课改和多项课题研究，统整多方力量，深度挖掘园本人力、物质资源，经20年持续努力，创造性地构建了幼儿全面发展与个性化发展协同共进的"双轮驱动"课程模式。构建了国家目标、园本目标、班本目标有机联系的课程目标体系，确立了自然、自我、生活三类生活化、游戏化的课程内容，创建了立体化、流转性、开放型的智慧课程资源库，形成了评价主体、评价对象、评价手段多元的课程评价方式，优化了家庭、社会、幼儿园多主体参与互动的课程保障机制。

"双轮驱动"课程的框架"横向上全面、纵向上有序"。横向上将全面发展与个性化发展落实在课程目标、内容、实施、评价等诸多要素之中；纵向上在共同性课程、选择性课程之下将课程分为主题活动、区域活动、兴趣社团、亲子活动等，做到了共同性活动与选择性活动的平衡、领域内容与主题内容的平衡、以幼儿为主体的活动与以教师为主导的活动的平衡，彰显出了"有养、有爱、有趣"的课程特色。

"双轮驱动"课程模式将国家目标、园本目标、班本目标、生本目标有机联系起来。根据国家及地方课程指导意见，紧扣本课程理念，构建相应的目标体系，将国家目标、园本目标、班本目标、生本目标有机联系。课程目标体系中以"培养健康、快乐、自信、友善、智慧的儿童，使其更好地适应未来的学习和生活"为课程总目标。总目标的价值取向渗透到每一级目标中，下一级目标围绕上一级目标展开，实现了目标的上下贯通。在选择课程内容、课程实施方式与课程评价各课程要素时将课程目标作为方向指引，与课程目标融会贯通、相互呼应，充分发挥课程目标对课程实施在促进幼儿和谐发展方面的导向作用。

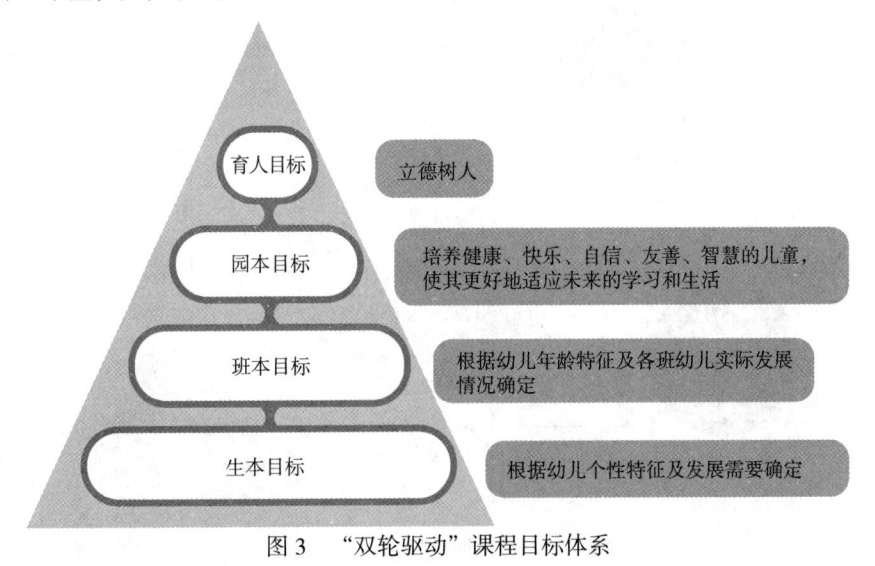

图3 "双轮驱动"课程目标体系

"双轮驱动"课程内容的选择充分考虑幼儿的兴趣与需要。在课程目标的引领下,课程内容的选择和设计紧紧围绕理念和目标,在符合幼儿身心发展特点的基础上,充分考虑其兴趣和发展需求,围绕幼儿生活经验展开,以自然、自我、生活为课程的主要来源,以教师和幼儿为课程内容选择主体,根据幼儿心理发展规律组织课程内容,并将其融入幼儿一日生活,以各种课程形态展开。

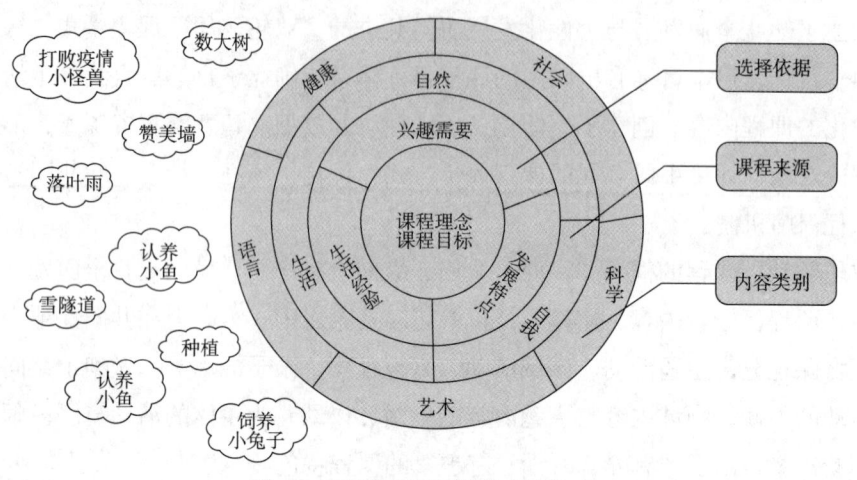

图4 "双轮驱动"课程内容构成

"双轮驱动"课程实施关注幼儿个体需要,提供多种有效支持。创新课程资源管理与应用模式,将满足幼儿自主性、探究性学习需要和教师专业成长需求的理念物化为课程资源库的创建,运用信息技术实现课程资源的便捷流转,形成"三维互动"的联动机制。市政府二园还通过建立动态的课程调整机制,不断优化课程资源的管理、开发和利用,拓展了幼儿园课程实施的途径,实现了对幼儿个性化需求的精准支持。

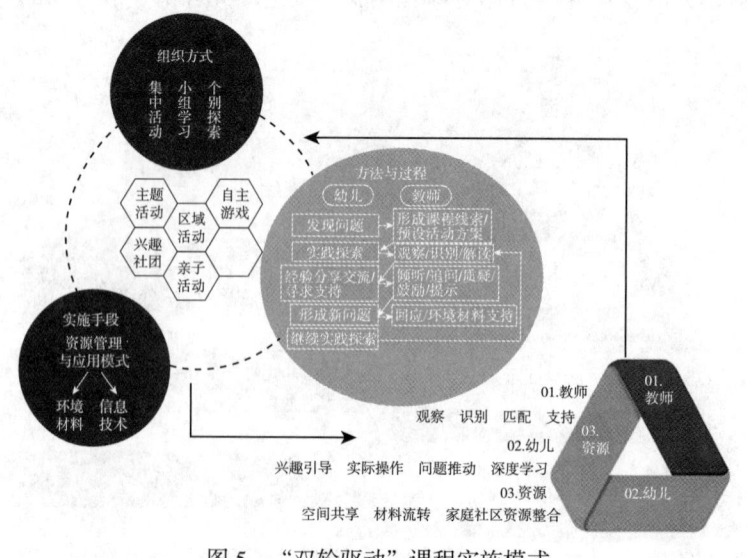

图5 "双轮驱动"课程实施模式

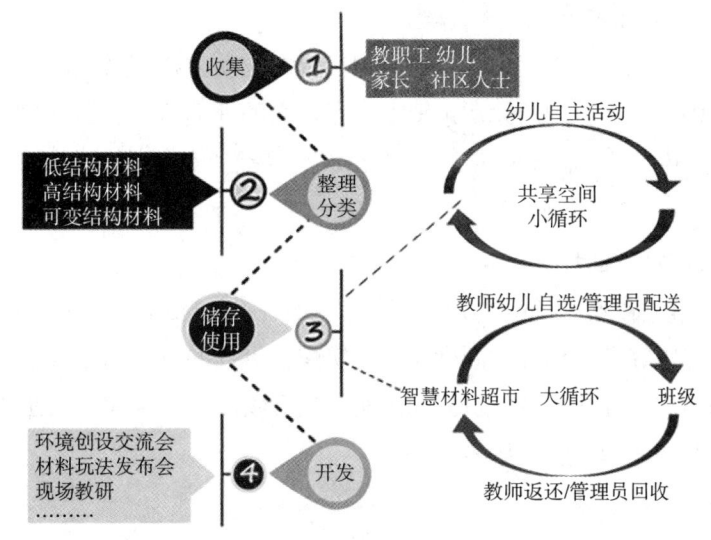

图6 "双轮驱动"课程资源管理与应用模式

"双轮驱动"课程坚持多主体参与、多种评价方式手段的发展性评价。全方位、多渠道收集课程相关信息，通过学习故事、教育故事、教育随笔、幼儿成长档案、幼儿作品及活动声像资料等，分析诊断出目前课程实施中存在的问题用以改进课程，在关注幼儿学习过程的基础上全面客观地看待每个幼儿的发展。坚持对小、中、大班幼儿整体发展情况进行持续评价，以更好地实现评价的发展性功能。另外，还发挥不同主体在课程评价中的作用，让教师、园长、教育专家、家长、幼儿等均参与到课程评价中，使其在课程设计者、实施者、受益者三方达成共识的基础上付诸实践。

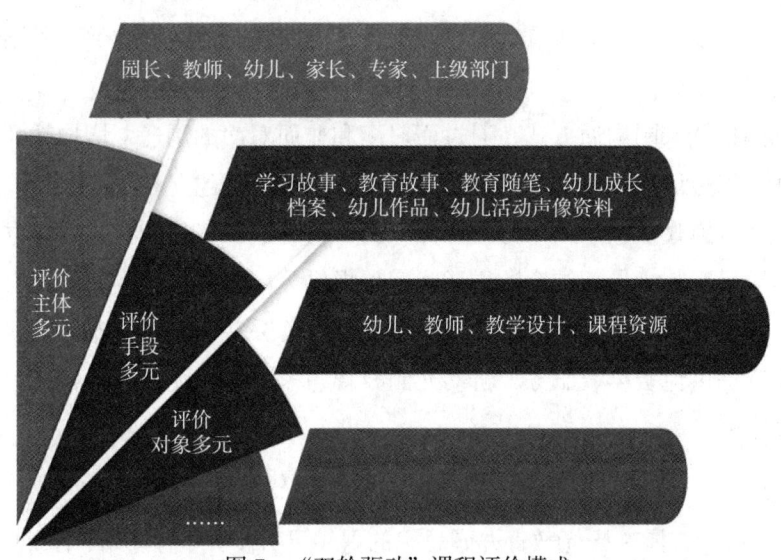

图7 "双轮驱动"课程评价模式

"双轮驱动"课程成果获得吉林省基础教育教学成果一等奖和长春市基础教育教学成果特等奖，得到了教育部专家的充分肯定。

（四）施阳光管理之策

阳光管理倡导通过人本化的管理方式把传统的调动教师积极性转向唤醒教师向上的潜意识、解放教师种种不合理的无形束缚上，把过去的外部监控、利益刺激转向内需满足、精神激励上，把传统的单向传达转到双向互动上，最终实现保教质量和办园水平"双提升"的管理目标。

1. 充分发挥制度优势

通过对制度内容进行精简、增加或完善，让各项工作在横向层面与纵向层面达到协调统一，形成阳光精粹管理标准化制度体系，实现了管理的可复制。通过运用信息技术加强制度的宣传和培训，强化制度的巩固和落实，提升物品管理的高效和便捷，达到提升制度实施效果、提升职业幸福感的目的。

2. 巧妙利用柔性管理

变传统自上而下的单向关注为全覆盖、分层次、个性化的双向沟通，从宽容、理解、关怀和支持的角度为教职工的自主发展创造条件，增进团队成员之间的理解和信任，实现共同进步的正循环。实施多层次、多跑道的激励机制，为教师规划出"职业发展地图"，将粗放型的中长期晋升目标细化分解为短期看得见、摸得着、可达成的小目标，减少教职工的职业倦怠现象。为教师搭建多元化成长平台，组建各类临时工作小组，通过科学的保障体系为其提供动力支持，使管理工作充满了生机和活力。

（五）求阳光家园之合

市政府二园始终本着持久、依赖、和谐、平等的阳光共育原则，积极探索家园沟通方式及合作模式，与其形成相互信任、相互支持、相互促进、资源共享的和谐共育关系，从而增进家园之间深度融合，形成具有阳光教育特色的共育合力，有效促进了阳光教育培养目标的全面实现。

市政府二园拓宽家园沟通方式，通过面对面和非面对面的沟通，增加教师与家长之间的了解和信任，缩短信息反馈的速度；提高家园互助质量，建立教师—家长—专家"三位一体"的管理评价模式，让家园双方在互评互助中不断成长；创新家园指导方式，通过前置性指导和入园后跟踪指导相结合的方式为家长提供分层分类指导。此外，市政府二园还积极开展"0—3岁婴幼儿6·1助长工程""母婴早教课堂"等创新项目实践研究，坚持为中低收入家庭提供免费早教服务，将幼儿园教育与家庭教育无痕对接，让教育公平最大限度惠及更多家庭。

五、成效

多年来，市政府二园在阳光教育办园思想的引领下有步骤、有计划、有重点地推进"双轮驱动"课程模式的实施，园本课程规范化、系统化、个性化程度明显提高，幼儿、教师、幼儿园发生喜人变化，较好地实现了育人目标。市政府二园还积极发挥辐射带动作用，为多所幼儿园的园本课程建设赋能，实现了成果的融合、转化和创新。

（一）教师幼儿共同成长

阳光教育办园思想和"双轮驱动"课程模式的实施带动了教师观念和行为的转变，实现了幼儿、教师和资源的三维互动，促进了幼儿身心健康、富有个性地发展。他们乐于思考，持续探究，积极合作，敢于挑战，潜能充分展现。近千人在专业平台展现才艺，千余幅作品在省市艺术大赛中获奖，1人获全国跳绳冠军并入选国家队，1人获省两会优秀小记者称号，6人在国家级平台表演展示。幼儿入学后在身心、生活、社会、学习等方面适应良好，多所小学评价市政府二园幼儿综合素质高。多名毕业生成为各行各业的核心骨干，其中1人为央视著名主持人。

（二）创新课改成果斐然

近年来，市政府二园获批国家、省、市级课题40余项；在《学前教育研究》等国家、省、市级期刊发表论文48篇，出版著作9本，课程案例在国家、省级平台交流百余次，多篇案例在安吉游戏网站被录用，成为全国教师培训样板案例；获国家奖励9项、省级奖励百余项；成功接待全国人大及教育部调研；被评为全国青年文明号、全国新样态实验园、全国心系儿童先进单位、教育部园长中心实践教学基地等；园长被评为省劳模、教书育人楷模、杰出园长、高层次C类人才；教师中1人被评为全国"三八红旗手"，1人被评为全国最美教师，9人被评为省级名师，12人被评为省级骨干教师，1人被评为省业务能手，3人被评为省创新型教师，8人被评为省学前科研骨干教师；成果被《新中国学前教育70年大型访谈录》等10本书籍及国家教育资源和宣传平台收录。

（三）横向示范辐射带动

阳光教育办园思想得到了各级专家领导认可，并作为"中国经验"在国际学术会议上交流。近年来，市政府二园接待全国30多个省市自治区幼教同行参观学习近万人次；到新疆、广东等十余个省份送课，帮助其优化园本课程；依托国培、省培、劳模创新工作室、名园长工作室、杰出园长工作室及《新中国学前教育70年大型访谈录》《迈向卓越园长之路》等学术著作形成区域带动效应，影响更多幼儿园改进课程模式；成果在35所幼儿园实践检验，与东北师范大学、长春人文学院、吉林省教育学院、浙大妇院吉林医院（长春市妇产医院）、辽宁省东港市第二幼儿园、黑龙江省黑河市教育幼儿园、海南省海口市美兰区龙岐幼儿园、安徽省安庆市墨子巷幼儿园、长春市汽开区奔驰幼儿园等单位组成了省内外教育联盟，形成了园本课程构建与实施实践集群，12所幼儿园在市政府二园的辐射带动作用下晋升为省市示范园。

（四）家园共育结出硕果

阳光教育办园思想促进了家园共育生态系统共生共建，市政府二园连续多年家长满意率均达100%，成为省内口碑最好、百姓最信赖的幼儿园之一；创新了多种家园沟通、合作、指导等方法途径，形成了近百篇经验案例，撰写并公开出版著作《幼儿教师的家长工作技巧与指导》。

（五）社会各界评价良好

近年来，市政府二园推进了"早教进社区""家庭教育进社区"建设进程，带动了社区文化建设，得到各行业部门广泛认同，形成品牌效应；依托省市媒体组织成果推广会近百场次，上线超30万人次，对建设"幸福长春"做出贡献；《人民日报》《中国教育报》《吉林日报》《新华网》等媒体多次进行相关报道。

六、经验与借鉴

（一）构建了"双轮驱动"园本课程

市政府二园探索的"双轮驱动"课程模式在系统论的哲学思想指导下将个体成长与社会发展联动，将课程价值取向的两方面（幼儿的全面发展与个性发展）喻为双轮，将幼儿学习内驱力喻为发动机，将课程资源和教师支持喻为能源，双轮在发动机带动下同步运转，形成提高师幼素质、增进师幼及亲子关系、提升保教质量的课程框架结构，其样态是"横向上全面、纵向上有序"，横向上将全面发展与个性化发展落实在课程目标、内容、实施、评价等诸多要素之中；纵向上在共同性课程、选择性课程之下将课程分为主题活动、区域活动、兴趣社团、亲子活动等，做到共同性活动与选择性活动的平衡、领域内容与主题内容的平衡、以幼儿为主体的活动与教师主导的活动的平衡，彰显出"有养、有爱、有趣"的课程特色，带动课程向更高质量方向迈进。

"双轮驱动"这一具有独特性和引领性的课程模式破解了幼儿全面发展与个性化发展顾此失彼的难题，能够帮助更多园所统整课程资源，挖掘课程特色，实现课程要素的有机统一，兼顾幼儿的全面发展与个性化发展，有效促进幼儿的自主学习与深度学习，同时让教师的发展更加精准有效，带动幼儿园课程向更高品质迈进。还能够提升区域办园质量，帮助更多园所形成特色教育品牌。

（二）开辟了科研兴园实践路径

在科研兴园方面，市政府二园始终坚持以问题为导向，深化研究内容，通过构建自上而下与自下而上相结合的问题征集、筛选、凝练、分解机制，确保课题研究能够真正反映并解决学前教育改革发展中的现实问题。同时，市政府二园注重凝聚共识，形成研究合力，通过团队协调、行动实践，汇聚园内研究骨干，调动外部科研力量，开展深度合作，取得了显著的研究成果。

这些成果不仅提升了教师的专业素养，也为教育教学活动提供了有力支撑，形成了科研与教学的良性互动。市政府二园还建立了研究沟通机制、跟踪改进制度和成果辐射路径，将这一实现路径推广至更广泛的领域，为其他幼儿园提供了可借鉴的经验。这不仅有助于推动学前教育整体水平的提升，也为形成可持续发展的教育生态奠定了坚实基础。

（三）探索出"托幼一体化"教育模式

市政府二园精心研制了《0—3岁婴幼儿家庭科学育儿指导方案》，此方案提倡以幼儿为本位，注重教养融合与医教结合。市政府二园明确了健康养护、安全防护以及发展支持这三大领域的育儿指导目标，并据此设置了生活与游戏两大系列的模块化指导内容。同时，还形成了实施科学育儿指导的模式和策略，包括现场、场外与网络相结合的多形式指导，医教结合的科学育儿指导模式和策略，以及亲子现场教师与家长双方互动的协商共育策略。在此基础上，探索出0—6岁托幼一体化实践模式，倡导幼儿为本、教养融合、医教结合的健康育儿理念，实现亲子部至托儿部，托儿部至幼儿部，幼儿部至小学各阶段的科学衔接，做到管理体制一体化、师资队伍一体化和课程体系一体化。

这一模式将0—6岁婴幼儿教育保育作为整体考虑，同时关注不同年龄段儿童教育的阶段性与差异性，提高了0—6岁婴幼儿的保育教育质量，优化了托育资源，提升了家长的科学育儿能力，为0—6岁婴幼儿的健康成长提供了坚实的保障，为社会的和谐稳定和国家的经济社会发展有一定的促进作用。

（四）形成了精粹管理制度体系

在园本制度建设的进程中，市政府二园坚持以科学的理论指导制度建设，确保制度规划与办园理念的高度结合，从而构建出既符合教育规律又体现园所特色的制度体系。同时，市政府二园注重用科学的设计促进制度建设，遵循普适性、效率和激励相容原则，协调制度间相互联系、相互协调、相互增益的关系，精心构建高效、有序的制度运行体系。在实施阶段，市政府二园坚持科学的实施原则，通过健全执行机制和控制机制，既对制度执行情况进行严格的监督检查，又注重对制度实施效果的评估反馈，从而确保制度建设的落地生根。此外，市政府二园还致力于用制度文化提升制度建设，通过广泛参与、多元化主体和权力中心等方式，增强制度文化的开放性；通过对规则和规范的内化，引导教职工形成正确的价值判断，强化制度文化的自律性。园本制度建设的科学化和规范化，不仅对园所的长远发展具有重要意义，也为其他园所提供了宝贵的借鉴和参考，有助于推动整个学前教育领域的制度建设和管理水平的提升，为幼儿的成长和发展创造更加优越的条件和环境。

在今后的工作中，市政府二园将继续本着不断探索、精益求精的原则，不断丰富和发展阳光教育的内涵，让阳光教育为人才培养和学前教育发展做出应有的贡献！

报告执笔人：张馨予　刘　兵　王逸微　黄莎莎

掇菁撷华谋课改　科研强校铸品质

——长春力旺实验小学课程教学改革实践研究

一、学校简介

2015年8月，长春力旺实验小学在时代的发展中应运而生，确立了"启发潜能"办学理念，即以立德树人为根本任务，以核心素养为导向，挖掘、发展每个学生的潜能，坚持为党育人、为国育才，培养担当民族复兴大任的时代新人，形成了一批科研能力卓越的师资队伍。学校深入贯彻落实党的教育方针，坚持以"科研力量"为支点撬动学校可持续发展，坚持以"启发潜能"为理念引领学校内涵式发展，坚持以"高质量成果"为导向推动学校创新性发展，不断开创教育科研新局面。

二、改革缘起

（一）学校高质量发展的客观需求

2015年8月，学校在建立之初，正值十二五收官之年，教育事业全面发展的同时，改革进入了深水期，各种矛盾相互交织，人民群众对教育多样化的发展需求日益增加，社会经济发展对高层次、多样化人才的需求日益迫切，如何将满足学生全面而有个性发展的学习需求和社会经济发展对多样化人才的需求有机结合，打破"一统化"和"标准化"的办学模式，走一条"个性化"和"多样化"的办学之路，是一所新学校必须解决的首要问题。

课程是学校的生命线。要想让学生们得到更好的发展，走出一条特色办学之路，就必须要在课程上为学生提供充足的发展空间。学校的整体课程建设本着开足、开齐、开好国家课程和地方课程的基础上，根据学校的办学理念和学生需求，结合校内外教育资源对国家课程、地方课程和校本课程进行整合重组，进而构建适合学生发展的、高效的、具有学校特色的"启发潜能"校本课程体系，以解决办学之初遇到的诸多问题。

（二）新时代国家育人方式变革的历史使命

教育是国之大计、党之大计。党的十八大以来，习近平总书记围绕"培养什么人""怎么培养人""为谁培养人"做出一系列重要论述，明确指出应落实立德树人根本任务，发展素质教育，推进教育公平，培养德、智、体、美、劳全面发展的社会主义建设者和接班人。

义务教育新课程承担着为党育人、为国育才的新使命。随着《义务教育课程方案和课程标准（2022年版）》和《基础教育课程教学改革深化行动方案（2023年）》的全面实施，我国中小学课程改革经历了从"双基"到"三维目标"再到"核心素养"的阶段，完成了从知识到学科到育人的转向，当前课程改革进入了以人为本和核心素养的新时代。《中华人民共和国国民经济和社会发展第十四个五年规划和2035年远景目标纲要》和联合国教科文组织发布的《共同重新构想我们的未来：一种新的教育社会契约》，强调未来需要学科深度融合，教育需要跨学科，需要变革育人方式。近些年，强调学习、倡导学习方式变革一直与新课程改革相伴随。从一系列国家出台的政策来看，时代的变革迫切需要学校在新的历史起点上肩负时代重任，承担起培育适应未来社会发展新人才的历史重任。

（三）学校课程建设与改革的实践基础

我国中小学课程改革经历了从"双基"到"三维目标"再到"核心素养"的阶段，完成了从知识到学科到育人的转向，当前课程改革进入了以人为本和核心素养的新时代。从以教为主转向以学为主，从以讲解接受为主转向活动建构为主是育人方式变革最集中、最典型的表现。《中华人民共和国国民经济和社会发展第十四个五年规划和2035年远景目标纲要》和联合国教科文组织发布的《共同重新构想我们的未来：一种新的教育社会契约》，强调未来需要学科深度融合，教育需要跨学科，需要变革育人方式。

我校自建校至今，始终紧抓新课程改革脉搏，紧跟时代潮流，与时俱进，不断深入钻研创新，课程改革的脚步从未停止过，在教学理念、教学改革等层面不断推陈出新，自上而下地将核心素养融入学校课程、教学等各层面，形成自己的办学特色。学校的课堂教学改革已经经历了1.0版本到3.0版本的蝶变。

三、定位及目标愿景

（一）构建基于"启发潜能"理念的课程体系

课程有改变，学校才会有改变；课程有特色，学校才会有特色；课程多样化，学校才有多元化的发展。课程是学校的生命线，要想让学生们得到更好的发展，就必须要在课程上为学生提供充足的发展空间。因此，学校从建校以来一直严抓课程建设，并在特色校本课程开发与实践上不断进行实践与探索。学校在"培育素养、启发潜能"课程理念的引领下，不断尝试建构最优化的课程体系，以立德树人为根本任务，以核心素养为导向，挖掘每个学生的潜能，坚持为党育人、为国育才，探索如何让学生在学习的课程中发展个性，培养特长，让孩子们从中体会到成功的喜悦，促进学生全面和谐地发展，培养担当民族复兴大任的时代新人。

（二）探索自主学习模式下培养小学生核心素养的课堂教学模式

2022年教育部新方案与新课标确立之后，课程改革就进入实施阶段，重点是以课堂教学方法的进一步变革落实新课程方案。我校以实施新课程改革为突破口，进一步深化课堂教学改革，全面推进教学方式变革，探索新的课堂教学模式，尊重学生主体地位，发挥教师主导作用，注重启发式、互动式、探究式教学，克服单纯教师讲学生听、教知识学知识等现象，引导学生主动参与、主动思考、积极提问、乐于探究、勤于动手，培养学生搜集和处理信息的能力、获取新知识的能力、分析和解决问题的能力，以及交流与合作的能力。

（三）推动跨学科视域下STEM课程的设计与实施

相比单学科教学而言，STEM作为一种跨学科育人模式，更加注重跨学科综合素养的培养。2016年中国学生发展核心素养问世，从跨学科角度呈现了学生应具备的、能够适应终身发展和社会发展需要的必备品格和关键能力，其中包括STEM教育所强调的理性思维、质疑批判、勇于探究、工程思维、问题解决、技术运用等。我校一直秉持学习、科研、实践、教研一体化的方式，持续提升STEM课程的设计能力，遵循全面性、系统性、结构性原则，突破时间、空间的限制，紧紧围绕教师、学生、课程三者间的相互关系，解决教师为什么教、教什么、如何教以及如何学的问题，形成了本土化的STEM课程实施立体模型，以提高STEM教育的质量和效果。

四、实践研究过程

（一）基于"启发潜能"理念的课程建构

学校课程建设整合三级课程资源，统筹课程结构、内容和实施方式，促进学校课程体系不断完善的系统工程。

长春力旺实验小学以国家对学生"核心素养"全面培育的旨归为切入点，以"启发潜能"教育理念为指引，在各个学科内实现了课程的重构与整合，经历了"点—线—网—巢"的开发历程，至2021年，动态构建了阶段性的基于核心素养的学生潜能开发课程结构体系。该体系以"学生的全面发展"为课程目标，以"文化基础、自主发展和社会参与"的三方面学生核心素养为旨要，以"尊重、信任、乐观、关怀、刻意"五个维度为原则，培养全面发展的人才。

图1 基于核心素养的学生潜能开发课程理念图

基于核心素养的学生潜能开发课程体系与国家"五育并举"的教育理念相契合，课程体系采用纵横交互的结构化设计，从横向结构与纵向结构两个方面共同推进，相辅相成，不断创生。

1. 横向结构整合共生

在横向结构上，学校课程设计与国家倡导的"五育并举"相联结，以培养"有文化气韵、有创新能力、有审美意趣、有健康体魄、有公德之心"的学生为目标，分设大德育、大人文、大创造、大艺术、大体能五大模块。

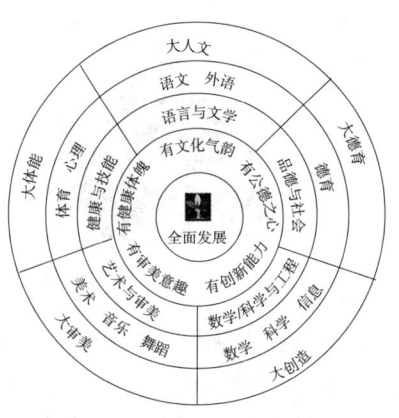

图2 基于核心素养的学生潜能开发课程横向课程结构图

"大德育"，坚持立德树人，响应国家对于德育的号召，以显性课程和隐性课程双轨并行推进，润德于心，彰育于行，培养知行合一、具有优良品德与公民意识的国家人才；"大人文"，关注语文、英语等文学类学科中文化底蕴的沉淀、人文情怀的延伸等，博古通今、学贯中西，培养通晓洞达、具备文化素养与语言素养的社会人才；"大创造"，旨在通过数学、科学、信息等学科中富于研发性、探究力的环节发掘学生的潜能，启发智慧、砥志研思，培养具备思考力和创造力的新型人才；"大艺术"，以音乐、美术等学科中的审美素养为视域，引领学生在美中成长，各美其美、美美与共，培育具备审美力和想象力的全面人才；"大体能"，立足于体育与健康课程和心理健康课程等对学生体魄、身心健康发育的关照，力求学生拥有愉悦、卓越的成长历程，培育乐天达观、体魄健康的未来人才。

以"大德育"课程为例，涵盖课程德育和德育课程两种类型。课程德育指在所有的学科、活动中都涉及对学生德育品行的培养，润物无声又持之以恒。德育课程即指与德育相关的所有显性的、有体系的课程建构，下设有养成教育课程、劳动教育课程、学生干部培养课程、历史观德育课程、儿童哲学课程等几大板块，呈序列化、层级化地对学生的德育素养进行培育，并设有相应详细的评价机制。如劳动课程中一到六年级各有相应的课程主题，一年级的植物课程关注劳而有序的实践体验，二年级的食育课程关注劳而有礼的民族情感，三年级的成长课程关注劳而有趣的品行创生，四年级的城市课程关注劳而有责的责任担当，五年级的博物馆课程关注劳而有蕴的人文素养，六年级的毕业课程关注劳而有情的人生规划，以劳动课程为载体，为学生构建立体的成长平台。

2. 纵向结构层次递进

纵向结构上，学校课程始终以学生"最近发展区"为轴线，构建学科类基础课程、潜能类拓展课程和素养类潜能课程三级课程结构。学科类基础课程，旨在对国家课程进行学科内的标准化落实，完成国家要求的所有基础类课程，是对学生素养进行标准化落实。潜能类拓展课程，是指在国家课程的基础上，在学科内进行校本课程的多样化开发，满足学生的多样化素养发展需求。素养类融合课程，是指完成跨学科的课程建构和尝试，让学生将单一学科的知识性素养能够在真实化情境中得到迁移运用，为学生素养的发展提供了真实化的实践可能。

图3 基于核心素养的学生潜能开发课程纵向课程结构图

以潜能类拓展课程为例，现以社团课程和"云旺"课程为主要实施路径。社团课程如信息技术学科开设创意编程、3D打印、手机编程、创意电子、机器人、数据科学与人工智能等拓展类课程，培养学生适应现代化社会的信息素养，诸如此类在各个学科都有所开展。"云旺"课程指运用网络资源，开创出的网络课程。如"致敬英雄""云上的中国""生命教育"等系列特色课程，以此形成了有顶层设计、有延展性的线上课程体系。以"致敬英雄"励志课程为例，学校组建优秀教师团队，以疫情时期的英雄人物为原点，不断延续到国家各个领域的卓越人才，做到一期一英雄人物，一期一中国精神，一期一教师主播，弘扬有中国特色的民族精神，培养有家国情怀的社会主义接班人。

基于核心素养的学生潜能开发课程体系的结构设计，既优质化地落实了国家的基础课程，同时又由国家课程来创生儿童的个性化校本课程。这样既保证了学生能达到国家要求，同时又满足学生自身的先天禀赋、个性差异的素养需求。

（二）自主学习理念下"一案六学"教学方式变革

1. "一案六学"理论要点

（1）理论核心：先学后教，教学并重；学在主动，学疑精讲。

（2）教学模式：导学——课堂起点；自学——自读深思；研学——合作学习；展学——激情展示；评学——点评精讲；练学——检测反馈。

（3）教学策略：研读教材，研制导学单；任务驱动，对课自学；小组研学，提出质疑；展示汇报，互相补充；教师精讲，提升思维；设计练习，检测效果。

（4）教学关键：提炼目标主问题，静思研讨提疑问，反馈及时有艺术，集中讲授要点清，检测练习看效果。

2. "一案六学"操作策略

"一案"指课前导学案，包括学习内容、学习目标、学习重点和难点、学习方法、知识梳理、核心问题、检测试题等内容。导学案是年级集体备课的结晶，是学生学习的脚手架。"六学"是指"导学、自学、研学、展学、评学、练学"。

导学——课堂起点。包括"导入"和"导学"。导入，是一节课的开端，教师要用简洁明快的语言或通过一定的媒介实现旧知向新知的导入。导学要选好切入点，找到学生学习的兴奋处。导入之后，便是导学，教师简要告知学生当堂的学习目标、学习重点和难点、需要解决的问题，然后向学生发放《课堂导学案》。

自学——自读深思。要求学生在规定时间内认真看书，研读教材文本，独立思考、深入钻研，并结合《导学案》，完成读书、思考等任务，提出自己的问题。教师要勤于巡视并密切关注每一个学生的自学状况，确保每一个学生精力高度集中。

研学——合作学习。同学之间把个人读书、思考的心得、疑难的问题等进行讨论交流，可以两两合作，互帮互学，也可以以小组为单位进行问题讨论，解决自学中的疑难问题。学生们在合作中会产生灵感，在讨论中会碰撞出思维火花，相互启迪，加深印象，共同提高。

展学——激情展示。通过问题展示，最大限度地暴露学生自学和讨论中存在的疑点、误点和盲点，然后让学生出谋划策，提出解决问题的方法和思路。教师要通过诱导和激励调动起学生探究的热情。

评学——点评精讲。教师带领学生盘点学习成果，提醒学生有哪些知识点需要记牢，有哪些规律性的东西需要把握，有哪些通用方法需要掌握，有哪些技巧需要熟练。在评学过程中，教师要适当地精讲教学重点、难点，合理使用课件，适时进行板书。

练学——检测反馈。在教师引导下，学生对当堂课所学内容进行整体回顾、反刍内化、自我评价，再由教师对当堂所学效果通过提问、小纸条练习等多种形式进行检测，达到监测反馈、复习巩固的目的。

"自学、研学、展学、评学"四环节是层层递进的关系，如同打仗时一步步缩小包围圈的过程。教师要根据课堂和学生的实际灵活处理，不断优化流程。

（三）STEM 跨学科课程的建构与实施

我校以课程为支点，遵循全面性、系统性、结构性原则，突破时间、空间的限制，紧紧围绕教师、学生、课程三者间的相互关系，解决教师为什么教、教什么、如何教以及如何学的问题，形成了本土化的 STEM 课程实施立体模型，以提高 STEM 教育的质量和效果。

1.STEM 跨学科课程体系概述

在学生与课程的关系中，我们强调课程要围绕学生画像设计。根据 21 世纪人才需要以及我国核心素养要求，我们确立了求知、思辨、技能和创新的 STEM 教育 4C 目标，并细化了 12 个二级目标。内容领域在科学、技术、工程、数学的基础上，细分为自然科学、计算机科学、人工智能、开源硬件、三维设计、激光切割、机械工程、数学等学科。教育目标的确立和课程领域的细化为 STEM 教育指明了方向。

在教师与课程的关系中，我们强调教师要面向不同需要的学生设计全面的、宽广的、有深度的课程，形成了 STEM 三级课程体系，来满足全体学生不同层面的个性化发展需求。

图 4　STEM 三级课程体系

（1）基础类课程

基础类课程面向全体学生，是对国家标准的理解与实施。一方面依托国家基础课程，重构科学及信息学科的常规课，融入STEM课例。例如科学学科围绕"科学""工程"领域开发了"桥梁工程师""我的指南针"等课例；信息学科围绕"技术"和"工程"，形成了以"算法"为大概念的学科内整合课例，如"会动的路线图""扫地机器人"等；另一方面，我校每周五下午以年级轮转的方式开展全员STEM项目，如创意帽子、防震建筑、超级过山车、迷宫DIY等。

（2）拓展类课程

拓展类课程面向STEM领域感兴趣的学生，是学校对国家标准的拓展与迁移。一方面，拓展校内时间和空间，利用课后服务和各功能教室开展科创社团、创意电子社团、编程社团、航模社团、3D打印社团等，为学生在STEM领域提供了大量的选择机会；另一方面，拓展校外时空，开展省科技馆、省博物馆、吉林大学梦工场实验室等游学课程。以"单车机械师"为例，当前小学生使用工具的生活经验较少，缺少动手实践的机会。自行车作为常见的交通工具，融合了轮轴、杠杆、斜面等多种机械装置。使用工具来拆卸、组装自行车，不仅可以让学生增强动手实践能力，熟悉工具的使用，还可以让学生更清晰地认识自行车的结构与原理，激发学生对工具和机械的探索兴趣。课程结束后，孩子们并没有停止思考，还认真反思、总结了自行车拆卸和组装的心得。孩子们积极进行交流和反思，互相分享收获，在动手操作中收获知识与快乐，问题解决能力和实践能力也得到大幅提升。

（3）定制类课程

定制类课程是对国家标准的深化与提高，面向部分特长学生，为培养未来拔尖人才、创新型人才提供支撑。该课程创设学生身边的真实情境，发现生活中的真实问题，经历设计思维的框架，即共情、定义问题、构思方案、原型创作、分享反思的过程，综合运用数字化工具解决问题。目前，STEM教师团队已带领学生创造了60余个STEM精品项目，遍布学校的每个角落，如在班级书桌上有监督学生学习情况的智能文具盒；在学生的座椅上有能提醒带备品的智能书包；在教师办公室有防止长时间低头的智能颈椎仪；还有校门口的自动消毒门、茶歇室的饮料机等。孩子们在一次次解决真实问题的过程中，获得了跨学科素养的提高和高阶思维的发展。

2.STEM教学设计与实施框架

在教师与学生的关系中，我们强调以学生为中心开发STEM教学设计与实施框架。

一方面，我校开发了"情境创设、问题识别、方案设计、模型建构、测试优化、展示交流、评价反思、拓展迁移"的STEM"八步"教学流程，并细化了主要内容，为教师设计STEM教学环节提供了脚手架。

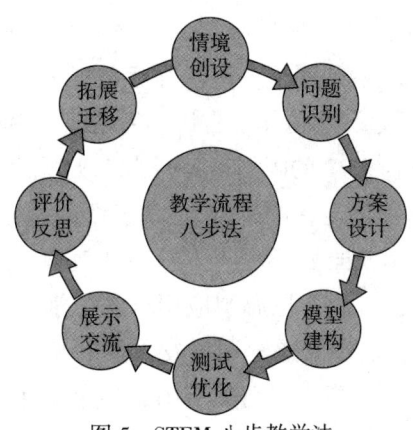

图5 STEM八步教学法

另一方面,搭建了5人学习共同体,包含项目经理、设计总监、物料总监、测试总监和总工程师,五个角色对应五种职责,促进高质量团队协作的同时,提高学生的核心素养。

图6 五人学习共同体

同时,我校还研发了5E评价模型,从参与、探索、工程、深化、评价5个维度去设计评价量规,并为各年段学生设计了不同难度的量规。如考虑到低年级学生识字、动手、合作能力有限,我们采取了鼓励式语言和星级涂色的形式;中年段学生各方面能力有所提升,通过区分等级标准帮助学生判断各维度达成情况。高年段学生具备良好的分析能力,我们细化了各维度的打分标准,学生可根据各项指标达成情况进行准确评价。同时,老师们还尝试采用线上与线下相结合的混合式评价模式,协调多元评价主体,助力精准评价,清晰直观地反映学生表现,促进学生的主观能动性和全面发展,以实现素养导向的评价。

此外,我校还形成了兼具趣味性与挑战性的表现性评价项目体系,如小车赛跑活动,通过对真实问题的解决实现对学生多维度客观真实的认识。

3."产业支持、高校共研"的STEM教育生态

在该模型的基础上,我校形成了"产业支持、高校共研"的STEM教育生态,支撑STEM课程教学模型的运转。我校与吉林大学计算机学院共同申报教育部产学研协同育人

项目，并以此为契机建立了长春力旺实验小学、吉林大学与腾讯科技公司的合作关系，开发了"系统中的AI"人工智能系列课程，该课程涵盖了语音识别、图像识别等人工智能领域的核心概念，学生在学习过程中创作了古诗学习系统，中英互译系统等AI项目。

我校还与全球教育专业排名72的阿姆斯特丹自由大学达成了战略合作协议，聘请李佳佳博士定期来校指导，并依托博士课题进行了"基于设计思维的STEM课例研究"的合作，构建了基于设计思维的教学活动框架，助力我校STEM教学迈向更高的台阶。2023年7月，阿姆斯特丹自由大学苏林教授、温德思海姆应用科学大学舍利博士专程来校指导，与我校教师共研STEM课例，学生们以"送给国外友人最好的礼物"为主题，用数字化工具创作了舞龙、烽火台、川剧变脸等一系列具有中国特色的作品，充分展现了STEM课堂的魅力。

五、研究成效

（一）一案六学改革成果

经过全校上下扎扎实实改革实验，"一案六学"的教学变革取得了一定的成效。

一是教师的教育理念发生了转变，教师能够基于学生的未来发展，克服功利思想的侵蚀，坚持以学生为中心进行教学设计，教师的理念发生了四个转变，即由重知识传授向重学生发展转变、由重教师的教向重学生的学转变、由重结果向过程转变、由重规格教育向差异性转变，进而促进学生学习方式向深层式学习转变。

二是教师教学技能得到了提升。"一案六学"教学改革，提高了教师钻研教材、重难点设计、教学目标科学研定、核心问题设计、教师预设精讲内容的能力，特别是提升了课堂生成问题的处理能力。

三是课堂发生了变化。教师重视差异化教学及个别化指导，注重精准的学情分析，关注学生可持续发展能力和创新精神的培养，课堂上教师讲得少了，更加注重启发式、互动式、探究式、体验式等教学方式的运用；学生在课堂上参与活动的时间明显增多，自主式、探究式、研究型、项目化、合作式等学习方式得到充分体现，课堂的吸引力明显增强，在发展学生能力的同时，学生的学业成绩区域保持高位。

四是培养了学生主动参与，自主学习能力。实践证明，采用"一案六学"的教学模式有利于培养学生的自主学习能力，使用导学案的过程是教与学的统一，体现学为主体、教为主导、师生互动的关系，努力给学生提供更多的自学、研学、展学、练学的时间与空间，把思维空间留给学生，把读书思考时间还给学生，把学生的"等待老师教"变成"自己能自学"的自主性学习习惯，学生自我探究的问题意识得到了强化，唤醒学生积极向上的内驱力，不断改善学生的学习生态，进而形成"场"效应。

（二）STEM跨学科课程改革成效

经过长期的研究与实践，我校STEM教育取得了显著成效。

1. 学校层面

我校先后完成了中国教科院STEM教育2029创新行动计划3批课题，其中两项被评为优秀课题，还参与了"未来学校课程建设""可评估项目制学习"等相关研究，其中"未来学校课程建设"被评为吉林省优秀课题成果。在此基础上，我校对五年来在STEM教育领域的课程开发、实施现状、取得成绩等方面进行了详细梳理，在本次2023 STEM教育发展大会组织的专家评选中，从全国首批79所STEM领航学校中脱颖而出，荣获全国仅10所的优秀STEM领航学校。我校还先后荣获中国STEM教育2029创新行动计划领航学校、STEM实验学校、全国创·造教育基地、吉林省优秀STEM空间等称号，自主研发的课程分别入编了中国教育科学院《STEM精品课程资源丛书》《中小学科技教育活动指南学生活动用书》以及在第七届未来学校大会轻课程展厅面向全国展示，实现了全国优秀STEM领航校的引领辐射作用。

2. 教师层面

我校教师的STEM素养不断提升，现共有全国STEM明星教师1人、种子教师2人，共发表教育教学成果论文十余篇，多人荣获省市多项教科研奖项，并在第四届中国STEM教育发展大会、吉林省科技辅导员创新项目等多项比赛中表现突出，成绩斐然。

3. 学生层面

经过STEM教育的系统性学习，我校学生实现了思维与能力的进阶，核心素养得以全面的发展和提升，在第四届中国STEM教育发展大会、国际无限想象生活发明竞赛韩国总决赛、全国学生信息素养提升实践活动、吉林省中小学生"吉车"项目式学习案例活动等各级各类比赛中有百余名学生斩获佳绩。

六、经验与借鉴

长春力旺实验小学以"启发潜能，全面育人"为办学理念，秉承"崇德立志，为国担当，追求卓越，永争第一"的校训，努力构建促进学生全面发展、有利学生健康成长的管理模式。在"全面育人"基础上尊重个性发展，力争整体提升，培养健全人格，提供优质教育。

长春力旺实验小学的高质量发展离不开研究，尤其是在"一案六学"的教学变革、STEM跨学科课程改革、独具特色的"基于核心素养的学生潜能开发课程体系"等学校特色建设方面进行了积极的实践与探索。在落实立德树人根本任务、聚焦课程方案转化落地、教学方式变革、教学评价改革、科学素养提升等育人关键环节和重点领域，形成了可借鉴的实践经验。

依托研究型学校建设，长春力旺实验小学将持续坚持五育并举，逐步提升育人质量，坚持高质量发展，深耕特色课程群建设，坚持遵循规律办学，切实做好名师培树，以锐意改革的气度，积极探索，把握规律，科研引领，突破超越，全力推动学校高质量发展。

报告执笔人：温 剑 李 壮 王 萱 许 双 张露丹

以"责任教育"引领变革　助推新时代学校高质量发展

——长春市第一〇八学校发展报告

一、基本情况

一〇八学校始建于1972年，是一所九年一贯制学校。学校占地面积50 339平方米，建筑面积43 402平方米，设有岭东、惠工两个校区，有标准化理化生实验室、心理咨询室、篮球馆、游泳馆、乒羽馆、科技馆、自然生态馆、六大文化长廊等，现有教学班123个，在校学生5 400余名，在编教师414人，其中党员教师122人。首任校长朱彤顺，现任党总支书记贺同君、校长王宗娟。

建校以来，学校经历了从公办到民办，再回归公办的办学体制，名称也先后经历了一〇八中学、第一外国语中学、长春市一〇八学校，并于2020年8月更名为长春市第一〇八学校。52年来，学校始终将"国际化、现代化、高质量、有特色"作为办学目标，秉承"尊重教育"办学理念，把"有文化底蕴，有责任担当，有世界眼光，会自主学习，能快乐生活"作为人才培养目标，在上级教育行政部门领导下，走出了一条特色发展之路，先后获得"全国文明单位""首届全国文明校园""全国未成年人思想道德建设先进单位""吉林省教育系统先进单位""省教育科学研究示范校""吉林省尊重教育科研示范基地"等70余项国家、省、市级荣誉。其中，学校的攀岩、乒乓球、羽毛球、击剑等项目在全国以及省市比赛中均获得优异名次，学校女子篮球队在2023年全国初中生篮球联赛全国总决赛中获得全国总冠军。显著的育人成果，使一〇八学校跻身二道区、长春市和吉林省基础教育名校行列，为教育事业做出了突出贡献。

二、改革源起

（一）办学历史的改革积淀

一〇八学校建校52年来，经历了四次办学体制改革，学校领导班子始终遵循"改革促发展"的办学思想。1995年，学校抓住《中国教育改革和发展纲要》中提出的"依靠社会力量办学"的契机，提出了"四个一流"办学理念，即打造"办学条件一流、管理水平一流、师资队伍一流、教学成果一流"的省市名校。改制期间，学校快速发展壮大。2004年，学校根据党的十六届三中全会提出的"坚持以人为本，树立全面、协调、可持续的发展观，促进经济社会和人的全面发展"的战略方针，提出了"以人为本　全面发展"的办学理念，并确立"国际化、现代化、高质量、有特色"的办学目标。同时，积极申请成为吉林省三所汉办指定的国际汉语推广基地之一，并设立了国外"孔子学院"，学校开始融入国际学校教育大家庭。2012年9月《国务院关于深入推进义务教育均衡发展的意见》颁布，强调提升农村学校和薄弱学校办学水平，促进教育的均衡发展，全面提高义务教育质量目标。学校据此提出了"均衡发展""教育公平"战略思想，学校由此开始走向新的改革之路。2014年，二道区教育局提出了集优化办学整体改革策略，成立了以一〇八学校为引领校的一〇八教育集团，一〇八学校作为区域的优质学校，通过理念、资源、方法、成果、品牌的共享，引领、辐射区域薄弱学校，赋能集团内的每一所学校向优质学校迈进，助推每一名学生健康发展。2014年学校提出"责任教育"的办学理念，一直延续至今，教育教学的各项改革都在这种理念的指引下进行。2023年，一〇八学校成为长春市教育局四所"老牌振兴学校"之一，全体教师抢抓改革振兴发展机遇，瞄准老牌学校振兴着力点，探索实施路径与实践经验，为各学校教育质量提升提供示范引领。2024年初，学校通过了教育部的评审，成为义务教育教学改革实验校。学校领导带领全体教师走科研兴校、科研兴师之路，开拓办学思路，拓展提质路径，深入开展教育教学改革，打造高效课堂，为学生终生发展奠定基础。

多年来，学校紧紧把握教育发展大势，主动适应变革，抢抓发展机遇，锚定正确办学理念，一步一个脚印地踔厉前行，实现了一〇八学校的持续发展，凭借雄厚的师资队伍、丰富的管理经验，以及呈现出的蓬勃发展态势，成为二道教育的航母、龙头学校。

（二）时代发展的客观需要

党的十九大、二十大和全国教育大会提出要求基础教育全面贯彻党的教育方针，落实立德树人根本任务，推进教育公平，培养德智体美劳全面发展的社会主义建设者和接班人。中央作出关于义务教育深化教育教学改革和"双减"工作决策部署，要求强化课堂及学校教育主阵地作用，必须对教与学的内容、方式进行改革。面对国家新的育人政策，学校原有的育人理念、育人手段，包括育人模式，都略显滞后。促进育人机制、育人模式、育人目标等方面深度改革，已经是迫在眉睫的事情。只有跟上时代脚步，才能培养出优秀的、合格的社会主义建设者和接班人。

（三）不断发展的自身需求

作为吉林省中小学尊重教育科研示范基地、长春市教育科研核心示范基地校、二道区教育集团引领学校，在经费、设施、生源、师资、地理位置等方面，在一定程度上还制约着学校的进一步发展，只有充分发挥自身的优势和特色，加快推进教育教学改革，在提质新举措、管理新方法、育人新模式上下功夫，不断开拓办学格局、更新办学理念，以"软件"的优长补足"硬件"的短板，才能更好地坚持人民教育的办学方向，更好地担负起在省市区三级赋予的引领辐射重任，服务社会，造福百姓。

三、定位及目标愿景

2020年，一〇八学校实行公办办学体制。面对新的形势、新的教育改革浪潮，在传承五十多年积累下来的办学经验和育人成果前提下，以"责任教育"为学校办学理念，强基固本，再谋新篇，把办学生喜爱的学校、教师热爱的学校、家长满意的学校、社会认可的学校作为学校改革的定位，进一步规划未来学校发展愿景。

（一）规划"五位一体"总布局

未来三年，学校逐步构建文化建设、环境建设、课程建设、队伍建设、制度建设"五位一体"总体布局，形成学校发展主体框架，为学校健康、有序、有力地发展提供严谨的理论支撑与实践维度。

1. 文化建设

坚持文化立校，铸就学校灵魂，用三年时间，加强学校文化建设研究。学校文化建设要符合学校发展，在正确的理念、正确的路径下实施，探索"文化治校"到"文化立校"的路径，从"人治""法治"走向"文治"。"倾听"将成为学校文化核心，在文化建设过程中，会与时俱进，不断丰富学校文化内涵。

2. 环境建设

用三年时间，加强学校基础设施建设。包括"数字化校园"改造，教室、办公室、功能教室、学生活动区、生活区等设施、设备的升级改造，满足学校不断发展的新需求；加强学校环境文化建设，彰显一〇八学校"全国文明单位"的"文明校园"与"文化校园"的形象，突显学校全面育人的价值取向。

3. 课程建设

课程建设是为每一位学生发展服务，实现学校培养健全个性和完整人格目标。学校将结合实际情况，努力构建一〇八学校责任教育理念下的课程体系。加强国家课程校本化研究与实践，解决国家课程学科课程为主、综合课程不足和国家课程注重普适性、学校和学生的个别需要考虑不足两个问题；加强校本课程特色化研究与实践，主要以学生的需求为导向，突出特色课程，以宽厚的、丰富的课程润养学生的基础，挖掘学生的潜能，为学生未来发展奠基；加强实践课程社会化研究与实践，社会实践活动作为学校校本课程的重要形态，能够帮助学生融入社会，感受生活，增强对社会的认识和理解，发展学生的批判思维，增强学生的社会责任感。

4. 队伍建设

加强教师队伍建设，为学校发展提供人力资源保障。未来三年，一是要把队伍建设与学校发展统一起来。在责任教育理念下，建构教师队伍培养与培训体系，与学校发展方向保持高度一致。二是要关注教师"成长性"需要。学校将通过设立"教学比赛""师者讲坛""学术沙龙""论文奖励"等学术性活动，关注并引领教师的"成长性"需要，形成"尊重知识，尊重人才，尊重创造"的良好氛围。三是要建构教师专业发展支持服务体系。成立教师发展中心，建立健全教研、培训相关制度，设计运行教研、培训的相关活动，建立教研、培训的校内外专家库，增加教研、培训的专项经费，搭建省、市、区、校以及省外教研、培训平台。

5. 制度建设

加强学校制度建设，为学校发展提供必要条件。修订《学校章程》，从课程管理、教学管理、教务管理、教师管理、学生管理、后勤管理、财务管理、成果管理等多方面进行学校制度的废改立工作，让学校办学，有"法"可依，有章可循。

（二）"四个全面"发展战略

1. 全面建成数字化校园

数字化校园的建设可以突破办学体制改革瓶颈，为发展提供环境保障。现代化办学条件的进一步完善可以促进学校发展。学校电教部门将充分挖掘学生学习大数据，实现线上线下相结合，统一教学与个性化教学相结合。

2. 全面实施"五育"并举育人

认真落实习近平总书记在2018年全国教育大会上指出"要努力构建德智体美劳全面发展的教育体系"指示要求，加强新时代教育教学研究，不断完善义务教育课程体系，实施"五育"并举，培养出德智体美劳全面发展的社会主义建设者和接班人。

3. 全面深化育人模式

以"责任教育"统领学校育人模式。把"责系天下，励志尚行"的校训内化为全体师生的自觉行动，发展"责任教育"，聚焦教研活动，整合学校、社区、家庭的一切有效教学资源；整合课本、文献、图书、音像、多媒体素材、网站等各种资源，梳理育人模式，提高教育教学质量。

4. 全面提升教学质量

一是坚持对学生核心素养的培养和提升。课堂教学是学校教育的主阵地，培育学生核心素养的本质是让学生自主发展，学会学习，健康生活。学校将用三年时间，在"十四五"的省市级规划课题指引下，探索学科"对话教学"模式，建构"倾听的课堂"，让学生在尊重的、民主的、平等的氛围下，实现意义建构，获得自信，形成成长的自觉。二是加大资金投入，完成全面网络改造任务，在智慧课堂和智慧校园硬件基础设施基础上，将启动"智慧校园工程"，从而实现师生的信息化教学、信息化学习、信息化生活。三是持续打造教师专业发展的五个平台，即基于网络的教师具有选择性、实用性的教育教学信息资源平台；坚持每年开展"师者"论坛，打造教师思想提升平台；实施"励行"计划，开展"鸿鹄杯"教学大赛、"芝兰"杯青年教师教学大赛、"尚行杯"骨干教师教学大赛；打造教师展示平台；加强"学习型教研组"建设，开展"优秀团队展评"活动，打造教师专业发展共同体成长平台；推行"校园读书计划"，坚持每年开展"读书沙龙"或"一〇八·朗读者"，营造师生读书平台。

四、实践探索

为建设教育教学高质量发展学校，贯彻落实"双减"政策和"五育"并举教育方针，学校领导班子带领全体教师立足学校现有基础，着眼学生素养提升和教师教研教学能力提高，聚焦教学评一体化改革，探索学校发展新路径。

（一）党建引领，奋楫笃行

党的二十大强调要坚持不懈用习近平新时代中国特色社会主义思想凝心铸魂这一战略任务，学校党总支以党的政治建设为统领，坚持以高质量党建引领学校高质量跨越式发展的思想为核心，推进"微光党建"特色品牌建设，为学校的进一步发展夯实思想基础。

一是"微光宣讲"。二道区宣讲学院的讲师是我校党员骨干教师，学校将发挥这一有利资源优势，通过宣讲将理论政策引入学校，夯实教师敬业爱岗思想素质。学校充分利用校园文化建设，以文化人、以境育人，打造了"安全长廊""法治长廊""党建长廊""思政长廊""健康长廊""科技长廊"，对学生健康成长产生潜移默化的影响。二是"微光课堂"。深入挖掘学校资源，结合思政大主题，鼓励党员根据自身特点"上好一节精品课"，使党建工作既要"横向到边"也要"纵向到底"，从而让师生在"学校小课堂"中看到"未来大世界"。三是"微光领航"。创新"党—团—队"衔接教育模式，在党团队建设中植根红色基因，培育家国情怀。利用好学校现有资源，凸显"党建领航＋五育融合"，呈现多元化特色化课程。四是"微光志愿"。以"乐帮"志愿服务为依托，全力打造"手拉手孤困儿童帮扶项目"和"红心公益课堂志愿服务项目"，将"党建＋公益"作为基层学校党建工作的创新点。五是"微光联盟"。加强党建的外延与内涵建设。外延，是与首都师范大学附属实验学校建立品牌学校发展共同体；与本地的社区、共建单位及学校的党建进行联盟，形成党建工作联合、志愿服务联动、公益事业联办、文体活动联谊、党建品牌共育的多种形式，提高学校发展内涵。

（二）科研提振，协同共赢

为突破学校发展瓶颈，教科研将以研究性学习为突破口，积极推动以"问题即课题，教学即教研，成果即成长"为核心理念的教科研活动，并通过小课题设计、教科研论坛、专家报告等形式，做好新课程改革实验，构建学科特色。

1. 建立共同体，引优学优

为开阔办学视野，快速提升学校科研教研水平，除了向省市区名校看齐，领导班子将目光瞄向全国优质资源。2023年聘请了教育部校长培训中心王俭主任、刘莉莉主任为学校发展顾问，顶层引领、助力学校高质量发展。2023年与首都师范学校附属实验学校建立品牌学校发展共同体。首都师范大学附属实验学校已经建立两个教育集团，涵盖国内小初高学校近六十所，在专家名师、学校品牌建设、课程建设、集团化办学、小初衔接等方面都有值得学习和借鉴的经验、成果。借助共同体平台，一〇八学校积极开展针对不同层级教师队伍的深度培训，提升业务素养，培养创新思维；引进提高不同层次学生学习力的策略做法，形成学生大胆实践、敢于质疑、会学爱学的良好品质，实现师生的"双优"共进，为教育教学的快速发展助力。在学校办学框架梳理、特色课程建设、小初衔接、办学模式改变（建立分校）、辐射区域内薄弱校等多个方面，获得了很多实践经验。2023年底，借助专家资源，成功举办了"教育高质量发展名校长高峰论坛"，与全国30余所名校建立联系，得以分享优秀的办学、教学、信息等方面资源。创新提质，举措赋能，学校全面进步，促进二道教育优质均衡发展。

2. 开展科研活动，集优展优

作为吉林省和长春市教育科研核心基地校，聚焦课标落实，着眼学生素养提升，注重高质量教研活动的开展，积极发挥着辐射引领作用。"十四五"规划课题《教育高质量发展视域下中小学振兴理论与实践研究》被列为省级重点课题，《五育并举视域下的初中课程体系建设实践研究》被评为长春市基础教育高质量发展成果特等奖。以科研为引领、学生素养提升为落脚点，学校先后组织开展了《践行高效课堂理念　提升自主学习习惯》《信息技术与学科教学深度融合》《构建倾听课堂　创新育人模式》《基于核心素养提升的语文大单元教学方式改进研讨会》《以素养提升为导向的任务驱动式教学实践研究》《小初学段贯通阅读教学实践研究》等高质量教研活动，并请省市区教研员评价指导，提升活动品质，带动全体教师钻研教学、优化教法，为落实课标理念、打造高效课堂奠定坚实基础。

3. 梳理发展路径，争优创优

梳理发展路径，总结实践经验，推动一〇八学校向二道区乃至长春市优质校迈进。学校在2020年组建教研团队，邀请高校科研专家整理学校发展过程中积淀下来的优质做法和典型案例，经过近三个月的研讨、分析、筛选、汇总，最终梳理出了《文化建设》《队伍建设》《课程建设》指导手册，使学校发展有了方向和规划，有了灵魂和依靠，有了内涵与特色。学校也会将教育教学实践中新知、新悟融入其中，扩充和丰富手册内容，为学生进一步发展发挥作用。遵循手册指导，在二道区教育局的指导下，借助共同体力量，在学校管理、思政建设、劳动教育、阅读提升等方面工作可谓有章有法、成效显著，指标系数在区域内学校中均列第一。仅2023年就召开了8个省、市、区级现场会，省内外来校参观、学习的校长团达13个之多，获得省市级多项殊荣，凭借突出实力，成功申报教育部组织的"义务教育教学改革实验校"。

（三）教培拓展，创新超越

学校以"全面打好基础，发展爱好特长，培养创新精神，提高人才素质"为指导思想，加强教师能力提升培训，细化教学过程管理，充分利用骨干教师力量，创新教学方式。

1. 重视培训，提升业务素质

教师强才能教育强。为了学校发展，对教师的培训坚持请进来走出去。首先，对接省内科研单位及师范类高等院校教研部门，组建校内外相结合的专家团队。聚焦核心素养导向的教学设计、学科实践、跨学科主题学习、作业设计、考试命题等重点难点问题，以专家讲座、名师高峰论坛以及高质量同课异构等教研实践活动为主要形式，转变教学方式，增强课改意识，促进学生素养提升。校级领导、中层主任、学科组长、班主任、骨干教师，足迹踏遍北京、山东、广州、成都、四川、深圳等地，取经探宝。

2. 推进"六R"，加强集备质量

集体备课是教师合作研究、深度教研的最佳形式。抓好集体备课就能抓好学科建设并提高教学质量。在深入调研基础上，遵循"人、从、众"原则，开展校区之间的融合集研、整合教师特长集研、骨干名师层级带动集研、高效管理团队引领集研。在集研模式中全校上下树立"四种意识"——发展意识、责任意识、率先意识、创新意识。

3. 打造"五Y"，创设课堂情境

课堂教学改革，以不同模式作为范例。即"阅"课堂，在自主学习中培养学习力；"跃"课堂，在思维碰撞中激发学习力；"悦"课堂，在乐学氛围中提升学习力；"越"课堂，在唤醒超越中驱动学习力；"月"课堂，在节时增效中迸发学习力。以不同风格的课堂教学，吸引学生热爱学习。

4. 整合资源，推进师生双培

为提升学校办学品质，学校将为教师创造更多的学习、教研机会，成都、山东、四川等地采用与首都名师在关键知识讲授上"共上一节课"的双师方式，达到对优秀教师及学生双培双优的效果。

同时，学校将加强对教师学科知识更新拓展、新课标培训作为师培重点，逐步形成新的教学观；扎实推进领导管理能力、教师的基本功、教育技术的应用水平达标培训，增强育人本领；强化教师心理建设，开展教师社团活动，为教师的教学营造一个和谐宽松的工作环境。

(四) 特色培养，全位育人

完善"五育"评价制度。2020年9月，中共中央、国务院印发了《深化新时代教育评价改革总体方案》，明确了健全立德树人育人目标。从2021年开始，组织全校教师深入学习上级教育部门关于落实多元评价、培养时代新人的诸多文件，同时邀请省市区教研员、专家做专题培训达20余场。组织教师制定符合校情的评价制度，作为提醒、规范、要求教师的准则。《长春市第一〇八学校五育并举育人目标评价制度》中包含了立体化、多元化的评价方式，它为学校教学管理、教育教学要关注学生全面发展提供了重要保障；《长春市第一〇八学校优秀学生评价标准》构建的德智体美劳多角度评价体系，改变了唯分数论的单一评价缺陷。"三好学生"成为历史名称，我们有"五好学生""艺美学生""道德先锋""劳动能手"等新荣誉。《长春市第一〇八学校课堂学习标兵评价标准》，从思维活跃与否、回答积极与否、思想提升与否、知识掌握与否、懂得分享与否等多方面评价学生的学习情况。

多元评价体系、科研制度的建立，从根本上改变了教育工作者固有的唯"智育"的单一评价的不足，缓解了师与生、学校与家长唯成绩论的紧张关系，促进学生"五育"的全面发展。下一步，课题组将持续完善、出台新的学生发展评价制度，使"五育"并举育人工作持续进行，为家庭、为社会、为国家的培养更多高精尖人才。

努力打造精品社团。在原有社团建设基础上，致力于新增航空航天、歌剧戏剧、手工作坊几大特色社团打造，为学生根植科研意识、高雅艺术体验和大国工匠精神。让学校社团课程体系，更加系统化、特色化，培养学生的个性化发展。

一是阅读特色课程。构建"阅读+"模式。以课内、外经典阅读素材为核心，调动教师、家长助力热情，纳入诵读、表演、戏剧、话剧、绘画、生活体验等多项实践形式，让孩子真心喜欢阅读，提升核心素养，弘扬传统文化，以"全人"发展观念尊重生命、彰显个性。

二是体育特色课程。运动不仅健身，更要乐心，优质的体育活动形式将避免更多学生出现心理问题。学校以自创多样"课间操"为主打项目，配合体育器材，让操场充满朝气，律动起来。同时，多举措开发健身项目，如设计室内徒手操、课前伸展操、视频演示操，充实学习生活，解决因天气原因不能出户的体育锻炼问题，让学生时时有锻炼，锻炼在时时。学校充分利用校内游泳馆的优势，除了对本校学生开设游泳课，还利用课后服务的时间，让这里成为集团成员校学生的第二课堂，我们的口号是：让每一个毕业生都能多掌握一项技能。

三是劳动特色课程。室内技能培训内容包括缝扣子、手持缝纫机的使用、手工制作、面食制作、简单拆卸工具的使用等；校内实践课内容包括"鱼菜共生"生态智能基地、有土栽培和无土繁殖的劳动体验、学生实践餐厅自我服务和为他人服务的体验、"开心农场"果蔬的种植等；校外志愿服务包括公园、社区、校园周边公益志愿服务，从中体验劳动的快乐和劳动的价值。

四是航天航空特色课程。借助教育共同体平台，与北京名校资源建立手拉手关系，建设活动场馆，精心设计课程目标，确定培训教师，让学生充分感受科技的魅力，根植飞天的梦想，为国防事业培养高精尖人才。

五是"红心公益"特色课程。"责任教育"就是要看见学生的需求，因为学习习惯、知识基础、接受程度的不同，面对全体学生确定的兴趣课程设计，是不能满足每一个学生的需求。为了促进学生自我检视、自我发现、自我提升，2020年11月，学校以七年级数学一个学科为突破口，组织党员教师，借助网络平台，利用周末一个小时，开展"红心公益课程"答疑活动，并从开始的"菜单式"向"定单式"转化，由一个年级、一个学科发展为全学科、初中全学段。截至当前，近1 300余节公益课，包括集团、联盟学校学生在内，共有120余万人次受益。这项公益活动，消除了学生知识盲区、缩短了家校距离、跨越了线上线下空间、建立了课上课下联系，切实解决了家长不到社会机构补课也能达到优辅的现实需要。"红心公益课堂"被评为长春市终身学习品牌，实现了优质资源没有边界，实现了多校共同发展。

学校特色课程的发展，将进一步扩大学校知名度和影响力，让百姓感受身边学校的优质优势，增添幸福感和满意度，落实了"五育并举"，推动了融合育人。

五、取得的主要成效

几年来，"责任教育"的建设，对学校文化构建、育人模式创新、课程内容建构产生了极大的促进作用，实现了学校、教师、学生、家长的共同发展。

（一）促进了教师专业能力提升

十三五、十四五期间，学校共承担国家级课题1项、省级课题6项、市级课题27项、国家级个人小课题50余项，100%的教师参与了立项课题研究。全校教师在各级教学教研刊物上发表论文、教学设计千余篇，打造精品教学课例、录制微课500余节次，参加省内外科研、教学比赛百余人次，171名教师被评为各级骨干教师。目前，学校形成了校长带头、骨干教师引领、年轻教师群体跟进的科研队伍。

（二）推进了内涵式发展

在教育科研引领下，学校先后获得"全国文明单位""首届全国文明校园"等十余项国家级荣誉，"吉林省教育系统先进单位""长春市4A级单位"等三十余项省市级荣誉。其中，2021年被评为"长春市教育科研核心示范基地校"，2023年被评为"吉林省中小学尊重教育科研示范基地"。

（三）发挥了辐射引领作用

近年来，学校快速发展。省内外20余所学校、1 000余人次校长、教师来校参访；承担1 000余人次高校学生实习任务；我校选派五十余名科研骨干赴北京、新疆、四川、大连、延吉、汪清、扶余、德惠、双阳等地共37所学校支教、送教、送培，辐射带动兄弟学校科研发展；引领建校不足三年的公平中学快速发展为二道区优质学校；2023年为集团薄弱中小学配备专任副校长垂直对接管理，中层主任、骨干教师为集团校组织教研、送课走教共计70余节。集团校教师所获荣誉比例从2022年的57.1%，增加到2024年的65%，由招生困难发展为学位饱和，区域不均衡发展状况得以改善。

六、经验与借鉴

（一）必须坚持人民教育为人民造福

"双减"政策下，学生多了运动和自主选择的时间与机会，课余作业大幅减少，还给了孩子充分的睡眠时间。但也有部分学生对于作业或者学习难点不知如何应对，学优与学困的差距加大也增添了部分家长的焦虑。线上"红心公益课堂"举措可以及时解决以上问题，学有余力的同学还可以通过"订单式"授课提升学习力，增强学习兴趣。

（二）必须着眼提升学校育人水平，完善课程体系

"1+N+T"课程建设模式，涵盖了初中学段课程建设。"1"，即"五育"核心——德育；"N"，即其他四育——智育、体育、美育、劳育；"T"，即创新特色课程（见图1）。

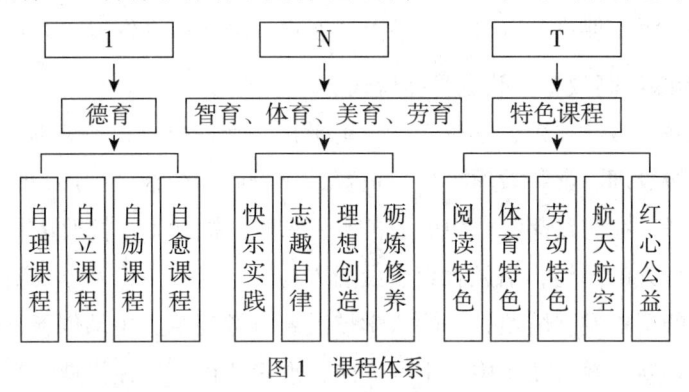

图1 课程体系

尤其"四自德育"课程体系，是学校德育教育工作基本内容。其中"自理课程"是生存能力培养，通过劳动实践、一日班长、插花、美食、校园菜园耕种以及简单手工及机械缝纫等活动，让学生在动手实践的过程中获得劳动能力和技巧，同时在体验感悟中更能做到珍惜自己和他人的劳动成果，更加懂得孝亲感恩；"自立课程"是优秀品格塑造，通过文明礼仪课程、思政校园剧创编、职业体验课程、变废为宝、我来介绍系列主题班会等学习体验，选择正确方式途径，培养爱国正能态度，树立正确三观；"自励课程"是人生理想确立，通过无线电测向、航模比赛、参加乐帮志愿服务队等活动，让学生在课程中明确理想方向，并有为之付出不懈努力的勇气和决心，明晰初心、牢固三观，"乐帮志愿者服务队"成为全省德育工作品牌；"自愈课程"是心理健康维护，通过校园舞台展示、体能体技特长展示、团建活动课、心灵邮箱传递、主题家长会、我要大声说出来等独特的课程设置，进行心理健康维护，并能有针对性地解决问题，从而懂得尊重生命，热爱生活。

围绕"国家课程校本化，校本课程特色化，特色课程实践化"，学校着力打造四个课程群，发展学生个性，启迪学生智慧。"快乐·实践"课程群，是按照学生的认知发展规律，将同一学科或不同学科的相关而具有互补性的课程进行整合，创办"自然科学馆""迷你农田""攀岩墙""足篮排乒羽""绅士击剑"等课程，最大限度地增强课程的实践功能，充分体现"五育融合"理念；"志趣·自律"课程群，把培养学生独立人格、学会学习、获得精神成长，作为"尊重教育"培养目标，构建了"数你最棒""英你出彩""校园乐团""艺术创意""经典配音"等"社团"课程。发挥学生"智育"特长，增加"美育"素养；"理想·创造"课程群，推动学生"像科学家一样思考，像创造家一样动手"，积极开发"3D打印""无线测向""电脑编程""科技嘉年华"等有创造力的课程内容，激发学生的思维火花和创造本领。在活动中融合多育，促进学生全面发展，为培养创新型人才奠定基础。"历练·修养"课程群，着眼智慧统整与知识统整，设计了"鸿鹄杯""馨声广播站""乐帮志愿者""思政长廊"等系列指向学生核心素养的综合性活动课程，培

养锻炼了学生的实践能力、创新精神和社会责任感。

几年来，课程体系的建设，对学校文化构建、育人模式创新、课程建构产生了极大的促进作用，实现了学校、教师、学生、家长的共同发展。在教育教学实践中，还将不断扩大、丰富形式与内涵，促进"五育"并举向"五育"融合迈进发展。

（三）必须着眼提高效率，改进管理模式

为切实提高教育教学质效，学校实行"扁平化"管理模式，不断细化各项管理内容，将各类工作、年级管理、学科教学等分工负责，充分调动校级、中层、学科组长的工作热情，激发提质思考，在实践落实方面更加务实、求质，推动了学校改革和加快发展。

"走在改革振兴的前沿，引领教育发展的方向"，这是一〇八学校对"名校"新的意义解读。在不同的历史发展阶段，一〇八学校需要自觉变革、主动创新，勇敢面对时代发展的诸多挑战，在新的教育变革中，把握方向，准确认识，抓住机遇，实现名校品牌内涵与外延的全新超越与成长。

报告执笔人：贺同君　宫化丽　卞丽宏　金美蓉　王国雷　邢瑞瑶

本源教育提素养　智慧管理育栋梁

——长春新区吉大慧谷学校 2023 年度教育质量发展报告

一、学校简介

长春高新技术产业开发区慧谷学校始建于 2014 年 7 月，是吉林大学与长春新区管委会合作创办的第一所九年一贯制公办学校。包括小学和初中两个学部，现有近万名学生，600 余名教职员工。学校启动于 2014 年 8 月，现有三个校区，一校区启用于 2016 年 7 月，占地面积 63 150 平方米，建筑面积 41 888 平方米，现有 42 个教学班，1 500 余名学生；二校区启用于 2019 年 9 月，占地面积 54 017 平方米，建筑面积 40 219 平方米，现有 64 个教学班，2 500 余名学生；三校区于 2021 年 9 月投入使用，占地面积 51 000 平方米，建筑面积 39 866 平方米，现有 72 个教学班，2 900 余名学生；2023 年 3 月一校区扩建工程正式启动，10 月初正式投入使用，现有 42 个教学班，2 200 余名学生。伴随着 2023 年扩建工程的投入使用，目前，慧谷学校相当于拥有 3.5 个校区，占地面积 20 多万平方米，建筑面积 15 万多平方米。2024 年将有 270 个教学班，11 000 多名学生，650 名教师，保持着市民给予的"宇宙第一大校"称号。

慧谷学校坚持党对学校工作的全面领导，坚持社会主义办学方向，全面贯彻党的教育方针，致力于打造新优质学校。学校坚持"本源教育"的核心理念，致力于"保护天性、尊重个性、开发灵性"，秉承"敦品博学，勤勉笃行"的校训，以"科学规范，自强不息"为校风，以"立德树人，求是创新"为教风，以"知行合一，德才兼修"为学风，不断深化办学理念，倾注人文情怀，润泽心灵成长，立足知行根基，强化核心素养，重视培养学生实践能力和创新精神。

二、改革起源

长春高新技术产业开发区慧谷学校坚持以促进学生的全面发展为目的，以提高教育教学质量为根本，进行了一系列的改革探索，让学校成为立德树人的主阵地。2023 年慧谷学校在党的相关政策指导下，继续进行学校管理的深度改革与探索，着力于思想理念的"两转变"，全面提升"减负提质行动"的综合质量，切实推动了学校办学质量的高水平提升。

（一）立"本源教育"理念，回归立德树人教育初心

慧谷学校一直坚定以习近平新时代中国特色社会主义思想为指引，坚持树立正确的育人观念，发挥学校在育人过程中的主体地位，使义务阶段的教育回归立德树人的初心。学

校将"立德树人"融入办学理念之中,坚持"立德树人、求是创新"的教风,构建"新时代·双主体·本源教育"育人体系,推动学生全面发展。学校经过反复的论证,确立并贯彻了"保护天性、尊重个性、开发灵性"的"本源教育"核心育人理念,尊重学生个体差异、因材施教、因势利导,为每一个学生的终身发展奠基。通过系统性、全方位的德育教育,培养学生核心素养,促进学生全面发展。学校还结合中小学阶段学生身心发展的特点和教育教学规律,打造了德育教育体系,其中包含习惯教育、爱心教育、安全教育、感恩教育、法制教育、人格教育等系列内容。同时,学校系统建构德育课程,建设好德育阵地,做实德育常规。学校坚持立德树人,用先进社会主义文化引领校园文化建设,在潜移默化中浸润学生的心灵。

(二)寻"本源教育"路径,进一步回归学校主体责任

学校一直以来都是教书育人的主要场所,在教育教学改革过程中,特别是"双减"政策的实施过程中,过去由社会所承担的教育职能有相当一部分开始转移到学校。因此,在"双减"背景下,基础教育特色化发展战略目标的实现需要以学校为主体单位,学校要努力探索出一条符合自己特定风格和展现自己独特优势的道路。在办学实践中,慧谷学校探究和践行"双主体"教育理念。一是立足教育以生为本,增强学生主体意识,发挥学生主体作用,塑造学生主体人格,促进学生主动发展;二是突出办学以师为本,增强教师的主人翁意识。在学校的管理实践中,学校充分调动教师主动参与管理的自觉性和积极性,以师为本,依靠教师,发展教师,成就教师。按照教育教学"双主体"的理念,着力建设"轻负高效"的课堂文化。持续开展"学在课堂,教在课堂,落实在课堂"的高效课堂文化建设,创新科技教育、社团活动以及学科建设。

二、定位及目标愿景

慧谷学校以教育教学改革发展为抓手,将"倾注人文情怀,润泽心灵成长,立足知行根基,强化核心素养,重视培养实践能力和创新精神"的办学理念融入课程建设,努力构建慧谷学校特色育人模式,即"新时代·双主体·本源教育"体系。"新时代·双主体·本源教育"体系基于教育本源,是完全基于新时代中国国情与人才培养需要,依托了"因材施教"的中国传统教育智慧与"多元智能"理论及认知发展理论,充分结合了义务教育的育人特点与慧谷学校的实际校情,倡导人才观的多样化、学生观的科学化、教学观的个性化、评价观的发展性,秉承保护天性、尊重个性、开发灵性的核心教育理念,以科学评估、合理规划、启发引导、有效激励、个性发展为基本策略,达成学校"厚德崇礼、身心健康、全面发展、学有所成的优秀公民"这一育人目标。

长春新区吉大慧谷学校在新区教育局的科学正确指导下,依托吉林大学与新区优质资源,基于"本源教育"的核心理念,潜心探索学校智慧管理体系,努力创建新优质学校,着力打造长春新区教育地标,为长春市乃至基础教育的高质量发展做出突出贡献。基于上述定位,学校将在未来进一步探索:育人举措保障学生全面发展,质量评价注重多样综合,

培养模式注重个性培养，教师成长注重素养和境界，教育管理注重科学规范。同时，作为新优质学校的外部建筑体量、容积率、美观度、设施设备、文化氛围等条件都将进一步对标最好最优。

学校将进一步坚持立足中国传统文化，把现代管理学与中国传统智慧融于一体，坚持以人为本，落实精细化管理，构建以人为核心和"人形结构"的学校智慧型组织——高效智慧管理，即"C管理"，不断激发师生热情与潜力，释放师生活力和创造力，让校园充满阳光、充满热爱，使学校成为师生共同美好的精神家园。

三、实践探索

（一）全面构建"新时代·双主体·本源教育"育人体系

新时代的学校教育要努力构建德智体美劳全面发展的教育体系，倡导启发式、探究式、讨论式、参与式教学，全面提高学生的综合素质。2020年，慧谷学校开始重构课堂，尊重人的内在本质，即秉承保护天性、尊重个性、开发灵性的核心教育理念，努力构建在新时代双主体本源教育模式下的2+3+5育人体系，即两个主体：教师倾心教和学生主动学；三大方式：以课堂为主阵地、以学科为载体、以实践活动为助推；五个育人方向：德智体美劳五育并举，和谐发展。

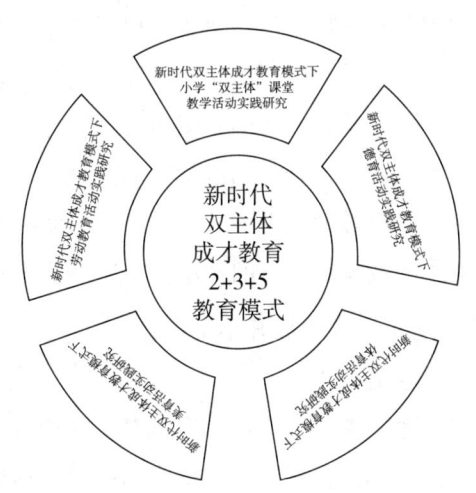

"双主体"课堂教学改革强调学习的建构性、情境性、合作性，聚焦于学习者能动性的发挥和发展，注重探索如何通过学习发展学生创造未来的核心素养。通过构建全新的课堂教学理念引导教师改变观念、转变角色，创新优质课堂教学载体，创设愉悦高效的教学体验环境，使学生从被动接受转变为主动思考、深度探究、学会质疑、敢于创造，实现体验式学习、合作式学习的高效课堂，真正实现减量、提质、增效。

学校在"新时代·双主体·本源教育"的教学模式引领下，教师作为教学主体以激发学生探究欲望和学习兴趣，科学设计探究学习活动；学生作为学习的主体以体验知识建构和成功喜悦，找出规律得出结论，理论结合实践实现"知行合一"。这样的课堂教学模式以师生为共同主体，以"情景"为依托，追求教学过程的返璞归真，生活化的真实情景，知识形成的真实过程，能力生成的真实台阶；这样的课堂教学模式以"素养"为核心，脚踏实地，教学过程环环相扣，呈现知识学习的发现过程、思考过程、探究过程和运用过程，调动学生的主动性与参与性。可以说，这种朴实的、具有慧谷学校特色的课堂教学模式，为提高学校的教育教学质量、促进学生的全面发展提供了有效的保障。

三年来，慧谷学校带动全体教师以"新时代·双主体·本源教育"的教学理念为指导，积极投身于课堂教学改革，让课堂改革在我校蔚然成风，助推我校教育教学高质量发展的步伐。经过三年的扎实推进，2023年12月，慧谷学校各学科均形成基于"双主体"教学理念下的学科教学发展特色。共创建"双主体"特色课堂教学模式13个，引领慧谷学校课堂教学改革整体提质，促进了学校内涵特色发展，彰显"一学科一特色，一校多特色"。

语文学科：基于"双主体"教学理念下的语文"润心"教学理念

数学学科：基于"双主体"教学理念下的"1+6"小组合作学习模式

英语学科：基于"双主体"教学理念下的英语主题意义大单元"TMLC"教学模式

科学学科：基于"双主体"教学理念下的小学科学主题意义大单元教学"5E"模式

道法学科：基于"双主体"教学理念下的道法"151"教学模式

体育学科：基于"双主体"教学理念下的体育"教练赛"教学模式

美术学科：基于"双主体"教学理念下的美术大单元教学"PBL"教学模式

音乐学科：基于"双主体"教学理念下的音乐"真实情景"教学模式

心理学科：基于"双主体"教学理念下的"团体心理辅导"实施模式

劳动学科：基于"双主体"教学理念下的小学劳动"SR+CR+A"实践模式

家乡学科：基于"双主体"教学理念下的"三横四跨"实践模式

书法学科：基于"双主体"教学理念下的"小金字塔"式书写能力培养模式

（二）厚植"本源教育"之基，全面提升学生素养

1. 深化"五育并举"，推进全面育人

慧谷学校将始终坚持"五育并举"，坚持"全员育人、全程育人、全方位育人"，以提高学生的核心素养为目标，构建具有慧谷学校特色的多元立体课程体系，助力学生全面发展、幸福成长、创新成才。

2023年，学校以深度践行"五育并举"促进学生的全面成长。学校定期开展"家校共读""水墨丹青展""科技创新"等德育主题活动，满足学子的智育需求；聚焦"冰天雪地也是金山银山"，开展以"冰雪嘉年华"为主题的体育活动，响应国家3亿人上冰雪的号召；将美育融入校园、走进课堂、行于课程，实现审美品格的塑造；将劳动教育课程与社会实践课程相结合，学校精心规划，充分利用校园花圃及农园绿地，开展"勤四体，识五谷"和丰收义卖活动，将劳动教育与培养服务社会意识相结合。

2. "三节"赋能成长，培育核心素养

学校通过举办"慧谷科技节"，培养学生的科技创新能力和科学素养。通过举办"慧

谷首届丰收节暨赈灾义卖活动"，培养学生的爱心、劳动素养和服务社会意识。通过举办"慧谷阳光体育节"，增强学生体质，培养学生的运动素养和体育精神。慧谷"三节"的举办，是学校在2023年进行德育特色发展和促进学生核心素养发展的重要举措。

3. 构建德育体系，践行活动育人

慧谷学校以"以雅养德，以德促行"的德育范式为牵引开展多元德育主题活动，全面促进学生道德品质的提升。2023年，学校通过构建"123456"德育体系，即1种范式，2个主体，3个原则，4种评价，5项内容，6个途径，以及开展中小学思政联动和举办慧谷德育讲坛等方式，在全校范围内践行社会主义核心价值观的落实，引领学生感受传统文化，热爱民族文化，提升公民修养，自省品德文化，加深环保意识，从而稳步落实立德树人根本任务。

4. 搭建发展平台，促进个性成长

为促进学生特长发展，学校各年级各学科依据学科特点制定学生特长发展计划，以各年级主题活动、大型校级活动及国家、省市区各级各类比赛为载体，创设学生特长展示平台。各年级开展主题活动，如：阳光体育大课间、冰雪嘉年华、滑雪课、运动会、舞蹈大赛、校园好声音、华服大秀、跳蚤市场、诗词大赛等年级活动，"少代会""课后服务现场会""开学典礼""毕业典礼"等大型校级德育活动，啦啦操比赛、国际跳棋比赛、轮滑比赛、篮球比赛、无人机比赛等。以"培养兴趣，发现特长；激发兴趣，培养特长；强化兴趣，展示特长"为总体思路，以丰富多彩的活动为主线，切实为学生的快乐成长服务。

5. 开展社会实践，进行课程延展

2023年，学校分9期组织3—8年级同学赴吉林省颐乐谷研学实践基地和长春市清泉湖教育实践基地开展社会实践活动，学校把文化课程延展到大自然中，学生在社会实践基地开设的爱国主义课程、生态课程、手工课程、农业课程中丰富知识、开阔视野、涵养家国情怀。同时，我校定期邀请家长志愿者为学生开展文化讲座、劳动技能辅导和职业生涯指导等活动。尝试探索与街道社区合作，将育人场域从校内延伸到校外，扩大服务范围，以社区为单位组织学生参与课后服务，盘活社区教育资源，把课堂搬进社区，把课后服务送进家门，凝聚家校社的合力，实现同频同向，最终达到"1+1+1>3"的效果，家长方便又放心，家校社联动追求育人价值最大化。

6. 推进课后服务，开发学生灵性

学校课后服务课程体系建构以"五育融合"为总体方针，以"学生发展核心素养"为指导思想，采用"学科指导＋兴趣拓展"的辅导模式，建构了横向延伸、纵向贯通的"3+1+N+X"课后服务特色课程体系。"3"指的是以校级、年级、班级为建构主体的"三级课程"。校级课程围绕我校学生培养目标，贯穿一到九年级，年级课程立足学生发展需求和师资队伍结构；班级课程聚焦核心素养，凸显班级特色。"1"指的是每日开展的静态看护课程；"N"指的是多种特色动态课程；"X"指的是充分利用科技馆、青少年运动中心等单位或部门的专业力量和场地资源优势，不断开发的社会协同课程。

一方面，初中阶段学生实行延时课程。早自习，有需要的学生可以提前到校，由班主任进班管理；午自习，学生可以在学校午餐、午休，同时，由科任老师进班辅导；晚自习时间，科任老师进班根据学科特点和学生需求进行安排，或辅导作业或精准答疑。另一方面，学校着力建设特色化的中小学校本课程，开发了丰富多彩、形式多样的社团活动。经过持续不断的改革推进，逐渐从课外活动完善为校本社团课程。在确保国家课程全员化优质化的基础上，创造性地开设了"勤识""马头琴""马术""高尔夫""击剑""国际象棋""沙盘游戏""典籍里的中国""体适能""啦啦操""短道速滑"等128门特色校本社团课程，内容覆盖文学、艺术、体育、心理健康等各个方面，为学生提供多元化的成长路径和成长方式。

7. 充分利用假期，坚持全程育人

慧谷学校从未因为寒暑假的到来而停止育人的脚步。2023年寒暑假，学校精心设计了寒暑假德育作业，作业覆盖主题实践、传统文化、劳动教育、艺术素养、体能提升，以及党、团、队史学习等方面，从而保证了德育教育的全程性。

（三）巩固"本源教育"之本，引动教师专业发展

慧谷学校坚持以教师的最优发展成就学生的充分发展，全面提升教师境界与关键能力，坚持"四正"（身正、心正、言正、行正）和"四用"（用心、用情、用力、用智），构建具有"三新"教育思想的最优师资队伍。

1. 加强教学管理体系建设

学校构建"学部—教研组—备课组"三级教学研讨制度，通过教学研讨会、教师微论坛、教学展示、师徒结对等形式，为教师提供交流与学习机会。以"三新"背景下的单元教学设计、单元作业设计、课堂活动设计、校本练习设计、教学评价设计、技术赋能教学等主题为主线，开展系列化集体教研活动。开发校本教学资源，为教师专业技能发展提供适切支持。关注全体教师"备课—上课—辅导—作业—考试—科研—培训"的全过程，全方位提升全体教师的教学能力、德育能力、科研能力。

2. 完善教师培训与提升体系

慧谷学校推动教师培训常态化，探索实行学分管理，将培训学分作为教师考核和聘任的重要依据。加强青年教师发展建设，重点面向新入职教师和青年教师，以提升教学能力为目的，开展岗前和在岗学科专题培训。开展"青蓝工程""领航工程"等推进中青年教师专业发展，建立教师外出培训、挂职锻炼、社会实践等制度。大力开展尊师重教的宣传及相关活动，营造尊师重教良好校园风气和社会风尚。同时，学校持之以恒地落实"备课—听课—评课—改课"机制，在教师之间形成互学、互评、互促的氛围。学科教研有助于实现教学资源的共享，促进集体备课的深入，助推教师的专业成长。

3. 加强班主任队伍建设

在慧谷学校教育教学工作开展中，班主任作为班级日常事务的组织者、参与者及班级

发展的引领者，担任着连接各科教师的枢纽角色，同时也是学校、家庭与社会教育之间有效沟通的桥梁，构成了学校行政管理及品德教育的中坚力量。学校通过开展班主任岗前培训、班主任例会、班主任班级管理艺术沙龙、班主任工作室等形式，对班主任进行长期而深入的专业发展支持和班级管理艺术赋能。

4. 坚持科研引领教师发展

学校坚持"科研强师，科研兴校"的理念，以"注重创新，务求实效"为原则，把科研作为引领学校各项工作发展的先导，主张做真正能助力教师成长、能促进学校发展的科研。采取"领导带头，全员参与；树立典型，系统培养；经验启发，实践锻炼"的策略，以校长为龙头，带领中层干部，"沉入"教育科研，在教科研中以身作则，力求在教师中起到良好的引领、示范和激励的作用，实现"人人有课题、事事有研究"的浓郁科研氛围，初步形成一支涵盖各学科、由中青年骨干教师构成的优质科研团队，推动学校课题研究的全面开花结果，促进教师成长进入快速轨道。

5. 健全教师考核评价制度

加强师德师风建设，将师德考核贯穿于教育教学全过程。突出教育教学业绩在绩效分配、职务职称评聘、岗位晋级考核中的比重。教师日常指导学生学习、创新创业、社会实践、各类竞赛展演以及开展"传帮带"等工作，计入教育教学工作量，纳入年度考核内容。完善以教师自评为主，管理者、同事、学生、家长共同参与的评价制度。帮助教师多渠道获得评价信息，自觉反思教学思想、教学情感、教学态度、教学行为和教学效果，让教师在教学实践中明晰问题、调整完善、体验成功，将经验升华为教学智慧，促进教师的专业化发展。

（四）深溯"本源教育"之源，教学管理科学化、制度化

1. 立足教学常规，强化教学质量

学校加强教学精细化管理，强化教学督导，确保全过程、全覆盖、高效率开展督导检查工作。学校领导干部深入课堂，了解教师的课前准备情况和课堂教学情况，并对教师在课堂教学中存在的问题提出针对性意见，促进教师有效改进课堂教学，不断提升教学质量。通过推门听课、教学巡查、开展公开课、集体备课以及教学资源检查等方式对教师的教学能力与教学水平实行全面、科学、有序的评价，对各项教学工作高度重视、严肃对待，环节落实，做实做细，促进教学质量不断提升。

2. 立足公平公正，提高考试管理水平

慧谷学校完善了试卷命题与管理制度，加强了试卷内容和难度管理，建立了考试数据应用与管理制度。学校应用大数据和学习分析技术转变传统的评价手段，从对试卷、问卷的评价转向大数据采集分析，从总结性评价转向过程性评价，从单纯对知识掌握情况的评价转向知识、能力、素养并重的综合性评价。学校也能够基于数据对办学情况进行评估、反思和创新，实现精准教学，促进教育质量提升。

3. 立足作业管理，提高自学效率

慧谷学校坚持以"激发学生学习的自主性"为目标设计作业，对作业设计环节进行优化。通过作业分层、特色作业，来满足不同学生的个体发展需求。鼓励教师根据班级的个性化需求，结合备课组集体备课的智慧成果，设计有针对性的专题训练，满足不同层次学生的发展需求。进一步完善作业管理机制，建立了作业校内公示制度和作业总量年级主任统筹审核制度，控制作业总量和作业时长。同时，学校还建立了作业情况反馈制度，通过定期对学生和家长进行问卷调查，在有效减轻作业负担情况的同时，也进一步提高了作业的质量。

4. 探索家校共育，提高育人合力

慧谷学校立足学校教育和家庭教育两个抓手，统筹利用线上线下两种资源，构建"学校+家庭"育人空间，为进一步推动教育教学改革工作的实施，开辟了一条新路径。学校依托家委会，创办了长春新区吉大慧谷学校家庭教育电子期刊《桥》。该期刊旨在让家长"学习"家庭教育之道，让老师们更积极思考、学习家校沟通策略，总结分享自己的育人经验和心得。学校每学期设置校园开放日，让家长走进校园，走进课堂，全面了解学生在校的学习情况；教师不定期根据班级学生需求进行家访，深入学生家庭，增进家校沟通。另外，学校还针对不同年级家长的需求，举办家长专题讲座等活动，强化家庭教育指导，引导家长树立正确的教育观。

四、成效

（一）立足课堂教学，提升了"本源教育"质量

2023年学校全学科教学均统筹在"新时代·双主体·本源教育"育人模式之下，基于对学生个体发展的尊重，充分发挥了学生的主体作用，让学生真正成为课堂学习的主人。由此带来了学生学习品质、思维能力、表达能力、合作意识、科学精神、审美创造的长足发展。在新的课堂学习方式下，我校学生的学习走向多思考、多探究与多创新，绝大多数学生具备了良好的自主学习能力，能够面对现实生活中各种各样的学习需求和挑战。通过主动参与和积极思考，学生获得学习的自信心和兴趣，乐意与人交往，学习互助、合作和分享，在体会各学科学习与自然、社会和人类生活的联系，情感体验与学习能力方面均获得了全面发展。学校整体的课堂文化形成了有利于学生主体精神、创新意识、创新能力健康发展的宽松环境，促进了学生全面和谐发展。

（二）践行五育融合，突显了"本源教育"优势

2023年我校立足"保护天性、尊重个性、开发灵性"的"本源教育"理念，以主题活动为载体，促进课程活动化，丰富课程内涵。语文组开展了"诗词咏流传""华服大秀"等活动，传播传统文化，传承民族精神，彰显了文化自信。数学学科、英语学科，把数学知识和日常短语从书本带入生活情境中，开展了项目式主题活动"跳蚤市场"，培养学生的沟通、解决问题的能力。劳动学科开展"勤四体，识五谷"系列活动，多途径掌握劳动

能力，感知、体验、践行劳动之美。音乐学科举办"慧谷少年歌唱大赛"，美术学科开展了多种形式的美术创作比赛与展示，体育学科举行了系列体育赛事与活动，正是通过设计如此丰富多元的活动，有效激发了学生的学习兴趣，促进学生的全面健康发展。

2023年度，学校深度践行五育融合并取得丰硕成果：在科技创新方面，慧谷学校航模社团本年度参加了四类国家及省市级航空模型竞赛，9人获得冠军，7人获得亚军，7人获得季军，100人获得国家省市竞赛一等奖，52人获得二等奖，47人获得三等奖。在体育方面，我校崔圣雨同学获得第二届U15世界中学生夏季运动会体育舞蹈（霹雳舞）世界冠军。在长春新区游泳锦标赛中，我校代表队获得团体亚军。在长春市乒乓球锦标赛中，我校代表队获得团体季军。在美术方面，慧谷学校在"中国梦·家乡梦·最美吉林"吉林省第二届中小学生书法、绘画作品展中，我校特金奖2人，金奖115人，银奖109人，铜奖93人，优秀奖24人。

（三）立足社团课程，拓展了"本源教育"宽度

学校立足于助力学生、服务学生、发展学生，以课后服务工作为有效载体，完善课程体系，用优质的课后服务有效推动"双减"工作提质增效，助力学生全面成长。目前，我校近7 000名学生、460余名教师参与到课后服务中，课后服务课程贯穿9个年级，横跨16个学科，聚焦"语言与文化""思维与表达""体育与健康""艺术与审美""科技与生活""劳动与体验"，创造性地开设了"勤识""马头琴""马术""高尔夫"等百余门特色动态课程，特色鲜明，社团成果显著，并通过体育节、读书节、艺术节、科技节等联动为学生搭建展示才艺的舞台，促进学生德智体美劳全面发展，充分发挥课后服务的育人优势及文化育人功能。以"勤识课程"为例，学校依托校园的整体布局，把生态文明建设和劳动教育融入课后服务育人体系。改造原有花圃为"勤识园"，在课后服务期间，带领学生种植"情怀树"和各种农作物，在"小太阳七彩墙"种下向日葵种子，播撒希望。秋天丰收后，孩子们开展义卖活动，将义卖所得善款全部捐献灾区，在奉献中彰显了中华民族的美好品德。

（四）坚持德育为先，巩固了"本源教育"基础

学校基于多年的德育管理实践，逐步形成了以德育主题月为核心德育形式，分年段、多层次、主题式开展德育活动的特色德育体系。学年德育活动涉及感恩教育、家国情怀、中华传统文化、劳动教育等诸多方面。在2023年的德育主题月活动中，慧谷学校推出6节中小学联动思政课，学生累计参与人次18 650人，学生参与德育主题活动87项，录制德育主题月演讲视频130个，绘制德育主题月主题手抄报、绘画及书法作品2 028份，推送德育主题月公众号文章10余篇，各项指标同比增长13.5%，充分体现了慧谷学校全员德育、全时德育的理念。丰富多彩的德育主题月活动，达成了"打造主题月份，践行活动育人"的宗旨，其丰硕的德育成果实现了活动主题化、主题价值化、价值深度化。

学校实施德育评价机制——"慧谷学校德育管理网络构建暨优秀班级评比"，即由评

比指导员老师和数百名文明引领员同学，在全校范围内全方位引领文明、传递文明，并对各个班级的纪律、卫生、两操、垃圾分类等情况进行综合评价。一年来，共评选出优秀班级 106 个，相比 2022 增加 32 个；评选出学生文明标兵 486 人，相比 2022 年增加 109 人。优秀班级和学生文明标兵数量的整体提升标志着慧谷学校和谐、文明、向上的校园生态正在日趋形成，更体现了慧谷学子成为推动文明校园创建以及校园文化创建的重要参与者和实践者。

（五）强化科研先导，助力了"本源教育"发展

基于欧炜校长主持的吉林省教育科学规划课题凝练形成的科研成果《新时代中小学家校共育模式研究与实践》，先后荣获长春市基础教育成果特等奖、吉林省基础教育成果二等奖。2023 年，我校被评为长春市教育科研示范基地校，我校教师荣获各级各类科研奖合计 37 项。其中，吉林省教育学会第十四届教育科研优秀成果获奖 19 项；长春市教育科学十四五规划 2022 年度优秀课题成果获奖 4 项；长春市基础教育高质量发展教学成果 2 项；长春市教育科研基地校研究成果评选获奖 3 项，《长春教育》素材征集暨长春市教科研成果评选获奖 9 项。我校 2023 年教师公开发表论文 77 篇。

2023 年我校申报结题的课题共 76 项。其中，全国教育规划子课题 4 项，长春市教育科学研究领导小组的课题 6 项，吉林省教育学会课题 32 项，长春市教育学会课题 34 项。学校 2023 年成功立项了 63 项课题。其中，吉林省教育科学研究领导小组课题 1 项，长春市教育科学研究领导小组课题 4 项，吉林省教育学会课题 14 项，长春市教育学会课题 44 项。目前在研课题总计 169 项。欧炜校长荣获吉林省中小学教育科研骨干校长、长春市科研名校长等荣誉称号；多位教师荣获科研名教师、科研骨干教师等荣誉称号。

（六）成果荣誉喜人，彰显了"本源教育"成效

2023 年，我校被共青团中央青年发展部评为小平科技创新实验室；荣获中国教育创新年会真实任务学习最佳组织奖；第七届全国青少年无人机大赛（吉林省赛）优秀组织奖；全国校园大课间啦啦操推广实施单位；全国啦啦操特别贡献奖；全国软式棒垒球实验学校；吉林省中小学校长研究实践基地校；吉林省中小学人工智能综合实践活动优秀团体；吉林省"互联网＋教育"双优试点校典型案例；"中国梦·家乡梦·最美吉林"吉林省第二届中小学生书法、绘画作品展优秀少儿美育教育示范基地；吉林省街舞特色学校；长春市首届创意编程设计大赛"最佳集体"；长春市教育考试工作先进考点；长春市《环境安全校园行》活动先进集体；长春新区第二届中小学篮球锦标赛优秀组织单位；长春新区第二届中小学篮球锦标赛特殊贡献奖等多项荣誉。

在教师队伍中，杨忠平、高原、许娜教师获长春市中小学中青年带头人荣誉称号；周丽岩教师获得中国教育技术协会信息技术教育专业委员会组织的全国小学信息技术优质课展示活动国家级奖励 1 项、吉林省优质教育资源征集活动等省级奖励 5 项；王红等三位老师在吉林省教育学院组织的吉林省第六届教学名师评选中被评为"吉林省教学新秀"；刘

洁教师等四名教师在吉林省教育学院、吉林省电化教育馆组织的小学教学名师评选活动荣获奖项；孙铭黛等两位教师在长春市基础教育研究中心组织的长春市教学基本功大赛中荣获"十佳"教师；石垚等两位教师在长春市基础教育研究中心组织的长春市教学基本功大赛中荣获市级"教学新秀"；孟令嫡教师等十二名教师在长春市教研中心组织的小学教学名师评选活动、长春市第二届小初高一体化生涯教育实践五师型技能大赛获得市级奖项；肖瑶教师等二十六名教师在长春新区教育局组织的班主任基本功大赛、理科教师解题能力大赛等获得奖项。初中部高原、张艳秋等二十五位老师在长春新区教育局组织的理科教师解题能力大赛中获奖，学校总成绩在新区遥遥领先。

（七）推进家校共育，达成了"本源教育"认同

2023年我校继续办好家庭教育期刊《桥》，对其进行了创新改版，分为中学版和小学版，隔期出版，更有针对性和实效性，很好地解决了我校家长体量大、分段跨度大的现实问题，截至目前，已刊发近50期报纸。9月份，家长委员会进行了换届选举，增补了新一年级和新七年级的家长代表；在三个校区的七个校门口，张挂"家校联络箱"，进一步方便家校沟通；家庭教育指导中心活动室暨家校委员会办公室落成，为家校活动的开展提供了便利条件和有力保障；九个年级分别召开特色家长会，如幼小衔接和小初衔接家长会、期末成绩分析会、假期安全宣讲会等形式多样的家长会；开展问卷调查，包括家长满意度调查、家长意见反馈调查等，进一步了解家长所需和困惑，为下一步家校活动的开展奠定基础。《桥》自创刊以来，收到了来自家长、老师和学生的大量稿件，得到了市、区领导的高度认可，并将其刊载在"长春家校社共育"公众号上，推广到全市各兄弟校学习借鉴，在全市形成了广阔的辐射效应。

五、经验与借鉴

慧谷学校坚持高站位、大格局、宽胸襟、勇担当，始终以"努力办好人民满意的教育，努力办好政府满意的教育，努力办好吉林大学满意的教育"为办学宗旨，以把学生培养成"厚德崇礼、身心健康、全面发展、学有所成的优秀公民"为目标，以"建设学科课程、德育课程和校园文化课程"为途径，开展学校的各项工作。近年来，学校致力于课堂教学改革，基本形成了基于"本源教育"理念下的学科教学特色。共创建双主体特色课堂教学模式13个，引领慧谷学校课堂教学改革整体提质，促进了学校内涵特色发展，彰显"一学科一特色，一校多特色"，并通过教研引领，构建了教研科研一体化机制，持续深耕特色发展。在此基础上，组织形式多样的实践活动，形成可复制、可推广的"新时代·双主体"课堂教学有效经验。

慧谷学校持续践行推广新时代中小学家校共育新模式，构建了小学低学段、小学高学段和青春期系列教育课程，并总结出了针对不同学段家长育人问题解决的经验与成果，为家长提供科学有效的指导，引领全校教师，尤其是班主任教师团队，深入到家校协作研究的前沿，找准了家校协作的规律与特点，逐步收获了更好的育人效果。2023年，家庭教

育指导中心活动室暨家校委员会办公室落成，进一步为我校家校共育的开展提供了有力保障。

慧谷学校在长春新区教育局的引领下，参与组建了未来教育联盟——树蕙联盟。树蕙联盟旨在通过创新区域教育优质发展模式，将教师联动、学生互动、资源共享作为共同发展的重要抓手，发挥优质资源整合、师资示范引领作用，共同探索"联盟办学"长效可持续发展机制。慧谷学校作为联盟首届轮值校，坚持"一体两翼五推进"，即以联盟轮值校为主体，以资源共享和优势互补为两翼，全力推进学校文化共生、教师队伍共建、课程资源共享、教育教学联动、五育并举共发展。通过整合资源力量，强化互助机制，构建区域教育协同开展科学规范的教研活动，促进区域教育义务教育优质均衡发展。在我校轮值期间，以设计典雅精彩的社团活动，串联德育论坛活动的各个主题，进一步推进联盟辐射带动作用，提高学校的德育管理水平，提升德育活动的质量，传递教师专业发展智慧，实现高位均衡的内涵发展。

报告执笔人：欧　炜　杨丽敏　崔　巍　李　冰　许　娜　金　玉

深度聚焦新课程改革实施　全面推动育人方式改革

——东北师范大学附属中学教育质量发展报告

一、学校简介

东北师范大学附属中学成立于1950年，是教育部直属高校附属中学。20世纪50年代末学校被评为吉林省重点中学，1960年被推选为出席全国文教群英会先进单位代表。80年代学校以"实验性、研究型"的办学特色跻身于全国知名重点中学行列，被评为"全国教育系统先进集体"和"全国德育先进校"。进入21世纪以来，学校秉承"为学生一生奠基，对民族未来负责"的办学指导思想，深化素质教育，实施文化管理，树立了"坚持理想、追求卓越、勇开风气、兼容并包"的附中精神，探索多元创新人才培养模式，实现了跨越式发展，成为首批"吉林省示范性高中"，获得"全国五一劳动奖状"。

党的十八大以来，学校秉承东北师大"尊重的教育""创新的教育"理念，确立"自觉、友善、学术、创新"的办学理念，坚持教育家办学，建设现代化、国际化的学术型中学，先后获得吉林省教学成果奖17项，国家级教学成果奖一等奖1项、二等奖2项，获得"吉林省模范集体""全国五四红旗团委""全国文明校园"等荣誉称号，确定为首批"普通高中新课程新教材实施国家级示范校"。建校73年以来，为海内外知名高校和社会各界输送了数十万优秀人才，被誉为"吉林省基础教育的名片"。

二、改革缘起

国家颁布了新修订的《普通高中课程方案和语文等各学科课程标准（2017年版2020年修订）》，进一步优化了课程结构，增强了课程选择性，促进了教考有效衔接。2020年东北师大附中被评为新课程新教材实施国家级示范校。到2022年秋季学期，全国各省（区、市）已全面实施新课程新教材，进入高考综合改革的29个省份均实现了新课程新教材新高考"三新同步"。同时，2022年，教育部印发最新义务教育课程方案和课程标准，以此为契机，东北师范大学附属中学积极推动新课程新教材实施的实践落地工作，将新课程实施确立为推动学校发展的新方向和新动力。

（一）新课程实施是教育强国、强省、强市建设的必然要求

在全球化和知识经济的时代背景下，教育的重要性愈发凸显。为了应对这一挑战，我国提出了建设教育强国的战略目标。作为这一战略的重要组成部分，基础教育新课程改革对于提升我国基础教育的整体水平具有决定性的意义。

在吉林省和长春市的教育体系中，基础教育新课程改革同样具有深远的影响。吉林省

作为我国的教育大省,历来重视教育的改革与发展。长春市作为吉林省的省会城市,其教育水平和质量直接关系到整个吉林省的教育形象。新课程的实施要求我们进一步更新学校课程理念,深入推进育人方式改革,将课堂作为推进学校高质量发展主阵地,有效提升各级各类学校教育教学水平。

通过深入推动基础教育新课程改革,长春市的基础教育可以更好地适应时代发展的需要,提高教育质量和国际竞争力。这不仅有助于培养更多具备创新精神和实践能力的人才,为国家的长远发展提供人才保障,同时也为地方经济的繁荣和社会进步提供强大的智力支持。正如市委书记张恩惠到附中调研时所强调:"优质的教育资源是城市的核心竞争力所在,要以高质量教育为长春全面振兴新突破提供强大智力和人才支撑。希望东北师大附中能够保持品牌,拓展优势,去引领和带动更多的学校加入到优质教育的行列,助力县域中学教育提升,全面带动教育高质量发展,推动长春基础教育'整体提升',从而带动和促进长春其他事业的发展。"

(二)新课程实施是创新人才培养和教育高质量发展的必然要求

在知识经济时代,创新是推动社会进步和发展的重要动力。初、高中阶段是学生个性发展和创新能力培养的关键时期。因此,新课程的实施对于培养学生的创新精神和实践能力具有至关重要的作用。

新课程的实施旨在通过构建新的课程体系、教学方法和评价机制,培养学生的独立思考能力、批判性思维和团队协作精神。在这样的教育环境下,学生不仅能够掌握扎实的学科知识,更能够具备创新意识和实践能力,为未来的个人发展和国家建设做出更大的贡献。

全市基础教育教学改革推进工程是长春市教育发展的重大项目之一,需要通过先行先试、典型引领的方法,探索基础教育课程改革的新路径和新模式。可以率先形成一批可复制、可推广的改革经验和成果,大力推广基础教育优秀教学成果,强化教学成果奖孵化,发掘、指导、支持学校开展教学改革实践研究,逐步推出在全国有影响、可推广的"长春成果"。

(三)新课程实施是东北师大附中未来发展的必然要求

东北师大附中作为吉林省旗帜性中学,一直以来都承担着培养优秀人才的重要使命。在新的历史时期,学校的发展面临着新的机遇和挑战。为了更好地适应时代的变化和社会的发展,东北师范大学附属中学需要紧紧抓住新课程改革的契机,全面提升自身的教育质量和办学水平。

首先,新课程改革实施有助于推动东北师大附中的内涵式发展。在新的课程体系、教学方法和评价机制的引领下,学校可以进一步优化课程结构、提升教师队伍素质、加强教学管理等方面的建设,从而为学生提供更加优质的教育服务。

其次,新课程改革实施有助于提高东北师大附中的创新能力。学校可以结合自身的办学特色和优势,积极探索具有前瞻性和创新性的教育模式和教学方法。通过加强与高校、科研机构以及企业界的合作与交流,学校可以拓宽师生的学术视野和创新能力,为培养更多具备创新精神和实践能力的人才提供有力支持。

最后，新课程改革实施有助于增强东北师大附中的综合竞争力。通过新课程改革，学校可以借鉴国际及国内先进的教育理念和方法，全面提升学校品质。

三、定位及目标愿景

东北师大附中以新课程改革实施为契机，努力将学校建设成为引领基础教育改革发展的示范校、服务长春市教育质量提升的中心校、促进城乡教育均衡的典型校。

（一）新课程改革实施的发展定位

通过新课程改革实施使学校成为世界一流中学，具备较高的学术水平、教育质量和办学特色。通过新课程改革实施使学校成为创新人才培养基地，更加注重培养学生的创新精神和实践能力，为学生提供多样化的学习和发展机会，为国家和社会的可持续发展提供人才支持。通过新课程改革实施使学校成为教育改革示范校，积极探索教育教学改革，创新教育教学模式和方法，发挥示范引领作用，推动区域教育的改革和发展。通过新课程改革实施使学校成为国际化交流平台，加强与国内外知名高中和高校的交流合作，拓展办学视野，提升学校的国际影响力和竞争力。

（二）新课程改革实施的目标愿景

在学生全面发展方面，更加关注学生的综合素质和个性发展，为学生提供全面而富有特色的教育服务，培养具有创新精神和实践能力的优秀人才。在教师专业成长方面，更加注重教师的专业成长和发展，建立完善的教师培训和激励机制，提高教师的教育教学水平和科研能力。在教育教学质量提升方面，加强教育教学管理，完善教学质量监控体系，推进课程改革和教学创新，提高学校的整体教育教学质量。在示范引领方面，加强与社会的联系和互动，积极推动城乡教育均衡发展的教育帮扶，提高学校的影响力和辐射能力。

四、实践探索

2020年以来，东北师大附中紧紧围绕新课程改革实施的定位和目标，全面落实立德树人根本任务，发展素质教育。在课程、教学、评价、创新人才培养、教师发展、教育帮扶等方面，进行了大量的改革与探索，成效显著，成果两次被教育部作为典型经验收录。

（一）课程改革

学校逐步完善指向学术型人才培养的"12345"新课程组织管理体系和"目标—模组—层级—形态"新课程实施结构体系。明确课程目标，组织开展学科课程和活动课程，为学生提供基础型、拓展型和研究型三个层级的课程，开足、开齐、开全国家必修课、选择性必修课和选修课，组织开设系统的校本必修课和选修课，形成独具特色的五大校本课程群：附中通识课程、大学选修课程、博雅学堂课程、学术锤炼课程、生涯规划课程。三个年级实施体育、美育、STEM教学的模块走班模式。2023年，学校开设两个学期80门校本课程，学校重点建设"大中衔接课程"和"精品云端课程"。

2021年起我校与吉林大学、哈尔滨工业大学、航空航天大学等高校开展合作，引进了多所高校的优质课程资源、优质师资。大学组建教授团队来附中授课，让学生在高中阶段就有机会接触大学课程。2023年共开设大学共建课程6门，参与选课人数300余人。2023年我校与吉林省检察院开展合作，开设法律课程，参与选课人数近100人。学校精品云端课程平台于2023年1月上线，是学校全新打造的跨越时空的线上课程系统，平台现有专题进阶课程260余节，初高衔接课程70余节，且每学期更新假期作业讲解课程。2023年，共有6 182人次参与学习，累计观看总时长15 000余小时。

2023年，学校继续开始进行学科融合课程。学校在教育部新课程新教材实施第二、三批国家级实验区（校）启动仪式上作课程建设有关的经验介绍。学校不断完善《东北师大附中课程实施方案》，2023年修订《东北师大附中课程修习手册2023年版》。在"行政班为框架，课程班为丰富"的理念指导下，形成了《选科走班实施方案》，鼓励学生个性化选择。进一步完善《学分制管理办法》，建设数字化课程管理平台采集学生学业数据，应用智慧校园记录学生的学习过程与状态。课程修习手册和课程管理平台面向全国普通高中学校共享。

（二）教学改革

学校围绕"新时代育人方式变革"开展系列论坛活动，开设"让学习真正发生"论坛，共同研究课堂教学聚集学生学习。2023年开展"五以"教学大赛、第41届教学百花奖、圣陶杯教研活动等全员全学科参与的课堂教学研究活动，以及东北师大小初高大研究课等，推出近100节大型研究课，100多位校外学科教学专家到学校共同研究课堂教学中落实立德树人根本任务，促进学科核心素养落地。学校研讨新时代"五以"课堂教学指导思想的实施，指导课堂中教师的教与学生的学。学校初步构建指向未来创新人才培养的课堂教学管理体系。

为更好落实课程标准和学科教学指导意见，落实我校新时代"五以"教学思想[1]，规范学科课堂教学以及全面保障学科教学质量，经过三个学年周期的持续改进后，2023年度，形成《东北师大附中学科教学质量标准》第一稿，教师在开展教学时须依照该指导建议进行。《东北师大附中学科教学质量标准》的制订以依据课标分解、强调基础内容、突出阶段特征、重视课堂落实、彰显方法灵活为原则，已完成模块教学要求细化表，后续将完善补充模块整体内容分析、模块整体教学建议、模块资源开发建议、模块学法指导建议等内容。

为了促进备课组的工作从常规走向创新，促进"双新"背景下教学方式的变革，在张

---

[1] 东北师范大学附属中学在1989年提出"五以"教学思想，2020年东北师大附中结合新时代国家教育教学新要求，提出"新五以"教学思想，以"新五以"教学思想内容为根本任务立德树人，以学科核心素养落地为中心，以基于情境、问题导向为前提，以自组织、探究式学习为基础，以师生双主体为原则，以信息技术与学科教学深度融合为过程。

福彦副校长的倡导下，高中部各备课组和考试研究中心以"四化"工作法（工作项目化、项目清单化、清单责任化、成果学术化）为创新备课组活动、促进备课组建设和发展提供了工作指导方针。2023年春季学期开学初，对备课组组长和考试研究中心研究员进行了深入培训，布置了以"四化"工作法开展项目研究的具体实施步骤。在2023年，各备课组、考试研究中心共完成了65个项目研究课题。

（三）评价改革

在综合素质评价方面，学校综合素质评价平台全面地记录学生在学校期间的各项情况，多角度全方位地呈现出学生的综合素质，为学生能够在高校招生中充分详实地展示自己，提供真实可靠的事迹材料。为及时有效的完成评价，学校成立了综合素质评价工作领导小组，主要由学生处（团委）、教务处、信息中心和年级构成。通过协调会明确各部门和负责教师的职责和分工，再通过全体教师的分层级会议提高认识、明确责任。通过家长学校讲座，营造舆论氛围，让家长参与综评工作的管理与监督。通过学生知情会，了解综评的意义、评价的内容和具体操作流程。建立健全学生综合素质评价管理微信群，方便沟通与交流。为突破社会实践这一难题，采用校本基地和校外实践基地资源相结合的方式，通过学校组织、班级组织和个人参与的多种路径达到育人目的。学校设置特色化育人目标，确定具有导向、规范、诊断等作用的学生发展评价标准，形成了特色化的学生综合素质评价实施方案，以此方案促进学生发展指导团队的学生发展指导工作，激发学生成为德、智、体、美、劳全面发展的"三有"时代新人。

在教学评价方面，2023年来，学校完善了《东北师大附中关于作业优化设计实施方案》和《东北师大附中考试质量分析建议》，严格依据课程标准设计作业和命制试题，健全作业管理办法和大型考试实施办法，统筹调控作业形式和时间，科学制定考试难度与次数，有效落实"双减"要求。学校继续牵头组织吉林省五校联考、东北三省三校联考，深入开展新高考和等级考科目赋分研究。学校聘任了第二批考试中心研究员，在试题命制、测量评价、数据分析及评估等方面开展研究并取得显著成果，开设考试研究数字平台，校内《争鸣》期刊开设专栏，多篇考试研究文章在正式期刊发表。2023年来，学校在寒假游学、暑假和寒假作业布置里，实践了以双减为背景的学科融合、项目式学习的评价方式。

（四）教师发展

东北师范大学附属中学作为吉林省基础教育的一面鲜明旗帜，具有悠久而深厚的科研传统，始终以科研作为学校建设发展的先行力量，以科研带动学校的建设和发展。在扎实做好基础教育工作的同时，以科研的发展带动思考并寻求解答教育教学中棘手问题，以科研带动课堂教学质量提升、以科研促进教师专业发展，以科研引领学校发展。在教师专业发展方面，学校通过强有力的组织和资金保障，推进"12345"工程走向更为完备的发展阶段，制定好关于教师专业发展的培养方案，为教师专业发展提供丰富的选择和平台，扎实做好教师培训工作，推动教师专业成长，培养学术型教师队伍。

在学科建设方面，学科教研室建设逐渐形成系统化、规范化、个性化发展态势。学校采用学科教研室主任工作例会制、期末学科教研室工作座谈会制、期末学科工作总结制为学科教研室系统化发展奠定基础，同时各学科根据学科发展情况与特点制定学科发展"十四五"规划，进行教研室发展现存问题分析，从发展目标、教学实施规划、资源建设规划、队伍建设规划、特色发展规划、竞赛工作规划、考试研究规划等多个方面深入思考并确定学科教研室"十四五"发展任务，共制定学科教研室"十四五"发展规划14份。同时，根据"十四五"规划分解制定各学期学科教研室工作计划，2023学年共制定学科教研室工作计划28份，逐渐形成有规划有计划、有步骤、有措施的规范化发展特点。积极鼓励学科根据学科发展需要和发展特点承担和参与各级各类学科工作，以新课程、新教材、新高考、新中考的研究和实践为重点，系统规划教研活动。通过百花奖、与北京圣陶教育研究院合作举办"2023年高中教育教学研讨会""新五以"教学研讨会、三省四校青年教师研讨课、参加"发展高质量基础教育夯实教育强国之基暨普通高中优质特色发展交流活动"、承办吉林省学科教研组"省培计划"系列活动，开展语文、数学、物理、化学、生物、政治、历史、地理、体育、艺术、信息技术、通用技术、心理全学科"双新"背景下的教学变革与研讨活动。

在教育科研方面，学校构建了教师学术性成长的"PLS"模型，建设了"三级四类"科研平台，根据教师的教学专业学术成长的"PLS"模型，学校对教师科研的课题、论文、著作和学术组织四个平台进行了三级设计，从而形成系统的"三级四类"科研平台，引领教师专业学术成长。"PLS"模型："P"级平台旨在让每位教师找到自己的核心关注点，"L"级平台旨在为教师提供更多深度研究的机会，"S"级平台则能够让教师有足够空间在自己的研究领域进行扩展，最终达到自成体系的境界。大力加强教师学术成果的推广力度，建立起在实践中提炼、校内整理、校外发表的完整教师学术成果推广模式。聘请高水平论文编辑，协助教师进行论文修改，解决教师科研工作的后顾之忧。积极推动教师进行育人方式变革、五育并举、新课程新教材改革、大思政课程建设、劳动教育、拔尖创新人才培养、科学教育等国家教育战略问题的落地研究。

在教师培训方面，立足国家建设教育强国发展实际，学校将教育教学与科研发展紧密结合，着眼于教师学科专业能力和长足发展能力，为教师专业发展培训创设良好的环境和有力的保障，从学校角度为教师提供培训学习必备的规划、平台和支持。努力实现教师专业培训的系统化管理，使各级各类培训学习活动（平台）为教师专业发展有效助力。进一步推动教师的参观、培训和学习，与吉林省内相关企事业单位合作建设一批优质的教师专业发展实践基地；积极联系北京大学、中国人民大学、南京大学、武汉大学、华东师范大学、东北师范大学等知名高校，继续开展有学科特色、有未来前瞻性的教师专业学科考察学习。开拓教师学术视野，夯实教师理论基础，逐步提高教师工作中的问题意识和成果积累意识，积极推动教师进行个人科研工作开展和成果梳理，提高教师锤炼个性化教学思想的积极性。

（五）创新人才培养

学校建构了学术化课程体系，开展了项目学习、科技节、英才计划等丰富的活动，为学生多元发展提供了培养通道。

一是理科人才创新项目。东北师大附中开展了吉林大学理科创新人才衔接培养项目，本学年已成功完成第四期项目，有40组同学顺利完成，同学们亲自经历了选题、开题、实验操作、撰写论文、结题的过程，了解了科学研究的基本环节。

二是附中科技活动。为了营造更好的科技氛围，让同学们有施展的舞台，学校通过丰富的活动激发学生的创造热情与能力。10月30日—11月4日，东北师大附中第十七届科技节由数学教研室主办，以"邂逅数学之美 闪耀科技之光"为主题，通过丰富的活动，培养学生的创新能力。此外，STEAM教研室、信息技术教研室设计了丰富的活动，展现了同学们的创作才华和竞技水平。

三是科创比赛获奖。学校鼓励学生参加各类科技类比赛，为学生参赛创设良好的条件，以赛事作为激发学生成长、进步的契机。2023年，东北师大附中的科创教育表现优异，在Honda中国节能竞技大赛、"互联网+"大学生创新创业大赛、全国青少年人工智能创新挑战赛、中小学飞行器设计仿真邀请赛等赛事中荣获多项省级、国家级荣誉。同时我校被中国航空学会评为"全国航空特色学校"、人工智能基地校等。

四是英才计划助推学术成长。在吉林大学和吉林省英才计划管理办公室大力支持下，东北师大附中被英才计划全国管理办公室认定为2022—2024年"英才计划中学培养基地"。2023年，英才计划培养的学员全部结业，其中郑好同学获得中学生科技创新后备人才培养计划（中学生英才计划）年度优秀学员。

五是基础理科拔尖创新人才培养。东北师大附中在建设学术型中学的目标引领下，通过实施"金牌工程"和学科竞赛"五个一"工程，附中学子在国际大赛和全国赛事中不断创造佳绩，近四年以来，共有486人获得吉林省学科竞赛一等奖，212人进入吉林省代表队，18人获得五大学科奥林匹克竞赛金牌，9人进入国家集训队，2023年5月万常江同学入选第55届国际化学奥林匹克国家队，7月份万常江同学代表中国参加国际比赛，这是附中历史上第11位同学入选国际奥林匹克国家代表队。四年以来附中有5名同学入选北京大学数学英才计划，1人入选清华大学丘成桐领军计划，2人入选丘成桐数学英才计划，2人入选北京大学物理卓越计划。东北师大附中将继续在基础学科拔尖创新人才培养上踔厉奋发，践行"为党育人，为国育才"的使命和担当。2023年度，学校入选教育部中小学人工智能教育基地、教育部全国中小学科学教育实验校。

（六）教育帮扶

2020年以来，学校系统为内蒙古、陕西、宁夏、广西等中西部省区开展"双新"改革业务培训，创建以"互嵌共生"为理念，以"了解前端需求—创新帮扶路径—建立长效机制"为思路的帮扶模式。

一是做好前端需求分析。学校对吉林安图、通榆、九台、辉南，辽宁建平，内蒙古乌兰浩特，贵州纳雍、青海玉树、果洛等地区的二十余所县域高中进行问题诊断。发现县中在"双新"实施过程中遇到的问题呈现出"既有共性问题，又各有特殊需求"的总体特征。共性上，如普遍存在教师弱的问题。特殊性上，如西部地区县中更大的"双新"实施管理经验，东北地区县中面临更大的教学经验需求。

二是不断创新帮扶路径。学校深度开展乡村教育振兴"1+1深耕计划"，全面"组团式"与重点"订单式"帮扶相结合的县中帮扶策略。全面"组团式"帮扶由校长、中层干部、学科专家、骨干教师组成帮扶团队，帮助县中在"双新"实施理念与规划、课程与教学、学科与队伍、备课与命题、课堂与备考等方面提升质量。重点"订单式"帮扶由学科教师组成帮扶团队，开展县中专项提质工作，如思政课骨干教师团队帮助安图县进行小初高思政课一体化建设；高三年级备课组长团队帮助10多所县中进行高三备考策略指导。

三是系统构建帮扶模式。为保证示范帮扶常态化，学校将短期集中线下培训与长期线上互动结合起来，构建了"三送三请三互动"帮扶平台。"三送"就是送课、送教、送培到县中。组织全学科送课下乡，给乡村孩子现场讲课；全学科送教下乡，和乡村教师现场备课、评课、教研；全方位送培下乡，为乡村教师现场培训，手把手指导教学。"三请"就是请老师、请学生、请干部到东北师大附中来。请县中教师到附中来短期跟岗培训，一周时间全天候跟着指导教师听课、评课、备课、批改、辅导、教研、管理班级等；请学生到附中来参观体验，座谈交流、陪同考察、同听一堂课；请管理干部到附中来跟踪培训，配备影子校长，全方位参与学校管理，为县中培养一批能够全方位落实"双新"工作的干部队伍。"三互动"就是建立网络联系的教研互动平台、培训互联平台和资源互享平台。一根网线、两块屏幕，连接附中与县中。

五、成效

从2017年开始，东北师大附中就有步骤、有计划、有重点地推进新课程改革。立足国内教育发展现状，面向新时代要求，学校在课程、教学、评价、教师培养、教育帮扶等方面全面发力，得了显著的实验效果。

（一）理论与实践创新

学校凝练了学术型中学教育哲学。构建了涵盖理论体系、策略体系、实践体系的学术型中学建设实施模式。在课程方面，深入推动新课程改革，落实学术型课程体系建设，"12345"学术型课程体系逐步走向成熟；在课堂教学方面，举办"新五以"教学大赛四届，新时代"五以"教学思想已经从理论走向实践；在德育方面，落实立德树人根本任务，深化新时代幼小初高思政课一体化建设，在"四段三维一式"教学实践模式中继续探索；在人才培养方面，落实学术型学生培育机制，深化新时代育人方式改革创新，探索出学术型学生培养的"1248"模式，多元人才培养硕果累累；在教师发展方面，落实学术型教师培养机制，深化新时代教师队伍专业化建设，积极推动学术型教师培养的"12345"工程，教育家型教师群像逐渐形成。

（二）成果与效果

新课程改革为学校发展指引了新的方向，带来了全新的发展动力。新课程改革实施以来，东北师大附中三年共毕业4 200余名学生，共有3 229位学生考入双一流大学。学校基础理科创新人才培养成绩卓著，学科奥林匹克竞赛共取得了19枚金牌，近100人入选北大、清华等高校强基计划。学校获评中国中学生体育协会校长体育工作委员会主席单位、国家田径高水平重点项目铅球、铁饼后备人才基地，总计获得体育类金牌50余枚。获评清华大学美术学院生源基地学校、北方地区学校美育研究基地等，充分展现了学校多元创新人才培养的丰硕成果。

三年来教师发表各级各类论文1 000余篇，共组织学科教师集体培训9次，在中文核心期刊发表论文92篇，出版教学类专著50余部，完成各级各类课题375项，举办新课程新教材实施学科研讨会30余场。在2022年进行的吉林省教学成果奖评选中获得2项特等奖、2项一等奖、3项二等奖、2项三等奖。"小初高思政课一体化'四段三维一式'教学改革探索与实践"荣获国家级教学成果奖一等奖。

三年来，学校荣获全国文明校园、全国生态文明教育特色学校、全国科创筑梦助力"双减"试点单位、全国教科文卫体系统模范职工之家等殊荣，"新课程新教材实施引领学校高质量发展"被教育部选定为全国研修课程，在教育部2023年度普通高中新课程新教材实施国家级示范区（校）建设工作总结交流会上学校作经验交流报告。

（三）辐射引领

学校推动"双新"改革以来，学校在苦练内功的基础上，不断将自己在课程、教研、教学、德育及学校治理方面的改革经验全面对外辐射。新高考推进元年，东北师大附中编制了《东北师大附中课程修习手册》，并在全国范围内进行了分享，三年来共发放4 000余本到10余省近50所高中。2021、2022、2023连续举办新课程新教材国家级示范校课堂教学展示及研讨活动，线下线上参与人数数万人，引发了基础教育界对于新课程新教材实施的大讨论。2023年，学校承办了"县域高中高质量发展名校长峰会、第三届中国基础教育论坛县中振兴微论坛、全国高中教育教学研讨会"等大型学术活动十余场，在全国基础教育领域产生了很大影响。

同时开展教育帮扶工作，突出五条主线，分别是部署高校县中托管帮扶项目，开设通榆一中、辉南六中、建平二中帮扶专线。"国家乡村振兴'组团式'帮扶项目"，与北京、上海组团式教育人才团队，共同对接帮扶青海省果洛州大武民族中学、果洛州民族高级中学、玉树州第二民族高级中学、玉树州第四民族高级中学四所中学。吉林省政府乡村教师义培项目，每年免费跟岗培训100名乡村教师。少数民族地区县中振兴项目，与贵州省纳雍县、内蒙古乌兰浩特市合作"打造名师名校工程"精准教育帮扶专线。教育部名校长培养计划邵志豪校长工作室，共组织吉林省18所中学，开展三年引领帮扶活动。开展教育精准帮扶"1+N"深耕计划以来,已经持续帮扶全国11个省区22个县域100多所中学,深入县中75次,培训两万余名乡村教师,辐射影响百万余名学生,共送课540余节,送教830余场。东北师大附中教育精准帮扶"1+1深耕计划"入选2020中国基础教育典型案例。

六、经验与借鉴

新时代基础教育课程改革以落实立德树人为根本任务,强化核心素养导向,强调德育为先,能力为重全面发展的育人理念,要求落实教考评指导,深化人才培养模式改革,转变学习方式,创新教学方式,有序推进科学多元评价制度改革。东北师大附中作为国家级首批新课程实施示范校在课程体系建设、课堂教学研究、考试评价体系建设、课程改革保障以及教育帮扶等多方面进行了新课程、新教材、新高考的实践与探索,丰富了新课程理论,形成了丰厚的实践经验。

东北师大附中在学科教学中做到立德树人为先,积极探索课程思政的策略与路径,同东北师范大学多次开展学科课程思政研讨活动,总结形成具有附中底蕴的新时代"五以"教学思想,在学生学习方式、教学目标设计、教学手段、教学评价与学科教学策略方面等多维度进行创新性改革,将综合素质评价体系与新课程、新教材实施有机结合,开发智能化平台,实现走班管理、学分管理、综合素质评价等与信息技术的深度融合,极大地提高了教学管理的效度与信度。通过协作教研、一体化教研、分层分类教研把握新课程教研的关键方向,通过教研活动和教育帮扶充分发挥了新课程新教材示范学校的引领和帮扶作用。

报告执笔人:张继辉　孟安华　解庆福

打造"八大高地"培育卓越人才
持续推动高质量研究型高中建设

——长春市第二中学学校发展报告

一、学校简介

长春市第二中学位于吉林省长春市朝阳区，是一所历史悠久的公办名校。1982年学校被评为吉林省首批八十三所重点中学，1999年晋升为长春市一级一类学校，2003年被评为首批省级示范性高中。目前有南昌路（公办）和开运街（民办）两个校区，62个教学班，学生3 050余人。

长春市第二中学历经86年的风雨历程，为国家输送了大量的高素质人才，创造了学校发展史上一个又一个辉煌。曾获得全国国防教育示范校、吉林省文明校园、吉林省师德师风研究基地、吉林省基础教育科研核心基地、吉林省教育系统先进集体、吉林省依法治校先进单位、普通高中新课程新教材实施省级示范校、长春市文明校园、长春市人民满意学校、长春市教育科研核心示范基地校、长春市教育系统平安校园示范校等百余项荣誉。学校已成为清华大学、北京大学、中国科技大学、复旦大学、吉林大学、香港大学、香港科技大学近百所高等院校优质生源基地。

（一）学校设施建设

学校占地面积34 497平方米，建筑面积33 285平方米。学校拥有教学楼、综合楼、体育馆、学生餐厅等基础设施，实验室、微机室、图书室、阅览室、医务室、心理咨询室、音乐教室、美术教室、多功能教室、网络中心、书法室等功能室。

年度	生均占地面积	生均绿地面积	生均校舍面积	生均纸质图书	备注
2022	10.8	1.9	10.4	4.9	
2023	11.7	2.1	11.2	5.6	

	实验室	图书室	卫生（保健）室	计算机	心理健康室	录播室
2022	6	2	1	3	2	2
2023	6	2	1	3	2	2

学校教学仪器设备齐全，每个教室加装了智能电子录课系统，实现了老师和学生在课堂上的智能互动。学校所有实验室平均学生使用率为100%，开放率为100%。这些设施足以满足国家对教育高质量发展的新要求，为长春教育高质量发展奠定了坚实的基础。

（二）教师情况

现有专任教师237人。语文35人，数学37人，英语37人，物理29人，化学27人，生物24人，地理9人，政治9人，历史7人，体育15人，信息技术5人，音乐1人、美术1人、心理健康1人。党员教师共136人，占总数的57.4%。

从学历结构看，我校教师中，博士2人，硕士56人，大学本科179人，任教学历合格率100%；从职称结构看，正高级3人，高级92人，中级107人，初级35人，40—49岁96人，30－39岁47人，30岁以下15人；从人才结构看，国家级名师骨干4人，省级专家3人，长白名师1人，省学科带头人5人，省骨干教师16人，市骨干教师65人，市人才库、市教学专家组、指导委员会和考试评价委员会65人，百余人次获得省市教学精英、科研名师、教学新秀、明星教师、优秀班主任、名师工作室主持人和成员等称号。

（三）学生情况

随着长春市第二中学的快速发展，教学质量的不断提高，学校已然成为春城人民心中公认的名校，成为名副其实的"重点大学的摇篮"。越来越多的优秀学子选择长春市第二中学，跻身到高素质、高分数的群体之中，为自己的人生理想积极规划、趋步前行。目前学校62个教学班，平均班额小于50人。

2023年中考录取线及招生人数

类别	自主招生	统招推荐生	统招	艺术实验班	国际合作班
录取线／分	平均501	平均598.9	604.6	602	603
人数	23	321	81	75	50

学业水平考试优秀率和合格率进一步提升，在全市名列前茅。

学生学业考试一次通过率、毕业率

类别	2021年	2022年	2023年
在籍人数	887	990	898
毕业人数	887	990	898
毕业率	100%	100%	100%

二、改革缘起

（一）主客观因素

1. 主观因素

我国新课程改革的基本理念是为了中华民族的复兴，为了每位学生的发展，这正是素质教育课程体系的内在性格。素质教育旨在谋求平等与优质兼得。新课程改革的核心是为了全体学生的发展，为了学生的全面发展，为了学生的个性发展。推进基础教育课程改革，已成为提高国民素质、增强民族创新能力的政府行为。新时代普通高中育人方式改革就是要全面贯彻党的教育方针，落实立德树人根本任务，扭转片面应试教育倾向，切实提高育人水平，为学生适应社会生活、接受高等教育和未来职业发展打好基础，努力培养德智体美劳全面发展的社会主义建设者和接班人。

2.客观因素

世界许多国家，特别是一些发达国家，把基础教育课程改革作为增强国力、积蓄未来国际竞争力的战略措施加以推行。通过改革基础教育课程，调整人才培养目标，改变人才培养模式，提高人才培养质量。2023年美国发布了《K-12系统转型的新前沿》报告，阐述了创新和拥抱变革的重要性，创新学校体系，提升学生学习效率，为学生今后的发展提供可持续的支持。2023年英国教育部公布小学阶段生涯教育计划，立足八大基本技能框架，形成独具特色的小学生涯教育实践模式，使成千上万的小学生从小树立远大理想，并为其提供一个展示才华及探索不同职业的机会。2023年日本公布了《第四期教育振兴基本计划》，将"培育可持续发展社会的创造者""提高根植于日本社会的福祉"确定为教育政策的两项总方针。

（二）改革大背景

2014年9月新高考综合改革正式启动，教育部公布《国务院关于深化考试招生制度改革的实施意见》（国发〔2014〕35号），明确指出唯分数论会影响学生全面发展，一考定终身会使学生学习负担过重，深化考试招生制度改革，建立中国特色现代化教育考试招生制度，形成分类考试、综合评价、多元录取的考试招生模式，健全促进公平、科学选才、监督有力的体制机制，构建衔接沟通各级各类教育、认可多种学习成果的终身学习"立交桥"。2014年12月教育部印发《关于加强和改进普通高中学生综合素质评价的意见》（教基二〔2014〕11号），强调综合素质评价是对学生全面发展状况的观察、记录、分析，是发现和培育学生良好个性的重要手段，是深入推进素质教育的一项重要制度。要从思想品德、学业水平、身心健康、艺术素养、社会实践等方面以事实为依据进行评价，切实转变人才培养模式。2019年6月国务院办公厅印发《国务院办公厅关于新时代推进普通高中育人方式改革的指导意见》（国办发〔2019〕29号），普通高中教育是国民教育体系的重要组成部分，在人才培养中起着承上启下的关键作用。构建全面培养体系，优化课程实施，全面实施新课程，使用新教材，深化课堂教学改革，加强学生发展指导，完善考试和招生制度，推进育人方式改革。2021年12月教育部印发《普通高中学校办学质量评价指南》（教基〔2021〕9号），指出优化评价方式方法，指导学校改革教育教学和管理，全面育人、科学育人，提高普通高中办学质量，提升办学治校和实施素质教育能力，促进普通高中教育内涵发展。

（三）学校研究基础

在2017—2022五年中，学校破解了发展瓶颈，完善并发展了办学理念，建立了以精致教育为核心的教学、德育、管理、课程、科研、教师专业发展等理念体系和三风一训，基本形成了学校的制度管理体系。学校构建了"四五精致课堂"教学模式，以五目标、五策略、五过程、五维度推进课堂教学改革，极大提高了课堂教学的效率，学校的教学质量不断提升。学校初步建立了"有根的德育"体系、学分制考核体系、"CAS"课程体系、"横纵竖"教师专业发展体系，与北师大联合开展基于"名师工作室创建"落实学科素养的行动研究，成立了十八个名师工作室，为教师专业提升搭建了高端平台。学校还构建了较完善的校园安防体系，初步建立了数字化校园体系，为信息化、数字化、科学化教育奠定了坚实的基础。

（四）学校发展需求

吉林省作为全国第四批启动高考综合改革的 7 个省区之一，2022 年初学校被确定为普通高中新课程新教材实施省级示范校。为此，学校制定了 2022—2025 五年发展规划，提出四点发展需求：

1. 学校文化建设需要走向文化自觉

学校有独特的历史背景、办学理念和校园文化，需要进一步深入挖掘和整理传统文化资源，引导学生了解和认同传统文化，增强文化自信。通过文化自觉，学校可以更加清晰认识自己的文化特色，有意识塑造独特的校园文化氛围，提高学校的凝聚力和向心力。

2. 学校人才培养需要走向多元化

随着新技术革命和知识经济的快速发展，科学研究的广度和深度不断推进，诞生了许多新兴学科、交叉学科、边缘学科和综合学科。学校需要多元化培养人才，为学生提供更加广阔的发展空间和更多的选择机会。

3. 学校育人途径需要走向五育融合

五育融合是在五育并举的基础上，通过学科贯通融合、研学等方面，将五育中不同学科、不同领域、不同学段的内容、知识、思想和经验有机融合为一体，不断完善和优化教育模式，为学生的全面发展提供更好的支持和保障。

4. 教师专业化发展需要激发新动能

全校专任教师 237 人，其中 50 岁以上人数接近 40%，教师队伍年龄偏大。在高考改革的新背景下，如何调动教师提升自身专业素养，激活自我发展的内驱力是摆在面前的迫切问题。

三、目标愿景

在"精致教育，追求卓越"办学思想指引下，学校确立"建设省内领先，全国一流，品质卓越，特色鲜明的高质量、集团化、研究型示范性高中"的办学总目标，学生培养目标为"培养政治坚定，身心健康，品德优秀，学识深厚，勇于开拓，具有国际视野和民族情怀的建设社会主义现代化强国的卓越人才。"教师培养目标为"培养有理想信念、有教育情怀、有专业修养、有教育艺术的卓越教师。营建研究型环境，塑造研究型团队，造就一批学科教学专家、班级管理专家、教育管理专家。"具体目标愿景为：

1. 推进文化建设，为精致教育，追求卓越夯实发展土壤。
2. 完善党建体系，为精致教育，追求卓越奠定思想基础。
3. 细化管理体系，为精致教育，追求卓越提供有力支撑。

4. 提升德育工作，为精致教育，追求卓越构建育人平台。
5. 推进课堂变革，丰富精致教育，追求卓越实践内涵。
6. 深化课程建设，拓宽精致教育，追求卓越的实施途径。
7. 加强队伍建设，为精致教育，追求卓越奠定人才基础。
8. 发挥辐射作用，为精致教育，追求卓越拓宽实践基地。

四、实践探索

（一）打造办学思想高地，以"新"的理念引领学校跨越式发展

在时代和社会发展变迁历程中，一代又一代二中师生弦歌不绝、薪火相续。首先明确了办学思想文化内涵，"精致教育"的根本内涵是指对教育全过程要求精细、精心、精良、精当、精深、精彩，是一种精巧细致、尚善求真、关注个性发展的、培育卓越人才的教育形式；"追求卓越"的核心价值观就是生命的精彩，要求全体师生牢记自己的崇高使命与宏大愿景，始终坚持以人为本、全面发展，通过持续创新，努力做到更好，从而不断超越自我，成就精彩人生。

根据学校办学目标和培养目标，化育"自强不息、务实进取、勇争上游、敢于超越"的二中精神，修订"三风一训"，提炼"刚毅卓坚，励实奋进"的校训，"精研尚思，润德雅行"的校风，"多思惟理、循循善诱"的教风和"勤学博学，唯实创新"的学风。

围绕"三新"改革要求，以进一步提升教学质量为核心，以提升教师队伍整体水平为出发点，以培育卓越人才为目标，以落实学科核心素养为主题，以全面优化教育教学管理为手段，淬炼教育教学思想，提升教育教学策略，编制了卓越人才培养方案，提出了创办研究型高中，培育卓越人才的办学思路，包括：思远行近，高效务实的管理理念；精教深学，融通达用的教学理念；铸魂立根，润德笃行的德育理念；优化组合，集成创新的课程理念，全面建立起蕴含新的办学思想的精神话语体系，为学校发展、学生卓越成长奠定了坚实基础。

（二）打造教育忠诚高地，以"红"的思想擦亮高质量发展底色

实践中，加强党的领导始终摆在学校工作的首要位置，将政治引领敲在占领思想高处和灵魂深处上，让崇高的理想信念成为全校师生的思想自觉。坚持将党的领导、党的建设贯穿办学治校和立德树人全过程，开创了学校党建和事业融合发展的新局面。全面提升精淬党建特色，积极探索"党委领导的校长负责制"新模式，"党建+育人"新路径，"党建+师德"新思路。在思想建设上，推进铸魂工程；在组织建设上，扎实堡垒工程；在作风建设上，强化先锋工程；在干部队伍建设上，弘扬淬砺工程；在实践活动载体上，倡导创新工程。

把完善规章制度作为落实党委领导的校长负责制的有效保障，制定了关于议事决策事项的12项规定，编制了六项党委会议和校长会议议事流程，使党政会议全面走向制度化和规范化。激发干部队伍活力，精心选拔中层干部，确保教育教学覆盖到哪里，党的组织就建在哪里，党委的工作就延伸到哪里，党支部战斗堡垒作用就发挥到哪里。学校党委扎

实推进"不忘初心、牢记使命"主题教育和党史学习教育,通过持续开展主题党日、党员论坛、微党课、党员示范课等活动,推动党员"打先锋、站排头",提升思想政治素质和业务能力,深入开展"百名党员进班级""党员先锋岗""党员义务辅导站""三帮扶"等活动。

(三)打造教育生态高地,以"实"的管理构建人才培养保障体系

为适应育人方式改革的新形势,学校确定了思远行近、高效务实的管理理念,横向设立十三个内设机构,全方位落实学校各项工作,纵向强化和完善年级管理、教研组管理,全时段加强教师和学生日常管理,管理重心进一步降低,管理效率进一步提高,形成横纵结合的管理结构。

不断健全完善各项规章制度,做到依法治校。按照党组织领导的校长负责制要求,修订了《学校章程》,制定了新的《学校岗位职责》,修改完善了《绩效工资考核方案》《教研组考核方案》《内控制度》等制度,尤其对曾经开创长春市内部管理体制改革先河的"师表录金星奖教师考核体系"进行了完善提升,为建立现代学校管理体系奠定制度基础。

学校实行"一校两部","整体统筹+常规自主"的管理模式,由本部为主导,整体统筹。干部统一调配,教师统一安排,大型活动统一组织,集体备课统一进行。常规教学管理和学生管理则由各自校区自行安排和管理。关键统一,常规灵活,两个校区的发展空间充足,发展潜力巨大,彼此比学赶帮研,形成了良性循环的良好局面。

(四)打造改革创新高地,以"润"的德育赋能学生发展全新路径

学校全面落实"立德树人"根本任务,坚持"铸魂立根,润德笃行"的德育理念,践行"有根的德育",构建"导、学、做、悟、融"德育实践路径,推进"12349"有根德育工程,即围绕一个核心,建设两大主阵地,建强三支队伍,坚持四项评价,开展九大主题活动。探索"五育并举""五育融合"新路径,积极推进五育进课程、进学科、进活动、进实践融合育人新模式,活动设计采取月主题、周项目形式。

通过不断梳理创新德育工作实践路径,使"有根的德育"不断丰富。一是寓德育于课程,形成了国旗下教育课程、班会课程、社团课程、科研课程、基地课程、劳动课程等丰富的德育校本课程。二是寓德育于常规,提出了"六个规范",即上课规范,自习规范,作业规范,课间规范,活动规范,着装规范;倡导三个文明,即语言文明,举止文明,交往文明;三个尊重,即尊重老师,尊重长辈,尊重同学;三个感恩,即感恩学校,感恩父母,感恩老师,以此规范学生的行为养成。三是寓德育于活动,做到活动主题化、结构化、品牌化、渐进式,如高一以"正心"为核心,强化规范养成教育;高二以"立信"为核心,强化责任感恩教育;高三以"善行"为核心,强化理想信念教育。四是寓德育于实践,组织"心星"青年学生志愿者服务队深入社区开展志愿服务,带领高二学生到双阳参加植树劳动,提高学生劳动意识,组织高一到净月进行磨砺训练,磨炼学生意志品质,从而实现"培养三年,沐泽一生"的育人境界。

（五）打造教育质量高地，以"深"的教学践行教育初心使命

学校紧紧围绕"三新"改革任务，扎实推进教学改革，在"精教深学，融通达用"教学理念的指导下，构建起"五维"高效课堂教学策略体系，就是把握好"自主、思维、情感、文化、开放"五个维度，并全面体现在教学主旨、教学要求和课堂教学过程中。

自主课堂，就是倡导学生自动、小组互动、师生联动，为学生创设足够的思考与活动的时间与空间，使学生能够自主思考、自主推理、自我反思、主动内化，继而实现高阶思维的提高。思维课堂，就是以问题作为思维的引导线和动力，要求教师以问题情境设计为载体，在知识技能的综合运用和现实问题的解决过程中，培养学生的表达力、思考力、判断力、辨析力。情感课堂，就是教师要通过语言、神态、行为以及实际演示等过程中蕴藏的情感，达到以情感人，以理服人，情理交融的效果。文化课堂，就是将与学科知识相关联的生活情境有机融入课堂，引导学生走进生活，融入社会，引领学生开阔视野，提升学生的文化底蕴。开放课堂，就是引导学生独立进行思考，挖掘学生的深层次潜能，发挥学生的天赋及聪明才智，提升学生的学习品质。同时，引导教师科学把握"自主探究、交流分享、互动研讨、精讲点拨、多元评价、提升迁移"高效课堂教学的"六个环节"，有效提升课堂评价"六度"，即学习目标的达成度，探究指导的明晰度，合作交流的有效度，展示提升的精彩度，拓展延伸的广深度，当堂反馈的扎实度。学校每学期举行一次全校性教学研讨活动，制度化地开展邀请式、研讨式、主题式、提升式、诊断式听评课，举办"导航——骨干教师观摩课""启馨——青年教师汇报课""基于五维高效课堂建设的研究"论坛等教研活动，将"五维"高效课堂教学策略落深落实。

（六）打造个性成长高地，以"精"的课程丰厚学生走向卓越底蕴

学校始终坚持全方位、系统性、高融合、重发展的大课程观，确定课程理念为优化组合，集成创新，构建起"CAS"课程体系。围绕课程理念，深入研究新一轮高考改革方案，编制新的《长春市第二中学国家课程校本化实施指导意见》，对新教材进行新一轮整体优化、整合和深化，形成各学科新的、完善的、适应新高考改革要求的、突出学生的自主性，重视体验和探究式学习的《长春市第二中学国家课程校本化教材》。遵循教育教学规律、学生成长规律，按照学生核心素养培育要求，在原有的三大类（文化基础、自主发展、社会参与）十一个系列课程的基础上，近两年将融合类系列课程、强基计划类竞赛课程、大学衔接课程、生涯指导课程纳入其中，形成了"CAS"课程新图谱。开发劳动课程、磨砺课程、社团课程、德育课程、生涯规划课程、科技课程、艺术、体育课程等132门校本选修微课程，形成了卓越人才培养的课程体系。

制定并实施长春二中《核心素养行动计划》《选科实施方案》，全面深化考试与评价制度改革，邀请各级专家和学者来到学校就职业生涯规划、选课走班的话题对全校师生进行培训讲座，充分发挥考试与评价的诊断、督促、导向、改进功能，实现学校全面特色发展，促进学生全面个性成长。

（七）打造教师培养高地，以"优"的业绩筑牢高质量发展的基石

为打造高素质的教师队伍，把师德师风建设放在首位，建立师德档案，着力构建师德师风"四大体系"，即学习体系、工作体系、评价体系、实践体系。在抓好教师思想政治建设的同时，深度推进"横纵竖"工程，建立"一体双翼三结五级"研究型教师专业发展体系。"一体"即以自我提升为主体，"双翼"即"请进来"与"走出去"，"三结"即校内结对、省内名师结对、专家精准结对，"五级"即着力打造新秀、骨干、学科带头人、专家型教师、引领型教师五级业务梯队。

设立"正师—能师—优师—名师"四阶发展目标，正师培养是推动"青蓝工程"，以"传师风、守师德、铸师魂"为主导，以学习交流、制度制约、考核强化、典型引领、活动提升等方式，引导教师树立良好师德；能师培养，就是以"五维"高效课堂和岗位练兵活动为抓手，培养"能管理，能教学"的校级骨干教师；优师培养，就是开展年度高级别师资培训，以"教师技能大赛"为平台，以科研为主线，促进业务提升，培养"有风格、有实绩、有科研能力"的市级以上优秀教师；名师培养，就是以学科建设为阵地，主持高级别课题研究和精品课程开发，承担骨干教师培养任务，培养"有知名度、有影响力、有示范性"的省级以上名教师。

（八）打造示范辐射高地，以"重"的责任促进教育均衡发展

按照长春市教育局集优化发展的要求，以长春市第二中学为主体，与长春二十中学、解放大路学校组成的第七联盟体，制定《长春市普通高中第七联盟集优化发展实施方案（2021—2023年）》，集聚优质教育资源，定期组织教研组活动，组织集体备课，共同组织各类教学大奖赛，共同开展师徒结对，共同开展校本研修，定期举办教学论坛，组织优秀教师巡回送课，联合开展主导性课题研究，联合开展新课程、新教材和新高考改革研究，共同提升办学质量，促进优质教育资源深度融合。

在长兴教育联盟对口合作项目中，学校与阿尔山市第一中学结为联谊学校，选派副校长和主任赴阿尔山市第一中学，为师生做高三备考指导和高一选科指导，并与师生进行深度交流，学校还捐赠桌椅200套。持续开展教育脱贫工作，与白城实验高中、乾安七中、乾安四中、双阳150中学、双阳151中学，开展送教上门、同课异构、跟岗培训等活动，促进优质教育资源深度融合。

五、取得成效

（一）理论与实践的创新

1. 创建了党委领导校长负责制的"3331"运行模式

实践中，学校紧紧围绕全面落实党委统一领导、党政分工合作、协调运行的总要求，创新建立了"3331"运行模式，推动党委领导的校长负责制深入落实。一是"三个沟通"，即书记和校长的沟通，针对重要议题会前沟通，意见不统一、不一致，议题暂不上会；学

校领导班子成员的沟通，议题上会前，书记和校长要与相关班子成员进行充分沟通；书记、校长与党员教师的沟通，议题上会前，要进行相关议题的调研式深入沟通。二是"三会治事"，即重大校务实行教工代表大会、行政会议、党委会议逐级议事、治事、定事。三是"三联共建"，即实行党政联动，干群联建，家校联创。四是"一公开"，即学校重大事项党务公开和校务公开，及时向全校师生员工通报学校工作情况，不断形成团结干事、上下同心、民主和谐的良好氛围。

2. 创建了"12349"有根的德育育人体系

"根"：培育学生生命成长的力量。树立正确的世界观、人生观、价值观，其中，价值观是核心。围绕一个核心：价值观教育，即社会主义核心价值观教育；建设两大阵地：学校主阵地、家庭主阵地；建强三支队伍：班主任、学生干部、家长；坚持四项评价：学生评价、班级评价、团队评价、班主任评价；开展九大主题活动：体育文化节、艺术节、读书节、科技与学科节、社团节、理想信念教育、责任教育、感恩教育、生态与法制教育。提出"三个一"，即一个理念，"铸魂立根，润德笃行"；一个策略，践行"有根的德育"；一个路径，实施"九德育根"，思想立德、课程育德、课堂载德、行为养德、活动浸德、书香润德、礼仪美德、感恩厚德、家校弘德。

3. 创建了"五维"高效课堂教学策略体系

"五维"指课堂教学中"自主、思维、情感、文化、开放"五个维度。"五维"高效课堂是指通过以上五个维度的落实达到课堂高效的教学模式。"五维"高效课堂在课前准备、课上进行和课后评价三个环节中通过"七大策略"来落实完成，即"412"个人深度备课，"三段六线"聚焦式研究型集体备课，以学案为线索，促进课堂生成和思维活化，"五维"高效课堂的教学基本原则，"五维"高效课堂的"六环节"教学设计，"五维"高效课堂的具体表现，"五维"高效课堂的"六度"教学评价。

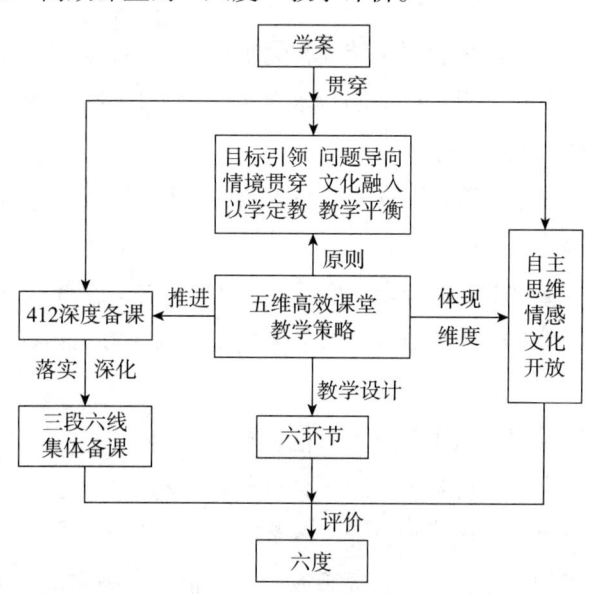

4. 创建了"一体双翼三结五级"教师专业发展体系

深度推进"横纵竖"工程，打造升级版的卓越教师培养新工程，构建"一体双翼三结五级"研究型教师专业发展体系。"一体"即以自我提升为主体，围绕师德修养、理论学习、课题研究、教学实践等方面制定递进式发展目标及培养措施；"双翼"即"请进来"名师"传经送宝"，"走出去""零距离对话"；"三结"即校内结对、省内名师结对、专家精准结对，通过结对实现青年教师能力的快速提升和骨干教师教学思想的不断升华；"五级"即着力打造新秀、骨干、学科带头人、专家型教师、引领型教师五级业务梯队。以"1434"教师专业提升行动为实践路径，形成"学培研建评"常态管理机制，师德师风建设"五步"工作法，搭建了教师专业发展"四个"助推平台，促进学校教师专业发展体系全面升级。

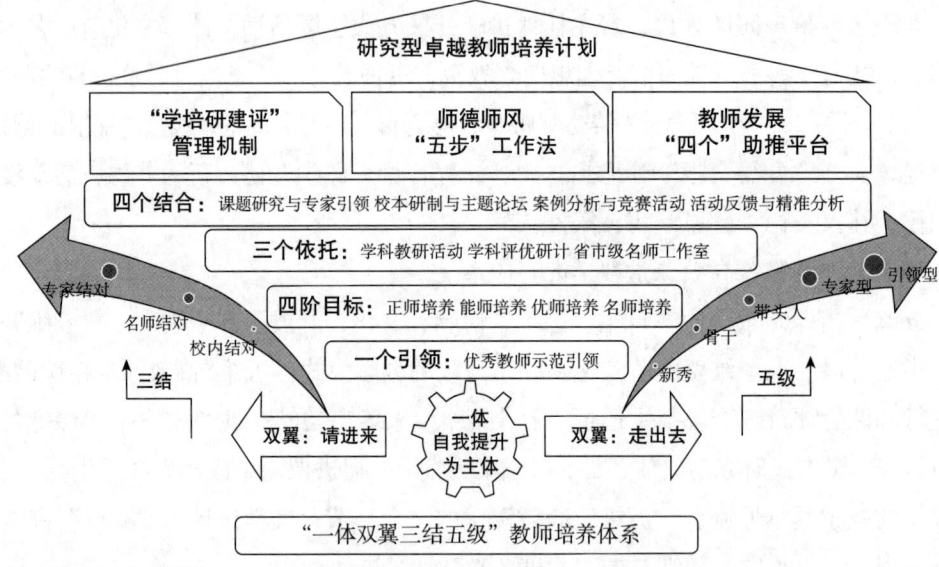

（二）成果与效果

1. 学校党委连续三年被评为教育系统优秀党组织。

2. 2023年《中国教育报》以《砥节砺行求卓越，同心共进续华章》为标题，对学校办学成果进行了报道，办学业绩不断彰显。

3. 《有根的德育"一二三四九"育人体系》获得吉林省基础教育成果三等奖，长春市基础教育教学成果一等奖。

4. 《"五维"高效课堂教学策略探索与实践》被评为长春市教育高质量发展成果特等奖。

5. 《"一体双翼三结五级"教师专业发展体系研究与实践》被评为长春市教育高质量发展成果一等奖。

6. 2023年学校被授予"全国国防教育示范学校"。

7. 2023年学校被批准为"吉林省卓越教育科研示范基地"。

8. 2023年教育系统目标责任管理督导一等奖。

9. 师德师风建设案例被评为吉林省优秀案例，上报参评国家优秀案例。

多项办学成果得到推广。2023 年，学校在"长兴教育联盟"首届教育论坛大会上，做主题发言《打造"八大高地"建设高质量研究型高中》，展示二中教育改革发展成果。在吉林省中小学党组织领导的校长负责制改革现场会上，做主题发言《认真落实党组织领导的校长负责制，全面开创立德树人工作新局面》，展示了二中机制体制改革的先行成果。在全市师德师风建设成果现场会上，做主题发言《构建师德师风建设的四大体系，引领学校高质量发展》，展示了二中师德师风建设的丰硕成果。在推进高质量研究型高中建设中，学校努力向规范要管理、向管理要质量、向质量要品牌、向品牌要口碑，现已形成了以学生为本、以育人为根的"精致教育，追求卓越"的办学理念，走出了一条富有鲜明特色而行之有效的办学之路。

有根的德育结出丰硕成果。学校 30 多个学生社团，多次参加国际、国内大赛并获奖。女篮获省冠军，蝉联四届长春市青少年篮球锦标赛冠军。跆拳道社团获得全国比赛两个冠军、两个亚军、两个季军，省级比赛两个冠军，一个亚军，一个季军的优秀成绩。女篮运动员中多人被北大、南开、同济、吉大等 985 院校录取。

教学质量实现跨越式提升。学校以教学质量提升为核心，严抓教育教学管理，科学提高高考备考能力，高考成绩连续性超越，2023 年高考再创辉煌。600 分以上 62 人，最高分 671 分，一本上线人数 701 人（不含艺体生），一本率达到 71%，985 院校录取 197 人，211 院校录取 453 人，高考高分段、重点本科进线率、高考进出口增值率一直位列长春市前三名。真正实现了重点大学的摇篮，卓越人才培养的基地。

六、经验与借鉴

学校围绕"五维"高效课堂教学策略的建设工作，开展一系列校际间的经验交流和教学研讨活动。开展了"颜圻杰出校长工作室"成员校课堂教学交流活动，学校的"五维"高效课堂教学策略得到成员校领导教师的赞誉，成为学习借鉴的一项重要内容。市人民政府督学和省教科院的徐向东副院长等专家到我校听课、座谈，指导"五维"高效课堂教学策略的研究与实践，受到专家们的一致好评。长春市普通高中第七联盟体，在线上线下进行了课堂教学研讨活动，我校的"五维"高效课堂教学策略为联盟体学校课堂教学改革的开展提供了借鉴。市基础教育研究中心为指导全市推进教学改革，有效落实学科核心素养，在长春二中举办了生物学科基于落实学科核心素养要求的高三复习教学研讨会，我校的高三复习备考中采取的"五维"高效课堂教学方式，得到与会专家教师的一致认可。2023年接待了吉林省县区骨干教师基于数字化环境下信息技术应用教学实践能力提升跟岗培训班两批次共 27 人，接待了山东省滨州市第四期"三名"培养工程人选初中高中段跟岗研修滨州市高中校长跟岗培训一行 66 人。通过教师示范课展示、骨干教师专题报告、校领导专题讲座等，二中改革成果获得好评。

未来，我们将继续深化教育教学改革，一是持续推进党委领导的校长负责制新模式，围绕党建"五大工程"，研究精淬党建特色项目，把"红色二中"底色做实；二是持续推进双新改革实践研究工作，围绕"五维"高效课堂建设，研究精深教学亮点项目，将常规管理与教学研究共同抓实，尤其是考试研究，把"质量二中"特质做实；三是持续推进研究型教师队伍建设工作，围绕"一体双翼三结五级"教师培养体系，研究精研队伍重点项目，细化"四阶"发展目标，提升课题研究水平，把"学术二中"气质做优；四是持续推进有根德育育人实践工作，围绕"12349"有根德育体系，创新精彩德育品牌项目，将五育并举全面落地，为培养拔尖创新人才奠基，把"严格二中"声誉做响。

长春二中将以建设高质量研究型高中为目标，以提升质量为中心，以培育卓越人才为落脚点，以学校"八大高地"建设为着力点，以三新改革为切入点，以师资队伍建设为关键点，高位对标，做透细节，注重实效，健全具有二中特色的学校治理体系，扎实推动学校高质量多样化发展。

报告执笔人：彭景茹　颜圻　姜　华　赵明原　于俐娜　王晓威

厚植自我教育底蕴　深耕育人改革发展

——长春市第六中学年度发展报告

一、学校简介

长春市第六中学又名长春市田家炳中学，是直属于长春市教育局的公立高中。学校位于长春市二道区临河街和岭东路交汇处，占地 6.5 万平方米。学校现有 57 个教学班，2 395 名学生，教职员工 239 人，其中特级教师 3 人，正高级教师 4 人，高级教师 70 人，省市学科带头人 13 人，省市骨干 80 余人。

学校建于 1952 年，是吉林省首批办好的一类重点中学、吉林省首批示范性高中、吉林省政府办学水平督导评估 A 等学校、吉林省文明校园、国家级体育人才培养基地校、教育部信息化实验学校、吉林省教师专业发展型学校、吉林省多样化办学试点校、吉林省新课程新教材示范校、长春市科研基地校、长春市小课题示范校，学校曾连续多年被列为市直高中督导评估免检单位。

2023 年获吉林省中学生青春期教育科研示范基地、吉林省法治示范校、吉林省基础教育成果奖一等奖。

学校环境优美，设有桃园、李园、枫园、桦园、梦园五个主题生态园。建有 20 000 平方米的徐斌教学楼和逸夫教学楼，内设 58 个标准化教室；建有钱学森科技馆、星海艺术馆、校史馆、文史馆四个场馆，其中 5 000 平方米的科技馆，装备了现代化的理化生学科实验室、地空实验室、机器人实验室、生物标本室、组织培养实验室；建有信息中心、田家炳体育中心、生涯规划中心、阅读中心、三课整合中心、价值观教育中心、国际交流中心、科技竞赛中心、餐饮中心，其中 5 800 平方米的田家炳体育中心，分为上下两层，有室内跑道，设有篮球、排球、羽毛球、乒乓球等多种球类场所，看台能同时容纳 1 000 余人。学校还拥有标准化 400 米塑胶跑道的运动场，每年被作为长春市中考体育考点。学校现有 2 000 平方米标准化的学生食堂，6 000 平方米的新食堂正在筹建中。

学校坚持"砥砺内源、自我教育、奠基人生"的办学思想，秉持"精学启智、内化迁移"的教学理念，坚守"育魂理心、无痕默化"的育人理念，努力践行"脚踏实地、仰望星空"的校训精神，顺应时代与教育的发展变化，自我教育旗帜鲜明，形成了"成就学生最好的自己"的办学特色。

学校立足"三新"教育改革，结合 70 余年的办学经验，制定并实施了"1188"发展战略，即坚持一个指导思想、一个现代学校建设体系，落实八项工作目标，实施八项建设工程，提出建设"四个一流"（一流学生、一流老师、一流管理、一流质量）理想学校的奋斗目标。

学校以立德树人为根本，强化学生自我教育、个性发展、全面发展，全面建设现代化、高质量、有影响的区域育人名校，培养德智体美劳全面发展的社会主义建设者和接班人。

学校以"五自"（自识、自省、自律、自信、自主）德育体系建设为统领，以班级文化建设为主线，以五育融合课程为路径，全面实施"德育润心"工程。

学校提出全课程理念，建设了300余门多样化校本课程，建立了以1+5+1课堂教学模式为核心的涵盖各个环节的系列教学体系，是吉林省新高考改革综合素质评价试点校、长春市新高考改革选课走班试点校。

学校实施"北清计划"，为包括北京大学在内的多所"985、211工程"重点大学输送了大批优秀人才，形成了稳定高效的"低进中出、中进优出、优进杰出"的人才培养体系。

学校是吉林大学、东北师范大学、北京理工大学、南京大学、华东师范大学、东北财经大学、中国科学技术大学、香港中文大学、香港理工大学、深圳莫斯科大学等多所名校的生源基地校。

学校多元办学异彩纷呈，设有艺术中心、体育中心、科技中心，为学生个性化发展创造了有利条件，学校乐团、体育社团、科技社团等蓬勃发展。

学校与加拿大优质高中合作开展联合办学项目，与新西兰北地省卡墨高中、泰国格乐大学、博仁大学等都建立了友好关系。

二、改革缘起

（一）从时代发展看，自我教育是应对教育改革发展的自然结果

21世纪从"知识核心时代"走向"核心素养培养时代"，世界各国开始将课程教学改革的目标指向人的核心素养发展的价值取向。2019年6月，国务院办公厅印发了《关于新时代推进普通高中育人方式改革的指导意见》，明确了普通高中育人方式改革的方向，提出深化育人关键环节和重点领域改革，为学生适应社会生活、接受高等教育和未来职业发展打好基础，努力培养德智体美劳全面发展的社会主义建设者和接班人。

自我教育作为一种教育事实，发端已逾千年，经过古今中外多个时代不断积累、选择、附会、积淀，经过先圣先贤继往开来的充实和发展而日益成熟。在当代，教育的重心已由他我教育向自我教育转移，自我教育的地位越来越突出，成为世界教育的热点。《普通高中课程方案（2017年版2020年修订）》指出高中教育要"关注学生学习过程，创设与生活关联的、任务导向的真实情境，促进学生自主、合作、探究地学习"，这也要求高中课程和教学中关注自我教育。

（二）从教育实践看，自我教育是培养学生全面发展的应然要求

目前全国各地高中在理论和实践层面对教育改革诸多方面关注度比较高，实践成果越来越丰富，但是对于促进学生全面发展的育人环节中还存在一些问题，如课程实施功利性明显、教师主宰下的课堂缺失学生的参与、"以考论教"扭曲了教学评价等。

自我教育是学生基于社会价值要求、学校教育条件及自身发展需要，有目的、有计划地制定自我发展目标，充分发挥个人主体的能动性，同时结合他我教育逐渐形成自主学习和实践能力、自我反思意识与终身学习观念，使自己在品德、才智、心理、审美、体质等诸多方面不断发展与完善的教育活动。

（三）从学校发展看，自我教育是学校教育教学质量系统提升的必然选择

当前教育处于新课程、新教材、新高考实施的过渡阶段，学校面临新旧转换、观念更新和教学方式方法转型等挑战。要想破解在实践改革中出现的系列问题，需要学校以教育发展关键为突破口，健全学校育人方式改革的运行机制，系统构建行之有效行动体系。

在学校七十年的发展历程中，经历了几个重要历史时期，学校的自主教育理念从开始的萌芽期、发展期逐步走向成熟阶段。20世纪20年代，新一届领导集体组成后，正值国家基础教育第九次改革，为谁培养人、培养什么样的人和怎样培养人已经成为办学思考的核心问题。李晓天校长提出了全面实施"1188工程"战略，建设"四个一流"理想学校的发展目标，在自主教育理论与实践的基础上将学校教育理念提升为自我教育，正面回应国家新课改、新考改和"双减"政策的落地实施，学校改革与发展全面进入深水区，自我教育文化的蓬勃发展进入崭新阶段。

基于以上几点，长春市第六中学研究自我教育引领下的学校教育教学建设发展具有聚焦时代主题、赋能学校提升和促进学生全面发展的实际意义！

三、发展愿景

在自我教育理念引领下，为建设"四个一流"理想学校，实施"1188"战略（三年一周期），即遵循一个指导思想，建设一个现代化学校治理体系，制定八个工作目标，实施八项工程。

（一）全面建设现代化学校治理体系，构建自我教育保障机制

1. 全面建设学校文化体系，梳理学校办学理念、明确办学定位。梳理总结学校建校七十年的优秀精神和办学经验，丰厚学校的办学底蕴。

2. 全面建设学校管理体系，提升学校管理水平。实行横纵网格化管理路径，逐步形成制度化、流程化、精致化、闭环化的管理体系。

3. 全面推进党建体系的建设工作，积极探索"党建+管理"新模式、"党建+育人"新路径、"党建+师德"新思路，推进党员先锋岗建设活动，实施"六个起来"，筑牢学校高质量发展思想根基。

4. 全面建设高质量教育教学体系，完善长春市新课程新教材实施试点校工作，促进新高考下的教育教学体系的不断完善。进一步促进国家课程校本化，校本课程生本化，生本课程多样化；进一步完善教学研修制度，提高学科组、备课组工作实效；进一步推进高效课堂建设，不断提高课堂教学改革效率。

5. 全面建设德育体系，实施系列教育活动，加强学生世界观、人生观、价值观教育，促进行为规范的养成和健全人格的培养，培育全面发展的高素质六中学生。

6. 全面建设名师队伍体系，推进学习型、研究型教师团队的进一步提升，激发教师提升师德修养和专业发展的内在动力,加速专业成长。

7. 全面建设后勤、安全保障体系,不断完善学校内控制度,规范资金资产管理,强化落实校园安全管理责任制,持续做好新冠肺炎疫情防控工作。

8. 全面建设数字化校园体系,完善实施设备,提高学校智慧校园建设水平。

(二)实施八大工程(三年为周期),打造自我教育文化品牌

1. 学校文化建设工程:打造长春六中名片,成为长春、吉林省教育名片,打造教育品牌,梳理办学理念、办学定位。每一名学生都成为自我教育的模范,主动性、能动性、自控力得到长足发展;每一名教师成为启迪学生精神发展的指导者与培养者。

2. 管理体系建设工程:调结构、明责任、强效益,打造管理品牌

(1)完善学校管理部门,纵向一共17个处室,增设学校教务处、学生发展中心、课程处,横向继续完善年级管理制度,形成横纵结合的管理结构。成立学校大教务处、学校学生发展中心(大政教处)、课程处,采用轮值制度。

(2)培养选拔优秀中青年干部。

3. 党建工程:浸润式党建,打造党建品牌

开展九个党员先锋岗创建活动,即"党员班主任管理先锋岗、党员教研创新先锋岗、党员管理创新先锋岗、党员后勤服务先锋岗、党员志愿服务先锋岗、党员教育帮扶先锋岗、党史学习教育先锋岗、党员新秀先锋岗、党员特色育人先锋岗",突出"六个起来"活动特色,发挥先锋模范作用。

4. 高质量教育教学体系建设工程:打造教学品牌

(1)课程建设。

①完善六中课程体系(高中三个年级)。②开展学科实践课程(项目式学习、研究性学习、共创课)。③理化生学科实验课程的系列实施。④加强校本思政课程的一体化建设。⑤加强学科组建设。

(2)课程实施:四型课堂下的5+1教学模式。

① 5+1:创设情景、问题链、自主建构、交流互动(小组活动)、迁移应用+评价。②高效课堂标准:教的精彩、学的轻松、考场得分。

(3)课程评价

①高效课堂评价。②教学过程评价。③年级教学结果评价。④学科组及备课组评价。⑤大型考试评价。

5. 德育润心工程:立德树人,打造德育品牌

(1)开展"三观"教育,即世界观、人生观、价值观教育,落实立德树人的根本任务。

(2)实施三化策略,即"德育生活化、德育主题化、德育课程化"三大策略,培养学生做"文明人、正直人、刚强人、有志人、有能人、有为人",形成具有六中鲜明个性特点和深远影响力的德育模式。

(3)开展"三真"活动,即真诚交流、真情关注、真心帮助,走进学生心灵。

6. 名师工程：加强学习型、研究型、奉献型的教师团队建设，打造名师品牌

（1）构建青年教师培养课程体系：完善青年教师培养体系，通过师徒结对、老学员结业大会、读书论坛活动、"芳草杯"青年教师听评课活动、专家名师讲座、班主任德育工作培训等活动实施青年教师的师德能力提升课程、教学实践能力提升课程、综合育人能力提升课程和自主发展能力提升课程。

（2）发挥骨干教师的辐射引领作用：通过首席教师论坛、"秋实杯"骨干教师课堂教学展示月活动、A型教师教学主张生成等输出式活动发挥首席教师、A型教师的学科学术引领作用。

（3）发挥大型开放式教研活动的功能：本学期拟举行主题教研活动，全体教师基本能力测试、各学科用心研究学科课程标准和学科本质，初步提炼学科主张。

（4）发挥课题研究引领作用，助推教师科研能力提升：依托首席教师工作室，做好学校主课题的子课题工作，推进我校小课题研究并做好课题研究成果展示工作。

7. 后勤安全保障工程：打造保障品牌

（1）提高依法治校水平。通过党委会、学校行政会、教代会，实行民主管理，推进依法治校。

（2）完善学校内控制度、全面启动分配制度改革工作。

（3）积极组织教职工开展丰富多彩的文体活动。

8. 智慧校园建设工程：打造智慧校园品牌

（1）进一步做好数字化学习的研究工作，全面启动智慧校园示范校的建设工作；重视现代教育技术与学科的深度融合，探索数字化学习在日常教学的常态化应用。

（2）加强各类资源库建设，为教师提供丰富的教学资源。

（3）全面完成电子班牌的安装使用工作，完成数字化校园相关硬件建设工作。

四、实践探索

（一）统筹规划，高站位设计"自我教育"发展新思路

形成了以"自我教育"为基本办学理念，以"1188"发展战略为核心策略，以"全课程"体系和"1+5+1"课堂的构建为教学主要载体，以"五自"教育和青春期教育为育人路径，以营建"深度教研"育人团队为支撑的教育改革创新发展新思路。

（二）深耕落实，全方位落实"自我教育"建设新举措

学校制定了立足我校发展实际的"1188"发展战略，即坚持一个指导思想、一个现代学校建设体系，树立八项工作目标，实施八项建设工程，建设"四个一流"理想学校的发展目标。重点是育人方式变革，在培养什么人上下功夫，在价值观引领、自我教育、深化教育改革、三新建设、拔尖创新人才培养、五育融合教育上发力。

1. 以党建体系引领学校发展

一是以党建工程引领学校各项工程建设方向。围绕党建提升工程和党建工作两条主线，深耕"党旗领航　立德树人"的"润心"党建品牌，推动学校高质量发展。

二是以党建工程推动学校各项工程建设落实。校级领导包联年级和部门，引领党小组切实发挥带头作用。

三是用党建工程建设打造优质育人团队。以制度做约束，规范落实党内民主生活自查互纠、民主评议党员制度。

2. 以文化体系涵育学校发展

深化自我教育文化改革，提升自我教育文化品质。

维度一：通过完善校史馆、走廊文化建设，提升学校物质文化水平。

维度二：通过深挖自我教育办学理念下教育教学系列理论，提升学校精神文化内核。

维度三：通过改革课程开发、课堂教学、师生评价等机制，提升学校制度文化效能。

3. 以高质量的教育教学体系推动学校发展

（1）高质量课程体系。

①完善开发校本课程。②重点打造特色课程：语文整本书阅读课程、英语语言素养课程、理化生实验课程。③持续推动课程活动：文化节课程、科技节课程、思政课大讲堂及四史教育进课堂活动。④科学完善课程整合：打造升级版专家视域下的课程整合。

（2）高质量课堂教学体系。

①继续推进"1+5+1"为核心的课堂建设。②落实"N+1"教学评价。③推行费曼课堂开发。

（3）高质量学科建设体系。

①深挖提升教师素养、学生素养的学科文化。②创新体育节、科技节、艺术节等学科活动。③打造数理化实验、音乐乐队等学科特色。

4. 以高素质名师队伍体系支撑学校发展

以展示促提升的"秋实杯"骨干教师展示课；以比赛促提升的"芳草杯"新入职青年教师汇报课；以科研促提升的教师论坛、班主任微论坛等。

5. 以德育体系筑建学校发展

深挖心理课程、生涯规划课程、协同教育德育课程建设；开展好军训、升旗、班会、节日系列德育活动；打造班主任队伍、心理导师、生涯规划导师等精锐德育队伍；建立健全学生德育表现性评价为特点的学生发展多元评价体系。

（三）改革创新，多视角打造"自我教育"特色

在基础教育改革持续发展的进程中，学校的发展呈现了如下特点：

1. 聚焦核心问题，精准定位教育教学改革奋斗目标

学校以"自我教育"为核心，聚焦"三新改革""五育并举"等教育核心，持续探索"自我教育"在新教育形势中的理论和实践意义。

2. 探索关键领域，瞄准学校教育教学发展着力点

（1）以新时代中国特色社会主义教育为核心内容，以学习调研和问题整改为工作重点，用党建引领学校整体发展。

（2）多维度促进学校文化的内涵提升，用文化体系涵育学校持续发展。

（3）探索新高考应对措施，用改革创新推动学校教育教学体系纵深发展。

（4）实施以课题和比赛等教研活动为载体的名师培养计划，用高素质名师队伍体系支撑学校专业发展。

（5）深入落实"五自"教育和学生青春期教育，用以人为本思想促进学生全面发展。

（6）尝试数字校园使用路径，用智慧学校建设体系探索未来学校发展。

（四）实践全方位育人，关注学生成长新角度

1. 探寻应对新课程、新教材、新高考应对策略

一是推动"北清计划"，培养拔尖人才。2022年，我校成立首个"北清班"，助力孩子们实现高远大学梦想，为国家培养高端人才。

二是探索选课走班实施路径。遵循"稳中求进、自主性、遵循校情"的三个选科走班基本原则。实施"两步走"选课走班模式，科学高效保证"三新"落地。

2. 全面落实"五育并举"，推动学生多元发展

通过"五自"教育落实学生三观教育。"五自"，即学习自主、心理自尊、性格自强、行为自律、生活自立。

为此，我们实施德育"润心工程"，践行"育魂理心，无痕默化"德育理念，以建设优良校风和打造德育特色为中心，以养成教育为基础，以塑造健康人格为核心，以个性充分发展为特色，多渠道、多层次、全方位地开展教育活动，不断提高学生的思想、道德、心理素质，培养具有国际视野、家国情怀、自主发展的新时代六中学子。

3. 通过青春期教育解决学生的心理问题、早恋问题、学习动力问题。关注学生青春期困惑，帮助学生健康成长

4. 我们全力建设心理、生涯规划等德育课程

（五）推进"1+5+1"教学模式，挖掘了"三新"形势课程新特色

1. 运用"1+5+1"教学模式，为更好地落实高效课堂找到最佳实践生长点

（1）"1"是要有基于核心素养的教学目标。

（2）"5"一是要创设情境；二是要分梯度设置任务链；三是要让学生自主建构认知过程；四是要有恰当的小组活动；五是迁移和应用。

（3）最后的"1"是检测环节，根据学情的不同，教师精心设置星级练习，供不同程度的学生更多选择的机会，从而形成一个闭环，即"教—学—评"一体化。

2. 课程体系

一是完善"13613"课程体系，二是优化课程实施的"三化"路径。教材大单元结构化，学案设计生本化，学科实践特色化。以九大学科为载体实施学科实践课程。三是做好生涯规划课程，完善《生涯规划指导手册》《选科走班指导手册》，开展"生涯规划""共创成长路"等特色课程。学校被评为新课程、新教材示范校。

在不断的发展中，学校课程建设特色也逐步呈现：

（1）持续更新的课程种类。

创新开发高一语文整本书阅读课程、高一英语《英语语言素养课程》，高二英语组的

外语活动课程以及理化生实验课程。

（2）异彩纷呈的课程活动。

开展文化节课程系列活动——语文学科"儒道之辩"辩论会、英语学科"语言素养课"成果展示汇演、音乐美术作品展播等。

（3）与时俱进的课程研讨。

一是开展《专家视角研教材　高考视域研命题》——融通教材和试卷的命题评价研讨。

二是进行围绕高考九大学科的"基于'1+5+1'教学模式的学科实施路径研讨"和"基于标准化命题的试题重组和创新研究"。

（4）更新教师培养模式，尝试教师专业发展新举措。

一是以青年发展学校对青年教师进行启航培养；二是实现骨干教师领航示范；三是搭建校内外交流平台；四是通过深度主题教研及学科建设等实现学科引领和年级管理的双轮教学驱动；五是打造全学科课程思政名师教研共同体，相合育人，增加信仰价值教育的深度，联合育人，延展信仰教育的广度。

五、成效

（一）党建引领工程

1. 深化了"润心"示范党建品牌建设

认真落实理论学习制度、第一议题制度，打造学习型党组织。利用学校党的创新理论宣讲团，校领导深入各年级各支部带头讲授党课、思政课，深入学习贯彻党的二十大精神。2023年开展专题党课12期，党员集中理论学习24次，主题党日活动4次，党委会理论学习12次。

2. 深入落实主题教育

成立主题教育工作领导小组、召开专题部署会议、制定主题教育工作计划。我校响应局党委要求召开"习近平新时代中国特色社会主义思想"学习主题教育启动仪式。校级领导深入支部讲党课。

3. 加强先锋岗创建工作，打造党建品牌

落实党员包保、党员教师义务岗、党员教师进家庭、义务辅导培优补差纠偏等活动，进行年度"先进基层党支部、优秀共产党员、优秀党务工作者"评选表彰工作，形成了我校党务工作典型案例。

4. 进一步加强师德师风建设

通过各种形式、各层级专项会议宣传解读国家"双减"文件精神；利用教师节、中秋节、十一国庆、寒暑假等安全会议，开展宣传教育，组织教师进行师德宣誓；完善思政课一体化建设；推进学生党建工作；成立学生党建中心、学生党的二十大精神宣讲团，推动学校共青团工作发展。

（二）学校文化建设工程

完善了校史馆、走廊文化建设；深挖学校自我教育办学理念下教育教学系列理论；重新修订学校制度，完善制度文化。本年度，学校被评为省级依法治校示范校。

（三）管理体系建设工程

持续推进学校八大处室建设；进行了部分中层干部和干部助理的任命；落实校级领导"一岗双责"，下沉管理；开展了中层干部评价制度。

（四）教育教学质量提升工程

1. "三化"路径日臻完善，课程设置更为丰富

学校把校本化、生本化、多样化作为课程建设的基本目标，形成了以《学科课程指导手册》《学案优化系列》为核心的课程物质文化，以《课程标准》《课程评价》为核心的课程制度文化，以多样化、生本化、体系性、融合性为核心的课程精神文化，以自主、踏实、创新为核心的行为文化。完善《生涯规划指导手册》《选科走班指导手册》，开展"生涯规划""共创成长路"等特色课程。

2. "1+5+1"课堂教学范式持续推行，课程实施更显特色

学校坚持创新课堂教学实践，进一步推动"1+5+1"教学范式发展，探索了"1+5+1"学科化路径，形成了以学科课程体系建设为基础，以"1+5+1"课堂教学范式为核心，以"大单元集体备课""X+1"评课和研究型团队建设为支撑的特色新课程新教材实施模式。

3. "X+1"评课标准深入推广，教学评价更具效能

学校推行教学督导及质量监测评价：实施三级听课制度、推行以"X+1"为核心的全员评课制度、学程教学通报制度、学程督导评价制度、学程考试评价制度、学期教师教研科研评价制度。

同时，形成了以核心素养培育为导向的学生学业评价体系和将劳动素养、思政课学习实践等情况列为评价重要内容的学生综合素质评价体系。

4. 实行年级管理与学科引领的双轮驱动管理

（1）建立基于标准的各项教学管理制度。

年级推行"质量为核、目标导向、任务驱动、精准施策"的管理。教研组以"学科建设由特色化走向品牌化"来推动学科建设的高度。

（2）改革"双新"制度体系建设。

开展校外专家与校内导师相结合的专题培训，形成了"两步选、单元组合小走班"的选科模式，实现学生的个性化选择。学校被评为省新课程、新教材示范校。

（3）助力学生发展的全员导师制。

学校成立学生成长导师制，构建领导小组，全面负责全员导师制工作的领导、实施、评估工作。

5. 实施"北清计划"，改革创新人才培养模式

因材施教、分层教学，培养六中的创新人才。通过整合课程体系实施数、理、化的教学前置；通过设置中大衔接课程内化学生学科理解；通过单独实验课程强化学科实践；通过费曼学生课堂实现学生自我学习；通过985大学研学明晰个人目标；通过双导师制、学

长一对一制提升学生坚定个人志趣；通过培优补弱实施个性化教学。并开展了如下建设。

（1）基于学科素养的北清学科知识整合建设。

（2）基于关键能力的北清学科教学优化建设。

（3）基于主题教学的北清信息化共享课程建设。

（4）基于自我教育的常态化费曼课堂建设。

（5）基于个性发展的多样化培养模式建设。

（6）基于团队精神的班级文化建设。

6. 推进数字化教学，赋能质量提升

扩展学生学习空间，实现双线教学。充分利用数字化赋能教学，充分利用大数据和人工智能开展基于标准的教学评价，加强过程性评价与增值性评价。

（五）名师培养工程

1. 强化"双新"校本教研的专业引领

举行了以"新学期、新目标、新起点、新征程"为主题的2023—2024学年度上高考高端培训会。

开展了"基于双新背景的高考试题主题化深度研讨"的教研活动。各组教师对2023年新高考试卷中同类高考试题进行横向及纵向的评析研讨。

2. 突出名教师的示范引领

青年教师成长：召开了主题为"遇见更好的自己"师徒结对拜师仪式，进行了首届"启航杯"青年教师教学论坛，面向工作三年内新教师的"芳草杯"已进行到第3届；面向入职五年内教师的"春兰杯"教学基本功大赛进行到第9届。

骨干教师引领：开展了第九届"秋实杯"骨干教师领航示范。

教师团队建设：学校打造了全学科课程思政名师教研共同体，联合育人。通过学科组年度论坛、外出培训、与长兴教育联盟、第八联盟体的联合教研、全员同做高考题、省市大型比赛助推学科建设。我校履行"长兴教育联盟"合作校主体责任，举行了长春市第六中学英语组与内蒙古自治区兴安盟突泉县一中英语组基于标准的大单元联合集体备课，取得了良好的效果。

今年，省级骨干教师增加8人，市级骨干70余人，新增中青年学科带头人11人，共7名教师获"十佳"和"新秀"教师称号。

3. 落实教改课题的科研引领

"青春期教育"为主导课题的科研体系成果显著，科学研究再迎佳绩。学校获"吉林省青春期教育示范基地校"称号。《中小学校青春期教育的实践研究》为吉林省教育科学"十四五"重点规划课题。引领全市青春期教育专项课题240项、成果817项。

在"自我教育""青春期教育"主导课题引领下，学校现有省、市级课题71项，小课题研究20余项。今年结题45项，在研课题21项。教师公开发表论文著作100余篇，教学反思及案例等教育成果在各级各类评比中获奖。

学校被评为"吉林省新课程新教材改革示范校""吉林省青春期教育示范基地校"。

（六）德育润心工程

学校开展"五自"教育和"青春期"教育，帮助学生成长为身心健康、三观为魂、五自为骨、具有六中气质的新时代优秀学子。

一是课程育人。探索并实践了思政课程、研学课程、阳光体育课程、艺术课程、劳动教育实践课程、社会实践课程、科技探索课程等。

二是活动育人。通过军训、主题升旗、传统节日主题教育、主题班会、五星文明班级创建、法治教育、体育节、艺术节等活动，提升学生素养，促进学生学业成长。

三是文化育人。自我教育办学理念整体设计了校园文化。一是在新建校史馆的基础上重新设计了走廊文化；二是以法制教育为主题更新设了长廊文化；三是阐释五自育人思想的天景文化。

（七）后勤保障工程

1. 安全工作稳步推进。

2. 民生建设持续开展。对教师办公和学生学习环境进行了改善；为全校教师开展丰富多彩的文本活动，如气排球、跳大绳、慢山里徒步等活动，让教师在工作之余愉悦身心健康。

（八）智慧校园建设工程

1. 电子班牌进班级。

2. 更新建设了录播教室。

六、经验与借鉴

（一）党建工程——充分发挥党建引领职能，保证学校工作政治方向

1. 以师德师风建设为目标，持续推进教师队伍建设。

2. 以润心党建品牌创建为抓手，推进党建提升工程进入新阶段。

3. 以党风廉政建设为驱动，为学校发展保驾护航。

（二）学校文化建设工程——全力打造优质育人文化，积淀学校可持续发展底蕴

1. 合理规划、建设和使用校园功能场馆、人文景观、宣传设备等硬件设施载体，创造优雅舒适育人环境、宣传办学思想、引领师生发展。

2. 围绕自我教育特色，丰盈办学思想，提升办学品质。

（三）管理体系建设工程——完善基于标准的机制建设，推动学校各项职能高效运转

1. 强化依法治校管理体系，法治校园文化建设。

2. 持续推进落实管理干部选拔和培养制度。

（四）高质量教育教学体系建设工程——聚焦双新教育改革，优化教育教学思路，着眼双新改革，聚焦高考目标引领和尖子生培养

1. 规范课程管理，加强课程方案转化为落地行动。

2. 推进教学方式变革行动，赋能课堂教学。

3. 强化基于标准的教学管理，坚持过程改进。

4. 落实"北清"计划，探索拔尖创新人才培养方略。

（五）名师工程——聚力教师技能发展，提升育人团队专业性

通过"致远杯""青蓝杯"等教师研讨推动教师专业技能提升；通过开展基于双新背景下的高考试题分析与教学策略研讨、专家培训等特色教研活动，扎实推动"双新"教育改革落地。

1. 规划校本研修，拓展教师教学视野。

2. 创新学科主题教研，积淀学科教研文化。

3. 加强学科组建设，实现双轮驱动。

4. 开展培研修赛一体化活动，助推青年教师发展。

5. 搞好基地校建设，推进重点课题（青春期教育）研究。

（六）德育润心工程——探索多样化育人路径，扎实推进德育实践

围绕"自我教育"理念，抓好青春期教育、法制教育、家庭教育和安全教育。以"立足党建抓德育，立足核心素养抓德育，立足五自抓德育"为基本思路，以常规管理和班级文化建设为主线，以课程育人、活动育人、文化育人为实践路径，继续完善学校"五自德育"体系，持续推动德育润心工程建设。

加强德育队伍建设，提高整体德育工作水平；加强学生德育系列教育，提高学生文明程度；加强校园活动建设，打造优质育人环境；加强家校联系，构建三维网络育人格局；加强德育主题教育，完善德育教育实施路径。

（七）后勤安全保障工程——规范落实工作常规，保障学校综合发展

通过常态化管理完善后勤服务水平；通过规范化管理保障校园安全；通过系统化管理推进民生工程。

（八）智慧校园建设工——全方位推进数字化建设，助力学校信息化发展

通过探索数字化建设对教学资源、日常教学的应用等持续推动智慧校园建设工作。

面对过去，全体六中人慎思笃行、砥砺发展；面向未来，我们也将继续高举自我教育的旗帜，奋楫扬帆、赓续前行！

报告执笔人：李晓天　薛红利　汪延德　孙　爽　赵佳娜

以人为本养根育魂　特色创新提质增效

——长春市第八中学 2023 年度教育质量发展报告

一、学校简介（基本情况）

长春市第八中学位于亚泰大街 4035 号，学校占地面积近四万平方米，现有 45 个教学班，在校学生 2 100 余人，教学设施达到国家 A 级标准。

长春八中是吉林省首批重点高中，荣获全国未成年人思想道德教育先进单位、全国生态教育示范校、吉林省文明校园、吉林省依法治校示范校、吉林省新课程改革样本校、吉林省基础教育科研示范基地、长春市教学质量先进单位、长春市学校文化建设示范校、长春市科技型校园、长春市首批心理健康教育示范校、长春市首批书香校园、长春市核心科研基地示范校。作为人民教育出版社课程教材研究所实验基地，学校被吉林大学、东北师范大学、东北大学等多所全国重点大学命名为优质生源基地校。

近年来，在张洪波校长的带领下，秉持专家治校、研究兴校、创新强校的办学思路，取得了令人瞩目的成绩。学校秉承"全人教育"的办学理念，"和谐，向上，学习，超越"的学校精神，引领一批又一批学子在寻梦圆梦的路上，努力把学生培养成"强"的人，更要培养成"美"的人，努力把学校办成"学生有情怀，教师有归属，办学有温度，学校有故事"的"四有"学校，连年创造着惊人的高考成绩，以实际行动创造"低进高出"的传奇。

学校在新高考改革的背景下，着力强化先进齐备的硬件设施，以适应新高考改革的基础需要。学校场馆设施齐全。长春八中校园虽然不是很大，但所需的教学设施却先进齐全，有国家级标准理化生实验室、语音室、微机室、航模室、走班教室；有现代化图书馆、阅览室、多功能报告厅；同时配有校园电视台、宽带校园网、心理咨询室、人生规划指导室、音乐室、美术室、体育馆、健身房等现代化设施；还有宽敞、干净、整洁的学生餐厅。学校的基础设施建设满足了教育教学、学生个性成长、师生日常生活的需要。在此基础上，加大软实力建设，打造德业双馨的名师团队。学校现有一线教师 207 名，其中硕士研究生 69 人，正高级教师 4 人，特级教师 4 人，高级教师 69 人，国家级骨干教师 2 人，省学科带头人 20 人，省市骨干教师 81 人，省市学科中心组成员 16 人，国家、省、市"五一劳动奖章"获得者、劳动模范、优秀教师、师德标兵 42 人。近几年有 100 多名教师在国家、省、市教育教学技能大赛中获奖。我校有吉林省科研兴校名校长工作室、长春市英语学科"名师工作室"。英语、物理、化学、政治教研组被评为长春市首批优秀学科团队，省、市名师工作室成员 60 余人。学校有 38 名教师入选长春市教师人才库，8 名教师被评选为长春市首批明星教师，近两年又有 3 名教师被评选为省精英教师，5 名教师被评选为省教学新秀，6 名教师被评选为市"十佳教师"，5 名教师被评选为市"教学能手"，17 名教师分别被聘为长春市高中兼职教研员、教学指导、考试评价委员会委员。正是因为有这样一支热爱教育、业务精湛、拼搏进取、具有超强战斗力的教师队伍，长春八中才能连年在高考中取得突出的成绩。

二、改革缘起

（一）改革的主客观因素及改革大背景

变革是世界发展永恒的主题，人类改造世界的变革方式就是寻找物质系统的结构特征与功能之间的对应关系，通过改变物质结构，以获取人需要的功能。长春八中建构了"溯源调结构、结构定功能"的可持续发展的新模式，抓住育人基本环节，以成立"教育教学改革发展民主监督委员会"、实施全景阶梯式教师评价为行动保障，建构以生涯教育为主线的德育体系和回归本真、校本的教学体系，深化学校教育结构变革，实现由"点"变化向"面"发展，把学校建设成为学生有情怀、教师有归属、学校有温度、办学有故事的四有学校。

目前课程改革和高考改革，就是通过调整学科结构实现新的育人功能。学校深层次的变革，本质上是在尊重人的本性和遵循教育规律的基础上调整学校教育结构。当前，我国中小学教育面临前所未有的重大变革，更新教育理念，大力开展教育改革已经成为定局。通过调整学校教育结构，适应新课程改革的发展要求，解决现实中存在的德育教育效果不显著、教学评价体系不够完善、过分注重学生学业成绩、评价指标单一等实际问题，充分发挥学校的育人功能，促进学校高站位可持续发展。

（二）学校研究基础及学校发展需求

我校是一所具有多年办学经验的老校，学校底蕴丰厚，始终因势而谋，应势而动，顺应社会对人才培养的需求和对教育事业发展的要求，依循"制度化管理"的办学思路，由"规范化管理"走向"人性化管理"，坚持办人民满意的学校。在几代人的共同努力下，学校形成了"全人教育，和谐发展"的办学理念，建构了"一体两翼"的办学模式，"一体"即在"全人教育"的办学理念下，用"和"文化把学校各项工作融为一体；"两翼"即以勤奋进取、自强自信的优秀传统为翼，以与时俱进、调整教育结构、变革创新为翼，双翼并举。近三年，学校已经进行了相关的探索，效果显著。

长春八中的办学理念是"全人教育，和谐发展"。其产生是落实党的教育方针，将培养德智体美劳全面发展的社会主义建设者和接班人,努力办好人民满意的教育具体化；是教育"以人为本"思想的校本化；是学校文化传承、学校发展时代选择。"全人教育"即以人为本，以师生的终身发展为目标，关注全体师生的发展，关注个体师生的全面发展，关注学校整体工作的全面发展；"和谐发展"即以和谐为奋斗目标，关注师生关系的和谐融洽，关注师生个体心理的和谐健康，教育者与受教育者之间互进互助、彼此激励、共同发展，关注学校和谐的育人环境的生成与发展。学校办学理念，对内是一面旗帜，把方向、统大局，凝心聚力谋事、做事、成事；对外是学校的品牌，树学校形象，立学校特色。

三、学校发展目标愿景

（一）具体目标

1. 形成新时代背景下学校教育结构变革理论与课程体系

在民主制度建设、教师自主成长、学生人格发展实践、学生学业发展水平提升等多方面，构建学校理论与实践发展框架。

2. 调整德育结构，整合"五个维度"，建构以生涯教育为主线的德育体系

新时代呼唤学校德育工作由管理向指导和育人转型，育人活动由散点发展呈现出科学化、系统化发展的趋势。学生发展指导不仅涵盖学校教学和德育工作，还为做好德育工作提供了一套指导实践的理论体系。

3. 调整教学结构，突破"五项常规"，重构回归本真、校本的教学体系

以学校的教学活动为依托，围绕"备上批辅考"等核心环节，在内容、方式方法、评价手段等方面力求突破，全面提升教育教学质量。

（二）发展愿景

进一步完善与提升学校的办学思想体系，长春八中三风一训一精神。

校风：科学　民主　勤奋　务实

学风：活学　善问　多思　力行

教风：扎实　严谨　敬业　求精

校训：厚德　博学　开阔　进取

精神：和谐　向上　学习　超越

四、实践探索

（一）确立"溯源调结构、结构定功能"改革策略

教育要实现某一功能也需要回溯教育本质，聚焦问题核心，以学生核心素养培养为目标，以项目推进为策略，对构成教育环节的数量、成分、时间、生物体以及组织关系进行更为科学的分配、重组，建构更为合理的结构，让教育发生真正的变革。目前课程改革和高考改革，就是通过调整学科结构实现新的育人功能。学校深层次的变革，本质上是在尊重人的本性和遵循教育规律的基础上调整学校教育结构。基于此，长春市第八中学创建了"溯源调结构，结构定功能"的可持续发展的新模式。

（二）建构新时代"全人教育"办学导图

六十余载栉风沐雨，精业笃行。学校始终因势而谋，应势而动，顺应社会对人才培养

的需求和对教育事业发展的要求，由"规范化管理"走向"人性化管理"，坚持办人民满意的学校。在几代八中人的共同努力下，学校形成了"全人教育，和谐发展"的办学理念，并建构了新时代"全人教育"办学导图，即"12233446"工作体系，"1"就是引入一个高思维，即"溯源调结构，结构定功能"；第一个"2"是两个发展路径，即"勤奋自强，改革创新"，第二个"2"是两个改革方向，即"调整组织结构和调整教材结构"；第一个"3"是成果目标"三出"，即学生出人才、队伍出名师、学校出经验；第二个"3"是三个保障，改革都采取项目式推进，确保科学，建立师生评价机制，确保积极性，建立教育教学民主监督委员会，确保工作的基础民意；第一个"4"，办学目标"四有"，即学生有情怀、教师有归属、办学有温度、学校有故事；第二个"4"，工作的路径"四全"，即全员育人、全面育人、全程育人、全面发展；"6"是把学校建设成的新样态——"六和"，即融合党建、和展治理、和润德育、和怡教学、和雅教师、和美校园。努力建设一所可持续发展的"四有"学校，学生有情怀，有情怀的学生爱国、爱家、爱生活，今天能够快乐成长，未来不仅成为"强"的人，更会成为"美"的人；教师有归属，有归属感的教师有对事业、对学校热爱，有自己的精神家园；学校有温度，有温度的学校尊重教育规律，尊重人性，能让师生拥有由内而外自主生长的力量；办学有故事，一所成功的学校，就是有教师的故事、有学子的故事的学校。

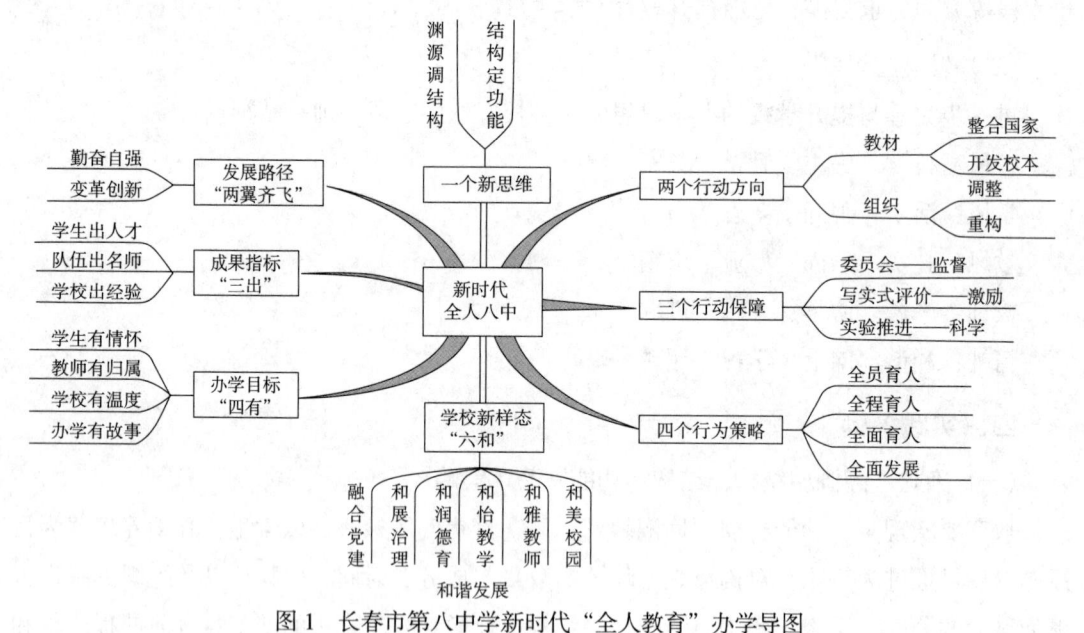

图1 长春市第八中学新时代"全人教育"办学导图

（三）形成"和润德育"2+3工作体系

长春八中新时代"和润德育"2+3工作体系，把培养学生坚毅、担当、自信、好奇心、进取心五个核心品质作为学校落实"立德树人"根本任务的具体培养目标，激发学生成长的内驱力，培养具有家国情怀的学生，用工作体系推动工作开展、用具体课程落实任务，让八中学生成材、成人。

1. "2"是两个工作体系,即"四元互动"激励式综合素质评价体系和基于生涯信念的学生发展指导体系

(1)体系一:"四元互动"激励式综合素质评价体系。

评价的基础是做事,做事、共情小组、家长民主都是激励孩子成长的有效方式,四元评价相互呼应,程序确保评价真实。四元相互推动,机制确保凝心聚力、激励学生成长。一元评价是学生自己案例写实,学生在记录单上记录的都是对生活和成长有意义的事,要求学生每月至少记录1次参加过的活动,写上活动名称、活动时间、活动组织单位、参与情况和获奖情况等,突破性学生自愿提供证据,关注孩子主观意愿及自我责任意识。二元评价是同伴建议,二元评价的时间是每学期末,学校为每一个小组提供一个私闭空间,共情小组人员给予中肯评价。每个同学客观讲述本学期自身做的事,同伴给予建议,同伴共情会让建议真诚且真实,同学也容易接受。三元评价是家长指导,期末家长会后,家长组织召开家庭民主生活会,听取孩子写实内容的自述,然后家长给予确认和指导,家长全面了解孩子,从多角度了解和评价孩子,避免只对孩子成绩关注。四元评价是老师指导,仔细看看同伴建议和家长的指导记录,再结合学生的日常表现,找学生谈话,发现闪光点,提出改进和努力方向,完成对学生的积极真实的指导。二元评价、三元评价、四元评价都需学生先讲述自己做过的事,自述是反思,是无形的监督,保证事情的真实,通过自述,学生之间可以互相学习,家长也可以客观全面了解学生。

(2)体系二:基于生涯信念的学生发展指导体系。

基于学生生涯信念就是学生发展指导的目标,是让学生一生都有理想、有抱负,学会自我规划,成就积极人生。第一,实施过程。确立学生生涯规划指导为主线,统领学生发展指导的理想、心理、学业、生活。将学生生涯规划指导工作与学校育人体系无痕对接。第二,"4+3"课程的建构。"4"为破冰课、测评课、心理课、学科融合课。破冰课:动员、指导、安排工作。测试课:对学生进行多元智能测评、MBTI职业性格测试等测试,从而科学定位自我。心理课:自我探索、塑造积极品质等方面的内容。学科融合课:通过学科的渗透,来建立学生的生涯信念,通过学科的内涵让学生认知世界,了解相关职业;学科教师通过对该行业的模范人物介绍,来建构学生积极的品质;通过课程的实践,让学生们能有浅度的体验,进而在学习上有所规划,能适应未来的发展。"3"即主题实践课、混龄教育和设计课。主题实践课:学生励志、实践、体验一切与实践对接的课程。我校自主开发的尖毛草课程体就是成系列的主题实践课程。混龄教育:按青少年的发展阶段和需求制定个性化的教育计划,为学生提供更加灵活、个性化的教育。设计课:学生的生涯规划,即具体规划设计。第三,队伍建设。在学校现有的师资队伍基础之上,再联合我们的家长、校友、社会人士和专家,就构建了我校五维一体的师资队伍,我们每一维度的师资队伍各司其职,落实我校"4+3"课程的具体教育内容。第四,课时管理。完全不需要增

加任何的课时，我们在现有的课时基础上完成 4+3 课时。心理课时：心理测评课；班会课时：破冰课、设计课；校内课余、周末、假期：主题实践课；学科课时：学科融合课。

图 2　"4+3"生涯规划课程体系

图 3　课时管理

2. "3"也指三类课程，即融合课程、主题课程和尖毛草课程

融合课程：建立大思政格局，思政课程重点在思政队伍建设、思政一体化研究、时政资源开发、思政一体式教学、思政扶学案教学、任务驱动式教学、党史教育、信仰讲堂、红色主题教育、时事政治评说等方面进行开发。课程思政重点在全学科课程思政、提升课程思政能力、挖掘课程思政资源、课程思政与课堂教学结合以及融合课程开发等方面进行开展。

主题课程：主要在党校团校、志愿服务、社团活动、班团会、纪念日、节日等专项主题教育。

尖毛草课程：构建了"尖毛草1234"课程体系，即"一个自主、二个五、三个礼、四个会"总体框架，开展课程建设，做"培根铸魂"的教育。"1"是一个自主："五彩三杠"自主发展课程。学校借助五彩三杠评比，搭建育人平台，把学校、家庭、社会资源整合起来，把校内、校外统筹起来，凝聚学生五育并举的多方力量，拓展五育并举空间，激发学生五育并举的愿望，建构无形但无处不在的育人课程。五彩：用五种不同的颜色代表学生德、智、体、美、劳五个方面的发展。三杠：代表对学生进行德、智、体、美、劳五个方面评定后所确定的不同级别。"一杠"为班级级别，"二杠"为年级级别，"三杠"为学校级别。对应在单项评比中为"五星、三星、一星"，级别评定后学生佩戴五彩三杠徽章、颁发五彩三杠单项级别奖状。我校每学期进行"道德之星""智慧之星""健身之星""艺术之星""劳动之星"评定工作。在评定过程中让学生看到目标，看到希望，不断追求晋级、进步，体现评价的激励性作用。"2"是二个"五"。第一个"五"，即五融合课程，坚持知行合一，达到社会实践、研究性学习、研学旅行、职业体验、劳动教育的有机融合发展，提升学生的实践能力与创新精神。在高一年级开设生涯规划教育课程；利用周六周日时间组织高一、高二年级学生开展职业体验活动，充分利用家长的资源，组织学生进行社会实践和研学旅行；开展劳动教育、推进校园生态园建设，组织学生走出学校参加各种社会实践活动，通过"小体验"去触发自己的"大未来"。第二个"五"，即日、周、月、期、年常规课程。每日时事评说，每周职业体验，每月观影，名人大讲堂和桌椅维修，每学期图书漂流，每年校园达人赛。"3"是三个礼：即入校礼、毕业礼和成人礼。入校礼课程：为新生准备的一节特殊课程，仪式指向学生的内心，激发学生的"内驱力"，提升学生的责任与担当意识，放飞学生的梦想，厚植学生的家国情怀。毕业礼课程：毕业礼和入校礼属课程中的"姊妹篇"，在学生成人后、进入大学之前进行，指向学生的未来，输给学生自主生长的动力，树立学生的公德心，为培养奉献国家的高素质人才奠基。成人礼课程：在半个月的时间内，分为"感恩篇""立志篇""反思篇""互助篇""洗礼篇"开展一系列活动。感恩成长，与未来对话，旨在培养学生爱国情操，强化成人意识，引导和帮助学生规划自我人生和发展目标，明确社会责任与义务，使之成为合格的社会主义建设者和接班人。"4"是四个"会"：即怡心会、健体会、红歌会和音乐会。怡心会：每年的5月组织开展心理"韵"动会；健体会：开展平板支撑PK赛，开展全员座位操赛；红歌会："五四"红歌，坚定信念，每年的"五四"青年节学校都开展"红歌会"；音乐会：每个周末组织艺体广场，使学生珍爱生命、热爱生活，获得"心流"体验，追求自我实现的需要。

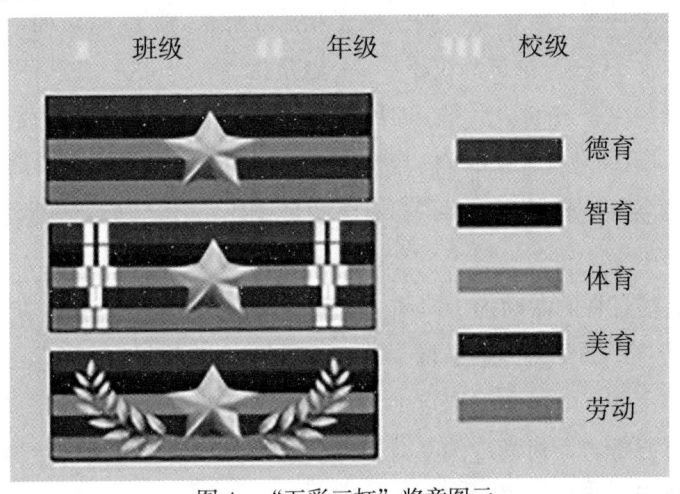

图4 "五彩三杠"奖章图示

(四)"和怡教学""三个五"工作系列

为进一步深化课堂教学改革,高效落实备上批辅考等常规教学环节,在守正创新的基础上持续做好教学教研三个五系列工作。

第一个"五",落实"五项常规",重构回归本真的校本教学体系。学校的教学活动,核心的内容就是"备上批辅考",只有这几个环节实现了突破,才有教育教学质量的实质提升。备课:建立"12321"备课新模式。"1"代表"己备",是自己独立备课,是所有备课的关键;"2"代表"询备",是随时询问同事备课,是改革的突出点;"3"代表"集备",是集中备课,是备课的重点。备课要求是"五备三调两出","五备"是指备课内容包括五项,即备周计划、备课标、备学生、备资源、备重难点。"三调"包括调整核心素养发展的目标,把情感目标放在首位;调整单元或专题复习案,强化思维导图(框架图)和知识点讲解;调整试卷讲评的扶学案设计,强化归类、拓展、应用和规律总结。"两出"是指备课的最终产品,设计出教师使用的扶学案和学生使用的辅学单。授课:实行"先扶后放"教学模式,"教案"升格为"扶学案","学案"升格为"辅学单"。我校提出"扶学思想"已有三年时间,"扶学"课堂被中国教师报评为2022年课堂改革十大样本。在"扶学"思想指导下,我校采用了"先扶后放"的教学模式,其具体操作范示为可概括为12个字:即"五厚四扶三式两有一案一单"。"五厚"指明了扶学的目标,其目的是培育学科核心素养,筑牢学习根基,为学生的可持续学习奠定基础。"四扶"具体指明教师和同伴进行扶学的时间节点,及学生在扶前与扶后的学习状态。"三式"是指"扶"学的三种主要方式,即"跷跷脚""找帮手""搭支架"。"两有"是指在"扶学"的过程中,生生间和师生间要有辩论,有评价。"一案一单"提供了扶学的载体,"一案"是指教师使用的"扶学案","一单"是指学生使用的"辅学单"。作业与批改:时间控制数量,多元关注实效。作业及作业批改是反馈教学效果,发现存在问题,及时调整教学策略的重要手段。为确保教育部"五项管理"中的"作业管理"真正落地见效,基于此,我校提出了"5+1+1"作业批改与管理的新范式,其中"5"是指作业布置与批改的五个明确;两个"1"分别指作业管理方面的一个作业批改记录单和一次作业批改检查。辅导:采取两个推进,即推进"一退四进"课余时间学习模式,推进高位指导。一退是指"预习"这一教学环节退出教育舞台;四进分别指课程资源准备进入学生课余时间、每个学科作业前的5分钟反思进入课余时间、每个学科20分钟周回顾进入课余时间、年梳理或月梳理进入学生课余时间。推进高位指导,打造权威专题指导名师,打破年级界限,在学校范围内举荐名师,名师自带优势专题,融入高三专题指导。

考核:建立关注过程的激励评价体系。调整学科分数结构,为引导学生重视学习过程,调整期中和期末考核中的学科分数结构,拿出一定卷面分值作为平时学习考核成绩(此成绩一定与卷面考核无关)。教师采取定性和定量相结合的方式,从遵守纪律、积极参与、主动学习、作业认真等方面对学生的平时学习状态进行考核,也鼓励教师探讨更多非卷面考核方式,以考核促进学生发展。

第二个五：科学实施"五个行动"，让教育高效。即学期"三考一赛"，教师"约课"制度，网课应急预案，学科活动周，高三备考六个调整。

学期"三考一赛"即期中、期末、月考，以及一次学科知识竞赛。约课就是课前约定好听课，可以是授课人主动约领导、专家、同行听自己的课，也可以是领导、专家、同行主动约听某位教师的课。学校组织的汇报课、示范课、引领课等都是课前计划好的，都属于约课范围。约课是我校教育教学的创新举措，这项改革一是体现出对教师的尊重，新的课程改革核心教育思想就是以人为本，教师以学生发展为本，学校也要以教师发展为本。二是学校的教育教学由关注课堂教学结果，转为关注课堂教学准备过程。三是充分调动专家、教师的主动性和能动性，从而建构有温度、有情怀的教育治理体系。具体实施办法如下：学校所有听评课都需提前一天以上约定（特殊情况除外），让授课教师有充分的准备时间。约课可以提前口头约定。课后当天，上交约课登记表，出示过程证明材料。学校所有领导、教师都是约课和被约的对象。网课应急预案涵盖应急准备、响应及后期处置等关键环节。应急准备上，技术中心保障网络与平台稳定，准备备用方案和教学资源，教师提前储备两周教学资料。应急响应针对网络故障、平台崩溃、教师突发状况、学生突发状况四类情形制定应对策略。网络故障时分教师端、学生端及全校故障处理；平台崩溃时教师切换平台，调度组协调课程；教师突发状况安排代课；学生突发状况通知家长或辅导帮扶。后期处置包括调查评估事件、调整教学计划、完善应急预案，旨在通过总结经验、帮扶学生、优化流程，提升学校网课应急能力，保障网课教学稳定、高效推进，最大程度降低突发状况对教学秩序的影响，确保教学质量与学生学习效果。学科活动周，以"探索学科奥秘，提升综合素养"为学科活动周主题，旨在激发学生学习兴趣与提升素养。每学期期中考试后，进行一个学科活动，为期一周，面向全体学生开展，内容丰富多样，设有学科知识竞赛、学科实验展示、学科内容短剧、讲座交流等项目，结束后从学生参与度、反馈调查、教师评价等方面评估，还会展示成果，以总结经验，推动学校学科建设与学生发展。高三备考有六个调整，一是人员结构调整。开展专题名师高三指导讲座，组内教师进行复习板块分割，各自选择自己强势的专题，进行年级辅导讲座。二是备课结构调整。提倡牵挂知识点复习，控制刷题式复习，内容复习以"思维导图或知识结构图＋要点说明和应用"为主，题篇讲解以试题梳理（怎么合并试题）加上讲解提示为主。三是讲练结构调整。强化拓展和变形，缩减讲授试题数量，在练习与测试中强化限时训练。四是复习结构调整。提倡"四看一反思"策略，即看复习笔记、看教材、看改错本、看集优本，在此基础上反思形成自己的认知。五是调整课时结构。实现"三个一"，每月一次心理辅导，每天一个1 000米，每月一次考试。六是师生动力结构调整。激发学生学习的内驱力，包括学生激励活动、科任教师包保机制、谈心工程。

第三个五：推进"疏研培购升"教师队伍建设新工程，提升教师幸福指数。教师队伍建设新工程具体包括："疏"是指创建宽松的工作环境；"研"是指教师结合教育教学中的实际问题，开展各级课题研究，以研究促发展，以研究促提升；"培"是指教师培训，是学校教师队伍建设中最常用的方法,包括理论培训、技术培训、实践培训等;"购"是购买服务,通过第三方机构,购买专业教师,补充学校师资不足;"升"是提升教师待遇,通过绩效工资,大幅提高超工作量教师待遇,体现多劳多得的分配原则。

五、理论与实践的创新及成果成效

(一)理论创新

世殊时异,法与时转。人类通过变革来顺应时代的发展,并实现对世界的改造。现代系统理论认为物质的结构和功能是对应的。一方面,结构决定功能;另一方面,功能也制约结构,功能促进结构进化。功能是人们追求的目标,但功能不是人的直接操作对象,因而人类改造世界的变革方式就是寻找物质系统的结构特征与功能之间的对应关系,通过改变物质结构,以获取人需要的功能。教育要实现某一功能也需要回溯教育本质,聚焦问题核心,以人性为基础,以教育规律为准绳,对构成教育环节的数量、成分、时间、生物体以及组织关系进行更为科学的分配、重组,建构更为合理的结构,让教育发生真正的变革。目前课程改革和高考改革,就是通过调整学科结构实现新的育人功能。学校深层次的变革,本质上是在尊重人的本性和遵循教育规律的基础上调整学校教育结构。

(二)成果成效

1. 办高水平的教育,走上新高度

长春市第八中学"扶学课堂"被中国教师报评为2022年全国课堂改革十大样本,此经验在《中国教师报》发表,《中国教育新闻网》等十多家媒体转载。"五彩三杠"评价新工具被评为长春市基础教育成果一等奖。学校的"一个高思维、两个保障、三个新组合、四个新体系"的系统性成果经验,在全国广泛传播。

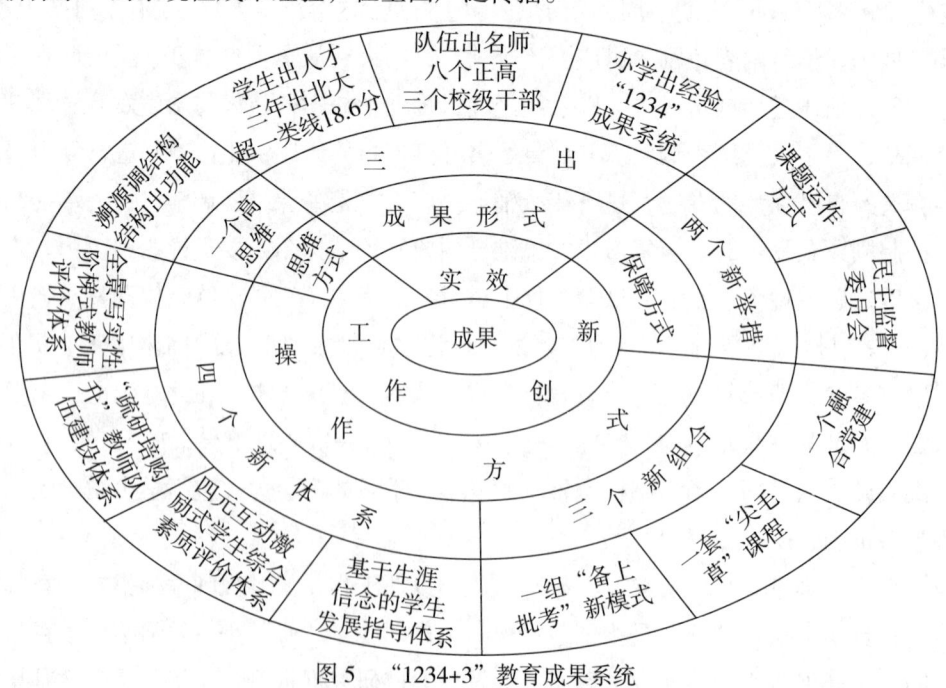

图5 "1234+3"教育成果系统

2. 办高质量的教育，迎来新突破

学校办学得到社会广泛认可。2021年，我校朱璐彤同学获市直文科最高分，考入北京大学；2022年，特长生李滨州考入北京大学。这一年，八中默默完成了一件让春城人都想不到的事情，那就是，中考录取线701.6分，比肩传统名校，十年的规划，三年见成效。2023年高考，学校考入重点大学人数229人，重点大学入学率到达35%，学校真正走入了"200"时代。

六、经验与借鉴

长春市第八中学将进一步深化、完善"全人教育理念"，把全人教育的核心确定为培养学生的人文精神，即让学生本体丰满，三观正，人格健全而丰富。按"长春八中新时代办学导图"这一路线图，办人民满意教育，办高质量教育。

（一）强化党建引领

深入学习贯彻党的二十大精神，积极开展学习贯彻习近平新时代中国特色社会主义思想主题教育，全面推进党建"红色领航"行动，持续开展"五大先锋"活动，把党建成果转变成学校发展的强劲动力。

（二）夯实和润德育

在"2+3"德育工作体系中，重点做好"四元互动激励式综合素质评价"，调动各方力量为学生发展助力，扎实用好"五彩三杠"评价工具，推动学生德、智、体、美、劳全面发展，落实好尖毛草课程，把孩子成长的动力真正激发出来。

（三）做好和怡教学

在"556"教学工作体系中，特别是要继续深化"扶学课堂"研究与实践，大力推进"12321"备课模式，"5+1+1"作业管理模式，阶梯式激励性教师综合评价体系。见成果，出经验。

教育是咬定青山不放松、久久为功的事业，牢牢坚守"为党育人、为国育才"的宗旨，紧紧围绕立德树人的根本任务，办高质量的教育，办人民满意的教育，培养即"强"又"美"的社会主义接班人。

报告执笔人：张洪波　夏　峰

打造强师赋能梯级培养工程　助力青年教师专业能力提升

——长春市实验中学学校发展报告

一、学校简介

长春市实验中学与共和国同龄，70余年建校史，前身为吉林省立长春高级中学，是长春解放后在城区建立的第一所独立高中，2003年迁至净月区，毗邻净月潭国家森林公园。几度更名，几经风雨，但教育和实验的初心不改，学校勇于改革，敢于担当，始终站在教育改革潮头，创造了多个第一，开创了长春教育的先河。全市第一个改二部制为一部制上课的学校，全市第一个执行教育局招生制度改革的学校，全市第一个实行骨干教师多上课、上好课的学校，五步导学法获吉林省基础教育成果一等奖，生涯规划获吉林省基础教育成果一等奖，党组织领导的校长负责制先行试点校……

弦歌不辍传薪火，不忘初心实验人。学校曾多次受到党和政府表彰，是吉林省首批办好的重点高中、吉林省首批示范性高中、吉林省五一劳动奖状单位、吉林省"双新"教育改革示范校、吉林省基础教育科研基地校、全国文明单位、首届全国文明校园。学校始终坚持立德树人根本任务，守正创新、特色发展，以"建设满足时代发展需求的创新高中"为理念，传承"团结　勤奋　求实　创新"的核心文化，以培养"人文底蕴深厚、善于自主合作、拥有创新思维"的创新人才为目标，以"课程引领"为核心，以"生涯教育"为主线，以"三全育人"为导向，在70余年中培养了4万余名优秀学子，为长春教育培养了70余名校长，涌现出一批像于本水院士、马於光院士等杰出校友，和全国百余所名校保持密切联系，是50余所重点大学的优质生源基地。

（一）学校设施

长春市实验中学以"生态校园、智慧学园、幸福家园"建设为目标，经过多年持续建设，教学条件、设备设施居于省内一流，为教育教学的高质量开展提供坚实保障。学校占地面积22万平方米，建筑面积12万平方米。学校建有标准化教学楼3栋，学生教室80余间，并全部配有备品间，充分满足选科走班的需求；有现代化实验楼1栋，理化生实验室20余间，信息中心、科创中心，培养学生动手实践和创新能力；有长春市第一家青少年发展指导中心，为学生生涯规划发展提供科学指导；有致力于学生身心健康成长的心理健康指导中心，为学生成长保驾护航；有学生非常喜欢的艺术中心，在音乐、美术的熏陶中提升审美素养；有能容纳千人的音乐厅，能承办国家级体育赛事的运动场，现代化的体育馆以及标准化篮球场，学生文体活动场地充足；有能容纳3 000人同时就餐的大型餐厅，保证学生健康饮食；有标准化学生公寓，为学生提供安静整洁的住宿环境。学校引进学习诊断系统，跟踪分析每一名学生三年学习情况，给出学习指导建议；校园内网络全覆盖，教室内多媒体设备一应俱全，充分满足教学需求，提高教学效率；学校功能教室齐全，为学生开展研究性学习和综合实践活动提供广阔空间。

（二）师资力量

长春市实验中学拥有一支年富力强、师德高尚、敬业奉献、业务精湛、乐于创新的优秀教师队伍。学校现有教师242人，正高级教师11人，特级教师10人，高级教师111人，博士研究生8人，硕士研究生129人，党员教师141人，吉林省骨干教师及学科带头人46人，长春市骨干教师74人，省市科研骨干教师42人，48位命题专家，涵盖九大学科。仅在2023年就有2名教师成为吉林省特级教师，6名教师荣获长春市名师工作室主持人称号，5人荣获长春市教育科研名教师、骨干教师称号，10人荣获长春市首届学科带头人称号，14人成为吉林省教育学会理事，有70余人在各级各类教师教学竞赛中获奖。

二、改革缘起

（一）国家政策背景

党的十八大以来，习近平总书记站在新时代党和国家事业发展全局的高度，把教育事业摆在更加突出的优先发展战略地位，在多个场合就教育发表一系列重要论述，深刻回答了关系教育强国建设的重大理论和实践问题。2018年，中共中央、国务院印发《关于全面深化新时代教师队伍建设改革的意见》中指出，百年大计，教育为本；教育大计，教师为本。习近平总书记在全国教育大会上再次强调：教师是人类灵魂的工程师，是人类文明的传授者，承载着传播知识、传播思想、传播真理、塑造灵魂、塑造生命、塑造新人的时代重任。《意见》为未来的教育和教师发展做出了顶层设计，勾勒出未来教师的新画像，明确强调要重点培养青年教师，提升其专业素质能力，可见党和国家关于教育改革发展的顶层设计和对当前青年教师队伍建设提出了新的要求。

（二）长春教育需要

长春市教育局"1688"奋进计划中专项行动第12项是"一十百千万"教育人才三年培养计划，以打造我市教育系统优秀人才队伍为目标，通过多种方式和平台，加大培养力度，建立健全人才梯队培养长效机制。

其中重大项目8是高质量教师队伍建设工程服务教育高质量发展要求，加强高质量教师队伍建设，努力造就一支数量充足、素质优良、充满活力的高素质教师队伍。教师队伍结构进一步优化，师德师风建设水平和业务能力进一步提升。

教师是终生学习的职业，教师专业发展，教育教学的濡染，必是新知的求索、技能的增广、人格的完善和境界的提升。

（三）学校发展需求

教师队伍是学校教育之基，发展之本，是决定学校改革成败的关键力量。学校所有的改革要求都必须通过教师的执行和创造才能落实到位。学校在推进"双新"建设过程中,始终把教师队伍建设摆在学校工作的重中之重。

2023年根据学校人事处档案显示,我校教师共计242人,年龄结构如下:60后41人,70后84人,80后58人,90后59人。按照分组,即20—35岁青年教师73人,36—50岁中年教师95人,50岁以上中老年教师74人。我校45岁以下教师126人,占全体教师的52%,从年龄上看趋于年轻化,青年教师的培养是学校面临的严肃问题。

市实验中学教师专业发展的优势分析:一是平台大,学校是吉林省首批示范性高中,影响力大,校际交流多,有东北三省三校友谊杯教学协作体,有东北十一校教科研协作体,为青年教师的学习和交流提供了机会和平台;二是名师多,市实验中学省市骨干教师120余人,为青年教师的成长和发展提供了可供参考的样本,同时也为青年教师发展提供了人生的引领;三是培养体系,市实验中学一直以来注重青年教师的培养,形成了比较完备的青年教师培养体系和评价制度。

学校需要系统思考青年教师培养,在传统"青蓝工程"师徒结对基础上继承和发展,进一步丰富教师专业成长的路径,形成青年教师培养的行之有效的整套解决方案,打造具有实验特色的青年教师培养课程体系。

三、目标愿景

以组建教师社团为培养方式,保障教师发展的自主性;以"培—研—赛—思"为核心课程,促进教师发展的可持续性,最终形成教师专业发展"一二三四"校本培训体系。

(一)教师培养基础目标

1. 提升教师基本技能

通过课程促进教师基本技能的掌握,熟练操作,促进教师发展。

2. 培养教师责任感

教师责任感:工作责任、社会责任、国家责任。教师的责任感不单纯体现在"传道授业解惑"的知识传承中,更体现在教师的自我发展中。不仅对学生的知识负责,对学生的发展负责,对自身的发展负责,更应对社会和国家负责。

(二)教师培养发展目标

1. 打造品牌

形成青年教师发展联盟,打造学习共同体品牌,为青年教师成长交流搭建稳固的平台。

2. 打造课程

依据学校教师发展需求,建立系列化课程,逐渐成为具有实验特色的教师培养校本课程。

3. 打造特色

教师专业发展具有持续发展、不断深化的特点,在教师专业化培养的探索过程中,逐渐寻求创新高中教师培养特色发展之路。

（三）教师培养卓越目标

1. 促进教师的专业提升，形成可持续性发展的动力。

2. 打造一支业务精良、基本功过硬、能够自主发展的教师队伍。

3. 形成一批在省、市具有影响力的青年骨干教师，助力其成名、成才。

四、实践探索

教师是学校发展的关键因素，为更好更快的培养教师，学校持续推进强师赋能梯级培养工程。提出青年教师培养遵循"六Z"原则，形成教师培养"一二三四"校本研修体系，即明确一个教师培养目标，依托两大教师培养工程，搭建三大平台，形成"培–研–赛–思"四位一体的教师成长路径。

（一）遵循青年教师培养"六Z"基本原则

1. 规划引领指路子

引导青年教师对自己的职业生涯做出科学规划，促进青年教师自主发展、科学发展。成立青年教师发展联盟，鼓励青年教师互相帮助、共同发展。创造机会让青年教师外出学习，借他山之石以攻玉。

2. 以老带新结对子

为青年教师指定教学和德育双方师傅，带领青年教师两条腿走路。师傅在教育教学的各个环节对徒弟实行跟踪指导，定期对徒弟的成长做出评价，教务处定期对老带新情况进行总结表彰。

3. 竞赛比武搭台子

以赛代培、以赛促研，以八大精品教学活动为载体，要求青年教师积极参加，每月一课，每学期主题班会汇报，在竞赛比武中取长补短，提升能力。

4. 勤学苦练厚底子

青年教师要按照青年教师培养的"十个一"进行，每学期读一本书，写一篇读书心得，每学期写一篇教学论坛文稿，每个月考一套高考题等，厚积薄发，增长本领。

5. 评选新秀树样子

每学期学校结合实际，在青年教师中评出"教坛新秀"，树立先进典型，让青年人看到同龄人身上的闪光点，榜样就在身边。

6. 规范约束砍权子

学校重点在常规教学、作业批改、工作态度、师生交流、成绩情况等细节上对青年教师进行检查、规范、指导，对于影响工作的行为做法及时指出，促其改正。

（二）构建教师培养"一二三四"校本培训体系

1. 一个目标

市实验中学青年教师要以做"四有"好老师为目标。习近平总书记于2014年9月9日在北京师范大学师生代表座谈会上提出"四有"好教师：有理想信念，树立正确的职业理想，立志做党的教育事业；有道德情操，做学生们道德修养的镜子，提高自我修养；有扎实学识，终身学习，不断充实自己；有仁爱之心，爱护学生，关心学生，做学生的良师益友。

2. 两大工程

青蓝工程和名师工程。以"青蓝工程"和"名师工程"分层培养，青蓝工程侧重于青年教师培养，形成"一三五七"教师培养梯级，一年胜任，三年优秀，五年骨干，七年成名。

学校提出多元联动的青年教师培养策略，校内多维度联动，校外多渠道联动，根据不同的需求搭建不同平台，使教师水平呈阶梯式发展。青年教师经过五年的"青蓝工程"培养和教学历练，专业素养得以提高。需要在"青蓝工程"毕业时，将五年来青年教师在各方面所取得成绩进行整理汇报，使学校能更全面地了解青年教师，为教师今后的发展能够给出更有针对性的建议和培养措施。

3. 三大平台

以提升教师实践性知识为目标，建立以"课程化学习平台""社团化共同体平台""课题化研究平台"为依托的"目标—培养—评估"一体化的培养机制，促进教师专业化成长进程。

课程化学习平台聚焦教育热点、聚焦问题解决，形成实验大讲堂、高考方向研究、学术年会、微论坛等一系列教师课程化学习内容，为教师梯队分层培训和教师岗位分层培训提供了丰富的课程内容，促进学校教师分享经验、提升智慧、专业成长。

社团化共同体平台通过创造"发展有主张，思想有碰撞，交流有舞台，人人做亮讲"的良好环境，一批批中青年教师、名师骨干取长补短，形成优势互补、各有所长的学习共同体，促进一批中青年教师迅速成长，成为学校发展的主力军。

课题化研究平台通过参与国家级、省市科研课题和校本化小课题研究，培养一批批具有研究意识和研究能力并且研究成果丰富的教师专业队伍。课题研究极大促进了教师专业化发展的进程和质量，在教师队伍建设中起到巨大推动作用。

4. 四条路径

"培—研—赛—思"四位一体。根据不同的需求搭建不同平台，使教师水平呈阶梯式发展。

培是基础，通过日常和集中分层、分阶段培养，让青年教师迅速提高教学技能，增强职业认同感。同时，基于教育教学中出现的问题，进行教研与科研，将教研与科研的成果运用于教学及赛课中，并针对赛课中的实践收获，形成反思体会，以论文和课题的形式呈现。"培—研—赛—思"四者相互促进、互为补充，共同构成了一个统一的、有机的青年教师培养系统，培训为基，以培促研；研为引擎，以研助赛；赛为淬炼，以赛引思；思为修行，迅速成长。

（1）以培训奠基青年教师专业发展。

教师发展需要继承和发展，青年教师的成长需要引路人，学校采取日常培养和集中培训相结合的青年教师培养方式。

日常培养中，教学部门有师徒结对、教案检查、调课评课、年级组会、主题论坛等活动。德育部门有班主任月论坛、学期论坛、读书分享等活动，党办进行师德专题教育，各教研组和年级组齐头并进推动青年教师提升常规教育教学质量。各部门时时体现着精准化培养，有效促进了青年教师团队的专业成长，合力推动青年教师身心与专业整体发展。

集中培训方面，开展名师讲坛，涉及教育教学的方方面面，全面引领青年教师的专业发展。

2023—2024年度青年教师主题培训（部分）

序号	培训主题	主要内容
1	阅读考试	学校考试的基本功能是为了改进和指导教学。学校考试与教学的关系：把握学校考试的性质，合理指导教学；必须应用科学的分析思想与方法，促使考试正确引导教学；必须提高命题和考试分析素养，有效发挥考试对教学的指导作用。
2	让研究成就精彩人生	教研活动逐渐成为促进教师专业化成长、推进学校特色发展、全面推进素质教育的重要途径。在教研活动过程中，教师通过理性思考和实践操作两个层面进行教育教学改革，教研活动正是基于这样的现实情境，有效整合教学研究资源，充分调动教师专业化发展的内驱力。
3	课堂教学常规要求——青年教师师德师风建设	教师职业意义重大，更应勤勉、克己、慎行、敬业。教书育人，年轻教师更要有敬畏之情，怀感恩之心，做敬业之事。提高课堂教学效率，制定完整、明确的课堂教学目标，注意根据教材内容定出基础知识、基本能力、思想感情教育等项的达标要求。
4	助力青年教师专业成长	弘扬教育家精神；明确教育的方向；教师的角色转换；夯实教学基本功。
5	精雕细琢作业设计	从"作业类型分层设计""作业结构的设计""作业内容的设计"三个角度对高质量的作业设计进行了诠释。同时，为青年教师介绍了提升作业设计的行动策略，即从量上进行分层、从时间上进行分层、根据学生的个性或兴趣进行分层、根据不同题型进行分层。引导青年教师们实现作业、评价、教学三位一体。
6	如切如磋详案书写	备课流程要全，教学重点环节都要进行思考；详案的书写要有课标意识；要有预设生成的留白；要加强学科融合。
7	走出班主任生涯完美的弧线	作为班主任，首先要进行自我认识，不同的性格决定我们以什么样的面貌呈现在学生心中，在此基础上进一步了解学生，帮助学生建构自我认知，要能够帮助学生顺利度过叛逆期，做好管理工作。
8	浅谈"以不变应万变"在班主任工作中的运用	班主任要善于用心用爱打造具有"人情味"的班级氛围。一是用"人情味"建班；二是用"人情味"立制；三是用"人情味"沟通；四是用"人情味"赏识。"人情味"是爱，是智慧，是责任，是班主任必备的素养。

通过培训，明晰青年教师成长路径，规范青年教师职业行为，对青年教师提出明确成长要求。

基本功一：规划。入职第一年，制定一份三年职业生涯规划书。结合优势与劣势分析，发挥优长，转化劣势，制定三年内的专业发展目标等。

基本功二：建档。每学期建立个人成长档案。

基本功三：听课。尊重老教师，向老教师学习，听师傅课不少于周课时三分之二。

基本功四：合作。参加一个教师共同体，如正午阳光讲书堂、MC思维团队、青年志愿者团队等，或者自建教师社团。

基本功五：反思。每课时手写详案并书写不少于100字的教学反思。

基本功六：讲课。每个学期至少上一次公开课。公开课形式如青年教师基本功大赛、教师自主申报公开课等多种形式相结合的方式进行。

基本功七：做高考题。暑假详细做出3套（当年的全国各省市高考）高考试题并书写试题报告。开学后，每周做出一套高考题。

基本功八：指导。开设一门选修课，指导一个学生社团。

基本功九：读书。每学期详读两本书，梳理读书心得并开展读书交流会。

基本功十：课题。每个人结合日常的教学反思，确立自己的小课题，每一学期要撰写至少一篇（2 000字以上）教育、教学总结，教学论文或教学随笔。

（2）以教科研引领青年教师专业发展。

为促进青年教师的发展，努力构建"上挂横联下辐射"的联动式教研形式，拓展教研天地。

上挂求高度。学校是吉林省"双新"教育改革示范校、吉林省思政教育科研基地校，为我校教科研工作打开新的成长路径；学校与东北师大教育学部密切联系，成为语文、英语、政治、信息技术等多个学科的实践基地。充分挖掘专家、名校的资源，通过专家手把手的指导、面对面的交流，汲取最先进的教育经验，开阔眼界，少走了弯路，教师们得到了最新教学资讯，同时提升了校本教研的高度。

横联求宽度。学校现有东北三省三校教学协作体、东北十一校科研协作体、人民教育出版社名校协作体等学术组织，每所学校都有自己的特色，本着合作、互动、共享、发展原则，我校积极与兄弟学校联合，创造机会相互"串门"，让教师在结交中共同提高，在合作交流中共同进步，从备课、教案、课堂教学、课题研究、教育教学经验等方面进行全方位的交流合作。通过跨校交流，实现由校内教研向跨校教研的转变，拓宽了教研渠道，拓展了教研的空间。

辐射求厚度。学校是长春市普通高中第五联盟盟主校，在长兴教育联盟中和扎赉特旗音德尔第一中学结成帮扶对子，对吉林省孤儿学校进行教研帮扶，和长春市机械工业学校尝试职普融通。学校组织教师积极参与送课下乡、送培到县等活动，积极充分发挥龙头作用、示范作用和辐射作用，和帮扶单位搭建共同展示平台，进行大教研的尝试和探索，让多所学校的教师共同成长，让多所学校共同提高。

互联网思维的教研创新。互联网、信息技术的发展正在改变着人们的思维方式，学校积极建设智慧教室，加强网络教研，在头脑中植入"互联网+"的思维方式。采取大组教研、专题讲座、案例分析等形式，充分利用数字化网络平台教学试点学校的有利条件，及时推出优秀青年教师,开设公开课,鞭策、鼓励他们专业成长,扩大学科知名度。加强信息技术2.0培训,构建以校为本、基于课堂、应用驱动、注重创新、精准测评的教师信息素养发展新机制,积极开展教师信息技术应用能力培训,基本实现"三提升一全面"的总体发展目标:校长信息化领导力、教师信息化教学能力、培训团队信息化指导能力显著提升,全面促进信息技术与教育教学融合创新发展。

(3)以教学竞赛促进青年教师专业发展。

教学竞赛活动已成系列化、层次化、规模化,进一步研讨活动的形式、主题、内容、材料整理,使活动能够从成型走向精品,不断学习和借鉴兄弟学校经典活动,将活动品牌化、精品化。

2023年,学校教学竞赛活动以"强化双新建设研究,根在课堂教学"为工作重点,一是组织开展主题教研活动:主题教研活动紧紧围绕新课标、新教材、新高考,强化高考方向研究,深化对高考评价体系的理解。同时邀请省教研室、市基础教育中心领导和专家入校指导,共同研究双新建设。二是打造"一核五线 学为中心"的课堂教学模式:4月组织青年教师基本功大赛;6月组织第五联盟学校开展青年教师说课大赛,9月开展新入职教师"新苗杯"汇报课;10月组织试卷讲评课,长兴联盟音德尔一中送课活动;11月组织东北三省三校第28届青年教师"友谊杯"研讨课,长兴联盟音德尔一中跟岗培训活动。

附:长春市实验中学八大精品活动

序号	活动内容	时间	活动主题
1	"新苗杯"新教师汇报课	9月	温暖经历课堂研磨,幸福感受专业成长
2	"小荷杯"青年教师五项全能大赛	4-5月	小荷初露展锋芒,不经磨砺难成长
3	"志远杯"骨干教师示范课	11月	学高为师,身正为范
4	东北三省三校"友谊杯"青年教师教学研讨活动	11月	三方倾心交流智慧,合作研讨共享成长
5	教学论坛	开学初	先进理念引领高效教学,治学精神感染实验师生
6	名师讲坛	学期末	名师荟萃传递实验精神,百家争鸣谱写精彩华章
7	"集智杯"集体备课观摩活动	学期中	集思广益引发头脑风暴,齐心协力共创实验辉煌
8	教研组主题教研活动	每月一次	鲜明立意诠释教学思想,独特视角展示别样风采

(4)以反思自省推动青年教师专业发展。

反思是青年教师专业发展和自我成长的核心要素,反思可以让青年教师将理论与实践、思想与行动联系起来,实现条件性知识和实践性知识的融合,提高青年教师的问题意识和教育科研能力,从而使青年教师更好地站稳讲台。

杭州师大附中朱世光老师指出教师专业成长的五条路径,即上课、读书、反思、研究、写作。上课,扎实教师的专业功底;读书,夯实教师的专业基础;反思,厚实教师的专业智慧;研究,做实教师的专业内涵;写作,充实教师的专业素养。

学校高度重视青年教师的学习和反思,每次培训后要书写培训心得体会,每节教学设计后要撰写课后反思,每个假期读书活动后要撰写读书心得。2023年8月,学校举办"共沐墨香,启智润心"青年教师读书分享活动,21位青年教师将自己的收获感悟诉诸笔端,行于视频,一起共沐墨香,启智润心。

(三)建立青年教师多元发展性评价

在教师培养过程中,学校建立了教师多元发展性评价体系。以教师个人职业生涯发展规划为依据,确立了十个评价维度,体现了评价的全面性、过程性、导向性,充分发挥评价对发展的激励性作用,促进教师在校本课程的开发和实施中的作用发挥,促进教师专业水平的提升,实现个人的成功。

评价方式:自评、他评、互评。

评价主体:本人、同行、学生、家长等。

评价结果:为每一名教师建立发展档案,把教师发展过程性材料、阶段性评价、个人生涯发展规划等统一归档。评价的结果对教师的职业生涯规划将起到全面衡量、科学诊断、有效规划的作用。

五、成效

(一)初步建立青年教师培养校本体系

教师是教育高质量发展的第一资源,是科技自立自强的关键支撑,是人才队伍建设的重要保障。探索教师培养的全新模式,科学化、制度化、规模化的教师培养奠定了学校高质量发展的基础。汇聚专业力量,量身定制培养方案,坚持任务引领和团队发展相结合,建立师徒带教和同伴互助的有共同愿景的学习共同体。

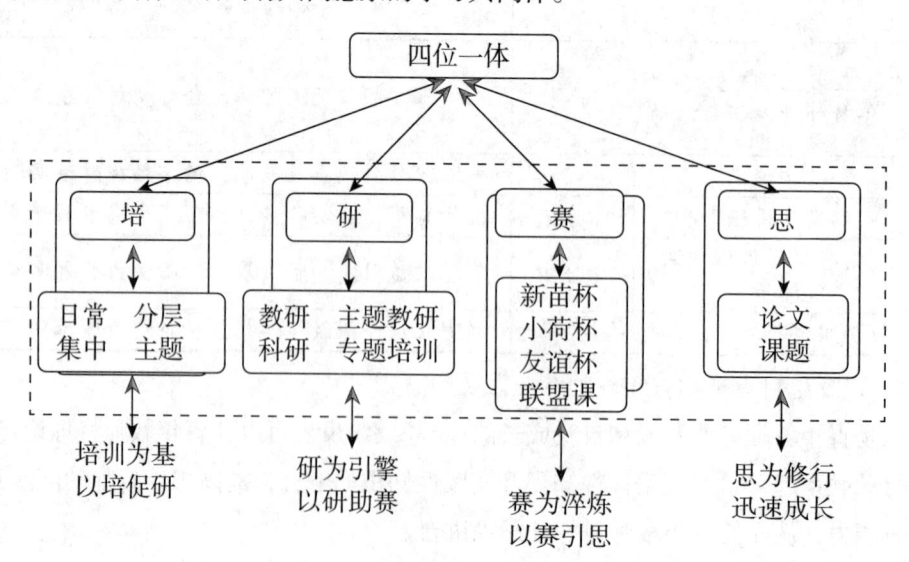

（二）青年教师教科研成绩显著

2023年吉林省普通高中新课程优秀论文评选中，学校教师获特等奖4人，一等奖5人，二等奖5人；2023年吉林省普通高中新课程优秀课例评选中，特等奖2人，一等奖3人，二等奖8人；2023年长春市中小学幼儿园教师培训说课竞赛中，一等奖2人，二等奖2人；2023年度"吉林省信息技术与教学融合优质课大赛"中，一等奖2人，二等奖3人，三等奖1人；2023年长春市教师教学基本功大赛中，7名教师获得十佳、新秀称号；3名教师获2023年吉林省教学精英、新秀称号；5名教师获2023年长春市科研型名校长、名师、骨干教师；吉林省教育学院微课征集活动，一等奖2人，二等奖2人；教学设计征集活动，一等奖2人；10名教师获评"长春市学科带头人"。

在长春市基础教育高质量发展成果奖评选中，"打造'子衿课程'体系，培养拔尖创新人才"，荣获特等奖；在吉林省教育科学院基础教育科研基地评选中，我校被认定为"吉林省高中思政教育示范基地"；10名教师参与"教学新理念与课堂新模式"丛书之《做有创意的班主任》的编写和案例提供；吉林省教育科学规划课题立项2项，吉林省教育学会课题结题1项，长春市教育科学规划课题立项9项、结题5项，长春教育学会规划课题结题10项、立项12项；学校成为吉林省教育学会第八届理事会会员单位，14名教师成为会员，荣获吉林省优秀会员单位、2名教师荣获优秀工作者、1名教师荣获优秀会员；在吉林省教育学会第十四届教育科研优秀成果评选中，特等奖1人；2023年度《长春教育》素材征集暨长春市教科研成果一等奖2人等。

六、经验与借鉴

（一）第五联盟扬帆，探索发展路径

学校作为长春市第五联盟盟主校，实现校际联盟，协同发展。为深入贯彻长春市教育局"1688"奋进计划，深入推进教师培养"一十百千万工程"，着力打造高素质专业化创新型教师队伍，2023年6月，长春市第五联盟学校联合举行"聚焦大单元教学，落实学科核心素养"为主题的青年教师说课大赛活动。通过活动实现教育联盟内优质教育资源的辐射推广和合成再造，推动学校优势互补和发展互促，整体提升青年教师的发展水平。

（二）长兴携手同行，共创美好未来

"共学共建促提升，携手奋进新征程"，书写"长兴教育联盟"协作格局新篇章，2023年9月，学校与扎赉特旗音德尔第一中学签署联盟合作框架协议；10月在音德尔一中开展的"长兴合作，面向未来"为主题的系列活动顺利举行，进行了数学和化学两个学科的青年教师同课异构示范课；11月音德尔一中教师到市实验中学开展了为期10天的跟岗学习活动。

（三）三省三校交流，以研促教赋能

东北三省三校（哈尔滨市第一中学、长春市实验中学、沈阳市第二中学）结为教学教研协作体已有四十余载，推动学校优势互补和发展互促，整体提升，均衡优质发展。

三省三校"友谊杯"青年教师教学研讨会，推动了三校教师的共同成长。尤其是在深化课堂改革、转变教学方式、实现高效课堂、全面提升办学品质等方面，共同进步。2023年第28届教学研讨会在我校召开，这一次教学活动的主题为"聚焦'三新'教学改革，落实学科核心素养"，着眼新课程实施和新教材使用过程中的重点、难点问题，交流落实学科核心素养的有效方法，探究教学内容的优化设计，分享新高考复习备考策略，更贴近改革前沿，触及新高考改革、关注核心素养、紧紧围绕"立德树人"核心任务。三校英语、物理、历史、地理四个学科共12位青年教师登上讲台进行同课异构，省教研室专家莅临指导，跨区域的教研活动开阔了教师视野，促进了教师快速提升。

（四）联盟孤儿学校，共研发展之路

学校和吉林省孤儿学校两校地理位置相邻，两校领导积极促成教学研共同体，市实验中学共享教育资源，开放集体备课和课堂教学，提供教研帮助。2024年4月，市实验中学交流团队一行15人到吉林省孤儿学校交流研讨。两校领导班子就两校未来合作与发展进行了多维度、深层次的交流，市实验中学9名学科教研组长与孤儿学校高中部教师针对教育教学、学生培养等问题进行了热烈的研讨。孤儿学校的教师定期到市实验中学参与集体备课，两校将携手共进，进一步加强合作、优势互补、协同发展。

（五）同行通辽教育，共筑教育梦想

2023年11月，通辽市教育局带领语文、历史、政治教学同仁莅临我校，进行为期一个月的学科跟岗培训。学校三个年级的学科备课组充分认真准备，从展示课到专题汇报，毫无保留地与远道而来的教学同仁进行沟通交流，获得了来访教师的高度评价。

（六）落实课题推进，关注专业能力

《高中青年教师专业能力提升策略探究》项目已获批吉林省教育科学规划重点课题，最终将建立可推广可示范的青年教师专业能力提升培养机制；公开发表课题专项研究论文；编辑出版优秀青年教师的示范课、解题命题策略研究、学术论文成果汇编和学术专著；面向全省基础教育学校进行成果的全方位推广与转化应用；青年教师以新的教学理念融合教学实践，以创新发展的勇气承担起"三新"背景下教学改革的重任。

报告执笔人：韩作伟　苗怀仪　张凤秋　王虹　于明波　初海丰

坚持改革创新，以"五有"工作模式推动学校教育高质量发展

——长春市第二实验中学学校发展报告

一、学校简介

长春市第二实验中学位于人民大街 11528 号，该校区于 2004 年投入使用。学校占地面积 18.5 万平方米，建筑面积 9 万平方米。二实验中学原来是一所二类学校，在 20 世纪 90 年代后期迅速崛起。1999 年按长春市一类一级学校招生，2001 年 5 月通过省政府督导团评估，纳入省级重点中学管理序列；2003 年 12 月，又被省政府督导团评为省首批示范性高级中学，真正实现了跨越式发展，成为长春基础教育领域冉冉升起的一颗新星。

学校现有教职工 342 人，其中任课教师 196 人，正高级教师 6 人，特级教师 6 人，高级教师 96 人，国家、省、市骨干教师 112 人，毕业和在读研究生 89 人，同时拥有全国模范教师、享受国务院特殊津贴、省市专家、省级科研型名校长、省级科研型名教师、"十佳"教师、"师德标兵""德业双馨"等各级各类教学能手百余人。

经过 20 余年的快速发展，学校已由过去的 24 个教学班发展到今天的 84 个教学班，分为初中部、高中部、国际部，在校学生 4 336 人。立德树人，成绩斐然。学校先后被评为：

全国安全和谐先进校

全国加强未成年人思想道德建设先进单位

全国中小学思想道德建设活动先进单位

全国中小学科研兴校示范基地

全国中小学心理健康教育特色学校

全国千所数字化校园示范校

中央电教馆全国百所数字校园示范校建设项目学校

东北师范大学研究生心理健康教育实践基地

世界联合国教科文组织俱乐部学校

吉林省科研兴校核心示范基地等百余项荣誉称号

吉林省中小学心理健康教育示范基地校

今天，学校已成为清华大学、北京大学、中国人民大学、中国科技大学、复旦大学、上海交通大学、北京师范大学等 50 多所全国著名大学的生源基地。

二、改革缘起于"三新"变革对高中教育发展的需求

中共二十大把教育摆到了更高的地位，寄予了更高的希望。普通高中面临着新课程、

新课标、新高考改革的挑战。有些教师受传统教育观念的影响，对教育改革的重要性理解不深刻，认识不到位，不能站在国家富强、民族复兴的高度去认识"三新"改革的重要性，对如何改革缺乏理性的思考和行动策略，所以学校对教师的引领和培养、对教育教学方向的把控变得极为重要。

（一）学科教师的教学方法须需更新

学科教师在大学期间所学知识已经不能满足新课程、新课标和新高考的需要，新课程要求培养学生的核心素养，以往的课堂教学是以知识为本，而新课标引领下的课堂教学是以素养为本。特别是新高考明确提出：试题要体现时代特征，要培养学生的关键能力和思维品质。这要求教师要转变教学方法，在教学中创设情境，让学生通过学习去发现问题，掌握学习方法，掌握学习规律，并运用方法和规律去解决实际中的问题。很多难点都需要用现代教育技术去解决，例如：用几何画板去解决初中数学的动点问题、高中的多项式函数问题。这些都需要学科教师与时俱进，根据学生的需要和"三新"改革的需要去学习新知识、新技能，转变教学方法，否则在改革中将被淘汰。

（二）中学生的学习方式必须转变

面对"三新"改革，学生传统的学习方式是过度依赖教师的教，就知识学知识。在学习中缺乏自主性、独立性和创造性，习惯了题海战术，习惯了被动的接收，很难形成关键能力和思维品质，更做不到去把握时代的特征。面对高考，总是感觉题太难了。其实不是题难了，而是考试的要求变了。在学习知识的过程中形成关键能力，掌握科学的规律，能发现问题，能用所学知识去解决实际中的问题。学生转变学习方式是当下亟待解决的问题。

三、学校发展的方向定位与目标愿景

为落实"立德树人"根本任务，全面培育和践行社会主义核心价值观，促进学生全面而有个性的发展，为学生的终身发展奠定基础，培养德智体美劳全面发展的社会主义建设者和接班人，继而把学校建设成"四高"（管理高效益，队伍高水准，学生高素质，学校高层次）、"三特"（学校有特色，教师有特点，学生有特长）的实验性、示范性、国际化、现代化的国家级素质教育示范校，需要我们迎难而上，坚定特色发展目标，以"五有"工作模式凝聚共识。

（一）坚持社会主义办学方向，确立三个发展目标

首先是学校发展目标，要坚持"以人为本，自主发展"的办学理念，把学校建设成"四高""三特"的实验性、示范性、国际化、现代化的国家级素质教育示范校。

其次是学生培养目标，为落实立德树人根本任务，全面培育和践行社会主义核心价值观，促进学生全面而有个性的发展，为学生的终身发展奠定基础，培养德智体美劳全面发展的社会主义建设者和接班人。

在初中（7—9年级），需要达成"四学会"的目标，即学会做人、学会学习、学会创造、学生生存。

学会做人 { 有勤奋学习精神；有诚实守信行为；
有敬师孝亲情怀；有爱党爱国情感。

学会学习 { 有生涯发展规划；有良好学习方法；
有自主学习能力；有共享资源意识。

学会创造 { 有创新求异精神；有创新发散思维；
有创新实践技能；有创新实践成果。

学会生存 { 有适应生活能力；有自我保护能力；
有与人合作能力；有逃生避险能力。

在高中（10—12年级），则分为普通层面和精英层面。普通层面需要达成"五具有"的目标，即具有学习精神，励志成才；具有文明素养，诚信友善；具有创新精神，奉献爱国；具有实践能力，求真务实；具有健康心灵，公正无私。而精英层面则需具有良好的学习素养和优秀成绩、具有奉献国家和社会的公益之心、具有领袖的胸怀和气质。

最后是特色发展目标，根据学校"以人为本，自主发展"的办学理念，形成了三大特色发展的格局：一是建成国内一流、国际知名的青少年心理健康教育中心；二是建成国内一流的全国数学化校园示范校；三是建成联合国教科文组织教育国际化基地校。

（二）以"五有"工作模式凝聚共识，推进学校高质量发展

以习近平新时代中国特色社会主义思想为指导，贯彻党的二十大精神，坚持社会主义办学方向，全面贯彻党的教育方针，落实"立德树人"根本任务，落实国务院办公厅《关于新时代推进普通高中育人方式改革的指导意见》、教育部关于"双减""五项管理"工作要求和精神，遵循教育规律，系统推进教育评价改革，发展素质教育，坚持"以人为本，自主发展"的办学理念，以"五有"工作模式，推进学校高质量发展。

四、实践探索

2023年8月19日，我为全校教职员工上党课，题目为《坚持改革创新，以"五有"工作模式推动学校高质量发展》。引导全体教工提高政治站位，树立创新意识，为新学期全校各项工作的开展指明了方向。

（一）有方向

以全党开展的"主题"教育为契机，认真学习张恩惠书记视察教育的讲话精神，着力解决领导班子理论学习、政治素质、能力本领、担当作为、工作作风、廉洁自律6个方面的问题。

（二）有目标

以建设教育强市为目标，进一步修改学校的发展目标、教师的发展目标和学生的培养目标。

1.学校的发展目标

学校全面践行"以人为本，自主发展"的办学理念，把学校建设成为"四高""三特"

的实验性、示范性、国际化、现代化的国家级素质教育示范校。

2. 教师的发展目标（以四有好老师为标准）

3. 学生的培养目标

促进学生全面而有个性的发展，逐步成长为德、智、体、美、劳全面发展的社会主义建设者和接班人。

（三）有规划

遵循长春教育"1688"发展战略，实施三新改革，突出"立德树人""五育并举"，继续进行智慧课堂教学模式的改革。

（四）有方法

一是不断提升领导班子的政策水平和管理能力；二是不断提升教师的品德修养和专业化水平；三是不断提升学生的关键能力和思维品质；四是不断提升学校的办学水平和综合实力。

（五）有评价

1. 对领导干部的评价：德、能、勤、绩、廉。
2. 对教师的评价。
3. 对班主任的考评。
4. 对学生的评价。

五、创新成果与成效

长春二实验中学始终坚持社会主义办学方向，牢记为党育人、为国育才的重大使命，明确三个发展目标，努力办好人民满意的教育。

（一）注重理念落地，育人成果显著

1. 教师培养的目标与成效

（1）培养教师热爱党，热爱社会主义祖国，热爱教育事业，有强烈的责任感、使命感和高尚的道德品质，使教师具有终身从教的无私精神、认真执教的敬业精神、互相合作的团队精神、不甘落后的拼搏精神、不计得失的奉献精神。

（2）培养教师学习现代教育理论，特别是新课程改革的有关理论基础，并能指导教育教学实践。

（3）树立现代教育理念，通过理论学习、教学实践、信息技术运用、教育教学研究及专家指导等形式，提高教师的教育创新思维、学科知识拓展及信息技术运用等能力。

（4）具有扎实的学科专业知识，娴熟的教学基本功，较好的教学业绩；具有较强的教育科研能力，积极主持或参与课题研究，独立撰写学术论文。

（5）有自我发展目标与计划，并能在教育教学实践中自我反思、改革和提高，自我发展意识强。

2.学生培养的目标与成效

面对新时代的教育发展形势与教育诉求，学校紧紧围绕立德树人的根本任务，重新修订学生培养目标，力求促进学生全面而有个性的发展，逐步成长为德、智、体、美、劳全面发展的社会主义建设者和接班人。

初中生达成"四学会"的目标，即学会做人、学会学习、学会创造、学生生存。高中生普通层面达到"五具有"目标：一是具有学习精神，励志成才；二是具有文明素养，诚信友善；三是具有创新精神，奉献爱国；四是具有实践能力，求真务实；五是具有健康心灵，公正无私。高中生精英层面达到"三具有"目标：一是具有良好的学习素养和优秀成绩；二是具有奉献国家和社会的公益之心；三是具有领袖的胸怀和气质。

学校认真落实"以人为本，自主发展"理念，一是开展系列德育教育活动；二是抓住课堂教学主渠道，全面贯彻党的教育方针，把立德树人作为教育的根本任务，发展学生素质；三是加强学生劳动教育，培养学生爱劳动、会劳动、劳动光荣的优秀品质；四是加强学校体育、美育教育活动，召开阳光体育节，成立器乐团和学生合唱团，通过社团活动开设美术、书法、播音主持等美与教育活动，学生素质有明显提高，在校思想、学习、生活都有很大变化，学业考试一次性通过率达到100%。

（1）2023高考再创新佳绩。

评价指标	录取人数			占比
高考人数	896人	统招录取	450人	50%
高考人数	896人	本科录取	896人	100%
高考人数	896人	"985、211"录取	460人	51%

学校注重学生素质的培养，毕业生质量保持稳定发展，2023年高考重本率51%，普本率达到100%，本科进出口比率超过100%，学生满意度达到100%。

（2）学生综合实践活动屡获殊荣。

我校科创社团在全国、省、市级各项机器人竞赛屡获佳绩，在2023年5月7日由吉林省科协、吉林省机器人学会主办的2023吉林省青少年机器人竞赛中，取得Super AI超级轨迹巡线赛项目高中组冠军、亚军、季军，同时获得晋级8月北京世界机器人大赛的国赛资格；在AiWill项目比赛中，获得高级组一等奖、二等奖的良好成绩，我校在此次省科技级竞赛中的表现优秀，获得省级"优秀学校"的荣誉称号。

在2023年5月14日，由吉林省电教馆主办的2023吉林省中小学人工智能综合实践活动中，取得以下成绩：AiWill项目获得初中组冠军、亚军、季军，高中组季军；在超轨普及赛项目中获得高中组亚军、季军，并获得高中组优秀奖。

在2023年8月20日由中国电子学会举办的世界机器人大赛中，获得超轨普及赛项目高中组二等奖、三等奖。

人文社科建设方面：学校被评为长春市语言文字推广基地，长春市第五届经典诵读大赛优秀组织单位，学生参加书法大赛获得硬笔一等奖2人、三等奖4人，毛笔一等奖1人、二等奖1人、三等奖3人，2023年"中国诗词大会"我校优秀选手4人获奖。

（二）注重科学规划，加强三大特色建设

有特色才有亮点，有亮点才有吸引力。长春二实验中学聚焦学生发展核心素养培育，大力开展特色创建活动，致力培育"具有健康和谐、修身雅德之才，怀有科技创新、未来有为之才，富有国际情怀、全球视野之才"的新时代青少年。

1. 建成国内一流国际知名的青少年心理健康教育中心

学校参加长春市教育局直接领导的"护蕾行动"，参与国家级规划课题《青少年自我伤害的研究》，作为课题的主要成果，建设"长春市青少年心灵港湾"，由东北师范大学专家团队、东北师范大学研究生团队、长春二实验中学优秀教师团队、长春市各校心理教师团队四个团队组成。同时团队做到四个面向：一是面向长春市线上咨询，二是面向全市培训心理教师和班主任，三是面向全市开办家长心理学校，四是面向全市对中学生进行培训和团队训练。

"加强中小学心理健康教育，办好长春市青少年心灵港湾"已写入长春市"十四五"发展规划。2022年9月，学校承担的全国教育科学"十三五"规划教育部重点课题之区域主导课题《高中生心理问题疏导实施途径探究》被评为"十三五"生命与安全教育优秀科研成果一等奖。

2. 建成国内一流的全国数字化校园示范校

《国家中长期教育改革与发展纲要》提出以信息技术的现代化促进教育的现代化。2019年中共中央、国务院印发了《中国教育现代化2035》突出改革创新，充分运用新机制、新模式、新技术激发教育发展活力，确保教育现代化目标的实现。2012年我校被国家教育部评为千所数字化校园建设示范校。2013年又被中央电教馆评为全国百所数字化校园项目建设基地校。2015年，配置万兆主干、千兆网络到桌面，三网合一的管理系列，为学生配备电子书包，建成学校行政管理平台和教学资源整合平台。2016年，建成教师与学生互动平台、家庭与学校互动平台、教学联盟校互动平台。2017年，学校把重点放在"三通""两平台"的建设，实现了光纤百兆专线、千兆桌面、万兆主干，大力推进信息技术与教育教学融合发展。2018年，在第七十七届中国教育装备展（青岛）上汇报了学校信息化建设优秀成果。

3. 建成联合国教科文组织教育国际化基地校

按照素质教育的要求，我们要在全球化的视野下运用现代管理手段，借鉴国际经验，培养出真正具有国际视野、民族灵魂、通晓国际规则、能够参与国际竞争和国际事务的高素质人才。

我校已与美国、德国、韩国、日本、新加坡等七所学校建立了姐妹学校关系。我校成为"加拿大魁北克文化交流及中加国际化人才选拔基地学校""法国大学科技学院联盟生源基地校"，与美国威斯康星州奥科诺莫沃克学区孔子课堂也已挂牌成立。利用假期组织

60名学生分别赴美国、新加坡、英国、日本参加夏令营游学活动。

2014年成为联合国教科文组织俱乐部成员；2015年国际夏令营基地校、托福（TOEFL JUNIOR）考试基地；2016年在美国威斯康星州建孔子学堂，用三年时间，百分之五十的英语教师分批到美国培训一遍；2020年成为吉林省孔子学院（课堂）联盟单位。

（三）通过五育融合，突出三新改革的新方法

为落实"立德树人"根本任务，学校坚持以习近平新时代中国特色社会主义思想为指导，全面落实新课标、新课程、新教材的理念和要求，找准目标、统筹规划、科学施策、追求实效，全面提高学校的办学水平和教师队伍的整体素质。

1. 课程建设与管理情况

一是按照学校总体部署，确立全课程理念，把学生校内、校外活动纳入课程，坚持课程、教材、课题、教师的四位一体，实现"六化"发展，即所有活动课程化，国家课程校本化，校本课程生本化，课程开发课题化，课程建设精品化，教师成长专业化。

开发建设八大类168门选修课，学校成立了科技创新团队，汇集校内数、理、化、生及信息学科的优秀教师共同开发了多门优秀的科技类课程。这些课程为学生的课外学习开拓了更广阔的视野，这些选修课的共同特点就是非常重视学科教学和信息技术的深度融合。

二是优化课程体系，在课程功能上，基本实现基础型课程与拓展型课程、研究型课程相结合。在课程形态上，实现必修课与选修课相结合，在选修课中实现限定性选修与自主选修相结合。

（1）图形计算器与高中生自主学习实验研究。

现代数学实验研究常用的工具是图形计算器，它具有代数运算功能，图形、图像功能，数据统计分析功能，几何操作功能，解一元高次方程或多元线性方程组功能以及探索功能。学生通过图形计算器构建函数模型，实现数形结合。

开展课外活动和实践创新研究；观察、测量、计算到想象、发现、猜想，然后进行理论证明，从而使学生亲历数学建构过程，逐步掌握认识事物、发现真理的方式方法。高效能地解决数学学习中的难点，超越学生传统学习方法中难以达到的思维高度，满足高阶思维发展的要求。

（2）Casio电子辞典与中学生自主学习实验研究。

Casio电子辞典完整收录了26本权威辞书和300本英文名著，它包括《英汉大辞典》《柯林斯COBUTLD英汉双解辞典》《牛津高阶英语辞典（第7版）》《牛津英语搭配辞典双解版》《不列颠简明百科全书》，它还具有强大的查询功能，可以通过多辞典查询、例句查询、模糊查询、跳查、追加查，还有10万英语单词真人发音功能。

（3）物理学科的《影视作品中的物理学分析》。

这门课程立意新颖，科技含量高，信息技术融合较为深入，深受学生们喜爱，曾先后被央视网、湖南卫视、江苏卫视进行了报道。

（4）传感技术在物理、化学、生物实验中的应用课程。

《酸碱中和滴定终点的判断》《酶的特性实验探究》等课程得到人教社王晶主任的充分肯定。

（5）航天科技《卫星智造》课程。

2022年，学校邀请航天教育专家李天麒为全校学生进行科普讲座，在吉林省第一个引进《卫星智造》课程，为孩子们打开了一扇探索星空的大门。

（6）信息学科开发的系列课程。

《VEX机器人工程挑战赛课程》《综合技能竞赛课程》《FLL工程挑战赛课程》《机器人技能创新与挑战课程》，总目标是培养学生的创新能力、探究能力和实践能力。

目前为止，在全国、省、市级各项赛事中共获国家级金奖4次、铜奖20次；省级金奖40次、银奖60次；市级金奖30次、银奖20次；连续6年蝉联吉林省青少年机器人竞赛VEX机器人工程挑战赛高中组冠军。

指导教师邓广超被评为全国青少年机器人竞赛国家一级裁判员，并连续多年被评为国家级、省级优秀裁判员和优秀教练员。

（7）2023年校园微课网站。

我校校园微课网站通过线上辅导、网上答疑，帮助学生解决讲一遍听不懂的难点，讲一遍记不住的重点，讲一遍不消化的例题。

"浩哥网站"已经上传60节微课，点击率达10 000人次，心理中心主任建立了"长春市青少年心灵港湾"为全市青少年提供免费的心理咨询；我校高中建立了十个网站，初中建立了6个微课网站，上传微课600多节，实现了家校通，义务为学生辅导。

科目	名称	网址	科目	名称	网址
数学	高中数学		历史	微历史	
语文	语你有约		地理	地理星球	
外语	高中英语		初中语文	初中语文	
物理	浩哥物理		初中数学	初中数学	
化学	快乐化学		初中外语	英语寒假作业讲解	

续表

生物	生物微课行	(二维码)	理综	初中理化生	(二维码)
政治	跟我学政治	(二维码)	文综	初中文综	(二维码)
艺术	酷播云	(二维码)			

（8）将"英才计划"列入校本课程序列。

2023年我校将"英才计划"纳入本校研究性学习课程、学科拓展课程、科技选修课程、创新实践课程等课程体系。

在英才计划培养过程中，校内导师要及时收集整理高校投放的相关资源，同时有选择地对资源进行校本化改造，初步形成英才计划校本课程纲要。

组织学生学习关于基础实验技能、文献检索及阅读、数据分析、撰写研究计划及科研报告等科研技能。

2023年形成了二实验中学"英才计划"遴选及校本课程指导的详细制度。

2. 加强课堂教学改革

在"以人为本，自主发展"主体性教育理念下，课堂教学永远是落实教育目标的重要渠道。

2001年开始，我校提出主体性课堂教育模式（即"一、二、三、四、五模式"），全面融入社会主义核心价值观教育，经过1.0、2.0、3.0三个阶段的发展历程，取得了预期的教学效果。

"十四、五"期间，学校将在原有基础上开展4.0版（智慧课堂）教学实践研究。

"一、二、三、四、五"主体性课堂教学模式框架表

	教学模式	具体内容
一	确立一个思想	"以人为本，自主发展"
二	落实两个重点	1. 培养学生的创新精神和实践能力。 2. 培养学生的社会主义核心价值观。
三	进行三个转变	1. 教师角色的转变。教师由单纯的知识传授转变为教学活动的指导者、组织者。 2. 学生地位的转变。学生由知识被动的接受者转变为知识的主动探索者。 3. 教学手段的转变。由多媒体辅助教学转变为师生学习的工具。

续表

四	采取四种方法	1. 激发学习兴趣，培养学生的主动性。 2. 教会学生学习，培养学生的自主性。 3. 营造创新氛围，培养学生的创造性。 4. 注重因材施教，培养学生的特殊性。
五	体现五个特点	1. 建立平等、民主、和谐的师生关系，与学生共同探究解决问题，使基础知识、重点、难点落实准确到位。 2. 注重对学生各种能力的培养，文科要有与现实的结合点；理科要运用所学知识解决实际问题。 3. 寓德育和心理健康教育于学科教学之中，培养学生爱国、敬业、诚信、友善的优秀品德。 4. 采用多媒体辅助教学，调动学生多种感官参与教学过程。 5. 注重对学生学法的指导，培养学生自我选择、自我监控、自我调节等自主学习的能力。

（四）完善评价体系，打造三大提升工程

1. 教学质量与评价

教学评价包括过程性评价和终结性评价两个部分，依据《主体性课堂教学评价表》《长春二实验中学集体备课评价表》《长春二实验中学作业批改要求》《长春二实验中学教案书写要求》《长春二实验中学教学常规检查标准要求》等评价方案开展日常评价，全校通报督促。

依据大数据平台分析，对学校各年级任课教师进行教学质量评价，全方位考核教师教育教学情况，通过年级质量分析会通报到教师本人，教师要进行反思与整改。

2. 提升打造三大工程

（1）实施"五师"教育工程。

学校各支部积极行动起来，积极开展以"爱心与责任"为主题的"铸师魂、育师德、树师表、正师风、练师能"五师教育活动，组织家访、辅导、答疑、谈心、捐助等活动扎实有效地开展起来，为学生献爱心活动促进学生健康发展和学业进步，得到家长和社会一致好评。

全校教师利用中午和自习时间义务辅导学生，上半年共计辅导学生1万多人次；利用双休日、寒暑假进行线上线下家访，特别是"三生三时"，即"特殊家庭学生、学习困难学生、有心理问题的学生，发生重大生活事件时、有特别心理帮助需要时、家教方法出问题时"的家访，及时解决了学生遇到的困难，受到社会广泛赞誉。

按照校党委"万名教师访万家"的要求，我校开展家访、云家访，实现家校互联、线上授课、学组指导，对困难学生实行点对点帮扶，取得显著效果。2023年假期家访教师总计188人，电话家访1 465人次，指导学组430个。

（2）实施"二、五、七"蓝青工程。

为加强教师队伍建设，发挥骨干教师传帮带作用，促进青年教师专业成长，学校通过"师徒结对""星级教师示范课""三新教师汇报课""二、五、七达标验收""主体性课堂教学三星奖""BEST合作体"教学交流等多种活动载体，促进教师专业成长。2023年度为28名青年教师选配了导师，通过师徒结对活动，提高青年教师业务水平，11位三新教师参与学校组织的达标验收活动。

（3）实施"八个一"建设工程。

为落实教师专业化发展"八个一"工程，开学以来，组织以"八个一"为主要内容的学科教学活动周，活动周实行"一示范，三展示（初高中一体化），一总结"的汇报形式。"一示范"活动周第一节课由教研组长或者备课组长进行该科目的示范课，周二至周四由该科目各个年级各上一节展示课（鼓励骨干教师积极参加），周五一节组内总结研讨。联盟体六校领导和教师积极参加，并聘请省市教研员培训和点评，六校联盟的教研活动深受老师们的欢迎，支持了县域高中发展和学科建设，有力促进了联盟校教师专业化发展。

通过"八个一工程活动"，提升教师专业化发展水平，发挥教师的个性特长，人人可做学生生涯规划指导工作，开展新高考的选课走班实践研究。

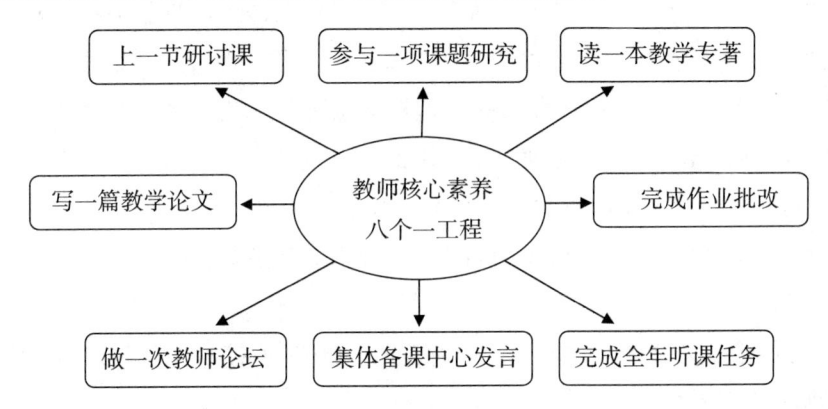

```
      上一节研讨课      参与一项课题研究      读一本教学专著

    写一篇教学论文    教师核心素养      完成作业批改
                     八个一工程

      做一次教师论坛    集体备课中心发言    完成全年听课任务
```

2023年8月21日，学校承办了长春市第六教学联盟2024届高三"语数英"学科一轮备考研讨会，邀请到备考专家——来自重庆巴蜀中学的三位名师来校讲学。2023年11月1日，长春二实验中学举办长春市第六教学联盟高效课堂研讨会，邀请山西省教学管理和备考专家吕羡平来校讲学，主题为"高效课堂的核心是狠抓落实"。

（4）注重骨干教师的引领作用。

学校现有名师工作室主持人5人，省级名师工作室成员37人。名师工作室包括李国荣示范劳模创新工作室、吉林省高中化学韩景龙名师工作室、吉林省初中英语赵锦红名师工作室及长春市高中心理健康教育康成名师工作室、长春市高中物理菊花名师工作室、王乐数学名师工作室、李敏语文学科名师工作室、郭磊英语名师工作室、孙磊生物名师工作室、李艳莹心理名师工作室。由张德辉、胡明浩、王乐、康成、朱莉组成的优秀学科团队，他们定期开展教学研究活动，开发教师培训课程，得到上级主管部门的充分肯定。

学校通过开展名师工程，被上级教育行政主管部门评为长白山名师、吉林省教学精英、教学新秀、吉林省专家库成员、吉林省科研型骨干校长、长春市骨干校长、省市骨干教师、长春市教学精英、教学名师共计 55 人，有 102 人被评为长春市骨干教师，人数位列市直学校前茅。

六、三大主要经验成果，引领作用显著

（一）学校发展的主要经验成果

1. 心理健康教育成果显著领跑全省

建成长春市青少年心灵港湾。学校作为唯一学校（其他单位均为各区教育局），参加长春市教育局直接领导的"护蕾行动"，参与国家级规划课题《青少年自我伤害的研究》，作为课题的主要成果，建设"长春市青少年心灵港湾"，由四个团队组成：东北师范大学专家团队、东北师范大学研究生团队、长春二实验中学优秀教师团队和长春市各校心理教师团队。

（1）持续发挥"长春市青少年心灵港湾"心理服务平台功能。

作为市青少年心理中心，除了为全市中小学生及家长、教师进行线下心理辅导、心理培训等服务之外，"长春市青少年心灵港湾"一直发挥着线上心理服务的功能，以心理微课、讲座的形式，为学生提供了心理课堂，为家长提供了心理讲堂。另外，一直以来，我校心理中心带领全市 50 余名一线优秀的心理教师志愿者团队，坚守着大爱初心，义务为全市学生进行心理辅导服务，学生通过平台求助，可接受一对一的线上心理辅导。

（2）接待东北师范大学心理学院研究生见习。

接待了东北师范大学心理学院十四名心理健康教育专业研究生为期三周的心理健康教育见习指导工作。

由于学校心理健康教育成效显著，领跑全省，2023 年我校被评为吉林省中学生心理健康教育科研示范基地。

2. 教育国际化特色明显

学校通过校本化的英语课程为学生打通走向国际的通道，实现学生的多元发展，彰显教育国际化特色，建成联合国教科文组织教育国际化基地校。

（1）优秀生源基地校项目。

法国大学科技学院联盟优秀生源基地校：法国大学科技学院联盟，简称 ADIUT，隶属法国教育部高教司管辖。ADIUT 中国项目的所有大学均为法国公立大学，除了预科学习阶段需交纳费用外，本科、硕士直至博士阶段学费全免，和法国学生一样，享受政府提供的房租、大学食堂、交通、社会医疗保险等优惠和补贴。此项目文理科均可报考，高考成绩达到一本线以上，高考英语成绩超过 100 分（满分 150），通过法国大学科技学院院长联盟的面试即可直接进入法国名校学习。

加拿大魁北克优秀生源基地校：我校成为"加拿大魁北克文化交流及中加国际化人才选拔基地学校"，学生经校长推荐，通过笔试的学生，将正式进入魁北克大学 UQTR "魁省紧缺人才培养引进计划"，同时获得魁北克大学 UQTR 录取通知书。学生进行法语强化

学习后在加拿大魁北克大学 UQTR 完成本科及后续学业。研究生阶段也可选择多伦多大学等世界顶级名校学习。

意大利佛罗伦萨圣马丁教育集团优秀生源基地校：在长春市外办的协助下，我校与意大利佛罗伦萨圣马丁教育集团签订了优秀生源基地校的意向协议，双方在教育教学培养模式、培养目标、合作模式等方面进行了初步的交流。

泰国格乐大学优秀生源基地：在长春市政府外事处的协助下，我校与泰国格乐大学签订优秀生源基地合作协议。格乐大学设有经济学院、艺术学院和法学院等，共开设 10 多个本科专业、9 个硕士专业和 3 个博士专业。

西班牙国家大学优秀生源基地：我校与西班牙国家大学签订优秀生源基地协议。西班牙国家大学成立于 1981 年，可以满足各类学生的要求，努力为有多元文化背景的学生群体提供高质量的教育教学服务，开设文学、管理学、法学等专业。

长春财经学院捷克美国本科硕士连读国际交流班生源基地：我校与长春财经学院签订优秀生源基地协议。财经学院与捷克布拉格金融管理大学、美国西雅图城市大学合办 (1 年 +3 年 +2 年) 本科硕士连读国际交流班，我校学生可以优先录取。

（2）批准成立中外合作办学项目。

我校于 2023 年 4 月与加拿大苏安高中合作举办高中教育项目并签署了项目协议书，引进加拿大优秀的教育资源，先进的教育理念，科学的教学管理经验，培养当前中国社会发展所需的人才。根据《关于长春市第二实验中学与加拿大苏安高中合作举办高中教育项目 2023—2024 学年度招生计划的批复附件 3》《关于对长春市普通高中 2023—2024 学年度中外合作办学项目招生计划的批复吉教外【2023】4 号》及《关于 2023 年吉林省普通高中中外合作办学项目学费试行标准的批复吉发改价调联【2023】318 号》相关文件要求招生并收取学费。

3. 数字化校园建设全面展开

《国家中长期教育改革与发展纲要》提出以信息技术的现代化促进教育的现代化。

2019 年中共中央、国务院印发了《中国教育现代化 2035》突出改革创新，充分运用新机制、新模式、新技术激发教育发展活力，确保教育现代化目标的实现。

2012 年我校被国家教育部评为千所数学化校园建设示范校。

2013 年又被中央电教馆评为全国百所数字化校园项目建设基地校。

2015 年，配置万兆主干、千兆网络到桌面、三网合一的管理系列，为学生配备电子书包，建成两个管理平台：学校行政管理平台，教学资源整合平台。

2016 年，建成三个互动平台：教师与学生互动平台，家庭与学校互动平台，教学联盟校互动平台。

2017 年，学校建成初、高中各学科十五个微课网站。

2018 年，在第七十七届中国教育装备展（青岛）上汇报了学校信息化建设优秀成果。

2023 年，完成了全校广播设备的升级改造，保障各类考试的音频文件正常播放。学校安装了电子班牌 54 块、人脸识别电话 20 部，完成二维码建设工程。学校、学年部、学科组、班级、学生个人空间内容丰富，真正实现家校通、师生通、生生通目标。

（二）示范作用和价值

1. 学校现为长春田家炳教育共同体理事长单位

为促进内地与香港地区教育交流与发展，2016 年 4 月 1 日，长春市田家炳教育共同体成立，我校为理事长单位，李国荣担任共同体理事长。现成员为长春二实验中学、长春市实验中学、五中、六中、七中、八中、十七中、一中、希望高中、养正高中等十所学校。

长春市田家炳教育共同体成立之时，李国荣代表田家炳教育共同体与香港仁爱堂田家炳中学正式签署结成姊妹校协议，与东北师范大学田家炳书院签署合作交流协议。

2. 学校现为长春市教育第六联盟龙头学校

2017 年 12 月 8 日，本着"平等自愿、资源共享"的原则，打破城乡、校际、性质、隶属关系界限，建立普通高中学校联盟协作体，这一举措就是微观层面实现"一校一案"，建立"高中联盟"，宏观层面推进"名师云课"。建立普通高中联盟，多元借鉴、多措并举，能有效在全市形成协调发展的高中教育格局，从根本上破解学校办学水平参差不齐等难题，这是事关百姓福祉的民生工程，也是事关社会和谐的发展大事。我校为第六联盟校龙头学校，即市二实验联盟，成员单位有长春市第二实验中学、长春市第七中学、长春市第九中学、长春市第一三六中学、九台区营城第一高级中学、九台区师范高级中学。

3. 学校现为吉林省 BEST 教学协作体理事长学校

2023 年吉林省"BEST 合作体"开展第十五届线上教学交流活动。长春二实验、四平一中、通化一中、白山二中、松原实验高中、延边二中、辽源五中等七所学校开展教学交流，进行七校联考，进行大数据分析，开展精准教学研究。

4. 学校现为"两学一做"学习教育联合体理事长学校

为了扎实开展好"两学一做"学习教育，全面落实从严治党要求，强化学习型基层党组织建设，共享联合体学习教育资源，围绕学习教育开展经验交流，提高党员学习教育实效性，形成党员教育常态化和制度化，组建了"两学一做"学习教育联合体，成员为长春二实验中学、长春综合实验中学、长春东光学校和长春艺术实验中学。

关山万里，再启征程。在新的一年里，长春二实验中学将在教育局党组的正确领导下，在校领导班子的带领下，坚定不移地以党的二十大精神为指引，以"办人民满意学校"为奋斗目标，以新的担当展现新的作为，落实"五有"工作模式，实现学校高质量发展，为建设教育强市贡献力量！

报告执笔人：李国荣